Die Eigenverwaltung nach
der Insolvenzordnung

Europäische Hochschulschriften
Publications Universitaires Européennes
European University Studies

Reihe II
Rechtswissenschaft

Série II Series II
Droit
Law

Bd./Vol. 2276

PETER LANG
Frankfurt am Main · Berlin · Bern · New York · Paris · Wien

Asja Koch

Die Eigenverwaltung nach der Insolvenzordnung

PETER LANG
Europäischer Verlag der Wissenschaften

Die Deutsche Bibliothek - CIP-Einheitsaufnahme

Koch, Asja:

Die Eigenverwaltung nach der Insolvenzordnung / Asja Koch. -
Frankfurt am Main ; Berlin ; Bern ; New York ; Paris ; Wien :
Lang, 1998
(Europäische Hochschulschriften : Reihe 2, Rechts-
wissenschaft ; Bd. 2276)
Zugl.: Hamburg, Univ., Diss., 1997
ISBN 3-631-32712-9

D 18
ISSN 0531-7312
ISBN 3-631-32712-9

Vorwort

Diese Arbeit wurde im Wintersemester 1996/97 vom Fachbereich Rechtswissenschaft I der Universität Hamburg als Dissertation angenommen.

Ganz besonderer Dank gilt meinem Doktorvater, Herrn Prof. Dr. Reinhard Bork, der die Entstehung dieser Arbeit mit wertvollen Anregungen und konstruktiver Kritik begleitet hat. Herrn Prof. Dr. Karsten Schmidt danke ich für die zügige Erstellung des Zweitgutachtens.

Vor allem aber möchte ich meinen Eltern danken, die mir meine Ausbildung erst ermöglicht und durch ihre Unterstützung wesentlich zum Zustandekommen dieser Dissertation beigetragen haben.

Hamburg, im August 1997 Asja Koch

Inhaltsverzeichnis

Abkürzungsverzeichnis

a.A.	anderer Ansicht
aaO	am anderen Ort
Abs.	Absatz
Abschn.	Abschnitt
AG	Aktiengesellschaft
	Amtsgericht
AktG	Aktiengesetz
Anm.	Anmerkung
AO	Abgabenordnung
	Ausgleichsordnung (Österreich)
ArbGG	Arbeitsgerichtsgesetz
Art.	Artikel
Aufl.	Auflage
AnwBl.	Anwaltsblatt
AV	Allgemeine Verfügung
BC	Bankruptcy Code (USA)
Bearb.	Bearbeiter
BB	Der Betriebs-Berater
Bd.	Band
Begr.	Begründung
BFuP	Betriebwirtschaftliche Forschung und Praxis
BGB	Bürgerliches Gesetzbuch
BGBl.	Bundesgesetzblatt
BGH	Bundesgerichtshof
BGHZ	Entscheidungen des Bundesgerichtshofs in Zivilsachen
BFH	Bundesfinanzhof
BMJ	Bundesministerium der Justiz
BNotO	Bundesnotarordnung
BRAK	Bundesrechtsanwaltskammer
BRAK-Mitt.	BRAK-Mitteilungen
BRAO	Bundesrechtsanwaltsordnung

BRat	Bundesrat
BRD	Bundesrepublik Deutschland
BSG	Bundessozialgericht
BSHG	Bundessozialhilfegesetz
BT-Drucksache	Bundestags-Drucksache
BVerfG	Bundesverfassungsgericht
bzgl.	bezüglich
bzw.	beziehungsweise
chap.	chapter
DB	Der Betrieb
ders.	derselbe
d.h.	das heißt
DiskE InsO	Diskussionsentwurf zur Insolvenzordnung
Diss.	Dissertation
DJT	Deutscher Juristentag
DRiz	Deutsche Richterzeitung
DtZ	Deutsch-Deutsche Rechts-Zeitschrift
DZWir	Deutsche Zeitschrift für Wirtschaftsrecht
EGInsO	Einführungsgesetz zur Insolvenzordnung
EGStGB	Einführungsgesetz zum Strafgesetzbuch
einh.	einhundert
Einl.	Einleitung
Erster Bericht	Erster Bericht der Insolvenzrechts-Reformkommission
etc.	et cetera
f.	folgende(r)
ff.	folgende
FGO	Finanzgerichtsordnung
Fn.	Fußnote
FS	Festschrift
gem.	gemäß
GenG	Gesetz betreffend die Erwerbs- und Wirtschaftsgenossenschaften
GesO	Gesamtvollstreckungsordnung
GG	Grundgesetz
ggf.	gegebenenfalls
ggü.	gegenüber
GmbH	Gesellschaft mit beschränkter Haftung

GmbHG	Gesetz betreffend die Gesellschaften mit beschränkter Haftung
GmbHRdsch.	GmbH-Rundschau
grds.	grundsätzlich
GVG	Gerichtsverfassungsgesetz
Hbd.	Halbband
HGB	Handelsgesetzbuch
h.M.	herrschende Meinung
Hrsg.	Herausgeber
Hs.	Halbsatz
IA	Insolvency Act (England)
idF	in der Fassung
idR	in der Regel
iFd	im Falle des/r
insbes.	insbesondere
InsO	Insolvenzordnung
InsR	Insolvenzrecht
InsVV	Insolvenzrechtliche Vergütungsverordnung
IRÄG	Insolvenzrechtsänderungsgesetz (Österreich)
iSv	im Sinne von
iVm	in Verbindung mit
JR	Juristische Rundschau
JZ	Juristenzeitung
Kap.	Kapitel
KG	Kommanditgesellschaft
KGaA	Kommanditgesellschaft auf Aktien
KO	Konkursordnung
KOR	Konkursrecht
KTS	Konkurs-, Treuhand- und Schiedsgerichtswesen
KuT	Konkurs- und Treuhandwesen
L.	Loi
LG	Landgericht
Lit.	Literatur
MDR	Monatsschrift für Deutsches Recht
n.	numéro
NJW	Neue Juristische Wochenschrift
Nr.	Nummer
o.ä.	oder ähnlich

öKO	Konkursordnung (Österreich)
oHG	offene Handelsgesellschaft
OLG	Oberlandesgericht
Rdz.	Randziffer
RefE	Referentenentwurf (soweit nicht anders angegeben, zur Insolvenzordnung)
RegE	Regierungsentwurf (soweit nicht anders angegeben, zur Insolvenzordnung)
RGZ	Entscheidungen des Reichsgerichts in Zivilsachen
Rpfleger	Der Deutsche Rechtspfleger
RPflG	Rechtspflegergesetz
Rspr.	Rechtsprechung
S.	Seite
	Satz
sec.	section
StGB	Strafgesetzbuch
sog.	sogenannte(r/s)
u.a.	unter anderem
	und andere
u.ä.	und ähnliche(r/s)
Univ.	Universität
U.S.	United States
u.U.	unter Umständen
VerglO	Vergleichsordnung
VerglR	Vergleichsrecht
VergVO	Verordnung über die Vergütung des Konkursverwalters, des Vergleichsverwalters, der Mitglieder des Gläubigerausschusses und der Mitglieder des Gläubigerbeirats
vgl.	vergleiche
Vorb.	Vorbemerkung
VwGO	Verwaltungsgerichtsordnung
WM	Wertpapier-Mitteilungen
z.B.	zum Beispiel
Ziff.	Ziffer
ZIP	Zeitschrift für Wirtschaftsrecht
zit.	zitiert
ZPO	Zivilprozeßordnung

ZRP	Zeitschrift für Rechtspolitik
ZSEG	Gesetz über die Entschädigung von Zeugen und Sachverständigen
z.T.	zum Teil
zugl.	zugleich
zust.	zustimmend
ZVG	Gesetz über die Zwangsversteigerung und die Zwangsverwaltung
ZVR	Zwangsvollstreckungsrecht
Zweiter Bericht	Zweiter Bericht der Insolvenzrechts-Reformkommission
ZZP	Zeitschrift für Zivilprozeß

1. Kapitel – Einführung

I. Grundlagen

Der Deutsche Bundestag hat am 21.4.1994 die Insolvenzordnung (InsO) verabschiedet, die am 1.1.1999 die Konkurs- (KO) und Vergleichsordnung (VerglO) ablösen und das geltende Insolvenzrecht grundlegend umgestalten wird.[1] Ziel des darin vorgesehenen Insolvenzverfahrens ist es nach § 1 Satz 1 InsO, "die Gläubiger eines Schuldners gemeinschaftlich zu befriedigen, indem das Vermögen des Schuldners verwertet und der Erlös verteilt oder in einem Insolvenzplan eine abweichende Regelung insbesondere zum Erhalt des Unternehmens getroffen wird". Das neue Insolvenzrecht hebt damit die im geltenden Recht existierende, vielfach kritisierte[2] Dualität von Vergleich und Konkurs auf und faßt die Möglichkeiten der Insolvenzbereinigung durch Liquidation des Schuldnervermögens, Sanierung oder übertragende Sanierung in einem Verfahren zusammen.[3]

Das bedeutet, daß in einem einheitlichen Insolvenzverfahren die sich aus dem auf Liquidation ausgerichteten Konkursverfahren und dem auf Sanierung abzielenden Vergleichsverfahren ergebenden Interessengegensätze und die gegenläufigen Verfahrensregelungen koordiniert werden müssen. Besonders deutlich zeigt sich dieses Problem bei der Frage nach der Verwaltung, Nutzung und Verwertung des Schuldnervermögens nach Verfahrenseröffnung. Diese ist im bislang geltenden Recht in Konkurs- und Vergleichsordnung völlig gegensätzlich geregelt. Im Konkurs wird dem Schuldner gem. § 6 KO mit Verfahrenseröffnung die Verwaltungs- und Verfügungsbefugnis über das zur Konkursmasse gehörende Vermö-

1 Auch die in den neuen Bundesländern geltende Gesamtvollstreckungsordnung (GesO) wird durch die InsO aufgehoben.

2 Erster Bericht der Reformkommission, Begr. der Leitsätze, Einf., S. 86 ff.; Balz ZIP 1988, S. 273, 283; Haarmeyer/Wutzke/Förster, InsO, Teil A., I., S. 2.

3 Zur Einheitlichkeit des Insolvenzverfahrens siehe Gerhardt in: Leipold, S. 1, 4; Landfermann KTS 1989, S. 763, 765 f.; Uhlenbruck KTS 1994, S. 169, 170; kritisch Henckel KTS 1989, S. 477, 487 f.

gen entzogen und geht auf den nach § 78 KO bestellten Konkursverwalter über, der es zu liquidieren und den Erlös an die Gläubiger auszukehren hat.[4] Im Vergleichsverfahren, das regelmäßig die Sanierung der finanziellen und wirtschaftlichen Lage des Schuldners durch teilweisen Forderungserlaß und Stundung anstrebt[5], bleibt der Schuldner dagegen grundsätzlich auch nach Eröffnung des Verfahrens vollen Umfangs verwaltungs- und verfügungsbefugt über sein Vermögen. Der nach §§ 20 I, 38 VerglO bestellte Vergleichsverwalter hat nach § 39 VerglO lediglich die wirtschaftliche Lage des Schuldners zu prüfen und die Geschäftsführung sowie die Ausgaben für die Lebensführung zu überwachen. Zur Erleichterung der Aufsicht über die Wirtschaftsführung wird der Schuldner gem. § 57 I VerglO verpflichtet, bestimmte Verbindlichkeiten nur mit Zustimmung des Vergleichsverwalters einzugehen bzw. dessen Einspruch zu beachten. Dem Schuldner können aber zur Sicherstellung seines Vermögens Verfügungsbeschränkungen in Form eines allgemeinen oder besonderen Veräußerungsverbots (§§ 58 ff. VerglO) auferlegt werden. In der Praxis wird von dieser Möglichkeit regelmäßig Gebrauch gemacht.[6] Dann bedarf er zwar gem. § 64 Satz 1 VerglO zu Verfügungen der Zustimmung des Verwalters. Dieser erhält dadurch aber keine eigene Verfügungsmacht.[7] Von der Verwaltung seines Vermögens kann der Schuldner nicht ausgeschlossen werden.[8] Somit findet ein Übergang der Verwaltungs- und Verfügungsbefugnis auf den Verwalter nicht statt.[9] Im

---

4 Baur/Stürner, InsR, § 1, II. 3. (S. 3); Heilmann, A. IV. 2. a) aa), Rdz. 98; Kilger/Karsten Schmidt, § 6 Anm. 1), 4) a). Dieser Grundsatz der Fremdverwaltung gilt gem. § 5 Satz 2 Nr. 1, 2 GesO auch für die Gesamtvollstreckungsverfahren in den neuen Bundesländern, vgl. Hess/Binz/Wienberg, § 5 Rdz. 7 f.; Kilger/Karsten Schmidt, GesO, § 5 Anm. 2) a) b).

5 Baur/Stürner, InsR, § 1 I. 2. (S. 2), Böhle-Stamschräder/Kilger, Einl., IV., S. 4.

6 Baur/Stürner, InsR, § 27 II. 2. b), S. 322; Heilmann, A. IV. 2. b) bb) (Rdz. 118). Im Vorverfahren bildet sie die Grundlage für das sog. Vergleichsverfahren Kölner Prägung, das die formularmäßige Beteiligung des vorläufigen Vergleichsverwalters (§ 11 VerglO) an der Gesamtgeschäftsführung durch gerichtliche Anordnung von Maßnahmen gem. §§ 12, 57, 58 VerglO vorsieht, vgl. dazu Berges KTS 1955, S. 2, 3 ff.; Künne KTS 1971, S. 235 ff.; Uhlenbruck KTS 1972, S. 220 ff.

7 Häsemeyer, 30. Kap., II. 3., S. 646.

8 Heilmann, A. IV. 2. b) bb) (Rdz. 118).

9 BGHZ 23, S. 307, 318; Heilmann, A. IV. 2. b) bb) (Rdz. 118); Bley/Mohrbutter, § 59 Rdz. 5; Häsemeyer, 30. Kap., II. 3., S. 646 f; vgl. auch die Ausführungen bei Berges KTS 1955, S. 2, 5.

Rahmen der VerglO ist ein solcher Befugniswechsel lediglich denkbar, wenn der Vergleichsschuldner im Rahmen eines Treuhandvergleichs, als der insbesondere ein Liquidationsvergleich gem. § 7 IV VerglO häufig ausgestaltet sein wird[10], dem Treuhänder bzw. bei Überwachung der Vergleichserfüllung gem. § 91 VerglO[11] dem Sachwalter sein Vermögen treuhänderisch überträgt.

Korrespondierend mit der einheitlichen Verfahrensstruktur nach der InsO hat der Gesetzgeber sich für eine von der Verwertungsart (Sanierung oder Liquidation) unabhängige Form der Masseverwaltung nach konkursrechtlichen Grundsätzen entschieden, §§ 80 I, 148 ff. InsO. Das bedeutet, daß grundsätzlich mit Verfahrenseröffnung das Schuldnervermögen beschlagnahmt wird und die Verwaltungs- und Verfügungsbefugnis auf den Insolvenzverwalter übergeht.

Diese uniforme Regelung hat im Vergleich zum Verwaltungsdualismus des geltenden Rechts notwendigerweise einen Flexibilitätsverlust zur Folge. Um trotz der Vermeidung der Verfahrensdualität die insbesondere bei Unternehmensinsolvenzen durch die fortbestehende Verwaltungs- und Verfügungsbefugnis des Schuldners bedingten Vorzüge des Vergleichsverfahrens übernehmen zu können, hat der Gesetzgeber daher die in Ausnahmefällen zuzulassende besondere Verfahrensmodalität der Eigenverwaltung gem. §§ 270 ff. InsO zur Verfügung gestellt.[12] Das bedeutet, daß von der Beschlagnahme des Schuldnervermögens abgesehen wird, wenn gem. § 270 I 1 InsO im Eröffnungsbeschluß oder nachträglich gem. § 271 Satz 1 InsO auf Antrag der ersten Gläubigerversammlung die Durchführung des Verfahrens im Wege der Eigenverwaltung angeordnet wird. In diesem Fall wird statt des Insolvenzverwalters lediglich ein Sachwalter bestellt, der u.a. die wirtschaftliche Lage des nunmehr weiterhin verwaltungs- und verfügungsbefugten Schuldners zu prüfen und seine Geschäftsführung und die Ausgaben für die Lebensführung zu überwachen hat, § 274 II InsO. Ihm stehen kraft Gesetzes Mitwirkungsrechte bei bestimmten Rechtshandlungen des Schuldners zu, § 275 I InsO, weitere können ihm gem. § 275 II InsO aus eigener Initia-

---

10 Mohrbutter/Mohrbutter, 2. Teil, IV. 6. e), Rdz. 1433.

11 Häsemeyer, 30. Kap., II. 6., S. 653.

12 Eine der Eigenverwaltung gem. §§ 270 ff. InsO vergleichbare Regelung im Bereich der *(Einzel-)Zwangsvollstreckung* findet sich in § 150b ZVG, der die Zwangsverwaltung landwirtschaftlicher, forstwirtschaftlicher und gärtnerischer Grundstücke unter bestimmten Voraussetzungen dem Schuldner überläßt.

tive bzw. gem. § 277 InsO auf Betreiben der Gläubiger zuwachsen. Gem. § 280 InsO obliegt ihm die Insolvenzanfechtung gem. §§ 129 bis 147 InsO, und nach § 284 I 1 InsO kann er von der Gläubigerversammlung mit der Ausarbeitung eines Insolvenzplans beauftragt werden, dessen Erfüllung er jedenfalls gem. § 284 II InsO zu überwachen hat.

Die wesentlichen Vorteile der Eigenverwaltung durch den Schuldner unter Aufsicht eines Sachwalters gegenüber der Fremdverwaltung werden in der Kosteneinsparung und der Effizienzsteigerung des Verfahrens gesehen: Hauptanwendungsbereich der Eigenverwaltung sollen diejenigen Fälle sein, in denen der Schuldner ein Unternehmen betreibt und Aussichten bestehen, dieses Unternehmen auf der Grundlage eines Insolvenzplans zu sanieren.[13] Im Hinblick auf diesen Zweck soll die Eigenverwaltung gewährleisten, daß inner- und außerbetriebliche Kenntnisse und Erfahrungen der bisherigen Geschäftsleitung am effektivsten genutzt werden können und die anderenfalls für jeden Fremdverwalter erforderliche Einarbeitungszeit vermieden wird. Das Verfahren soll insgesamt weniger Aufwand und Kosten verursachen. Zudem soll die Aussicht, auch im Insolvenzverfahren weiterhin verwaltungs- und verfügungsbefugt zu bleiben und damit nicht völlig aus der Geschäftsführung verdrängt zu werden, den Schuldner motivieren, frühzeitig einen Antrag auf Eröffnung des Insolvenzverfahrens zu stellen. Das bedeutet wiederum, daß bei frühzeitiger Eröffnung der Bestand der Insolvenzmasse erhalten und vor einer Reduzierung bewahrt werden kann und damit die Befriedigung der Gläubiger optimiert wird.[14]

II. Gang der Untersuchung

Zunächst wird im zweiten Kapitel dieser Arbeit die Entwicklung der Eigenverwaltung im Zuge der Insolvenzrechtsreform aufgezeigt.

Die angestrebte Eliminierung der derzeitigen insolvenzrechtlichen Mängel einerseits und die Übernahme der vergleichsrechtlichen Vorteile andererseits sind nur realisierbar, wenn sich die Regelungen der §§ 270 ff. InsO lückenlos in den Kontext der InsO einfügen und diesem Verfahren durch die Akzeptanz seitens der über seine Anwendung entscheiden-

---

13 RegE, BT-Drucksache 12/2443, Begr. B, S. 226.

14 Zu allem RegE, BT-Drucksache 12/2443, Begr. B, S. 223.

den Gläubiger eine gewisse praktische Relevanz beigemessen werden kann. Im dritten Kapitel dieser Arbeit wird daher das Eigenverwaltungsverfahren auf seine Rechtfertigung im System der InsO untersucht werden. In diesem Zusammenhang stellt sich zunächst die Frage nach der Kongruenz der erst nach Verfahrenseröffnung eingreifenden §§ 270 ff. InsO mit den bereits im Eröffnungsverfahren gem. § 21 I InsO anzuordnenden Sicherungsmaßnahmen. Da die Eigenverwaltung neben den mit ihr angestrebten Vorteilen für die Gläubiger erhebliche Risiken in Form von irreversiblen masseschädigenden Handlungen des Schuldners in sich birgt, muß ihrer Anordnung und Beibehaltung eine sachgerechte Interessenabwägung zugrundeliegen. Zu untersuchen ist demnach, ob die gesetzlichen Voraussetzungen für die Eigenverwaltungsanordnung eine derartige Abwägung gewährleisten. Von Bedeutung ist dabei auch, ob und unter welchen Umständen die Eigenverwaltung beendet werden kann. Des weiteren sind praktische Probleme bei der Durchführung des Insolvenzverfahrens gem. §§ 270 ff. InsO zu untersuchen, etwa die Frage, ob sich im Hinblick auf die gesetzlich normierte Rechtsstellung des Sachwalters – insbesondere im Hinblick auf seine Vergütung – qualifizierte Personen für die Übernahme dieses Amtes finden werden. Vor allem aber wird zu prüfen sein, inwieweit die normierte Kompetenzverteilung zwischen Schuldner und Sachwalter einen Ausgleich zwischen den Zielen der Effizienzsteigerung, Kostenersparnis, Verfahrensvereinfachung, frühzeitigen Verfahrenseröffnung und dem zu gewährleistenden Gläubigerschutz schafft. Daran werden sich die Vorzüge der Eigenverwaltung gegenüber dem Regelinsolvenzverfahren messen, die letzlich die praktische Relevanz des Verfahrens gem. §§ 270 ff. InsO bestimmen.

Im vierten Kapitel der Arbeit werden die wesentlichen Ergebnisse zu den aufgeworfenen Fragen nochmals zusammengefaßt.

2. Kapitel – Die Entwicklung des Eigenverwaltungsverfahrens im Zuge der Insolvenzrechtsreform

Das Sonderverfahren der Eigenverwaltung wurde in der in den §§ 270 ff. InsO normierten Fassung erst vom Rechtsausschuß des Bundestages vorgeschlagen. Zuvor durchlief es in der Insolvenzrechtsreformdiskussion verschiedene Entwicklungsstufen, die im folgenden dokumentiert werden sollen. Dazu wird zunächst ein Überblick über die historische Entwicklung und das Gesetzgebungsverfahren zur InsO gegeben.

I. Historische Entwicklung und Gesetzgebungsverfahren zur InsO

Im Jahre 1978 wurde vom damaligen Bundesjustizminister eine Sachverständigenkommission zur Erarbeitung von Vorschlägen für eine Insolvenzrechtsreform eingesetzt. Ihre Ergebnisse faßte die Kommission in den Jahren 1985 und 1986 in zwei Berichten zusammen.[1] Nach intensiver öffentlicher Diskussion dieser Berichte[2] legte das Bundesjustizministerium im Jahre 1988 den sog. Diskussionsentwurf (DiskE InsO) eines Gesetzes zur Reform des Insolvenzrechts vor[3], dem 1989 der sog. Referentenentwurf (RefE) als eine überarbeitete und inhaltlich weiterentwikkelte Fassung[4] folgte. Am 21.11.1991 hat die Bundesregierung den dem Referentenentwurf weitgehend entsprechenden[5] sog. Regierungsentwurf einer Insolvenzordnung (RegE) vorgelegt. Dieser wurde nach der ersten Lesung dem Rechtsausschuß des Bundestages zur Beratung überwiesen. Der Bundestag verabschiedete am 21.4.1994 die neue Insovenzordnung

---

1 Erster Bericht der Kommission für Insolvenzrecht, Köln 1985; Zweiter Bericht der Kommission für Insolvenzrecht, Köln 1986; nachfolgend zitiert als "Erster" und "Zweiter Bericht".

2 Kübler/Prütting, Einl. II. 4. (S. 4).

3 Ergänzungen zum Diskussionsentwurf finden sich im sog. Ergänzungsentwurf von 1989.

4 Uhlenbruck, Das neue InsR, Teil 1, A. I. 5., S. 24; Landfermann KTS 1989, S. 763.

5 Kübler/Prütting, Einl. II. 6. (S. 5); Uhlenbruck, Das neue InsR, Teil 1, A. I. 7., S. 25 f.; Gravenbrucher Kreis ZIP 1992, S. 657; Landfermann ZIP 1991, S. 1660, 1661.

in der vom Rechtsausschuß vorgeschlagenen Fassung, die neben etlichen redaktionellen Änderungen auch eine Reihe von inhaltlichen Abweichungen bzw. Ergänzungen gegenüber dem RegE enthielt.[6] Am 17.6.1994 stimmte der Bundestag schließlich noch dem Vorschlag des vom Bundesrat angerufenen Vermittlungsausschusses zu, das Inkrafttreten der Insolvenzordnung durch Änderung des Einführungsgesetzes zur InsO (EGInsO) hinauszuschieben. Ansonsten wurden keine Veränderungen gegenüber der Fassung vom 21.4.1994 vorgenommen. Die Zustimmung des Bundesrates erfolgte am 18.7.1994. Die Insolvenzordnung ist am 5.10.1994 ausgefertigt und am 19.10.1994 im Bundesgesetzblatt (1994 I, S. 2866) verkündet worden.

II. Berichte der Insolvenzrechtsreformkommission

Die Kommission hatte sich in ihren Berichten mit der Frage der Schuldnereigenverwaltung der Insolvenzmasse ausdrücklich auseinandergesetzt und war zu folgenden Reformvorschlägen gekommen:

1. Grundsatz der Fremdverwaltung

Im Regelinsolvenzverfahren, das als Liquidationsverfahren zur Verwertung des Schuldnervermögens[7] oder als Reorganisationsverfahren zur Sanierung von in wirtschaftliche Schwierigkeiten geratenen Unternehmen[8] ausgestaltet sein kann, geht die Verwaltungs- und Verfügungsbefugnis über das zur Insolvenzmasse gehörende Vermögen mit dem Eröffnungsbeschluß auf den nach Leitsatz 1.3.1.1 des Ersten Berichts zu bestellenden Insolvenzverwalter über[9], der das betreffende Vermögen in Besitz und Verwaltung zu nehmen hat[10]. Im Reorganisationsverfahren hat er den Geschäftsbetrieb des schuldnerischen Unternehmens fortzu-

---

6 Kübler/Prütting, Einl. II. 6. 1., S. 5; Uhlenbruck, Das neue InsR, Teil 1, A. I. 7., S. 26.

7 Erster Bericht, Einl., S. 17.

8 Erster Bericht, Leitsatz 2.1.2.

9 Erster Bericht, Leitsatz 1.2.10 (2).

10 Erster Bericht, Leitsatz 1.3.1.2 (1).

führen; im Liquidationsverfahren muß er die Insolvenzmasse verwerten und den Erlös verteilen.

Die Möglichkeit der Eigenverwaltung hat die Kommission im Hinblick auf ein Reorganisationsverfahren[11] in ihrem Ersten Bericht zwar erwogen, letztlich aber ausdrücklich abgelehnt.[12] Als Argumente *für* die Eigenverwaltung hatte die Kommission neben der Existenz ausländischer Vorbilder für dieses Modell[13] bereits die oben in Kapitel 1, I. genannten Vorteile angeführt. Als ausschlaggebende Ablehnungsgründe nannte sie demgegenüber das mangelnde Vertrauen in die wirtschaftlichen Fähigkeiten des für die Insolvenz verantwortlichen Schuldners, die bei der Eigenverwaltung unmögliche Trennung der Funktionsbereiche von Insolvenz- und Gesellschaftsorganen und die daraus resultierenden Interessenkonflikte zwischen Unternehmen und Gläubigern, das Leerlaufen der Haftung gem. § 82 KO bei einzelkaufmännischen Unternehmen und Personengesellschaften[14] und den Vorteil, daß bei einer Fremdverwaltung ein Verwalterwechsel entbehrlich ist, wenn nach dem Vorverfahren die Liquidation eingeleitet oder innerhalb des Verfahrens von der Reorganisation zur Liquidation oder andersherum übergegangen wird[15].

2. Kleininsolvenzen und vereinfachte Schuldenregulierung

Trotz dieser grundsätzlichen Ablehnung der Schuldnereigenverwaltung der Insolvenzmasse hat die Kommission festgestellt, daß in einigen Fällen die Bestellung eines Insolvenzverwalters unökonomisch sein kann. In Leitsatz 6 des Zweiten Berichts hat sie deshalb unter dem Gesichtspunkt *Vereinfachung des Insolvenzverfahrens* vorgeschlagen, daß bei *Kleininsolvenzen* – also solchen, in denen die Zahl der Gläubiger gering ist und

11 Im Liquidationsverfahren sollte die Möglichkeit der Eigenverwaltung von vornherein nicht in Betracht kommen, vgl. Erster Bericht, Begr. zu Leitsatz 1.3.1.1, S. 125.

12 Erster Bericht, Begr. zu Leitsatz 1.3.1.1, S. 125 ff.

13 Siehe dazu den Anhang dieser Arbeit.

14 Erster Bericht, Begr. zu Leitsatz 1.3.1.1, S. 126: "Pflichtverletzungen des Einzelkaufmanns oder der persönlich unbeschränkt haftenden Gesellschafter als Selbstverwalter könnten nicht gem. § 82 KO haftungsrechtlich sanktioniert werden, weil ihr Vermögen, mit dem sie den Gläubigern ohnehin persönlich unbeschränkt haften, in der Insolvenz verbraucht wäre."

15 Erster Bericht, Begr. zu Leitsatz 1.3.1.1, S. 126.

die vermögensrechtlichen Verhältnisse des Schuldners überschaubar sind[16] – im Rahmen eines Liquidationsverfahrens von der Bestellung eines Insolvenzverwalters abgesehen werden kann, soweit der Schuldner eine natürliche Person ist und glaubhaft macht, daß aufgrund seiner wirtschaftlichen Lage ein Zwangsvergleich herbeigeführt werden kann.[17] Das ist insbesondere der Fall, wenn der Schuldner über laufende Einkünfte verfügt und sein zur Insolvenzmasse gehöriges Vermögen wirtschaftlich so geringfügig ist, daß die Gläubiger an dessen Verwertung kein Interesse haben. Die Bestellung eines Verwalters könnte dann durch die verursachten Massekosten sogar zu einer Abweisung des Eröffnungsantrags und somit zu einer Verhinderung der kollektiven Gläubigerbefriedigung führen. Bei Absehen von der Verwalterbestellung verbleibt die Verwaltungs- und Verfügungsbefugnis über das zur Masse gehörende Vermögen zwar beim Schuldner; zur Sicherung und Erhaltung der Masse im Interesse der Gläubiger darf dieser aber nur mit gerichtlicher Zustimmung über die Gegenstände des Massevermögens verfügen.

Eine weitere Ausnahme vom Grundsatz der Fremdverwaltung der Insolvenzmasse findet sich im Verfahren der sog. *vereinfachten Schuldenregulierung*[18]. Eine solche Schuldenregulierung kann durch das Insolvenzgericht statt Abweisung des Antrags auf Eröffnung des Insolvenzverfahrens angeordnet werden, wenn eine die Kosten des Verfahrens deckende Masse nicht vorhanden ist. Sie hat im wesentlichen die Verteilung der fortlaufenden Bezüge des Schuldners zum Gegenstand und erfolgt auf der Grundlage eines Schuldenregulierungsplans, in dem u.a. Maßnahmen wie Forderungserlaß, Stundung, die Verteilung künftigen Einkommens und ggf. dessen Übertragung auf einen Treuhänder vorgesehen werden können.[19] Die Abwicklung erfolgt durch den Rechtspfleger, ein Insolvenzverwalter wird nicht bestellt.[20] Das zur Insolvenzmasse gehörende Vermögen wird – soweit vorhanden – nach Leitsatz 6.2.2 (2) (a) der Zweiten Berichts beschlagnahmt, der Schuldner kann nur mit Zustimmung des Insolvenzgerichts darüber verfügen.

16 Zweiter Bericht, Leitsatz 6.1.3.2 (1) Satz 1.

17 Zweiter Bericht, Leitsatz 6.1.3.2.

18 Zweiter Bericht, Leitsatz 6.2.

19 Zum Inhalt des Plans vgl. Zweiter Bericht, Leitsatz 6.2.6.

20 Zweiter Bericht, Leitsatz 6.2.2 (4).

Weitere Verfahrenskonstellationen, in denen von der Bestellung eines Insolvenzverwalters abgesehen werden kann, sah die Reformkommission in ihren Berichten nicht vor. Nur in den genannten Ausnahmefällen, bei Kleininsolvenzen und im Rahmen der vereinfachten Schuldenregulierung, wurde also eine beschränkte Form der Eigenverwaltung zugelassen.

III. Diskussions- und Referentenentwurf des Bundesjustizministeriums und Regierungsentwurf der Bundesregierung

1. Arten der Schuldnereigenverwaltung

In Abkehr von den Vorschlägen der Reformkommission sahen der Diskussionsentwurf des Bundesjustizministeriums und – ihm folgend – der Referenten- und der Regierungsentwurf zur Insolvenzordnung in ihrem jeweiligen Abschnitt "Besondere Arten des Insolvenzverfahrens" die Möglichkeit der Eigenverwaltung des zur Insolvenzmasse gehörenden Vermögens durch den Schuldner ausdrücklich vor. Zwar sollte im Regelinsolvenzverfahren die Verwaltungs- und Verfügungsbefugnis des Schuldners über die Insolvenzmasse mit Eröffnung des Insolvenzverfahrens grundsätzlich gem. § 86 I DiskE InsO / § 86 I RefE / § 91 I RegE auf den nach § 61 DiskE InsO / § 61 RefE / § 65 RegE bestellten Insolvenzverwalter übergehen. Soweit das Insolvenzgericht im Beschluß über die Eröffnung des Insolvenzverfahrens jedoch die Eigenverwaltung anordnete, sollte der Schuldner berechtigt bleiben, das Massevermögen zu verwalten und u.U. auch darüber zu verfügen.

Alle drei Gesetzesentwürfe unterschieden dabei zwischen der Eigenverwaltung unter Aufsicht eines Sachwalters (§§ 320 bis 335 DiskE InsO/RefE bzw. §§ 331 bis 346 RegE) und der Eigenverwaltung ohne Sachwalter bei Kleinverfahren (§§ 336 bis 345 DiskE InsO/RefE bzw. §§ 347 bis 357 RegE). Voraussetzungen der Anordnung der Eigenverwaltung unter Aufsicht eines Sachwalters[21] sollte lediglich ein Antrag des Schuldners sein und daß keine Umstände bekannt sind, die erwarten

21 Diese Regelungen entsprechen im Grundsatz den §§ 270 bis 285 InsO. Auf die in Kapitel 1, I. dargestellten Grundzüge des Verfahrens der Eigenverwaltung kann insoweit verwiesen werden.

lassen, daß die Anordnung zu einer den Gläubigern nachteiligen Veränderung in der Vermögenslage des Schuldners (§ 320 II Nr. 3 DiskE InsO) bzw. nach der erweiterten Fassung von § 320 II Nr. 3 RefE / § 331 II Nr. 3 RegE zu Nachteilen für die Gläubiger führen wird. An die Person des Schuldners wurden keine besonderen Anforderungen gestellt.

Die Eigenverwaltung ohne Sachwalter, bei der dem Schuldner zwar die *Verwaltung* der Insolvenzmasse und grundsätzlich die Ausübung der damit zusammenhängenden Rechte und Pflichten obliegen[22], das Recht zur *Verfügung* über Massegegenstände sowie die Erfüllung von nach Verfahrenseröffnung eingegangenen Verbindlichkeiten aus der Insolvenzmasse als massemindernde Rechtshandlungen aber von der Zustimmung des Insolvenzgerichts abhängig sein sollten[23], stellte hingegen strengere Anforderungen auf. Diese Anordnung setzte weiterhin voraus, daß der Schuldner eine natürliche Person ist[24], keine oder nur eine geringfügige[25] selbständige Erwerbstätigkeit ausübt und daß die Vermögensverhältnisse des Schuldners überschaubar und die Zahl seiner Gläubiger oder die Höhe seiner Verbindlichkeiten gering sind. Der Grund für diese strengeren Anforderungen lag darin, daß das Absehen von der Bestellung eines Sachwalters eine weitere Verfahrensvereinfachung darstellen sollte, die – wegen der Gefahr gläubiger- bzw. masseschädigender Handlungen – nur dort gerechtfertigt gewesen wäre, wo die Insolvenzabwicklung typischerweise keine besonderen Probleme verursacht. Nur dann erscheint eine besondere Verwaltungs- und Aufsichtsperson entbehrlich.[26] Das Verfahren der Eigenverwaltung ohne Sachwalter war daher insbesondere für die Fälle konzipiert, in denen das einzig nennenswerte Vermögen des Schuldners dessen laufende (Arbeits-)Einkünfte sind und keine aufwendigen Verwertungsvorgänge stattfinden.[27] Ziel des Insolvenzverfahrens wäre in diesem Fall meist die Befriedigung der Gläubiger aus den Einkünften des Schuldners auf der Grundlage eines

---

22 RegE, BT-Drucksache 12/2443, Begr. B, S. 227.

23 § 339 I, II DiskE InsO / RefE / § 351 I, II RegE.

24 § 336 I Nr. 2 RefE / § 347 I Nr. 2 RegE; im DiskE InsO fehlte dieses Erfordernis.

25 Der Anwendungsbereich wurde mit § 347 II Nr. 2 RegE auf Kleingewerbetreibende erstreckt.

26 DiskE InsO, Begr. B300; RefE, Begr. B343; RegE, BT-Drucksache 12/2443, Begr. B, S. 227.

27 DiskE InsO, Begr. B299; RefE, Begr. B342; RegE, BT-Drucksache 12/2443, Begr. B, S. 227.

Insolvenzplans oder die Ermöglichung einer Restschuldbefreiung zugunsten des Schuldners gewesen.[28]

2. Vergleich mit den Vorschlägen der Reformkommission

Vergleicht man letzteres Verfahren mit den von der Reformkommission vorgeschlagenen Maßnahmen zur Verfahrensvereinfachung, so zeigen sich auffällige Parallelen. Zwar bezog sich die vereinfachte Schuldenregulierung auf eine andere Verfahrenskonstellation, da sie anstelle der Abweisung eines Eröffnungsantrags wegen Massearmut angeordnet worden wäre. Das vereinfachte Liquidationsverfahren bei Kleininsolvenzen aber betraf ebenso wie das Verfahren der Eigenverwaltung ohne Sachwalter das bereits eröffnete Insolvenzverfahren. Beide Verfahren waren auf die Befriedigung der Insolvenzgläubiger durch Verteilung laufender Einkünfte des Schuldners aus Mangel an verwertbarem Vermögen zugeschnitten. Diese sollte auf der Grundlage eines zwischen Gläubigern und Schuldner abgeschlossenen Zwangsvergleichs[29] bzw. Insolvenzplans[30] erfolgen. Die Voraussetzungen hinsichtlich der Person und der Vermögensverhältnisse waren nahezu identisch. Die Beschränkung der Eigenverwaltung ohne Sachwalter auf natürliche Personen, die keinen oder nur einen kleinen Gewerbebetrieb führen – also nicht oder nur geringfügig[31] unternehmerisch tätig sind[32] –, wurde im vereinfachten Liquidationsverfahren zwar nicht ausdrücklich normiert. Das Absehen von der Bestellung eines Insolvenzverwalters in letzterem Verfahren setzte aber die Möglichkeit eines Zwangsvergleichs voraus, der nach den Re-

28 DiskE InsO, Begr. B299; RefE, Begr. B342; RegE, BT-Drucksache 12/2443, Begr. B, S. 227.

29 Zweiter Bericht, Leitsatz 6.1.3.2 (1).

30 Der an die Stelle des Zwangsvergleichs treten soll, Schmidt-Räntsch MDR 1994, S. 321; Smid BB 1992, S. 501, 509.

31 Mit der Erweiterung des Anwendungsbereichs der Eigenverwaltung ohne Sachwalter auf Kleingewerbetreibende durch § 347 II Nr. 2 RegE ist der Einwand Leipolds (S. 165, 175), die Eigenverwaltung sei – im Gegensatz zum Liquidationsverfahren – *allein* auf Verbraucherinsolvenzen, also Insolvenzen von Privathaushalten (vgl. Hörmann WM 1992, S. 1223) zugeschnitten, nicht mehr haltbar.

32 Balz, III. 1.3., S. 33.

formvorschlägen der Kommission grundsätzlich nur dem nicht unternehmerisch tätigen Schuldner offenstand.[33]

Leipold[34] bestreitet die Ähnlichkeit beider Verfahrensarten mit dem Argument, das Absehen von der Bestellung eines Verwalters im vereinfachten Insolvenzverfahren würde den Zwangs*vergleich* als Verfahrensziel voraussetzen, während die Eigenverwaltung in Kleinverfahren auch auf die Verwertung des vorhandenen Schuldnervermögens und die Verteilung des Erlöses abzielen würde. Dagegen läßt sich anführen, daß zum einen der Zwangsvergleich auch als auf Verwertung des Vermögens abzielender Liquidationsvergleich hätte geschlossen werden können[35] und zum anderen die Gesetzesentwürfe davon ausgingen, daß es bei der Eigenverwaltung bei Kleininsolvenzen mangels nennenswerten pfändbaren Vermögens oder wegen Zustandekommens eines Insolvenzplans regelmäßig nicht zu einer Verwertung der Insolvenzmasse gekommen wäre[36].

Leipold[37] wendet ferner ein, Hauptziel des die Eigenverwaltung vorsehenden Kleinverfahrens wäre die Ermöglichung einer Restschuldbefreiung zugunsten des Schuldners. Eine Restschuldbefreiung hätte aber die Reformkommission gar nicht vorgesehen, so daß beide Verfahren wegen verschiedener Zielsetzungen nicht vergleichbar seien. Zwar ist zuzugeben, daß die Kommission die generelle Möglichkeit einer Restschuldbefreiung (discharge) nach anglo-amerikanischem Vorbild im einheitlichen Insolvenzverfahren ausdrücklich ablehnte mit dem Argument, das Verfahren diene der Haftungsverwirklichung, nicht aber der Befreiung des Schuldners von unberichtigten Verbindlichkeiten.[38] Zu beachten ist aber, daß sie gerade im hier allein zur Debatte stehenden Liquidationsverfahren die Möglichkeit einer Restschuldbefreiung durch den Zwangsvergleich selbst mit dem möglichen Inhalt eines Forderungsteilerlasses normierte.

---

33 Unternehmerisch tätigen Schuldners steht wegen des für sie konzipierten Reorganisationsverfahrens der Zwangsvergleich nur als (Teil-) Liquidationsvergleich, nicht aber als Stundungs- oder Quotenvergleich offen, vgl. Zweiter Bericht, Einl., S. 8, Vorb. zu Leitsatz 5, S. 132.

34 S. 165, 175.

35 Zweiter Bericht, Leitsatz 5.1.

36 DiskE InsO, Begr. B304; RefE, Begr. B348; RegE BT- Drucksache 12/2443, Begr. B, S. 229.

37 S. 165, 175.

38 Zweiter Bericht, Leitsatz 6.3 (1).

Zusammenfassend läßt sich also sagen, daß die Regelungen des DiskE InsO, des RefE und des RegE über die Eigenverwaltung ohne Sachwalter das Konzept der Kommission zur Vereinfachung des Insolvenzverfahrens bei Kleininsolvenzen übernommen und konkretisiert hatten. Das läßt sich nicht nur anhand der vergleichbaren Verfahrensvoraussetzungen und -zielsetzungen sagen; dafür spricht auch, daß die Entwürfe neben der Eigenverwaltung ohne Sachwalter keine anderen Kleininsolvenzverfahren vorsahen, in denen zum Zwecke der Verfahrensvereinfachung von der Bestellung eines Insolvenzverwalters abgesehen werden konnte. Die Tatsache, daß die Reformkommission sich in ihrem Bericht ausdrücklich gegen die Eigenverwaltung entschieden hatte[39], steht diesem Schluß nicht entgegen: Diese Ablehnung bezog sich lediglich auf die Eigenverwaltung bei Unternehmensfortführung im Rahmen eines Reorganisationsverfahrens[40], für die in den Gesetzesentwürfen das Verfahren der Eigenverwaltung unter Aufsicht eines Sachwalters konzipiert war. Vom letztgenannten Verfahren unterschied sich aber das Eigenverwaltungsverfahren bei Kleininsolvenzen grundlegend durch seine unterschiedliche Zielsetzung: Während das Verfahren mit Sachwalter für Unternehmensinsolvenzen konzipiert war und die Unternehmensfortführung und Weiterverwertung des Fachwissens ermöglichen sollte, galt letzteres für Arbeitnehmer, Verbraucher und Kleingewerbetreibende, bei denen nur aus Praktikabilitätsgründen und zur Senkung der Massekosten keine Verwaltungs- und Aufsichtsperson bestellt wurde. Diese beiden Verfahren waren mithin nur durch die in den Entwürfen zum Oberbegriff der Eigenverwaltung erhobene Gemeinsamkeit, daß kein Insolvenzverwalter bestellt wird, miteinander verbunden.[41] Damit hatte aber die Ablehnung der einen Art der Eigenverwaltung seitens der Reformkommission nicht die Ablehnung der anderen zur Folge, so daß hier von einem identischen Konzept der verglichenen Verfahrensarten gesprochen werden kann.

39 Erster Bericht, Begr. zu Leitsatz 1.3.1.1, S. 126.

40 Erster Bericht, Begr. zu Leitsatz 1.3.1.1, S. 125 iVm Leitsatz 2.1.3.

41 So auch Leipold, S. 165.

IV. Insolvenzordnung

1. Eigenverwaltung

Das in den §§ 270 bis 285 InsO unter der bloßen Überschrift "Eigenverwaltung" normierte Sonderverfahren entspricht dem in den Entwürfen unter der Überschrift "Besondere Arten des Insolvenzverfahrens" aufgeführten Verfahren "Eigenverwaltung unter Aufsicht eines Sachwalters". Der Zusatz "unter Aufsicht eines Sachwalters" ist in der InsO entbehrlich, da das in den Entwürfen vorgesehene Verfahren der "Eigenverwaltung ohne Sachwalter bei Kleinverfahren" nicht übernommen wurde.

Die Regelungen betreffend die Eigenverwaltung unter Aufsicht eines Sachwalters, die in den verschiedenen Gesetzesentwürfen (DiskE InsO, RefE und RegE) überarbeitet und weiterentwickelt worden sind, in den Grundzügen aber meist nur unwesentlich voneinander abwichen[42], haben in der InsO keine grundlegenden Änderungen mehr erfahren. Die meisten Umgestaltungen des Gesetzestextes gegenüber dem RegE sind formaler Natur; sie beinhalten z.B. die Streichung des Zusatzes "unter Aufsicht eines Sachwalters"[43], enthalten sprachliche Vereinfachungen[44] und wegen der gesamten Paragraphenverschiebungen in der InsO gegenüber dem RegE zwangsläufig andere Verweisungsnormen[45]. Die wichtigsten inhaltlichen Änderungen liegen in der Verschärfung der Voraussetzun-

---

42 So sind neben bloßen Formulierungsänderungen u.a. die Voraussetzungen der Eigenverwaltungsanordnung verschärft (§ 320 II Nr. 3 RefE bzw. § 331 II Nr. 3 RegE ggü. § 320 II Nr. 3 DiskE InsO) und die Kompetenzen des Sachwalters erweitert worden, indem § 324 III RefE / § 335 III RegE eine Anzeigepflicht für den Fall normieren, daß Umstände eintreten, die Nachteile bei Fortsetzung der Eigenverwaltung erwarten lassen. In § 329 S. 2, 3 RefE / § 340 S. 2, 3 RegE sind Einvernehmensregelungen und Zustimmungserfordernisse für schuldnerische Rechtshandlungen festgelegt und in § 338 I 3 RegE ist erstmals eine persönliche Haftung des Sachwalters für die Erfüllung von Masseverbindlichkeiten, die mit seiner Zustimmung durch den Schuldner begründet wurden, normiert worden.

43 § 270 I 1 InsO ggü. § 331 I 1 RegE; § 271 InsO ggü. § 332 II RegE; § 272 I InsO ggü. § 333 I RegE; § 273 InsO ggü. § 334 RegE; § 274 III 1 InsO ggü. § 335 III 1 RegE.

44 § 271 InsO ggü. § 332 RegE; § 275 II InsO ggü. § 336 II RegE.

45 Z.B. § 270 II 2 InsO ggü. § 331 III 2 RegE; § 272 I Nr. 2 InsO ggü. § 333 I Nr. 2 RegE; § 274 I, II 2 InsO ggü. § 335 I, II 2 RegE.

gen für die Anordnung der Eigenverwaltung[46], in der Neuregelung des § 270 II 2 InsO, daß die Forderungen der Insolvenzgläubiger zwecks Entlastung des Insolvenzgerichts[47] beim Sachwalter anzumelden sind, darin, daß die Gläubigerversammlung gem. § 284 I 1 InsO nicht nur den Schuldner[48], sondern auch den Sachwalter mit der Ausarbeitung eines Insolvenzplans beauftragen kann, und darin, daß der Sachwalter gem. § 285 InsO dem Insolvenzgericht die Masseunzulänglichkeit anzuzeigen hat[49].

Grund für die Streichung der "Eigenverwaltung ohne Sachwalter bei Kleinverfahren" ist nach Aussage des Bundesrates[50], der am 14.2.1992 zum RegE Stellung genommen und dem sich der Rechtsausschuß des Bundestages insoweit ohne nähere Begründung angeschlossen hat[51], die Überforderung sowohl des Schuldners als auch des Insolvenzgerichts durch diese besondere Art des Insolvenzverfahrens. Entweder seien die von diesem Verfahren betroffenen Schuldner – allesamt natürliche Personen! – aufgrund ihres Bildungs- und Kenntnisstandes nicht zu einer dem Gesetz entsprechenden Insolvenzabwicklung in der Lage und bedürften somit intensiver gerichtlicher Unterstützung und Beratung, oder die Gefahr des Mißbrauchs sei so groß, daß eine massive Überwachung durch das Insolvenzgericht erforderlich sei. Die Aufgaben des Insolvenzverwalters und des Sachwalters würden auf das Insolvenzgericht verlagert. Das aber bedeute eine erhebliche Mehrbelastung des Gerichtspersonals und eine höhere Kostenlast für die Staatskasse. Darüber hinaus

46 Nach § 270 II Nr. 3 InsO dürfen weder die Verzögerung des Verfahrens noch sonstige (wirtschaftliche) Nachteile für die Gläubiger zu erwarten sein. (Dazu näher unter Kap. 3, II. 1. a) cc).) Das Gericht muß dabei *prüfen*, ob das Verfahren in Eigenverwaltung voraussichtlich genauso zügig ablaufen wird, als wenn ein Insolvenzverwalter bestellt worden wäre, vgl. die Beschlußempfehlung des Rechtsausschusses, BT-Drucksache 12/7302, S. 185. Der RegE forderte in § 331 II Nr. 3 nur, daß keine Umstände *bekannt* sind, die erwarten lassen, daß die Anordnung zu Nachteilen für die Gläubiger führen wird.

47 Beschlußempfehlung des Rechtsausschusses, BT-Drucksache 12/7302, S. 185.

48 So aber § 345 I RegE.

49 Nach § 346 RegE konnte lediglich die gerichtliche Feststellung der Masseunzulänglichkeit iSv § 318 RegE vom Schuldner oder vom Sachwalter beantragt werden. Die inhaltliche Änderung ist Konsequenz der Ersetzung des § 318 RegE durch § 208 InsO.

50 Bundesrats-Drucksache 1/92, S. 41 ff.

51 BT-Drucksache 12/7302, S. 151 f.

finde das Verfahren der Eigenverwaltung ohne Sachwalter keine Rechtfertigung, da es bei Kleinverfahren wegen der in der Praxis zu erwartenden Belastung des gesamten Schuldnervermögens mit Absonderungsrechten und Abtretung oder Verpfändung der Einkünfte[52] regelmäßig um masselose Insolvenzen gehe, bei denen es weder etwas zu verwalten noch zu verwerten und verteilen gebe.

2. Verbraucherinsolvenzverfahren und sonstige Kleinverfahren

Der Gesetzgeber hat aber das Bedürfnis nach einer Vereinfachung des Verfahrens bei Insolvenzen von Privatpersonen und Kleingewerbetreibenden weiterhin bejaht. Statt[53] des ver- und sachwalterlosen Kleininsolvenzverfahrens hat er deshalb ein eigenständiges Verbraucherinsolvenzverfahren (§§ 304 bis 314 InsO) konzipiert, das weniger bürokratisch, flexibler und verbrauchergerechter als das vorwiegend auf Unternehmensinsolvenzen zugeschnittene allgemeine Insolvenzverfahren sei und zudem zu einer Entlastung der Gerichte führen soll.[54]

Dieses Verfahren ist dreistufig aufgebaut: Erst nach dem Scheitern außergerichtlicher Einigungsversuche und dem Nichtzustandekommen des anschließend mit (oder kurz nach) dem Eröffnungsantrag vorgelegten Schuldenbereinigungsplans kommt es zum vereinfachten Insolvenzverfahren. Die Frage nach dem Übergang der Verwaltungs- und Verfügungsbefugnis über die Insolvenzmasse stellt sich hier erst in der dritten Stufe, da erst nach Scheitern des Plans das bis dahin ruhende Verfahren über den Antrag auf Eröffnung des Insolvenzverfahrens wieder aufgenommen wird und erst nach der Entscheidung darüber die Wirkungen der Verfahrenseröffnung eintreten können. Aus §§ 304 I, 80 I, 313 I 1 InsO ergibt sich, daß die Verwaltungs- und Verfügungsbefugnis über das zur Insolvenzmasse gehörende Vermögen auf den nach § 313 I 2 InsO mit Verfahrenseröffnung zu bestellenden Treuhänder übergeht. Die Möglichkeit der Schuldnereigenverwaltung nach den §§ 270 bis 285 InsO wird durch § 312 III InsO für das Verbraucherinsolvenzverfahren explizit

52 Wirksam gem. § 132 I RegE bzw. § 114 InsO für drei Jahre ab Verfahrenseröffnung.

53 Hofmann DRiZ 1994, S. 411, 415 f.

54 Schmidt-Räntsch MDR 1994, S. 321.

ausgeschlossen. Diese Regelungen werden für unanwendbar erklärt, weil sie nur für Unternehmensinsolvenzen, nicht aber für Verbraucherinsolvenzen sinnvoll seien.[55] Das Eigenverwaltungsverfahren sei u. a. wegen der Kompetenzverteilung zwischen Schuldner und Sachwalter zu kompliziert für Verbraucherinsolvenzen.[56]

Während also nach den Entwürfen zur InsO die grundlegende Verfahrens"vereinfachung" bei Verbraucherinsolvenzen darin bestand, daß kein Verwalter bzw. Sachwalter bestellt wurde und die Verwaltungsbefugnis über das Vermögen beim Schuldner blieb, sieht die InsO – neben anderen Verfahrensvereinfachungen wie z.B. dem Verzicht auf die Bestimmung eines Berichtstermins gem. § 312 I InsO[57], der Möglichkeit, daß unter bestimmten Voraussetzungen das Verfahren gem. § 312 II InsO schriftlich durchgeführt wird[58], und der Unanwendbarkeit der Regelungen über den Insolvenzplan gem. § 312 III InsO – eine ausnahmslose Fremdverwaltung vor. Diese wird allerdings anstatt durch einen Insolvenzverwalter durch den im Zusammenhang mit einem Restschuldbefreiungsverfahren ohnehin zu bestellenden[59] Treuhänder ausgeübt.

V. Zusammenfassung und Ergebnis zum 2. Kapitel

Der Gesetzgeber hat sich mit dem nunmehr in den §§ 270 ff. InsO normierten Sonderverfahren der Eigenverwaltung für ein Regelungssystem entschieden, das weder mit den Vorschlägen der Reformkommission noch mit den davon erheblich abweichenden Entwürfen des Bundesjustizministeriums und der Bundesregierung vollständig übereinstimmt. Vielmehr hat er eine eigenständige Verfahrensart normiert, die sich zwar

55 Beschlußempfehlung des Rechtsausschusses, BT-Drucksache 12/7302, S. 193.

56 Uhlenbruck, Das neue InsR, Teil 1, B. IV. 2., S. 166.

57 In dem Berichtstermin iSv § 29 I Nr. 1 InsO entscheiden die Gläubiger über den Fortgang des Verfahrens. Er ist hier entbehrlich, da das vereinfachte Verfahren erst nach Scheitern der gütlichen Schuldenbereinigung eröffnet wird und sich dann die Frage nach der einvernehmlichen Regelung nicht mehr stellt, vgl. Beschlußempfehlung des Rechtsausschusses, BT-Drucksache 12/7302, S. 193; Schmidt-Räntsch MDR 1994, S. 321, 326.

58 Dazu müssen die Vermögensverhältnisse des Schuldners überschaubar und die Zahl der Gläubiger oder die Höhe seiner Verbindlichkeiten gering sein.

59 Schmidt-Räntsch MDR 1994, S. 321, 322.

grundsätzlich an die Konzeptionen der Gesetzesentwürfe anlehnt, andererseits aber durch zahlreiche Korrekturen und vor allem die Streichung des "Eigenverwaltungsverfahrens ohne Sachwalter" wiederum erhebliche Abweichungen beinhaltet. Lediglich das in den §§ 270 ff. InsO normierte Verfahren ist Gegenstand der nachfolgenden Untersuchung. Sofern bei dieser Betrachtung notwendig, wird aber auf die Entwürfe zur InsO und die Kommissionsberichte, insbesondere auf deren Begründungen, zurückzugreifen sein.

3. Kapitel – Rechtfertigung und Nutzen der Eigenverwaltung im System der InsO

I. Das Verhältnis der Eigenverwaltung zu den Sicherungsmaßnahmen gem. § 21 I InsO

Die Eigenverwaltung des zur Insolvenzmasse gehörigen Vermögens durch den Schuldner wird gem. §§ 270 I 1, 271 Satz 1, 273 InsO durch gerichtlichen Beschluß mit oder nach Eröffnung des Insolvenzverfahrens angeordnet. Damit wird darüber entschieden, ob dem Schuldner *während des Insolvenzverfahrens* die Verwaltungs- und Verfügungsbefugnis über das zur Insolvenzmasse gehörige Vermögen zusteht, insbesondere ob er befugt ist, sein Unternehmen zum Zwecke der Sanierung fortzuführen[1]. Hingegen betrifft die Eigenverwaltungsanordnung nicht das dem eigentlichen Insolvenzverfahren vorgeschaltete Eröffnungsverfahren. In diesem wird über den nach § 13 I InsO gestellten Antrag auf Eröffnung des Insolvenzverfahrens entschieden, nachdem die Eröffnungsvoraussetzungen wie die Insolvenzverfahrensfähigkeit des Schuldners (§§ 11, 12 InsO), die Antragsberechtigung des Antragstellers, besondere Antragsmodalitäten (§§ 13 -15 InsO) und der Eröffnungsgrund (Zahlungsunfähigkeit, drohende Zahlungsunfähigkeit oder Überschuldung[2], §§ 16 – 19 InsO) geprüft wurden und ermittelt wurde, ob eine die Kosten des Verfahrens deckende Masse (§ 26 I 1 InsO) vorhanden ist. Da der regelmäßige Übergang der Verwaltungs- und Verfügungsbefugnis über das Schuldnervermögen auf einen Fremdverwalter gem. § 80 I InsO eine spezifische Folge der Eröffnung des Insolvenzverfahrens ist, verbleibt diese Befugnis und damit die Unternehmensfortführung im Eröffnungsverfahren grundsätzlich beim Schuldner.

Dieser Grundsatz wird allerdings durch § 21 I InsO eingeschränkt: Die Feststellung des Eröffnungsgrundes sowie der Kostendeckung kann

---

1 RegE. BT-Drucksache 12/2443, Begr. B, S. 226.

2 Die Überschuldung ist Eröffnungsgrund bei juristischen Personen und Gesellschaften ohne Rechtspersönlichkeit, soweit kein persönlich haftender Gesellschafter eine natürliche Person ist, § 19 I, III InsO.

u.U. umfangreiche und zeitraubende Ermittlungen erfordern.[3] Um während dieser Phase eine den Gläubigern nachteilige Veränderung in der Vermögenslage des Schuldners zu vermeiden, hat das Insolvenzgericht alle erforderlichen Sicherungsmaßnahmen zu treffen, § 21 I InsO. Dazu gehören gem. § 21 II Nr. 1 InsO insbesondere die Möglichkeit der Bestellung eines vorläufigen Insolvenzverwalters sowie gem. § 21 II Nr. 2 InsO die Anordnung eines allgemeinen Verfügungsverbotes oder eines Zustimmungsvorbehaltes. Wird ein vorläufiger Insolvenzverwalter bestellt und dem Schuldner ein allgemeines Verfügungsverbot auferlegt, so geht gem. § 22 I 1 InsO die Verwaltungs- und Verfügungsbefugnis über das Schuldnervermögen und damit die Pflicht zur Fortführung des Schuldnerunternehmens (§ 22 I 2 Nr. 2 InsO) bereits im Eröffnungsverfahren auf den Verwalter über. Wenn zwar ein vorläufiger Insolvenzverwalter bestellt, dem Schuldner aber kein allgemeines Verfügungsverbot auferlegt wird, verbleibt die Verwaltungs- und Verfügungsbefugnis beim Schuldner. Die Unternehmensfortführung obliegt dann zwar weiterhin dem Schuldner, das Gericht kann den vorläufigen Verwalter aber gem. §§ 21 II Nr. 2, 2. Fall , 22 II InsO daran beteiligen. Die Entscheidung des Insolvenzgerichts über die Anordnung von Sicherungsmaßnahmen gem. §§ 21, 22 InsO befaßt sich mithin bereits im Vorfeld des Insolvenzverfahrens mit den im Komplex der Eigenverwaltung gem. §§ 270 – 285 InsO bzw. der Fremdverwaltung durch den Insolvenzverwalter gem. §§ 80, 148 ff. InsO geregelten Fragen über die Verwaltung des Schuldnervermögens und die Verfügung darüber.

Kann das Gericht aber bereits im Eröffnungsverfahren über den Verbleib bzw. die Übertragung der das Schuldnervermögen betreffenden Verwaltungs- und Verfügungsbefugnis entscheiden und dem Schuldner somit Kompetenzen im Umgang mit seinem Vermögen, insbesondere die Befugnis zur alleinigen Unternehmensfortführung entziehen, so stellt sich die Frage, welche Bedeutung dem Rechtsinstitut der Eigenverwaltung im eröffneten Verfahren dann noch zukommt.

Wenn nämlich das Gericht dem vorläufigen Verwalter gem. §§ 21 II Nr. 2, 1. Fall, 22 I 1, 2, Nr. 2 InsO die Pflicht zur alleinigen Unternehmensfortführung überträgt oder ihn gem. §§ 21 II Nr. 2, 2. Fall, 22 II InsO daran beteiligt, ist durchaus denkbar, daß der Verwalter den Schuldner bereits im Eröffnungsverfahren derart aus seiner unternehmenslei-

3 RegE, BT-Drucksache 12/2443, Begr. B, S. 116.

tenden Funktion verdrängt, daß die Eigenverwaltung im Insolvenzverfahren aus tatsächlichen und rechtlichen Gründen unmöglich wird. Wenn etwa die Pflicht zur alleinigen Unternehmensfortführung gem. § 22 I 2 Nr. 2 InsO gravierende Eingriffsbefugnisse wie die Verwertung des Schuldnervermögens bzw. einzelner Vermögensbestandteile, die Kündigung von unternehmensbezogenen Dauerschuldverhältnissen wie Miet-, Pacht- und Arbeitsverträgen und die Begründung neuer Verbindlichkeiten[4] umfaßt, so könnte bereits im Eröffnungsverfahren eine derartige Umstrukturierung des schuldnerischen Unternehmens durch den Verwalter stattfinden, daß dem Schuldner infolge unzureichender Informationen über seine neuen Vermögensverhältnisse bzw. mangelnder Beteiligung an den die Unternehmenssanierung vorbereitenden Maßnahmen die Fortführung seines Unternehmens im eröffneten Verfahren erheblich erschwert wird. Damit könnte die gerichtliche Anordnung der Eigenverwaltung wegen der in § 270 II Nr. 3 InsO normierten Nachteilsregelung verhindert werden und die Chance schwinden, die Gläubiger, die ja gem. §§ 271 Satz 1, 272 I Nr. 1 InsO letztlich über die Eigenverwaltungsanordnung entscheiden, von deren Nutzen zu überzeugen. Gänzlich vereitelt wird die Eigenverwaltung schließlich, wenn der verwaltungs- und verfügungsbefugte Verwalter eine Unternehmenssanierung nicht für möglich hält und das Unternehmen gem. § 22 I 2 Nr. 2 InsO stillegt.

Ob die Anordnung der Sicherungsmaßnahmen im Vorverfahren gem. § 21 I InsO die Anordnung der Eigenverwaltung im Insolvenzverfahren verhindert und somit die mit diesem Rechtsinstitut angestrebten Reformziele in Frage stellt, hängt also in erster Linie davon ab, welche Rechte und Pflichten dem vorläufigen Verwalter in bezug auf die Unternehmensfortführung übertragen werden können und inwieweit er den Schuldner dann kompetenzmäßig verdrängt. Zum anderen ist maßgeblich, nach welchen Kriterien das Gericht über die Anordnung und Auswahl der einzelnen Sicherungsmaßnahmen entscheidet. Eine die Eigenverwaltung betreffende Ausschlußwirkung kann den betreffenden Sicherungsmaßnahmen nämlich nur bei Überschneidung der Anwendungsbereiche beider Rechtsinstitute zukommen. Ordnet das Gericht diese Maßnahmen hingegen nur in Fällen an, in denen eine Eigenverwaltung ohnehin nicht in Betracht kommt, so wird das Verfahren nach §§ 270 – 285

4 Z.B. durch den Abschluß von Kaufverträgen zur Beschaffung von Arbeitsmaterial (Rohstoffe, Maschinen) oder die Aufnahme von Betriebsmitteldarlehen.

InsO durch die im Rahmen des § 21 I InsO angeordneten Maßnahmen nicht vereitelt.

1. Die Verteilung der das Schuldnervermögen betreffenden Kompetenzen zwischen dem vorläufigen Insolvenzverwalter und dem Schuldner im Eröffnungsverfahren

a) Kompetenzen des vorläufigen Verwalters bei Erlaß eines allgemeinen Verfügungsverbotes gem. § 21 II Nr. 2, 1. Fall InsO

Die sich aus dem Übergang der Verwaltungs- und Verfügungsbefugnis gem. §§ 21 II Nr. 2, 1. Fall, 22 I 1 InsO für den Verwalter ergebenden Aufgaben und Befugnisse sind in § 22 I 2 InsO umrissen: So hat er das Schuldnervermögen zu sichern und zu erhalten, das Schuldnerunternehmen grundsätzlich bis zur Entscheidung über den Eröffnungsantrag fortzuführen – es sei denn, das Insolvenzgericht stimmt einer Stillegung zu –, die Kostendeckung des Verfahrens zu prüfen und bei entsprechendem Auftrag durch das Gericht als Sachverständiger das Vorliegen eines Eröffnungsgrundes und die Aussichten für eine Unternehmensfortführung zu prüfen. Zudem hat der vorläufige Insolvenzverwalter umfassende Informationsrechte gegenüber dem Schuldner: Er kann in den Geschäftsräumen des Schuldners Nachforschungen anstellen und Einsicht in seine Bücher und Geschäftspapiere nehmen sowie alle erforderlichen Auskünfte verlangen, § 22 III InsO. Gem. §§ 24 II, 85 I 1, 86 InsO kann er für und gegen den Schuldner anhängige, sein Vermögen betreffende Aktiv- und Passivprozesse aufnehmen.[5]

Eine explizite Konkretisierung der dem vorläufigen Verwalter im Rahmen der *Unternehmensfortführung* zustehenden Befugnisse nimmt die InsO nicht vor. Sie sind daher durch Auslegung zu ermitteln. Eine wirtschaftlich sinnvolle Fortführung des schuldnerischen Unternehmens beinhaltet regelmäßig die Übernahme der die wesentlichen betrieblichen Bereiche[6] betreffenden Aufsichts-, Kontroll- und Leitungsbefugnisse.

---

5 Vgl. dazu Art. 18 Nr. 2 EGInsO, § 240 Satz 2 ZPO.

6 Dazu gehören Marketing, Forschung und Entwicklung, Fertigung, Einkauf, Versand, Finanzen und Kostenrechnung, Organisation, Planung und Controlling, Risse KTS 1994, S. 465, 474.

Befindet sich das Unternehmen in einer Krise, so muß das unternehmensleitende Organ, in diesem Fall also der vorläufige Verwalter, in diesen Bereichen Maßnahmen zur Beseitigung der wirtschaftlichen und finanziellen Notlage treffen, also gezieltes Krisenmanagement betreiben. Das bedeutet, daß er bereits zu diesem Zeitpunkt die notwendigen Sanierungsmaßnahmen ergreifen muß. Zwar normiert § 22 I 2 Nr. 3, 3. Fall InsO, daß der vorläufige Verwalter bei entsprechender Beauftragung durch das Gericht im Eröffnungsverfahren die Sanierungschancen erst zu *prüfen* und gegebenenfalls die Sanierung des Unternehmens *vorzubereiten* hat[7]. Andererseits kann er aber, wenn die Unternehmensfortführung bis zur Entscheidung über die Verfahrenseröffnung wirtschaftlich sinnvoll sein soll, das kranke Unternehmen nicht einfach "vor sich hin siechen" lassen, sondern muß aktive Maßnahmen zu seiner Gesundung und Erhaltung treffen. Da der Begriff "Sanierung" aber genau diese Maßnahmen erfaßt[8], muß der Verwalter bereits im Eröffnungsverfahren *Sanierungs*maßnahmen ergreifen können.

Der Unterschied zu den im eröffneten Verfahren zu ergreifenden Sanierungsmaßnahmen liegt darin, daß erstgenannte von dem in § 21 I InsO genannten Sicherungszweck gedeckt sein müssen. Während der endgültige Insolvenzverwalter ohne Einschränkung *alle* zur Sanierung notwendigen Maßnahmen[9] vornehmen darf, ist der vorläufige Verwalter nur zu solchen Maßnahmen befugt, die zwar einerseits dem Interesse der Gläubiger an der Vermeidung einer Verschlechterung der schuldnerischen Vermögenslage entsprechen, andererseits aber dem Interesse des Schuldners an dem geringstmöglichen Eingriff in seinen Vermögensbestand nicht zuwiderlaufen. Dazu gehören jedenfalls die lediglich betriebsintern wirkenden, die Vermögensstruktur nicht unmittelbar verändernden Maßnahmen wie etwa Kosteneinsparungen durch ökonomischere Fertigungs- und Vertriebsorganisation, Motivation der Arbeitnehmer und Vermeidung von Fehlkalkulationen durch Verbesserung der Buchführung, Fi-

---

7 Vgl. Beschlußempfehlung des Rechtausschusses, BT-Drucksache 12/7203, S. 158.

8 Vgl. Gottwald-Maus, § 3, I., Rdz. 1; Hess/Fechner, Teil A, II. 2.4 (Rdz. 26); Hess, § 117 Rdz. 117.

9 Dazu gehören etwa Schuldenregulierung, Zufuhr von Kapital, innere Umorganisation des Betriebes, Produktionsumstellung, Personalabbau, Schließung unrentabler Niederlassungen, Verminderung von Lagerbeständen, Straffung des Produktionsprogrammes, gesündere Kalkulation, Unkostensenkung, Verhinderung von Leerlauf und Verbesserung des Verkaufs und des Marketings, Gottwald KTS 1984, S. 1, 3.

nanz- und Kostenrechnung. Fraglich ist aber, ob auch die besonders gravierend in die Unternehmensstruktur eingreifenden Maßnahmen wie die Verwertung von Schuldnervermögen, die Begründung von das Schuldnervermögen belastenden Verbindlichkeiten und die Reduzierung von massemindernden Kosten durch Kündigung von Dauerschuldverhältnissen mit dem in § 21 I InsO genannten Sicherungszweck in Einklang stehen.

aa) Verwertung von Schuldnervermögen

Die ihrem Wortlaut nach gegen eine Verwertungskompetenz des vorläufigen Verwalters sprechende Pflicht zur *Sicherung und Erhaltung* des Schuldnervermögens gem. § 22 I 2 Nr. 1 InsO ist im Zusammenhang mit der in § 22 I 2 Nr. 2 InsO normierten Pflicht zur Unternehmensfortführung zu betrachten. Die ökonomisch sinnvolle Aufrechterhaltung des laufenden Geschäftsbetriebes bedingt die Abwicklung betriebsüblicher Veräußerungen von in den Produktions- und Handelsbetrieben lagernden Produkten und Waren sowie die Vornahme sog. Notverkäufe verderblicher, akut vom Wertverlust bedrohter Waren[10]. Bei der Frage nach umfassenderen Verwertungskompetenzen ist die Prämisse des Unternehmenserhalts zu beachten: Die unter dem Vorbehalt gerichtlicher Zustimmung stehende Stillegung des Unternehmens soll nur im Einzelfall im Interesse der Gläubiger als ultima ratio zulässig sein, wenn es erhebliche Verluste erwirtschaftet und keine Aussicht auf Sanierung besteht.[11] Das bedeutet, daß der Verwalter vorrangig alle Maßnahmen ergreifen muß, die notwendig sind, um das schuldnerische Unternehmen am Leben zu erhalten.[12] Dazu kann es etwa notwendig sein, die betriebliche Pro-

---

10 RegE, BT-Drucksache 12/2443, Begr. B, S. 117.

11 RegE, BT-Drucksache 12/2443, Begr. B, S. 117.

12 Damit hat der Gesetzgeber die zur Sequestrationspraxis in Literatur und Rechtsprechung entwickelten Grundsätze übernommen: Nach geltendem Recht wird im Konkurseröffnungsverfahren regelmäßig ein mit Verwaltungs- und Verfügungsbefugnis über das Schuldnervermögen ausgestatteter, in seiner Tätigkeit aber auf den in § 106 I 2 KO normierten Sicherungszweck begrenzter Verwalter, der sog. Sequester, bestellt. Während dieser nach früher h. M. nur zur bloßen Inbesitznahme und Verwahrung des Schuldnervermögens befugt sein sollte (sog. statische Sequestration, vgl. Koch, Einl., III. 3., S. 22, HT., IV. 5., S. 86; Reichold KTS 1989, S. 291, 295), hat sich nunmehr die Ansicht durchgesetzt, daß die die Fortführung eines zur potentiel-

duktion und den Warenvertrieb auf diejenigen Produkte und Waren zu beschränken, die nach den derzeitigen Marktverhältnissen überhaupt noch absatzfähig sind. Das kann zur Folge haben, daß einzelne Bestandteile des Anlagevermögens wie etwa Maschinen oder Betriebsfahrzeuge oder auch ganze Geschäftsbetriebe oder Betriebsteile nicht mehr sinnvoll genutzt werden können. In diesem Fall bietet sich eine *Teil*stillegung mit anschließender Veräußerung der nicht mehr nutzbaren Vermögensbestandteile an.

Ihre Grenze findet die Verwertungskompetenz in dem Interesse des Schuldners an der Erhaltung des Unternehmens als einem funktionstauglichen, wettbewerbsfähigen Wirtschaftsbetrieb. Solange noch nicht endgültig über die Haftungsverwirklichung im Wege des Insolvenzverfahrens entschieden wurde, sind die Verfahrensorgane gehalten, so wenig wie möglich in den Vermögensbestand des Schuldners einzugreifen, um ihm nicht die Grundlage seiner wirtschaftlichen Existenz zu rauben und ihn damit u.U. erst in die Insolvenz zu stürzen. Die Veräußerung von Betriebsteilen ist damit nur insoweit zulässig, als sie zwingend notwendig ist, um das Unternehmen bis zur Verfahrenseröffnung am Leben zu erhalten und dieses in seinem Wesen bestehen bleibt.[13]

---

len Konkursmasse gehörigen Schuldnerunternehmens aus wirtschaftlichen Gründen zwingend notwendig ist, um den Gläubigern im eröffneten Konkursverfahren eine optimale Befriedigung zu sichern und zudem ausreichenden Schuldnerschutz zu gewährleisten. Dementsprechend wird eine Stillegung des schuldnerischen Unternehmens nur in Ausnahmefällen zugelassen, wenn etwa wegen der Illiquidität des Schuldners keine Geldmittel mehr zur Verfügung stehen, um Löhne und Gehälter zu bezahlen (Kilger, Einh. Jahre KO, S. 189, 196 ff.; zust. Eickmann ZIP 1981, S. 143, 144; ders. ZIP 1982, S. 21, 23) oder die Fortführung des Geschäftsbetriebes zu einer Verlustproduktion und somit zu einer Schädigung der Haftungsmasse führt und keine Sanierungsmöglichkeit besteht (Kilger, Einh. Jahre KO, S. 189, 196 ff.; Uhlenbruck KTS 1982, S. 201, 206; ders. KTS 1990, S. 15, 19; Kuhn/Uhlenbruck, § 106 Rdz. 13 a); Kleiner, B. V. 5. c), S. 91 f.). Teilweise wird dazu die gerichtliche Anordnung oder die Zustimmung des Schuldners gefordert. (Hess, § 106 Rdz. 9; Gerhardt ZIP 1982, S. 1, 7; zust. Herbert, § 11, 1. c), S. 196 f.).

13 So Kleiner (B. V. 6. b), S. 95 f.) und Herbert (§ 11, 3. a) bb) (S. 138) zur Sequestration im geltenden Recht. A.A. Kilger (Einh. Jahre KO, S. 189, 196), OLG Düsseldorf (WM 1992, S. 1337, 1338) und LG Bonn (ZIP 1991, S. 671, 673) die die Veräußerung von Betriebsteilen bzw. ganzer Geschäftsbetriebe dort bereits aufgrund wirtschaftlicher Erwägungen befürworten.

bb) Begründung von Verbindlichkeiten und ihre Qualifizierung

Sowohl die Sicherung und Erhaltung des Vermögensbestandes durch Einlagerung, Überwachung, Wartung und Instandhaltung der einzelnen Vermögensgegenstände als auch die Aufrechterhaltung des laufenden Geschäftsbetriebes im Rahmen der Unternehmensfortführung erfordern den Abschluß von Verträgen.[14] So müssen etwa Rohstoffe und Arbeitsmaterialien beschafft, Waren ausgeliefert und Betriebsmitteldarlehen zur Lohn- und Gehaltsfortzahlung aufgenommen werden. Zum Zwecke der Erfüllung der ihm gem. § 22 I 2 Nr. 1, 2 InsO obliegenden Pflichten muß der vorläufige Verwalter deshalb befugt sein, die erforderlichen Rechtsgeschäfte vorzunehmen. Die Belastung der künftigen Insolvenzmasse mit den dadurch begründeten zusätzlichen Verbindlichkeiten wird durch den aus der Gegenleistung resultierenden Vermögenszuwachs bzw. -schutz kompensiert.[15] Diese Kompetenzzuweisung folgt mittelbar aus § 55 II 1 InsO, der die vom verwaltungs- und verfügungsbefugten vorläufigen Verwalter begründeten Verbindlichkeiten als Masseverbindlichkeiten qualifiziert.[16]

---

14 Zum Abschluß von Versicherungsverträgen (Schutz vor Diebstahl, Feuer-, Sturm- und Wasserschäden) in der Sequestration vgl. BGH ZIP 1988, S. 1411, 1412 ff.; Kleiner, B. IV. 4. (S. 30); Lüke ZIP 1989, S. 1, 4.

15 Bereits in der geltenden Rechtslage wird dem Sequester deshalb nach überwiegender Ansicht die Befugnis eingeräumt, Verpflichtungsgeschäfte mit Wirkung für und gegen die potentielle Konkursmasse einzugehen, Kleiner, B. V. 1. i), S. 48; Herbert, § 11, 1.b), S. 128; Gerhardt ZIP 1982, S., 1, 8; Kilger, Einh. Jahre KO, S. 189, 210; Koch, HT, IV. 7. a), S. 108; a.A. Weber/Irschlinger/Wirth KTS 1980, S. 92, 93, die die Befugnis, zu Lasten des sequestrierten Vermögens neu Verbindlichkeiten zu begründen, alleine dem Schuldner mit dem Vorbehalt der Genehmigung seitens des Sequesters zusprechen.

16 Mit dieser Regelung hat der Gesetzgeber zugleich den nach geltender Rechtslage bestehenden Streit über die Qualifikation der vom Sequester eingegangenen Verbindlichkeiten beigelegt. Während die Rechtssprechung diese Verbindlichkeiten als einfache Konkursforderungen qualifiziert (BGH ZIP 1986, S. 448, 450 f.; ZIP 1990, S. 1417, 1418, BFH ZIP 1986 S. 849, 851; OLG Düsseldorf ZIP 1984, S. 728, 729), will eine starke Ansicht in der Literatur diesen Masseschuldcharakter analog § 106 VerglO bzw. § 224 I Nr. 5 KO zuerkennen (Castendiek KTS 1978, S. 9, 16; Reichold KTS 1989, S. 291, 297 ff.; Eickmann ZIP 1982, S. 21, 25; Gerhardt ZIP 1982, S. 1, 8; Mohrbutter/Mohrbutter, 1. Teil, I. 2. c), Rdz. 6 a); Baur/Stürner, ZV-, KO- u. VerglR, Bd. II, § 7, VI. 2. b), Rdz. 7.39; Kilger, Einh. Jahre KO, S. 189, 211). Letzteres wird damit begründet, daß ansonsten dem Sequester die Aufnahme

cc) Reduzierung von massemindernden Kosten durch Kündigung von Dauerschuldverhältnissen

Bei Unternehmensinsolvenzen ist das Schuldnervermögen regelmäßig durch Verbindlichkeiten aus Dauerschuldverhältnissen wie Miet-, Pacht- und Dienstverträgen belastet. Die §§ 103 ff. InsO sind spezifische Wirkungen der Eröffnung des Insolvenzverfahrens. Das Eröffnungsverfahren hat somit keine unmittelbaren Auswirkungen auf bestehende Vertragsverhältnisse.[17] Andererseits kann aber das Fortbestehen derartiger Dauerschuldverhältnisse die Masse übermäßig belasten, ohne einen entsprechenden Gegenwert zu gewähren. Daher stellt sich die Frage, ob der vorläufige Verwalter befugt ist, die das Schuldnervermögen belastenden Dauerschuldverhältnisse im Rahmen der betreffenden Vertragsvereinbarungen oder gesetzlichen Normierungen zu kündigen.[18] Damit könnten solche Rechtsbeziehungen eliminiert werden, die für den Schuldner nachteilig weil zu kostspielig geworden sind, wie z. B. Arbeitsverträge mit Personen, deren Arbeitsleistung nicht mehr benötigt wird, oder Miet- und Pachtverträge für Räume, die im Rahmen der Betriebsfortführung

---

von Betriebsmitteldarlehen und der Abschluß von Verträgen und damit die Geschäftsfortführung praktisch unmöglich würde, weil sich bei der Qualifizierung der Verbindlichkeiten als einfache Konkursforderungen keine Vertragspartner mehr finden würden (Vgl. nur Kleiner, B. V. 3. a) aa), S. 58; Gerhardt ZIP 1982, S. 1, 8). Andere Autoren lehnen eine solche Privilegierung mit Hinweis auf die abschließende Regelung der Masseschulden in § 59 KO ab (Henckel JZ 1986, S. 694, 696 f.; Herbert, § 11, 2. d) aa), S. 131, bb) (S. 131 f.), cc) (S. 132 f.) ; Hess, § 106 Rdz. 35 f.; Kuhn/Uhlenbruck, § 106 Rdz. 15a; Wessel BB 1982, S. 1579, 1581, der nur im Sequestrationsverfahren aufgenommene Darlehen analog § 106 VerglO privilegieren will).

17 Ansonsten könnte der Schuldner die Stellung eines Eröffnungsantrages nutzen, um sich von unbequemen Verbindlichkeiten zu befreien. Zur Unanwendbarkeit der den §§ 103 ff. InsO entsprechenden §§ 17 ff. KO in der Sequestration: BGH ZIP 1986, S. 448, 449; ZIP 1988, S. 727, 728; Herbert, § 12, S. 155 f.; Kleiner, B. V. IV. a), S. 80, IX. 2., S. 150; Gerhardt ZIP 1982, S. 1, 3, 8; Kilger/Karsten Schmidt, § 106 Anm. 3), 4); Hess, § 106 Rdz. 12, 42; Kuhn/Uhlenbruck, § 106 Rdz. 13b.

18 So die ganz h.M. zur Sequestration, vgl. Herbert, § 12, 2 b) (S. 156); Gerhardt ZIP 1982 S. 1, 7; Castendiek KTS 1978, S. 9, 14; Eickmann ZIP 1982, S. 21, 23. Die arbeitsrechtlichen Sondervorschriften wie etwa spezielle Kündigungsschutznormen und Mitwirkungsrechte des Betriebsrates sind aber auch vom Sequester zu beachten, vgl. Kleiner, B. V. 4., S. 80; Kilger, Einh. Jahre KO, S. 189, 201; Koch, HT, IV. 8. a) bb) (S. 118 f).

wegen Reduzierung des Personals, des Warenbestandes und des Anlagevermögens nicht mehr genutzt werden.[19]

Obwohl eine derartige Kompetenz gravierende betriebliche und personelle Umstrukturierungen nach sich ziehen kann und dem Schuldner damit die Fortführung seines Unternehmens in dem bisherigen Umfang u.U. nicht unerheblich erschwert wird[20], wird man sie dem vorläufigen Verwalter zugestehen müssen. Dies gilt insbesondere im Hinblick auf die Stillegung des Unternehmens, wo mangels Produktion und Ankaufs von Arbeitsmaterial kaum noch Lagerräume gebraucht und Arbeitnehmer gar nicht mehr beschäftigt werden können. Wäre der Verwalter hier nicht zur Eliminierung der Zahlungspflichten durch Beendigung der Rechtsverhältnisse befugt, so könnte u.U. die zur Eröffnung des Insolvenzverfahrens notwendige Kostendeckung nicht mehr gewährleistet werden. Die Befugnis zur Stillegung stünde nur auf dem Papier, da die Unternehmensfortführung zumindest zur Kompensierung der fortlaufenden Kosten aus den fortbestehenden Dauerschuldverhältnissen aus Wirtschaftlichkeitsgründen zwingend notwendig wäre. Aber auch im Falle der Unternehmensfortführung bedingt der in § 21 I InsO normierte Sicherungszweck und die daraus resultierende Pflicht des vorläufigen Verwalters zur optimalen ökonomischen Verwaltung die Möglichkeit der Reduzierung masseminderner Kosten durch die Beendigung von Dauerschuldverhältnissen. Das gilt um so mehr, als durch § 22 I 2 Nr. 3, 3. Fall InsO dem Verwalter die Ausarbeitung eines Sanierungskonzeptes übertragen und dadurch das Eröffnungsverfahren zu Lasten des Insolvenzverfahrens

---

19 Zur Sequestration vgl. Herbert, § 12, 4. a) (S. 158); Koch, HT, IV. 8. a) aa), S. 117; zur Lohnfortzahlungspflicht des Arbeitgebers bei betriebsbedingten Störungen der Vertragspflichten Palandt-Putzo, § 615 Rdz. 21 f.

20 Für den in finanzieller Not befindlichen Schuldner wird es schwierig sein, zuverlässige und qualifizierte Arbeitnehmer zurückzugewinnen oder neue anzuwerben. Geschäftspartner werden angesichts des Insolvenzrisikos vor der weiteren Nutzungsüberlassung der Miet- oder Pachtobjekte wie Maschinen oder Lagerhallen zurückschrecken. Deshalb wird nach geltender Rechtslage vereinzelt gefordert, daß die Kündigung von Dauerschuldverhältnissen in der Phase vor Verfahrenseröffnung grds. nur im Einvernehmen mit dem Schuldner erfolgen soll, Uhlenbruck KTS 1982, S. 201, 207. Ähnlich Kleiner, B. V. 4. b), S. 82 ff.: Notfalls soll sich aber der Sequester auch gegen den Willen des Schuldners durchsetzen und Kündigungen vornehmen können. Weitergehend Pape ZIP 1994, S. 89, 91, der dem Sequester das Recht zur Kündigung von Arbeitsverhältnissen zwecks Entlastung der Masse sogar gänzlich abspricht.

ausgedehnt werden kann[21], um dem Verwalter eine sinnvolle Ausübung des Wahlrechts nach §§ 103 ff. InsO zu ermöglichen[22]. Wenn aber bereits feststeht, daß betriebliche Kapazitäten eingeschränkt werden müssen, um das Unternehmen am Leben zu erhalten, so ist es wegen der nunmehr längeren Phase bis zur Verfahrenseröffnung notwendig, dem vorläufigen Verwalter zumindest die Möglichkeit der frühzeitigen Reduzierung der Verlustquellen zu geben. Die in den §§ 22 II 2, 55 II 2 InsO normierte Verknüpfung von vorläufiger Verwaltung und Inanspruchnahme der Gegenleistung aus einem fortbestehenden Dauerschuldverhältnis steht dem nicht entgegen, da sich aus diesen Regelungen keine Pflicht des Verwalters zur Aufrechterhaltung der betreffenden Rechtsbeziehungen ableiten läßt.

b) *Kompetenzmäßige Verdrängung des Schuldners bei Erlaß eines allgemeinen Verfügungsverbotes gem. § 21 II Nr. 2, 1. Fall InsO*

Infolge des Übergangs der Verwaltungs- und Verfügungsbefugnis gem. § 22 I 1 InsO wird der Schuldner in seiner Rechtsstellung erheblich eingeschränkt. Zwar wird seine personenrechtliche Stellung insoweit nicht berührt, als er weiterhin rechts- und geschäftsfähig bleibt.[23] Am Erwerb neuer Vermögenswerte ist er nicht gehindert.[24] Er kann weiterhin – wie im eröffneten Verfahren – Verpflichtungsgeschäfte abschließen[25], die daraus resultierenden Verbindlichkeiten aber wegen §§ 21 II Nr. 2, 1.

---

21 Anders noch die Gesetzesentwürfe, die ein möglichst kurzes Eröffnungsverfahren anstrebten, vgl. RegE, BT-Drucksache 12/2443, Begr. B, S. 117; dazu Grub AnwBl. 1993, S. 458, 459.

22 Beschlußempfehlung des Rechtsausschusses, BT-Drucksache 12/7302, S. 158.

23 Obermüller/Hess, 2. Teil, D. V. 1. (Rdz. 391) zu den Wirkungen des Übergangs der Verwaltungs- und Verfügungsbefugnis bei Eröffnung des Insolvenzverfahrens; zur geltenden Rechtslage vgl. Kuhn/Uhlenbruck, § 6 Rdz. 3.

24 Diese fallen dann jedoch in die dem vorläufigen Insolvenzverwalter zustehende Verwaltungs- und Verfügungsbefugnis, vgl. RegE, BT-Drucksache 12/2442, Begr. B, S. 116; Obermüller/Hess, 2. Teil, D. V. 1. (Rdz. 391) zur Rechtslage im eröffneten Insolvenzverfahren. Beachte §§ 24 I, 82 InsO!

25 So Koch, HT, IV. 7. a), S. 108 bzgl. der Sequestration; Obermüller/Hess, 2. Teil, D. V. 1. (Rdz. 391) bzgl. des Übergangs der Verwaltungs- und Verfügungsbefugnis bei Verfahrenseröffnung.

Fall, 24 I, 81 InsO nicht mehr durch Verfügungen über sein Vermögen erfüllen.[26]

Die dem vorläufigen Insolvenzverwalter im Rahmen der Unternehmensfortführung zustehenden weitreichenden Eingriffsbefugnisse führen zu einer vollständigen Verdrängung des Schuldners aus seiner unternehmensleitenden Position. Dieser hat keinen Einfluß mehr darauf, nach welchem Konzept das Unternehmen fortgeführt wird, welche Verträge aufgelöst und mit welchen Vertragspartnern neue geschlossen werden, zu welchen Konditionen die eingelagerten und fertiggestellten Waren und Produkte verkauft und welche sonstigen Vermögensbestandteile wie etwa Maschinen und Betriebsfahrzeuge veräußert werden. Er kann zwar seine eigenen Kenntnisse und Erfahrungen im Rahmen seiner Auskunfts- und Mitwirkungspflichten gem. §§ 22 III 3, 97 InsO einbringen, ist aber seiner Funktion als Unternehmensleitungsorgan und somit sämtlicher verantwortungsvoller Aufgaben in den wesentlichen betrieblichen Bereichen wie Organisation, Finanzen und Kostenrechnung, Planung und Controlling etc. enthoben. An die u.U. gravierenden Umstrukturierungen seines Unternehmens ist der Schuldner als Vermögensträger analog § 34 III 3 InsO gebunden.[27]

c) Kompetenzen des vorläufigen Verwalters ohne Verwaltungs- und Verfügungsbefugnis

Erläßt das Gericht kein allgemeines Verfügungsverbot gem. § 21 II Nr. 2, 1. Fall InsO, führt der Schuldner sein Unternehmen grundsätzlich in eigener Regie und Verantwortung fort. Seine Rechtsstellung kann aber dennoch spürbar – wenngleich in erheblich geringerem Umfang als im Falle des § 22 I InsO – eingeschränkt werden, und zwar indem das Insolvenzgericht gem. § 21 II Nr. 2, 2. Fall InsO einen allgemeinen, also sämtliche Verfügungen des Schuldners erfassenden Zustimmungsvorbehalt erläßt oder auch nur bestimmte, besonders wichtige Verfügungen

26 Diese Befugnis wird allerdings kaum praxisrelevant sein, da kein vernünftiger Gläubiger mit dem Schuldner Rechtsgeschäfte vornehmen wird, aus denen er nur eine quotenmäßige Befriedigung erlangt, während die mit dem vorläufigen Verwalter abgeschlossenen Verträge zur Privilegierung der daraus resultierenden Verbindlichkeiten gem. § 55 II 1 InsO führen.

27 Uhlenbruck KTS 1994, S. 169, 177.

des Schuldners an die Zustimmung des Verwalters bindet.[28] Der Schuldner bleibt danach zwar verwaltungs- und dispositionsbefugt, zur Wirksamkeit seiner Verfügungen ist aber die Zustimmung des Verwalters erforderlich.[29] Auf diese Weise soll statt der im Falle der Anordnung eines allgemeinen Verfügungsverbotes eintretenden, sog. *verdrängenden Verwaltung* eine sog. *korrespondierende Verwaltung* des Schuldnervermögens, also eine gemeinschaftliche Unternehmensleitung durch den Schuldner und den vorläufigen Verwalter erreicht werden.[30]

In diesem Falle trifft den Verwalter dann eine Mitwirkungspflicht, aufgrund der er gehalten ist, sich über die wirtschaftliche Effizienz der vorgesehenen Verfügungsgeschäfte zu informieren. Er entscheidet dann nicht nur über die Veräußerung von Vermögensgegenständen und die Bestellung von Sicherheiten, sondern faktisch auch über die Eingehung von Verbindlichkeiten durch den Abschluß von Verträgen seitens des Schuldners. Dieser wird nämlich seine Rechtsgeschäfte mit dem Verwalter abstimmen, um den Vertragspartnern die Erfüllung seiner vertraglichen Leistungspflichten zu gewährleisten. Dadurch wird der Verwalter maßgeblich an der Unternehmensfortführung beteiligt.[31] Andererseits ist er nicht befugt, selbst in den Vermögensbestand einzugreifen. Er kann also weder die Organisations-, Produktions- oder Vertriebsstruktur noch den Personalbestand des Unternehmens von sich aus verändern.

Soweit das Gericht bei der Bestellung des vorläufigen Verwalters gem. § 21 II Nr. 1 InsO von der Anordnung eines Zustimmungsvorbehaltes absieht, stehen diesem lediglich Aufsichts- und Kontrollbefugnisse

---

28 Die Möglichkeit der Anordnung eines besonderen Zustimmungsvorbehalts ergibt sich aus der nur beispielhaften Aufzählung der anzuordnenden Sicherungsmaßnahmen in § 21 II InsO, vgl. RegE, BT-Drucksache 12/2443, Begr. B, S. 116.

29 Vgl. §§ 24 I, 81, 82 InsO.

30 Zur Terminologie vgl. Karsten Schmidt, DJT-Gutachten, S. 70 ff.; ders., § 5, III. 1. (S. 106 f.).

31 Diese Konstellation ist dem sog. "Vergleichsverfahren Kölner Prägung" vergleichbar. Letztere Verfahrensgestaltung findet im geltenden Recht großen Zuspruch, da mit der Beteiligung des vorläufigen Vergleichsverwalters an der Unternehmensleitung eine rechtlich und betriebswirtschaftlich qualifizierte Unterstützung und Beratung des Schuldners gewährleistet ist und dadurch das für die Durchführung des Vergleichsverfahrens notwendige Vertrauen der Gläubiger zurückgewonnen werden kann,vgl. dazu Berges KTS 1955, S. 2 ff.; Uhlenbruck KTS 1972, S. 220 ff.; Bley/ Mohrbutter, § 11 Rdz.1, 6; Knorr KTS 1970, S. 69, 70; Gottwald-Uhlenbruck, § 72, E. I. 4., Rdz. 76, 5. (Rdz. 79 ff.); kritisch Künne KTS 1971, S. 235 ff.

zur Überwachung des Schuldners zu: § 22 III InsO ermächtigt den vorläufigen Verwalter dazu, die schuldnerischen Geschäftsräume zu betreten, dort Nachforschungen anzustellen und Einsicht in die Bücher und Geschäftspapiere des Schuldners zu nehmen, und verpflichtet den Schuldner und seine Angestellten zur Auskunftserteilung. Diese Norm ist vom Wortlaut her mit § 40 I VerglO nahezu identisch. § 40 I VerglO wiederum beschreibt diejenigen Mittel und Wege, die dem (vorläufigen[32]) Vergleichsverwalter zur Erfüllung seiner Prüfungs-, Überwachungs- und Informationspflichten aus §§ 39, 40 II, III VerglO zur Verfügung stehen.[33] Aus der ausdrücklichen Bezugnahme des RegE auf den § 40 I VerglO[34] ist demnach zu schließen, daß diese in §§ 39, 40 II, III VerglO aufgeführten Pflichten nach dem Willen des Gesetzgebers regelmäßig auch den vorläufigen Insolvenzverwalter treffen sollen. Dadurch wird zum einen die Grundlage für die ordnungsgemäße Wahrnehmung der dem Verwalter im eröffneten Verfahren obliegenden Aufgaben[35] geschaffen. Zum anderen wird die Sicherungsfunktion des vorläufigen Verwalters konkretisiert, da er infolge der Prüfungs-, Überwachungs- und Informationspflichten die Anordnung weiterer Sicherungsmaßnahmen bewirken kann.

Soweit die dem Verwalter durch einen Zustimmungsvorbehalt verliehenen Kompetenzen zu umfassend, bloße Prüfungs- und Überwachungspflichten hingegen nicht ausreichend erscheinen, ist auch die Beschränkung der Verpflichtungsbefugnis durch entsprechenden Zustimmungsvorbehalt[36] oder die Übertragung der Kassenführung auf den Verwalter entsprechend § 57 VerglO denkbar.

---

32 § 11 II VerglO.

33 Bley/Mohrbutter, § 40 Rdz. 1; Böhle-Stamschräder/Kilger, § 40 Anm. 2).

34 BT-Drucksache 12/2443, Begr. B, S. 117.

35 Vgl. etwa § 156 I InsO.

36 Der Verwalter wird wegen der fortbestehenden Vermögensverwaltung und Unternehmensfortführung durch den Schuldner aber nicht befugt sein, selbst Geschäfte mit Wirkung für und gegen die potentielle Insolvenzmasse abzuschließen,vgl. für den (vorläufigen) Vergleichsverwalter Bley/Mohrbutter, § 57 Rdz. 17; Böhle-Stamschräder/Kilger, § 57 Anm. 2) b); Gottwald-Uhlenbruck, § 72, E. III. 1. (Rdz. 90).

d) Kompetenzmäßige Verdrängung des Schuldners bei Fehlen eines allgemeinen Verfügungsverbotes gem. § 21 II Nr. 2, 1. Fall InsO

Durch einen – gegenständlich beschränkten oder umfassenden – Zustimmungsvorbehalt gem. § 21 II Nr. 2, 2. Fall InsO wird der Schuldner in seiner rechtlichen Handlungsfähigkeit zwar erheblich beschränkt, da er in bestimmten Bereichen der Unternehmensleitung der Billigung seiner Geschäfte durch eine Aufsichtsperson bedarf. Dennoch verbleibt ihm aber die Verwaltungs- und Verfügungsbefugnis über sein Vermögen. Er selbst leitet das Unternehmen weiterhin, bleibt im Besitz sämtlicher Vermögensgegenstände, kann Verbindlichkeiten eingehen und sich seine Geschäftspartner aussuchen. Er kann die vertraglichen Konditionen aushandeln und die Objekte seiner Verfügungen aussuchen, d.h. entscheiden, welche Lagerbestände, Maschinen und Arbeitsmaterialien nicht mehr benötigt werden und daher zu veräußern sind und welche Dauerschuldverhältnisse er im Rahmen der vertraglichen oder gesetzlichen Bestimmungen auflösen will. Die Mitwirkungsbefugnis und -pflicht des vorläufigen Verwalters hindert den Schuldner – zumindest bei einem umfassenden Zustimmungsvorbehalt – lediglich an eigenmächtigen Umstrukturierungen seines Vermögens. Sieht das Gericht von Maßnahmen gem. § 21 II Nr. 2 InsO gänzlich ab, so entfällt eine über die aus § 22 III InsO folgenden Pflichten hinausgehende Kontrolle und Mitwirkung bei der Unternehmensleitung durch den vorläufigen Verwalter. Zur sog. korrespondierenden Verwaltung kommt es nur, wenn der kooperationsbereite Schuldner intern die Unterstützung und Beratung durch den Verwalter in Anspruch nimmt. Ansonsten wird die Unternehmensfortführung allenfalls faktisch dadurch beschränkt, daß das Gericht jederzeit, insbesondere infolge negativer Berichterstattung durch den Verwalter, den Schuldner härter treffende Sicherungsmaßnahmen anordnen kann.

e) Zwischenergebnis

Der infolge eines Verbots gem. § 21 II Nr. 2, 1. Fall InsO verwaltungs- und verfügungsbefugte vorläufige Verwalter verdrängt den Schuldner durch seine weitreichenden Kompetenzen, die neben betriebsinternen Organisations-, Planungs- und Aufsichtsmaßnahmen auch die Verwertung von Betriebsvermögen, die Begründung und den Abbau von Verbindlichkeiten umfassen, vollständig aus seiner unternehmensleitenden Position. Andere Sicherungsmaßnahmen beschränken die Unternehmensfortführung durch den Schuldner lediglich.

2. *Auswirkung der Sicherungsmaßnahmen auf die Eigenverwaltung und die damit angestrebten Reformziele*

Fraglich ist nunmehr, welche Konsequenzen die aus der Bestellung des vorläufigen Verwalters und seiner Ausstattung mit mehr oder weniger umfassenden, das Schuldnervermögen betreffenden Kompetenzen resultierende Verdrängung des Schuldners im *Eröffnungs*verfahren auf die im eröffneten *Insolvenz*verfahren gegebenenfalls anzuordnende Eigenverwaltung gem. §§ 270 bis 285 InsO hat.

a) Bestellung eines verwaltungs- und verfügungsbefugten Verwalters

Soweit dem Schuldner die Verwaltungs- und Verfügungsbefugnis entzogen und er damit im Eröffnungsverfahren vollständig aus der Unternehmensleitung verdrängt wird, besteht die akute Gefahr, daß er binnen kürzester Zeit aus dem Wirtschaftsleben ausscheidet.[37] Wenn der vorläufige Verwalter sämtliche Leitungsaufgaben übernimmt, organisatorische und personelle Umstrukturierungen vornimmt, den Schuldner nur zur Informationsbeschaffung heranzieht und zugleich allein Sanierungschancen auslotet und -konzepte erarbeitet, wird es dem Schuldner quasi unmöglich gemacht, im eröffneten Verfahren mit seinem Unternehmen sofort effektiv weiterzuarbeiten. Er müßte sich einen Überblick über die verbliebenen betrieblichen Kapazitäten und die veränderte Personalstruktur, die fortbestehenden Fixkosten und die neu aufgenommenen Verbindlich-

37 Um den ökonomischen Zweck des eröffneten Vergleichsverfahrens nicht zu gefährden, ist dementsprechend bereits im vergleichsrechtlichen *Vor*verfahren der Entzug der Verwaltungs- und Verfügungsbefugnis unzulässig; vgl. Bley/Mohrbutter, § 12 Rdz. 1; Böhle-Stamschräder/Kilger, § 11 Anm. 4). Dieses gilt auch, wenn der Vergleichsantrag zur Abwendung des Konkurses gestellt wurde und die Entscheidung über den Konkursantrag gem. § 46 VerglO ausgesetzt wurde. Zwar ist das Gericht nicht am Erlaß von Sicherungsmaßnahmen gem. § 106 I KO gehindert, Kuhn/Uhlenbruck, § 106 Rdz. 6; Bley/Mohrbutter, § 12 Rdz. 1. Die Bestellung eines Sequesters darf in diesem Falle aber nicht den Verlust der Verwaltungs- und Verfügungsbefugnis auf Seiten des Schuldners nach sich ziehen, Herbert, § 18, S. 196 ff.

keiten verschaffen und sich an die fortgeschrittene marktwirtschaftliche Entwicklung anpassen. Vor allem aber müßte er sich in ein vom Verwalter im Rahmen seiner Sachverständigenaufgaben[38] gem. § 22 I 2 Nr. 3, 3. Fall InsO erarbeitetes Sanierungskonzept[39] einarbeiten, an dem sich seine eigenen Sanierungsmaßnahmen zu orientieren hätten. Die zur Liquiditätsherstellung dringend benötigten Kreditgeber werden nämlich nur dann zur Finanzierung der Unternehmensfortführung bereit sein, wenn die Umsetzung der in einem detaillierten und realistischen Sanierungskonzept vorgesehenen Maßnahmen sowohl im Regelinsolvenzverfahren als auch im Rahmen der Eigenverwaltung gewährleistet ist.

Die für die Einarbeitung benötigte Zeit wiederum könnte nun aber ein auf Antrag des Schuldners in Eigenverwaltung durchzuführendes Insolvenzverfahren gegenüber dem hypothetischen Regelinsovenzverfahren mit Fremdverwalter verzögern, so daß wegen der Nachteilsregelung in § 270 II Nr. 3 InsO die Anordnung der Eigenverwaltung unterbleiben muß, wenn nicht die Gläubigerversammlung einen Antrag nach § 271 InsO stellt. Zweifel ergeben sich daneben an der mit der Eigenverwaltung angestrebten Effizienzsteigerung. Je intensiver sich nämlich der (vorläufige) Verwalter mit dem Unternehmen und der spezifischen Entwicklung des Marktes vertraut gemacht hat, um so geringer ist die Motivation, den für eine gewisse Zeit[40] aus der Unternehmensleitung verdrängten Schuldner zur Umsetzung seiner speziellen geschäftlichen Kenntnisse und Erfahrungen wieder einzusetzen. Daneben ist es durch-

---

38 Entgegen den Vorschlägen der Reformkommission (Zweiter Bericht, Leitsatz 3.4.11 (3)) ist auch de lege ferenda der Vergütungsanspruch des vorläufigen Verwalters bei Abweisung mangels Masse gem. § 26 I 1 InsO nicht durch eine subsidiäre Ausfallhaftung des Staates sichergestellt (kritisch dazu Uhlenbruck, Das neue InsR, Teil 1, B. II. 7. a) (S. 79 f.)). Das wird dazu führen, daß das Gericht dem vorläufigen Verwalter regelmäßig Sachverständigenaufgaben überträgt, damit dieser zumindest nach dem ZSEG entschädigt werden kann. Ansonsten würden sich schwerlich qualifizierte Personen für die Übernahme des Verwalteramtes finden lassen.

39 Vgl. die Beschlußempfehlung des Rechtsausschusses, BT-Drucksache 12/7302, S. 158.

40 Unter dem geltenden Recht dauert eine Sequestration in der Regel zwei bis drei Monate, Kilger KTS 1989, S. 495, 503. De lege ferenda kann das Eröffnungsverfahren aufgrund der gerichtlichen Übertragung von Sachverständigenaufgaben bzgl. der Sanierungsvorbereitungen aber ausgedehnt werden, vgl. Beschlußempfehlung des Rechtsausschusses, BT-Drucksache 12/7302, S. 158. Dazu noch unten 3. a) dd) (1) (a).

aus denkbar, daß ein seines Amtes enthobener Schuldner sich aus Resignation aus dem Geschäftsleben zurückzieht bzw. Mitglieder der geschäftsleitenden Organe des Schuldnerunternehmens abwandern, so daß eine Eigenverwaltung daraufhin unmöglich wird. Die Bestellung eines mit Verwaltungs- und Verfügungsbefugnis ausgestatteten vorläufigen Verwalters steht mithin der Eigenverwaltung und den mit ihr angestrebten Reformzielen entgegen.

b) Bestellung eines vorläufigen Verwalters ohne Verwaltungs- und Verfügungsbefugnis

Wird dem Schuldner hingegen die Verwaltungs- und Verfügungsbefugnis über sein Vermögen und somit die Unternehmensfortführung belassen, so nimmt er weiterhin aktiv am Wirtschaftsleben teil. Selbst wenn der Verwalter infolge eines Zustimmungsvorbehaltes gem. § 21 II Nr. 2, 2. Fall InsO an der Unternehmensleitung beteiligt wird und ihm die Aufgabe übertragen wird, als Sachverständiger die Sanierungschancen zu prüfen und an der Sanierungsvorbereitung mitzuwirken[41], bleibt der Schuldner mitverantwortlich. Er wird nicht zum bloßen Gehilfen des Verwalters degradiert, sondern behält wegen seiner kontinuierlichen Mitarbeit Einblick in unternehmens- und marktspezifische Entwicklungen. Durch die kooperative Zusammenarbeit mit dem Verwalter kann er auf zukünftige Sanierungsmaßnahmen vorbereitet werden und gezieltes Krisenmanagement erlernen. Damit wird die für eine künftige Eigenverwaltung wesentliche Basis geschaffen.

Wenn dem Schuldner aber schon bei einem umfassenden Zustimmungsvorbehalt die Unternehmenstätigkeit so weit belassen wird, daß die Eigenverwaltungsanordnung nicht gefährdet wird, so gilt dieses erst recht für Sicherungsmaßnahmen, die den Schuldner noch weniger in seiner Rechtsstellung berühren, z.B. die Ausstattung des Verwalters lediglich mit Informations-, Überwachungs- und Prüfungspflichten.

Diese vom Eingriffsgrad her unterhalb des Entzuges der Verwaltungs- und Verfügungsbefugnis liegenden Maßnahmen weisen zudem eine weitgehende Übereinstimmung mit den im Rahmen der Eigenverwaltung normierten Beschränkungen der schuldnerischen Rechtsstellung auf.[42]

---

41 Vgl. § 22 II InsO und die Ausführungen zu 1. c).

42 Vgl. §§ 274 I, 275 I, II, 277 InsO.

Soweit aber die im Eröffnungsverfahren angeordneten Sicherungsmaßnahmen sich im Rahmen der in §§ 274 ff. InsO aufgeführten Beschränkungen halten, können sie nicht dem Zweck der Eigenverwaltung widersprechen. Der Schuldner wird dann nämlich durch ihre Anordnung nicht stärker beschränkt als im Falle der frühzeitigen Eröffnung des Insolvenzverfahrens unter Anordnung der Eigenverwaltung. Daher schließen diese Sicherungsmaßnahmen die Anordnung der Eigenverwaltung und damit die Verwirklichung der mit diesem Rechtsinstitut verfolgten Reformziele nicht aus.

c) Zwischenergebnis

Lediglich die mit dem Erlaß eines Verfügungsverbotes gem. § 21 II Nr. 2, 1. Fall InsO kombinierte Bestellung eines vorläufigen Verwalters steht somit der Eigenverwaltung und den damit angestrebten Reformzielen entgegen.

3. Entscheidung des Gerichts über die Anordnung und Auswahl von Sicherungsmaßnahmen gem. § 21 II Nr. 1, 2, 1. Fall InsO

Damit stellt sich nunmehr die Frage, unter welchen Voraussetzungen das Gericht eine derartige Sicherungsmaßnahme überhaupt anordnet. Ein das Rechtsinstitut der Eigenverwaltung in Frage stellender Zusammenhang besteht nämlich nur, wenn beide Institute – Sicherungsmaßnahmen nach § 21 II Nr. 1, 2, 1. Fall InsO und Eigenverwaltung – den gleichen Regelungsbereich erfassen. Ist die Bestellung des verwaltungs- und verfügungsbefugten Verwalters etwa auf Fälle beschränkt, in denen der Schuldner zur Unternehmensfortführung nicht willens oder in der Lage ist, so sind nur diejenigen Fallkonstellationen betroffen, in denen eine Eigenverwaltung ohnehin nicht möglich ist. Dann findet eine Überschneidung der Regelungsbereiche beider Rechtsinstitute mit dem Resultat, daß die Bestellung eines verwaltungs- und verfügungsberechtigen Verwalters die Eigenverwaltung ausschließt, nicht statt. Soweit aber das Gericht etwa formularmäßig in jedem Verfahren einen vorläufigen Verwalter bestellt und ihm die Verwaltungs- und Verfügungsbefugnis über das Schuldnervermögen überträgt, könnte eine Eigenverwaltung nahezu immer – je nachdem wie lange die Verdrängung des Schuldners aus seiner bisherigen Rechtsstellung im Eröffnungsverfahren dauert und wie gravierend die Maßnahmen des Verwalters in die Unternehmensstruktur eingreifen – von vornherein ausgeschlossen werden; das Gericht würde quasi bereits mit Anordnung der Sicherungsmaßnahmen über den weiteren Verfahrensablauf entscheiden, die §§ 270 bis 285 InsO könnten damit jegliche praktische Bedeutung verlieren.

Fraglich ist demnach, nach welchen Kriterien das Gericht über die Bestellung eines vorläufigen Verwalters und die Übertragung der Verwaltungs- und Verfügungsbefugnis gem. § 21 II Nr. 1, 2, 1. Fall InsO entscheidet. § 21 I InsO bestimmt, daß das Gericht alle Maßnahmen zu treffen hat, die erforderlich erscheinen, um bis zur Entscheidung über den Eröffnungsantrag eine den Gläubigern nachteilige Veränderung in der Vermögenslage des Schuldners zu verhüten. Damit wird die Entscheidung über die Anordnung und Auswahl der Sicherungsmaßnahmen in das pflichtgemäße Ermessen des Gerichts gestellt.[43] Das Gericht hat sich dabei am einzelfallbezogenen Sicherungsbedürfnis und an Zweckmäßigkeitsgesichtspunkten zu orientieren.[44] Die Reformkommission hat in ihrem Ersten Bericht zudem ausdrücklich darauf hingewiesen, daß – wie bei jedem staatlichen Eingriff in subjektive Rechte eines Bürgers[45] – die strikte Wahrung des Verhältnismäßigkeitsgrundsatzes erforderlich ist.[46] Das bedeutet, daß nur zur Sicherung des Schuldnervermögens unumgänglich notwendige Maßnahmen getroffen werden dürfen und "alle sachlich nicht gebotenen Maßnahmen, die nur einen unnötigen Aufwand verursachen oder die Rechte des Schuldners und seiner Gläubiger über Gebühr beeinträchtigen, zu vermeiden sind".[47] Damit sind zwar die Grenzen des gerichtlichen Ermessens festgelegt, bestimmte Entscheidungskriterien werden dem Gericht aber noch nicht an die Hand gegeben.

---

43 Vgl. Erster Bericht, Begr. zu Leitsatz 1.2.3, der den §§ 21, 22 InsO inhaltlich weitgehend entspricht, S. 104; Grub ZIP 1993, S. 393, 396.

44 Vgl. RegE, BT-Drucksache 12/2443, Begr. B, S. 116.

45 Jarass/Pieroth, Art. 20 Rdz. 57.

46 So auch zur geltenden Rechtslage Kilger, Einh. Jahre KO, Seite 189, 194; Kilger/Karsten Schmidt, § 106 Anm. 2); Kuhn/Uhlenbruck, § 106 Rdz. 1.

47 Erster Bericht, Begr. zu Leitsatz 1.2.3 , S. 104.

a) Mögliche Entscheidungskriterien

aa) Flucht, Arbeitsunfähigkeit oder -verweigerung des Schuldners

Der Sicherungszweck gem. § 21 I InsO liegt bei Unternehmensinsolvenzen vorrangig darin, zur Optimierung der quotenmäßigen Befriedigung ungesicherter Gläubiger die Fortführung des Unternehmens unter Aufrechterhaltung des Geschäftsbetriebes zu gewährleisten.[48] Wenn der Schuldner dazu nicht willens oder in der Lage ist, muß diese Aufgabe aus Gründen des Gläubigerschutzes von einer schuldnerfremden Person, dem vorläufigen Verwalter, wahrgenommen werden. Dieses ist insbesondere der Fall, wenn der Schuldner bzw. das unternehmensleitende Organ des Schuldners[49] flüchtig oder – etwa aus gesundheitlichen Gründen – arbeitsunfähig ist oder explizit die weitere Wahrnehmung seiner Aufgaben verweigert. In diesen Fällen muß das Gericht also gem. § 21 II Nr. 1, 2, 1. Fall InsO einen vorläufigen Verwalter bestellen und dem Schuldner ein allgemeines Verfügungsverbot auferlegen.

bb) Drohende Zwangsvollstreckungen einzelner Gläubiger

Abgesehen von den eben genannten, in der Person des Schuldners liegenden Gründen kann die Unternehmensfortführung aber auch durch Handlungen der Gläubiger beeinträchtigt werden, etwa wenn durch Einzelzwangsvollstreckungsmaßnahmen das zur einstweiligen Betriebsfortführung dringend benötige Anlagevermögen auseinandergerissen zu werden droht. Im geltenden Recht sind drohende Zwangsvollstreckungsmaßnahmen ein Grund für den Erlaß eines allgemeinen Veräußerungsverbotes und gleichzeitiger Sequestrationsanordnung.[50] Diese Sicherungsmaßnahmen machen dort nach h.M. zwar die Zwangsvollstreckungen nicht analog § 14 KO bereits in Eröffnungsverfahren unwirksam und

---

48 Auch arbeitsmarktpolitische Gründe spielen eine wichtige Rolle, vgl. Grub ZIP 1993, S. 393, 397.

49 Z.B. der Geschäftsführer einer GmbH, Kuhn/Uhlenbruck, § 106 Rdz. 7.

50 Kilger/Karsten Schmidt, § 106 Anm. 2); Mohrbutter/Mohrbutter, 1. Teil, I. 1. b), Rdz. 3c; Kilger, Einh. Jahre KO, S. 189, 192; Uhlenbruck KTS 1982, S. 201, 202; Fricke MDR 1978, S. 99, 100; Uhlenbruck/Delhaes, Teil 1, Kap.1, XI. 7. d) (Rdz. 381).

bieten deshalb keinen unmittelbaren Schutz vor masseschmälernden Zugriffen einzelner Gläubiger. Einer sequestrationszweckwidrigen Verwertung der Vollstreckungsobjekte kann der Sequester jedoch über § 135 I 2 BGB, § 772 Satz 1 ZPO gem. §§ 772 Satz 2, 771 ZPO im Wege der Widerspruchsklage entgegentreten.[51]

De lege ferenda ist aber in § 21 II Nr. 3 InsO die Möglichkeit vorgesehen, daß das Gericht explizit Zwangsvollstreckungsmaßnahmen gegen den Schuldner in das bewegliche Vermögen untersagt oder einstweilen einstellt.[52] Damit wird die Wirkung des Vollstreckungsverbots gem. § 89 InsO, der in Absatz 1 weitgehend § 14 KO entspricht, in das Eröffnungsverfahren vorverlegt.[53] Können aber der Schutz vor massemindernden Vollstreckungsmaßnahmen einzelner Gläubiger und somit die einstweilige Betriebsfortführung bereits durch ein Zwangsvollstreckungsverbot gewährleistet werden, so ist kein Grund für die Beschneidung der Rechtsstellung des Schuldners durch die Anordnung gravierenderer Sicherungsmaßnahmen ersichtlich. Abgesehen von dem fehlenden Bedürfnis nach anderen Schutzmaßnahmen wäre der von der h.M. im geltenden Recht vorgesehene Weg de lege ferenda nicht gangbar: Wie sich aus §§ 24 I, 81 I 1 InsO ergibt, führt das allgemeine Verfügungsverbot gem. § 21 II Nr. 2, 1. Fall InsO zur absoluten Unwirksamkeit der erfaßten Verfügungen. Es handelt sich im Gegensatz zum allgemeinen Veräußerungsverbot gem. § 106 I 3 KO also nicht um ein relatives Verbot gem. §§ 135, 136 BGB, so daß die §§ 772, 771 ZPO nicht anwendbar sind. Die zur Sequestration entwickelten Grundsätze sind also zur Abwehr von Zwangsvollstreckungsmaßnahmen einzelner Gläubiger nicht geeignet. Aus diesen Gründen sind drohende Vollstreckungen kein geeignetes Kriterium für die Bestellung eines vorläufigen Insolvenzverwal-

---

51 Hess, § 106 Rdz. 39; Kilger/Karsten Schmidt, § 106 Anm. 3); Kuhn/Uhlenbruck, § 106 Rdz. 4b ; Kleiner, B. VIII. 3. b (S. 136 ff.); a.A. Gerhardt ZIP 1982, S. 1, 6, der nicht § 772 ZPO, sondern § 766 ZPO bei sequestrationszweckwidrigen Pfändungen für anwendbar hält.

52 Für die Zwangsvollstreckung in das unbewegliche Vermögen des Schuldners gilt der durch Art. 20 Nr. 4 EGInsO neu eingefügte § 30d IV ZVG, der eine einstweilige Einstellung der Zwangsversteigerung auf Antrag des vorläufigen Verwalters zuläßt, wenn die Notwendigkeit einer solchen Maßnahme zur Verhütung nachteiliger Veränderungen in der Vermögenslage des Schuldners glaubhaft gemacht wurde.

53 RegE, BT-Drucksache 12/2443, Begr. B, S. 116.

ters und die Übertragung der das Schuldnervermögen betreffenden Verwaltungs- und Verfügungsbefugnis.

cc) Masseschädigende Handlungen des Schuldners

§ 21 I InsO verlangt, daß das Schuldnervermögen in seinem Bestand vor Werteinbußen, insbesondere vor masseschädigenden Handlungen des Schuldners, geschützt wird. Diese können in der mangelhaften Verwaltung des Vermögens – bei Unternehmensinsolvenzen also im Mißmanagement – oder in der Vornahme nachteiliger Verfügungsgeschäfte liegen.

(1) Verwaltung des Schuldnervermögens

Vermögensreduzierenden Mängeln in der *Betriebsführung*[54] wird im Vorverfahren regelmäßig bereits durch eine gemeinschaftliche und kooperative Unternehmensleitung von Schuldner und Verwalter entgegengewirkt werden können, in der nach eingehender Schwachstellenanalyse[55] notwendige Schulungen und Beratungen des Managements durch rechtlich und betriebswirtschaftlich qualifizierte Personen stattfinden. Lediglich wenn die Fehler in der Vermögensverwaltung entweder die absolute Unfähigkeit (mangelnde Unternehmerqualifikation, unzulängliche Fachkenntnisse und ungenügender Informationsstand)[56] oder das Desinteresse des Schuldners an der Unternehmensführung demonstrieren, ist zum Schutz der Gläubiger die Übertragung der Verwaltungs- und Verfügungsbefugnis auf den vorläufigen Verwalter notwendig.

(2) Verfügungen des Schuldners

Droht die "den Gläubigern nachteilige Veränderung in der Vermögenslage des Schuldners" (§ 21 I InsO) hingegen durch die Vornahme vermö-

---

54 Dazu gehören etwa die Buchführung, die Personalführung und -motivation, die Wartung und Pflege der einzelnen Vermögensgegenstände, die Gewährleistung ausreichenden Versicherungsschutzes, die Organisation und Überwachung der betrieblichen Produktion und des Vertriebs sowie der Aufbau und die Pflege von Geschäftsbeziehungen.

55 Vgl. dazu Gottwald-Maus, § 2, V. 2. (Rdz. 56 ff.).

56 Dieses sind nach Grub ZIP 1993, S. 393, 398 die Hauptfehlerquellen im Führungsbereich der Unternehmen.

gensreduzierender *Verfügungsgeschäfte* seitens des Schuldners, so ist zu differenzieren:

Lassen die äußeren Umstände, insbesondere das Verhalten des Schuldners, darauf schließen, daß für ihn die ordnungsgemäße Unternehmensfortführung im Vordergrund steht und er die Verfügungen in Unkenntnis ihrer für die künftige Insolvenzmasse nachteiligen Konsequenzen oder auf den Druck einzelner Gläubiger hin vornimmt, wie etwa den Ankauf von Arbeitsmaterialien und Rohstoffen zu weit überhöhten Preisen, die Veräußerung von Waren und fertiggestellten Endprodukten unter Wert, die Bestellung von Sicherheiten für einzelne Gläubiger oder ihre Befriedigung[57], so erscheint die Anordnung eines allgemeinen, auf sämtliche Verfügungen des Schuldners bezogenen Zustimmungsvorbehalts gem. § 21 II Nr. 2, 2. Fall InsO zur Sicherung des Schuldnervermögens ausreichend. Mit dem vorläufigen Verwalter wird dem Schuldner dann ein qualifiziertes Beratungs- und Kontrollorgan an die Seite gestellt, das Einblick in wesentliche Bereiche des Unternehmens erhält und im Rahmen gemeinschaftlicher Unternehmensleitung masseschädigende Handlungen des Schuldners verhindern kann, indem es entweder Verfügungen über Vermögensgegenstände ganz untersagt oder nur bei entsprechendem Wertausgleich zuläßt.

Es gibt aber Fälle, in denen der Schuldner die Unternehmensfortführung nur noch zum Schein und ohne ernsthafte Sanierungsabsichten betreibt, etwa um die Fortzahlung seiner eigenen Bezüge zu sichern oder Diskussionen und Auseinandersetzungen mit vom Personalabbau betroffenen Arbeitnehmern zu vermeiden. Dann besteht die Gefahr, daß er vor Eröffnung des Insolvenzverfahrens noch möglichst viel Vermögen zur Rettung der eigenen Existenz oder zur Begünstigung anderer, insbesondere nahestehender Personen beiseite schaffen will. Der Entzug der Verwaltungs- und Verfügungsbefugnis über das Schuldnervermögen ist dann zum Schutz der Gläubigerinteressen zwingend notwendig. Zwar werden diese die Gläubiger benachteiligenden Handlungen im Falle der Verfahrenseröffnung regelmäßig gem. §§ 129 ff. InsO anfechtbar sein und damit Vermögensverschiebungen rückgängig gemacht werden können. Da aber jede Anfechtung die Kenntnis von den anfechtbaren Rechtshand-

57 Der Schuldner könnte danach streben, durch Befriedigung seiner wichtigsten Gläubiger seinen Ruf zu retten oder dem Irrglauben erliegen, die Insolvenz dadurch noch abwenden zu können.

lungen des Schuldners voraussetzt und zudem keine unmittelbare Änderung der dinglichen Rechtslage herbeiführt, sondern nur einen schuldrechtlichen Rückgewähranspruch bezüglich der gewährten Leistung schafft[58], bietet die Beschränkung der Verfügungsmacht des Schuldners *vor* einer derartigen Vermögensverschiebung einen wesentlich effektiveren Gläubigerschutz als die bloße Möglichkeit der Insolvenzanfechtung. Diese Argumentation trifft zwar auch im zuvor genannten Fall fehlender Benachteiligungsabsicht seitens des Schuldners zu und rechtfertigt somit für sich genommen noch nicht die Auferlegung eines allgemeinen Verfügungsverbotes. Die Notwendigkeit desselben ergibt sich aber daraus, daß bei fehlendem ernsthaften Engagement des Schuldners die Unternehmensfortführung nicht mehr zum Zwecke der bestmöglichen und gleichmäßigen Gläubigerbefriedigung genutzt wird, die es durch die Maßnahmen im Eröffnungsverfahren bereits zu sichern gilt. Demnach ist das Gericht in diesem Falle zur Übertragung der Unternehmensfortführung auf einen verwaltungs- und verfügungsbefugten vorläufigen Insolvenzverwalter verpflichtet.

(3) Konkrete Anhaltspunkte

Aus Gründen der Verhältnismäßigkeit[59] müssen bei einem derartig schwerwiegenden Eingriff in die Rechtsstellung des Schuldners stets konkrete Anhaltspunkte für nicht durch kooperatives Zusammenwirken von Schuldner und Verwalter auszugleichende Mängel in der Unternehmensleitung bzw. für die Masseschädigung durch unredliches Verhalten des Schuldners vorhanden sein.[60] Die bloße Tatsache, daß dem Gericht ein Stab rechtlich und betriebswirtschaftlich qualifizierter Insolvenzverwalter[61] zur Verfügung steht, darf nicht zu einer vorsorglichen Übertragung der Verwaltungs- und Verfügungsbefugnis führen. Zwar stehen insbesondere bei Insolvenzen größerer Unternehmen zahlreiche arbeits-

58 § 143 I InsO, beachte aber auch Absatz 2!

59 Siehe oben 3.

60 Zwar mag die Übertragung der Verwaltungs- und Verfügungsbefugnis auf den vorläufigen Verwalter die wirksamste Sicherungsmaßnahme sein, keinesfalls ist sie aber stets erforderlich, vgl. zur Sequestration im Konkursverfahren Fricke MDR 1978, S. 99, 100; Kilger, Einh. Jahre KO, S. 189, 194.

61 Zur Qualifikation des Insolvenzverwalters vgl. Uhlenbruck KTS 1989, S. 229, 231, 241; Risse KTS 1994, S. 465, 467, 476, 488.

markt- und sozialpolitische sowie wirtschaftliche Interessen auf dem Spiel und erfordern ebenso wie das Interesse der Gläubiger an der Durchsetzung ihrer Forderungen frühzeitiges und effektives Eingreifen des Staates. Andererseits darf der Schuldner nicht bereits vor der Entscheidung über den Eröffnungsantrag durch staatlichen Eingriff in seine privaten Rechtspositionen quasi "entrechtet" werden, nur weil das Gericht seine unternehmerischen Fähigkeiten anzweifelt.

dd) Person des Antragstellers

In der Literatur wird als maßgebliches Kriterium für die Anordnung und Auswahl der Sicherungsmaßnahmen z.T. die Person des Antragstellers genannt.[62]

(1) Dauer des Eröffnungsverfahrens

Die Person des Antragstellers kann deshalb für die Anordnung von Sicherungsmaßnahmen von Bedeutung sein, weil sie auf die Dauer des Eröffnungsverfahrens Einfluß hat. Die Dauer des Eröffnungsverfahrens wiederum ist das wesentliche Kriterium für die Anordnung von Sicherungsmaßnahmen[63], denn je kürzer das Verfahren ist, um so geringer ist das Bedürfnis nach dem Schutz der potentiellen Insolvenzmassse durch gerichtliche Anordnungen. Je länger es dauert, um so eher muß die schuldnerische Vermögenslage im Interesse der Gläubiger vor einer zwischenzeitlichen Verschlechterung geschützt werden.

(a) Eigenantrag des Schuldners

Im Idealfall stellt ein redlicher und sanierungswilliger Schuldner von sich aus den Antrag auf Eröffnung des Insolvenzverfahrens gem. § 13 I 2 InsO und reicht die zur Prüfung des Eröffnungsgrundes (§§ 17 ff. InsO) und der Kostendeckung gem. § 26 I InsO benötigten Unterlagen bereits mit ein. Dann wird das Gericht sich relativ schnell anhand der vorgelegten Geschäftsbücher und -papiere, der Gläubiger- und Schuldnerverzeichnisse und sonstiger das Vermögen betreffenden Dokumente einen

62 Obermüller/Hess, 2. Teil, A. II. 4. a), Rdz. 119; Schlosser, in: Leipold, S. 9, 10 f.

63 RegE, BT-Drucksache 12/2443, Begr. B , S. 116.

Überblick über die Vermögensverhältnisse des Schuldners verschaffen und zügig über die Verfahrenseröffnung entscheiden können. In diesem Fall besteht regelmäßig kein Bedürfnis nach der Anordnung von Sicherungsmaßnahmen. Anders könnte es sich verhalten, wenn der Unternehmensträger bzw. seine geschäftsführenden Organe einer Insolvenzantragspflicht unterliegen[64] und demzufolge den Zeitpunkt der Antragstellung wegen der gesetzlich fixierten Fristen nicht frei bestimmen konnten. In diesem Fall könnte die Vervollständigung der notwendigen Unterlagen zu einer Verzögerung des Eröffnungsverfahrens führen. Andererseits deutet die Vermeidung der mit straf- und zivilrechtlichen Sanktionen bewehrten "Insolvenzverfahrensverschleppung"[65] darauf hin, daß der Schuldner bisher ebenfalls seinen gesetzlichen Pflichten zur ordnungsgemäßen Buchführung und Erstellung von Bilanzen, Gewinn- und Verlustrechnungen etc.[66] nachgekommen ist, zumal ansonsten das Eingreifen einer Antragspflicht für ihn kaum erkennbar wäre.[67] Dann aber dürfte die dreiwöchige Antragsfrist zur Komplettierung der Daten ausreichen, so daß auch hier das Eröffnungsverfahren relativ kurz gehalten werden kann.

Das auf einen Eigenantrag des Schuldners hin eingeleitete Eröffnungsverfahren kann aber in bestimmten Fällen auch eine längere Zeit beanspruchen. So kann es etwa sinnvoll sein, das Verfahren auf Antrag

---

64 Vgl. etwa §§ 64 I GmbHG, 99 I GenG, 92 II AktG, 130a I HGB; Einzelkaufleute und Personengesellschaften mit unbeschränkter Haftung unterliegen keiner Insolvenzantragspflicht, vgl. §§ 130a I, 177a HGB.

65 §§ 130 b (177 a) HGB, 84 GmbHG, 401 AktG, 148 GenG, §§ 42 II BGB, 92 II AktG, 130 a I HGB, 99 I GenG iVm § 823 II BGB, vgl. dazu im Rahmen des geltenden Konkursrechts Kuhn/Uhlenbruck, § 103 Rdz. 17 ff; Gottwald-Uhlenbruck, § 11, A. II. 5. (Rdz. 30 ff.); Delhaes, Kap. 4, A. II. 8. (S. 172 ff.); Karsten Schmidt ZIP 1988, S. 1497 ff.

66 §§ 238 ff., 242, 264 HGB, 91, 150 ff. AktG, 41 ff. GmbHG, 33 GenG. Deren Verletzung ist gem. §§ 283 I Nr. 5, 283b StGB ebenfalls strafbewehrt.

67 Der Zweck der Insolvenzantragspflicht – insbesondere im Hinblick auf die Überschuldung – liegt ja gerade darin, den Schuldner zur ständigen Selbstkontrolle bzw. Überprüfung der Vermögensverhältnisse durch ordnungsgemäße Buchführung, Erstellung von Jahresabschlüssen, etc. anzuhalten, um eine frühzeitige Insolvenzerkennung und – bekämpfung zu gewährleisten, vgl. zum Konkursrecht Gottwald-Uhlenbruck, § 11, A. II. 3. (Rdz. 28); Delhaes, Kap. 4, A. II. 4. , S. 153 ; Karsten Schmidt ZIP 1988, S. 1497, 1498.

des Schuldners auszudehnen[68]: Wenn das Gericht dem nach § 21 II Nr. 1 InsO bestellten Verwalter die Prüfung der Sanierungschancen des Unternehmens und die Vorbereitung der Sanierung übertragen[69] und somit das Eröffnungsverfahren zu Lasten des Insolvenzverfahrens verlängern kann, um ihn von dem Zeitdruck der in §§ 103 II 2, 156 I, 29 I Nr. 1, letzter Hs. InsO normierten Fristen zu befreien[70], so erscheint es zumindest in den Fällen späterer Eigenverwaltung sachgerecht, dem Schuldner, der im wesentlichen die Aufgaben des im Regelinsolvenzverfahren bestellten Verwalters wahrnimmt, dieses Privileg ebenfalls zuzubilligen. Problematisch erscheint dabei zwar, daß den Gläubigern damit die Einflußnahme auf die Schuldnerverwaltung gem. § 272 I Nr. 1, 2 InsO vorenthalten wird. Andererseits können sie auch im Falle der Verlängerung des Eröffnungsverfahrens nach § 22 I 2 Nr. 3, 3. Fall, II InsO auf die Person des Verwalters und die Dauer des Verfahrens keinen Einfluß nehmen[71]. Zudem kommt ihnen die auf eine bessere Sanierungsvorbereitung und Optimierung der Gläubigerbefriedigung abzielende Ausdehnung bei entsprechender Kompensation der Risiken durch Sicherungsmaßnahmen letztlich zugute.

Eine Verzögerung des Eröffnungsverfahrens im Falle des Schuldnerantrages ist weiterhin infolge der Glaubhaftmachungs- und Anhörungspflichten gem. § 15 II InsO möglich, wenn der Insolvenzantrag bzgl. des Vermögens einer juristischen Person oder einer Gesellschaft ohne Rechtspersönlichkeit nicht von allen Mitgliedern des Vertretungsorgans, allen persönlich haftenden Gesellschaftern oder allen Abwicklern gestellt wird. Darüber hinaus wird das Verfahren immer dann eine gewisse Zeit beanspruchen, wenn der Schuldner zwar selbst – etwa aus Resignation – den Antrag gestellt hat, aber keine über seine Vermögenslage Auskunft gebenden Unterlagen zur Verfügung stellen kann.

Somit *kann* also in den Fällen des Eigenantrags des Schuldners das Eröffnungsverfahren eine gewisse Zeit dauern, so daß das Gericht gem. § 21 I InsO möglicherweise zum Schutz des Schuldnervermögens zur Anordnung von Sicherungsmaßnahmen verpflichtet ist.

68 So auch Schlosser in: Leipold, S. 9, 10 f.

69 § 22 I 2 Nr. 3, 3. Fall, II InsO.

70 Vgl. Beschlußempfehlung des Rechtsausschusses, BT-Drucksache 12/7302, S. 158.

71 § 21 II Nr. 1 InsO verweist nicht auf § 57 InsO!

(b) Gläubigerantrag

Im Falle eines Gläubigerantrags[72] wird die Überprüfung der Eröffnungsvoraussetzungen dagegen regelmäßig eine gewisse Zeit in Anspruch nehmen. Das liegt zum einen an den umfassenderen Ermittlungs- und Anhörungspflichten gem. § 14 InsO[73], zum anderen daran, daß der antragstellende Gläubiger regelmäßig keinen Einblick in die unternehmensinternen Verhältnisse und das schuldnerische Rechnungswesen hat und somit die gerichtlichen Ermittlungen nicht fördern kann. Der vom Gläubigerantrag "überraschte" Schuldner wird zumeist nicht zur Präsentation kompletter Unterlagen über eine geordnete Geschäftsführung in der Lage sein, da er dem Gläubiger ansonsten infolge eigenen Verantwortungsbewußtseins[74] oder in Erfüllung einer Insolvenzantragspflicht zuvorgekommen wäre. Dann aber gestaltet sich die vorzunehmende Prüfung des Eröffnungsgrundes[75] sowie der Deckung der gesamten Verfahrenskosten (§ 26 I 1 InsO) als recht problematisch und zeitintensiv, so daß grundsätzlich ein Bedürfnis nach der Anordnung von Sicherungsmaßnahmen bestehen wird.[76]

---

72 Zu den Vor- und Nachteilen eines auf Eröffnung des Konkursverfahrens abzielenden Gläubigerantrags zur Durchsetzung eines Anspruchs gegen den Schuldner vgl. Uhlenbruck, Anwaltliche Beratung, Teil I, A. II., III. (S. 41 ff.).

73 Zum Rechtschutzinteresse beim Gläubigerantrag bzgl. der Eröffnung des Konkursverfahrens vgl. Delhaes, Kap. 2, A. III. 6. (S. 83 ff.); Gottwald-Uhlenbruck, § 13, B. V. (Rdz. 10 ff.). Das Rechtsschutzbedürfnis fehlt insbesondere bei der Verfolgung konkursfremder Zwecke, etwa wenn der Antragsteller beabsichtigt, den Schuldner als Konkurrenten wettbewerbsunfähig zu machen oder den Konkursantrag als Druckmittel zur Ratenzahlung zu mißbrauchen, Kilger/Karsten Schmidt, § 105 Anm. 2); Kuhn/Uhlenbruck, § 105 Rdz. 6a; Gottwald-Uhlenbruck, § 13 B. V. 2. (Rdz. 12); einschränkend Delhaes, Kap. 2, A. III. 6. c) aa) (S. 86 f.), dd) (S. 88 ff.).

74 Antragsrecht des Schuldners bereits bei *drohender* Zahlungsunfähigkeit gem. § 18 InsO.

75 Beachte: Selbst wenn der Gläubigerantrag – aus Beweisgründen – auf den Eröffnungsgrund der Zahlungsunfähigkeit gestützt wird, kann das Gericht die Verfahrenseröffnung auf den Überschuldungstatbestand stützen, dessen Ermittlung regelmäßig langwieriger ist als die der Zahlungsunfähigkeit, Uhlenbruck, Anwaltliche Beratung, Teil. I , B. I. 7. b) bb) (S. 91) zum geltenden Konkursrecht.

76 So auch Schlosser in: Leipold, S. 9, 10; Pape ZIP 1994, S. 89, 90.

(2) *Kriterium für die Auswahl der Sicherungsmaßnahmen*

Über die *Auswahl* der Sicherungsmaßnahmen sagt die Dauer des Eröffnungsverfahrens allerdings nichts. Die Person des Antragstellers ist somit für sich genommen kein geeignetes Auswahlkriterium[77], kann jedoch auf das Vorliegen anderer, die Anordnung der Maßnahmen gem. § 21 II Nr. 1, 2, 1. Fall InsO indizierenden Kriterien[78] hinweisen.

(a) *Eigenantrag des Schuldners*

Bei einem Eigenantrag des Schuldners wird der Entzug der Verwaltungs- und Verfügungsbefugnis regelmäßig dann gerechtfertigt sein, wenn dieser aus der Resignation des Schuldners resultiert. Sieht dieser die wirtschaftliche Existenz des Unternehmens vor dem endgültigen "Aus", so ist eine ordnungsgemäße Unternehmensfortführung im Interesse der Gläubiger nicht mehr gewährleistet. Gleiches gilt bei Arbeitsunfähigkeit oder expliziter Arbeitsverweigerung. Dagegen wird das Gericht von einer derart gravierenden Maßnahme abzusehen haben, wenn der Schuldner durch die Präsentation vollständiger Geschäftsunterlagen einen umfassenden Überblick über die eigenen Vermögensverhältnisse, gewisse Kenntnisse im Bereich des Insolvenzrechts und die Bereitschaft, zur Bewältigung der wirtschaftlichen Notlage ein Sanierungskonzept zu entwickeln und mit den Gläubigern abzustimmen, demonstriert. Das ist insbesondere dann der Fall, wenn das Eröffnungsverfahren auf seinen Antrag hin verlängert wurde. Die Kriterien "Flucht" oder "böswillige Masseschädigung" sind hier hingegen irrelevant, da bei deren Vorliegen der Schuldner selbst keinen Eröffnungsantrag stellen wird.

(b) *Gläubigerantrag*

Spätestens[79] ab dem Zeitpunkt der Antragstellung durch den oder die Gläubiger wird mit einer ordnungsgemäßen Vermögensverwaltung und

---

77 A.A. offenbar Obermüller/Hess, 2. Teil, A. II. 4. a), Rdz. 9.

78 Siehe oben aa), cc).

79 Der Antrag kann natürlich auch vorheriges Verhalten des Schuldners (z.B. Vermögensverschleuderungen oder -verschiebungen) offenlegen, das bereits für sich genommen den Entzug der Verwaltungs- und Verfügungsbefugnis rechtfertigt.

Unternehmensfortführung durch den Schuldner regelmäßig nicht mehr zu rechnen sein: Infolge des durch den Antrag deklarierten Vertrauensverlustes und der befürchteten Liquidation seines Vermögens wird der Schuldner motiviert, in dem Zeitraum bis zur Verfahrenseröffnung möglichst viel Vermögen zur Rettung der eigenen wirtschaftlichen Existenz beiseite zu schaffen.[80] Denkbar ist aber auch, daß der Schuldner infolge des Gläubigerantrages aus Furcht vor dem endgültigen "Aus" des Unternehmens und damit seiner wirtschaftlichen Existenz überstürzt waghalsige Transaktionen und Spekulationen vornimmt, um bis zur Entscheidung über die Verfahrenseröffnung die Liquidität wiederherzustellen und damit seine Vermögenslage kurzfristig erheblich verschlechtert. Abgesehen davon kann der Gläubigerantrag beim Schuldner auch Verunsicherung und Resignation über seine vergeblichen Bemühungen, das Unternehmen aus der wirtschaftlichen Krise zu retten, auslösen und ihn so demotivieren, daß eine ordnungsgemäße, im Interesse der Gläubiger liegende Unternehmensfortführung nicht mehr gewährleistet ist.

Die Tatsache, daß der Schuldner[81] den Antrag auf Verfahrenseröffnung trotz des mit überwiegender Wahrscheinlichkeit[82] vorliegenden Eröffnungsgrundes selbst nicht gestellt hat – sei es, weil er das Ausmaß der wirtschaftlichen Krise nicht überblickt oder auf baldige Besserung der finanziellen Lage vertraut hat, sei es, daß er die Verfahrenseröffnung bewußt zur Erlangung eigener wirtschaftlicher Vorteile hinauszögern wollte – zeugt von einer solchen Verantwortungslosigkeit gegenüber den Gläubigern oder gar kriminellen Energie[83], daß die Übertragung der Unternehmensführung und Verwaltung des Schuldnervermögens auf einen vorläufigen Verwalter notwendig scheint. Der Schuldner wird da-

---

80 Dies gilt sowohl für den ursprünglich redlichen und sanierungswilligen als auch für den von vornherein böswilligen Schuldner. Zur Insolvenzkriminalität vgl. Grub/Rinn ZIP 1993, S. 1583, 1585; Grub WM 1994, S. 880, 881.

81 Eventuell sogar unter Verstoß gegen eine gesetzliche Insolvenzantragspflicht!

82 § 14 I InsO! Vgl. Baumbach/Lauterbach/Albers/Hartmann, § 294 Rdz. 1 zur Definition der Glaubhaftmachung.

83 Der Begriff der Insolvenzstraftaten umfaßt sowohl die Insolvenzverfahrensverschleppung entgegen einer gesetzlichen Insolvenzantragspflicht als auch Buchführungs- und Bilanzdelikte (vgl. dazu Grub/Rinn ZIP 1993, S. 1583, 1584 f.), deren Verwirklichung insbesondere dann naheliegt, wenn das Eröffnungsverfahren verzögert wird, weil der Schuldner keine geordneten Unterlagen über seine Vermögensverhältnisse präsentieren kann.

durch nicht unverhältnismäßig stark belastet, da er selbst durch seine Nichtleistung gegenüber den Gläubigern Anlaß zur Antragstellung gegeben hat und dafür die Konsequenzen tragen muß. Zudem bleibt es ihm unbenommen, in der nach § 14 II InsO vorgeschriebenen Anhörung das Gericht davon zu überzeugen, daß die Gefahr der Masseschädigung von seiner Seite aus nicht besteht und damit kein Bedürfnis für eine derart gravierende Einschränkung seiner Rechtsstellung vorhanden ist. Wenn ihm das gelingt, wird das Gericht die angeordnete Maßnahme nach § 25 I InsO aufheben bzw. durch eine mildere ersetzen. Diese kurzfristige Beschränkung des Schuldners in der Ausübung seiner Rechte ist ihm im Interesse seiner Gläubiger zuzumuten.

b) *Einfluß des Eigenverwaltungsantrags auf die gerichtliche Entscheidung*

Fraglich ist, ob ein vom Schuldner gem. § 270 II Nr. 1 InsO gestellter Eigenverwaltungsantrag das Gericht bei seiner Entscheidung über die Übertragung der Verwaltungs- und Verfügungsbefugnis auf einen vorläufigen Insolvenzverwalter im Eröffnungsverfahren beeinflußt.

Angesichts der u.U. gravierenden Auswirkungen des Entzuges der Verwaltungs- und Verfügungsbefugnis bereits im Vorverfahren[84] könnte das Gericht versucht sein, bei Stellung eines Eigenverwaltungsantrages regelmäßig von einer derartigen Maßnahme abzusehen, um der erst bei Verfahrenseröffnung zu treffenden Entscheidung über die Anordnung der Eigenverwaltung nicht vorzugreifen. So befürchtet etwa *Grub*[85], daß das Gericht, wenn es einem Eigenverwaltungsantrag des Schuldners stattzugeben beabsichtigt, keinen vorläufigen Insolvenzverwalter bestellen und ihm folglich nicht die Verwaltungs- und Verfügungsbefugnis über das Schuldnervermögen übertragen wird. Da aber nach seiner Ansicht die Mehrzahl der Schuldner rein "präventiv" den Antrag auf Eigenverwaltung stellen wird und das Gericht diesem regelmäßig mangels expliziter Nachforschungspflichten und Informationen über die Vertrauens(un)würdigkeit des Schuldners von dritter Seite stattgeben werde, der Ausnahmefall also zur Regel gemacht werde[86], würde das bedeuten, daß

84 Siehe oben 2. a).
85 ZIP 1993, S. 393, 396.
86 Grub WM 1994, S. 880, 881.

die Möglichkeit der Entziehung der Verwaltungs- und Verfügungsbefugnis im Eröffnungsverfahren nur auf dem Papier steht, das Gericht in den seltensten Fällen davon Gebrauch machen wird.

Ob dies der Fall ist, hängt davon ab, ob und inwieweit ein derartiger Antrag die mögliche Überzeugung des Gerichts widerlegt, die Unternehmensfortführung und Vermögensverwaltung durch den Schuldner während des Eröffnungsverfahrens indiziere im konkreten Fall eine Veränderung seiner Vermögenslage zum Nachteil der Gläubiger gem. § 21 I InsO. Mit dem Eigenverwaltungsantrag erklärt der Schuldner, daß die Einsetzung eines Insolvenzverwalters im eröffneten Verfahren nicht nötig sei, weil er selbst dessen Aufgaben genauso gut bzw. wegen seiner unternehmerischen Kenntnisse und Erfahrungen sogar besser wahrnehmen könne und die Gefahr der gläubigerschädigenden Masseminderung nicht bestehe. Damit aber sagt er zugleich, daß dann erst recht kein Grund für die Beschlagnahme seines Vermögens und Einsetzung eines Fremdverwalters bereits im *Vorfeld* des eröffneten Verfahrens bestehe, schließt damit das Vorliegen der in a) aa) und cc) genannten Kriterien aus. Jedoch wird das Gericht zu berücksichtigen haben, daß die Mißbrauchsgefahr bei der Stellung des Eigenverwaltungsantrags außerordentlich hoch ist: Der die insolvenzrechtliche Selbstverwaltung durch den Schuldner anstrebende *Vergleichs*antrag setzt gem. §§ 3 ff. VerglO die Vorlage eines inhaltlich bestimmten, die Gläubigergleichbehandlung und die Befriedigung der Forderungen mit einem Mindestsatz von 35 % bzw. 40 % gewährleistenden Vergleichsvorschlages sowie die Beibringung bestimmter Unterlagen wie etwa Vermögensübersichten, Gläubiger- und Schuldnerverzeichnisse und Erklärungen über Vermögensauseinandersetzungen voraus. Die Insolvenzordnung normiert hingegen keine besonderen Voraussetzungen für die Stellung des Eigenverwaltungsantrags.[87] Durch den geringen Aufwand werden gerade böswillige Schuldner zur Antragstellung gem. § 270 II Nr. 1 InsO motiviert.[88] Auch aus subjektiver Fehleinschätzung der eigenen unternehmerischen Qualitäten resultierende Anträge sind wahrscheinlich. Demnach darf allein die

87 Hier geht es nicht um die *Anordnungs*voraussetzungen der Eigenverwaltung! Siehe dazu II.

88 Aber auch redliche Schuldner werden den Antrag aus Imagegründen regelmäßig stellen, vgl. Grub ZIP 1993, S. 393, 396.

formale Stellung des Eigenverwaltungsantrages das Gericht nicht von der Bestellung eines verwaltungs- und verfügungsbefugten vorläufigen Verwalters abhalten.

Vielmehr ist andersherum zu argumentieren: Sowohl bei der Anordnung der Sicherungsmaßnahmen gem. §§ 21 II Nr. 1, 2, 1. Fall InsO als auch im Falle der Eigenverwaltungsanordnung gem. § 270 I 1 InsO hat das Gericht zu prüfen, ob infolge der fortbestehenden Verwaltungs- und Verfügungsbefugnis des Schuldners nachteilige Veränderungen in seiner Vermögenslage zu befürchten sind.[89] Im ersten Fall erfolgt diese Prüfung von Amts wegen, im zweiten auf Antrag des Schuldners. Wenn nun das Gericht bereits im Eröffnungsverfahren, in dem die Fremdverwaltung wegen des Verhältnismäßigkeitsgrundsatzes nur als ultima ratio zulässig ist, den Entzug der Verwaltungs- und Verfügungsbefugnis anordnet, so besagt dies, daß es bei gleicher Sachlage die Anordnung der Eigenverwaltung gem. § 270 I 1 InsO versagen würde, wäre das Insolvenzverfahren zu diesem Zeitpunkt zu eröffnen. Wird indessen im Vorverfahren von derartig gravierenden Sicherungsmaßnahmen abgesehen oder werden diese später (z.B. nach Anhörung des Schuldners) gem. § 25 I InsO aufgehoben, so kann dieses ein Indiz dafür sein, daß keine Bedenken gegen die Eigenverwaltung im eröffneten Verfahren bestehen.

Somit hat der Eigenverwaltungsantrag entgegen den Befürchtungen *Grubs* keinen Einfluß auf die Anordnung und Auswahl der Sicherungsmaßnahmen durch das Gericht. Die Bestellung eines verwaltungs- und verfügungsbefugten vorläufigen Verwalters hat sich allein an den unter a) aa), cc), dd) genannten Kriterien zu orientieren.

4. Zusammenfassung und Ergebnis zu I.

Die Frage nach dem Ausschluß der Eigenverwaltung gem. §§ 270 ff. InsO durch die Anordnung von Sicherungsmaßnahmen gem. § 21 InsO stellt sich allein im Hinblick auf die Einsetzung eines vorläufigen Verwalters unter gleichzeitiger Auferlegung eines allgemeinen Verfügungsverbotes gem. §§ 21 II Nr. 1, 2, 1. Fall InsO. Nur in diesem Fall wird der Schuldner bereits im Eröffnungsverfahren so stark aus seiner unternehmensleitenden Position verdrängt, daß die Anordnung der Eigenverwal-

89 Siehe § 21 I InsO und § 270 II Nr. 3 InsO!

tung an der Nachteilsregelung gem. § 270 II Nr. 3 InsO bzw. an der fehlenden Zustimmung der gem. §§ 271 Satz 1, 272 I Nr. 1 InsO letztlich über die Eigenverwaltung entscheidenden Gläubiger scheitern könnte.

Das Gericht ordnet die gravierenden Sicherungsmaßnahmen gem. § 21 II Nr. 1, 2, 1. Fall InsO aber nur dann an, wenn konkrete Anhaltspunkte dafür vorliegen, daß eine ordnungsgemäße Vermögensverwaltung und Unternehmensfortführung durch den Schuldner im Interesse der Gläubiger bereits im Eröffnungsverfahren nicht mehr gewährleistet ist. Dieses ist etwa dann der Fall, wenn der Schuldner flüchtig, arbeitsunfähig oder -unwillig ist, wenn Defizite im Verwaltungsbereich nicht durch bloße Beratung, Unterstützung und Kontrolle des Schuldners durch einen rechtlich und betriebswirtschaftlich qualifizierten Verwalter ausgeglichen werden können oder der Schuldner böswillig ist und den Vermögensbestand durch Verfügungsgeschäfte bewußt zum Nachteil seiner Gläubiger zu reduzieren droht. Wenn diese Kriterien vorliegen – was häufig der Fall sein wird, wenn das Verfahren auf den Antrag eines Gläubigers eingeleitet wurde –, so wird wegen der Nachteilsregelung gem. § 270 II Nr. 3 InsO aber auch regelmäßig keine Eigenverwaltung nach §§ 270 ff. InsO in Betracht kommen. Die beiden Rechtsinstitute – Sicherungsmaßnahmen nach § 21 II Nr. 1, 2, 1. Fall InsO und Eigenverwaltung gem. §§ 270 ff. InsO – betreffen also einander ausschließende Regelungsbereiche. Nicht die Anordnung der Sicherungsmaßnahmen durch das Gericht verhindert die Eigenverwaltung, sondern das zu dieser Anordnung führende Verhalten des Schuldners. Somit kommt der Maßnahme gem. §§ 21 II Nr. 1, 2, 1. Fall, 22 I InsO keine Ausschlußwirkung gegenüber der Eigenverwaltung zu.

II. Voraussetzungen der Eigenverwaltung gem. §§ 270 ff. InsO

Der Gesetzgeber sieht in dem Rechtsinstitut der Eigenverwaltung ein effizientes Instrument, die Kenntnisse und Erfahrungen der bisherigen Geschäftsleitung bei der Verwertung der Insolvenzmasse in der besten Weise zu nutzen, die notwendige, das Verfahren verzögernde Einarbeitungszeit des Insolvenzverwalters zu vermeiden und dadurch Aufwand und Kosten des Verfahrens zu verringern. Zudem soll durch die Möglichkeit der Eigenverwaltung ein Anreiz für den Schuldner geschaffen werden, rechtzeitig die Verfahrenseröffnung zu beantragen und damit die Sanierungschancen für ein insolventes Unternehmen zu erhöhen.[90]

So vielversprechend diese Aussagen einerseits klingen, so sehr ist andererseits zu berücksichtigen, daß die Eigenverwaltung durch den Schuldner für die Gläubiger erhebliche Risiken in sich birgt, weil der Schuldner während des Verfahrens – trotz der Kontrolle durch den Sachwalter – irreversible masseschädigende Handlungen vornehmen kann.[91] Der gerichtlichen Anordnung der Eigenverwaltung gem. §§ 270 I 1, 271 Satz 1 InsO muß demnach eine sachgerechte Interessenabwägung zugrundeliegen, die sowohl die Realisierbarkeit der mit der Eigenverwaltung angestrebten Vorteile als auch die Gefahr der Gläubigerschädigung berücksichtigt. Um Fehlentscheidungen korrigieren oder das ursprünglich im Wege der Eigenverwaltung durchgeführte Insolvenzverfahren Veränderungen der Sachlage anpassen zu können, muß aus Gläubigerschutzgründen auch die kurzfristige Aufhebung der Eigenverwaltungsanordnung gewährleistet sein. Zu prüfen ist daher, ob die gesetzlichen Regelungen der §§ 270, 271 und 272 InsO diesen Anforderungen genügen.

1. Anordnung der Eigenverwaltung im Eröffnungsbeschluß gem. § 270 I 1 InsO

Die Eigenverwaltung kann gem. § 270 I 1 InsO bereits im Eröffnungsbeschluß (§ 27 InsO) vom Gericht angeordnet werden.

90 Zu allem RegE, BT-Drucksache 12/2443, Begr. B, S. 222 f.

91 Derartige Handlungen können nicht im Wege der gem. § 280 Satz 2 InsO dem Sachwalter obliegenden Insolvenzanfechtung rückgängig gemacht werden, da die §§ 129 – 146 InsO nur Rechtshandlungen erfassen, die *vor* Verfahrenseröffnung vorgenommen worden sind (§ 129 I InsO) bzw. § 147 InsO sich nur auf einzelne, dem Zustimmungsvorbehalt des Sachwalters unterliegende Rechtshandlungen (vgl. §§ 277 I 1, 2, 81 Satz 2 InsO) bezieht, vgl. RegE, BT-Drucksache 12/2443, Begr. B, S. 224.

a) Voraussetzungen

aa) Antrag des Schuldners gem. § 270 II Nr. 1 InsO

Die Anordnung der Eigenverwaltung setzt gem. § 270 II Nr. 1 InsO zwingend einen entsprechenden Antrag des Schuldners voraus, der im Interesse der Rechtsklarheit nur bis zur Eröffnung des Insolvenzverfahrens – und zwar nach Aussage des RegE entweder im Eröffnungsantrag des Schuldners oder in der nach § 14 II InsO auf einen zulässigen Gläubigerantrag folgenden Anhörung[92] – gestellt werden kann[93]. Dieser Antrag dokumentiert die Bereitschaft des Schuldners, alle ihm im Rahmen des Insolvenzverfahrens obliegenden Aufgaben zu erfüllen und sein Vermögen im Interessse der Gläubiger optimal zu verwerten.[94] Ist diese Bereitschaft nicht vorhanden, so sind die mit der Eigenverwaltung angestrebten Vorteile nicht realisierbar, so daß eine Anordnung gem. § 270 I 1 InsO nicht sinnvoll ist.[95]

(1) Antragsbefugnis und Zustimmungserfordernis bei juristischen Personen und Gesellschaften ohne Rechtspersönlichkeit

Damit zusammenhängend stellt sich die Frage, wer den Eigenverwaltungsantrag zu stellen hat, wenn es sich bei dem Schuldner nicht um eine natürliche Person, sondern um eine Handelsgesellschaft, also um eine juristische Person oder um eine Gesellschaft ohne Rechtspersönlichkeit handelt, bei der die Geschäftsführungsbefugnisse auf mehrere Personen verteilt sind. Der Gesetzgeber äußert sich dazu weder im Gesetzestext der InsO noch in den Materialien. Lediglich die Modalitäten der Stellung des *Eröffnungs*antrages sind geregelt, § 15 InsO. Danach ist bezüglich der Einleitung des Insolvenzverfahrens jeder organschaftliche Vertreter oder persönlich haftende Gesellschafter antragsbefugt. Wenn der Antrag nicht von allen Mitgliedern des Vertretungsorgans oder allen persönlich

---

92 RegE, BT-Drucksache 12/2443, Begr. B, S. 223.

93 RegE, BT-Drucksache 12/2443, Begr. B, S. 223.

94 Siehe oben I. 3. b).

95 Vgl. Neumann, § 6, A. VI. 1. a), S. 363; Bork, § 35, C, Fn. 5. Beachte auch § 272 I Nr. 3 InsO!

haftenden Gesellschaftern gestellt wird, so müssen die übrigen gehört werden.[96]

Wenn der *Eigenverwaltungs*antrag im Eröffnungsantrag gestellt werden kann[97], so bedeutet dies mangels anderer Angaben im Gesetz, daß jede gem. § 15 I InsO antragsbefugte Person zugleich berechtigt ist, allein den Antrag gem. § 270 II Nr. 1 InsO zu stellen.[98] Fraglich ist aber, ob die anderen gem. § 15 I InsO antragsbefugten Personen diesem Antrag zumindest in der nach § 15 II 2 InsO erforderlichen Anhörung zustimmen müssen. Dafür könnte sprechen, daß das Verfahren nach §§ 270 ff. InsO auch die künftige Ausgestaltung ihrer unternehmensleitenden Position betrifft und nicht nur die des Antragstellers.[99] Bei mangelnder Bereitschaft zur Unternehmensfortführung könnte eine Eigenverwaltungsanordnung daher sinnwidrig sein. Zu bedenken ist aber, daß gerade die organschaftlichen Vertreter bzw. persönlich haftenden Gesellschafter, die sich nicht an der Antragstellung gem. § 15 I InsO beteiligt haben, die Eröffnung des Insolvenzverfahrens regelmäßig nicht für notwendig erachten[100] bzw. unter Mißachtung von Insolvenzantragspflichten[101] ablehnen und sich ihre Leitungsbefugnisse bewahren wollen. Daher kann man in der Regel davon ausgehen, daß der Eigenverwaltungsantrag des den Antrag gem. § 15 I InsO stellenden Schuldnerorgans auch dem Willen dieser Personen entspricht, so daß ein generelles Zustimmungserfordernis entbehrlich sein könnte. Sollten sich in der Anhörung gravierende Vorbehalte gegen die Eigenverwaltung seitens der übrigen antragsbefugten Organe ergeben, so könnten diese vom Gericht immer noch im Rahmen der nach § 270 II Nr. 3 InsO erforderlichen Prüfung berücksichtigt werden.

---

96 Vgl. zum geltenden Recht etwa §§ 208, 210, 213 KO, 100 GenG.

97 Vgl. RegE, BT-Drucksache 12/2443, Begr. B, S. 223.

98 Diese Gesetzesauslegung ist deshalb sinnvoll, weil die Beschränkung der Antragsbefugnis iSv § 270 II Nr. 1 InsO dergestalt, daß sie im Rahmen des Eröffnungsantrags gem. § 15 InsO nur von allen geschäftsleitenden Organen gemeinsam ausgeübt werden kann, wenn auch nicht notwendig eine *Beschränkung* der Antragsbefugnis iSv § 15 InsO, so doch wenigstens eine nicht unerhebliche *Verzögerung* der Stellung des Eigenantrages zur Folge haben kann.

99 Vgl. §§ 76 ff. AktG, §§ 6, 35 ff. GmbHG, §§ 24 ff. GenG, §§ 114 ff. (iVm §§ 161 II, 164) HGB, §§ 26 f., 709 ff. BGB

100 Vgl. § 18 InsO.

101 Siehe oben I. 3. a) dd) (1) (a), Fn. 64.

Andererseits muß gerade im Interesse der Gläubiger verlangt werden, daß eine kooperative Zusammenarbeit aller geschäftsleitenden Organmitglieder bzw. Gesellschafter während des Insolvenzverfahrens *gewährleistet* ist – und nicht nur mangels Widerspruchs vermutet werden kann –, da mit Anordnung der Eigenverwaltung das Schicksal der optimalen Gläubigerbefriedigung allein in den Händen der Gesellschaft mit der derzeitigen personellen Zusammensetzung der Führungsspitze des Unternehmens liegt. Die Gefahr gläubigerschädigender Handlungen wird nur kompensiert, wenn die Durchführung des Verfahrens inklusive der Vermögensverwertung, die in der Regel in der Sanierung des schuldnerischen Unternehmens und der Befriedigung der Gläubiger aus den erwirtschafteten Erträgen liegen wird[102], zumindest genauso effektiv ist, als wenn der Insolvenzverwalter diese Aufgaben wahrnimmt. Dazu wird regelmäßig der Einsatz der gesamten Arbeitskraft sowie ein hohes Maß an Kooperationsbereitschaft in der Führungsspitze erforderlich sein. Daher ist das – ausdrücklich erklärte – Einverständnis der anderen unternehmensleitenden Organe bzw. Personen unabdingbares Erfordernis für die Anordnung der Eigenverwaltung bei einer Handelsgesellschaft. Fraglich ist lediglich, ob es als Wirksamkeitsvoraussetzung der Antragstellung gem. § 270 II Nr. 1 InsO oder lediglich als Ermessensgrenze gem. § 270 II Nr. 3 InsO zu qualifizieren ist. Angesichts der grundlegenden Bedeutung dieses Kriteriums für die Auswirkungen der Eigenverwaltungsanordnung im Hinblick auf das Interesse der Gläubiger an der optimalen Vermögensverwertung und Befriedigung erscheint es sachgerecht, ihm konstituierende Wirkung im Rahmen der Antragstellung zuzuerkennen. Damit werden diesbezügliche Fehlentscheidungen des Gerichts von vornherein ausgeschlossen. Diese restriktive Interpretation beugt der in der Literatur befürchteten Erhebung der als Ausnahmefall konzipierten Eigenverwaltung zum Regelfall[103] vor.[104]

Mithin ist in der Insolvenz einer unternehmenstragenden Handelsgesellschaft der Eigenverwaltungsantrag nur eines gem. § 15 I InsO antragsbefugten Organmitglieds bzw. Gesellschafters zwar zulässig, aber

---

102 Vgl. RegE, BT-Drucksache 12/2443, Begr. B, S. 226.

103 Leipold, S. 165, 168; Smid BB 1992, S. 501, 509; ders. DZWir 1994, S. 278, 282; Grub WM 1994, S. 880, 881.

104 Vgl. Bork, § 35, A., Rdz. 401.

ohne die Zustimmung der übrigen antragsbefugten Personen in der Anhörung nach § 15 II 2 InsO nicht wirksam.[105]

(2) Nachträglicher Antrag gem. § 270 II Nr. 1 InsO beim Eigenantrag gem. § 15 I InsO

Fraglich ist, wie im umgekehrten Fall zu verfahren ist: Wenn die den Antrag gem. § 15 I InsO stellende Person keinen Eigenverwaltungsantrag gestellt hat, so stellt sich die Frage, ob die Antragsbefugnis gem. § 270 I Nr. 3 InsO damit "verbraucht" ist oder die übrigen organschaftlichen Vertreter bzw. persönlich haftenden Gesellschafter befugt sind, noch in der Anhörung gem. § 15 II 2 InsO einen Antrag gem. § 270 II Nr. 1 InsO zu stellen.

Obwohl der RegE als möglichen Zeitpunkt der Antragstellung gem. § 270 II Nr. 1 InsO neben der Anhörung gem. § 14 II InsO allein die Stellung des Eröffnungsantrages gem. §§ 13 I 2, 2. Fall, 15 I InsO nennt[106], ist ein Ausschluß der Antrages in der Anhörung nach § 15 II 2 InsO aus zeitlichen Gründen nicht gerechtfertigt: Wie der RegE selbst klarstellt, ist die Eigenverwaltung gem. §§ 270 ff. InsO im Interesse der Rechtssicherheit nur dann möglich, wenn der Schuldner sie vor der Verfahrenseröffnung beantragt hat.[107] Das bedeutet, daß der Antrag zwingend bis zum Eröffnungsbeschluß gestellt sein muß, der Schuldner diesen Zeitraum aber auch voll ausschöpfen kann. Die Aufzählung der "Antragstermine" im RegE ist mithin nicht abschließend, so daß der Eigenverwaltungsantrag grundsätzlich auch noch in der Anhörung nach § 15 II 2 InsO gestellt werden könnte.

Zu bedenken ist aber, daß der Antragsteller gem. § 15 I InsO seine Zustimmung zur Eigenverwaltung konkludent verweigert hat, indem er den Antrag gem. § 270 II Nr. 1 InsO nicht stellte. Nach dem oben unter (1) Gesagten könnte die nachträgliche Antragstellung an diesem Punkt scheitern, es sei denn man läßt eine Revision der im Eröffnungsantrag ursprünglich getroffenen, die Eigenverwaltung ablehnenden Entschei-

---

105 Dieser Grundsatz ist freilich dann einzuschränken, wenn die Geschäftsführung kraft Gesetzes oder Gesellschaftvertrages auf eine oder mehrere Personen beschränkt ist; vgl. zum Vergleichsantragsrecht Delhaes, 3. Kap., B. II., S. 139, V. (S. 144).

106 BT-Drucksache 12/2443, Begr. B, S. 223.

107 BT-Drucksache 12/2443, Begr. B, S. 223.

dung zu. Angesichts der Tatsache, daß bis zur Entscheidung über die Verfahrenseröffnung gem. § 13 II InsO sogar die Rücknahme des Eröffnungsantrages[108] möglich ist und damit in einem neuen, späteren (Eigen- oder Gläubiger-) Antrag[109] gem. § 13 I InsO die Eigenverwaltung beantragt werden kann, erheben sich dagegen keine Bedenken. Demnach ist die Beantragung der Eigenverwaltung gem. § 270 II Nr. 1 InsO auch noch nach Stellung des Eröffnungsantrages gem. § 15 I, II InsO möglich. Das Gericht wird allerdings die Abänderung der Entscheidung des Antragstellers im Rahmen der Nachteilsprüfung gem. § 270 II Nr. 3 InsO besonders zu würdigen haben, da immerhin zumindest ein Mitglied der Führungsspitze des Unternehmens zunächst Vorbehalte gegen die Eigenverwaltung hatte und sich der Verdacht aufdrängt, daß erst eine Manipulation durch die anderen – gegebenenfalls rechtsmißbräuchlich motivierten – Mitglieder zu einer Zustimmung bezüglich des Antrags gem. § 270 II Nr. 1 InsO führte.

bb) Zustimmung des den Eröffnungsantrag stellenden Gläubigers gem. § 270 II Nr. 2 InsO

Soweit ein Gläubiger den Eröffnungsantrag gestellt hat, ist neben dem – bei juristischen Personen oder Gesellschaften ohne Rechtspersönlichkeit vom Willen aller unternehmensleitenden Organe getragenen[110] – Eigenverwaltungsantrag des Schuldners gem. § 270 II Nr. 2 InsO die Zustimmung des Gläubigers erforderlich. Liegt diese nicht vor, so kann das Gericht sich über die ablehnende Entscheidung des Gläubigers nicht hinwegsetzen, auch wenn es die übrigen Voraussetzungen für gegeben und

---

108 Bei einer juristischen Person oder einer Gesellschaft ohne Rechtspersönlichkeit ist dazu zumindest der Antragsteller iSv § 15 I InsO befugt, nach weitergehender Ansicht sogar jedes andere Organmitglied, vgl. Uhlenbruck KTS 1994, S. 169, 172; zum geltenden Konkursrecht Fenski BB 1988, S. 2265 ff.; a.A. Bork, § 9, Rdz. 79, Fn. 3; zum Konkursverfahren LG Dortmund, ZIP 1985, S. 1341 f.; Kuhn/Uhlenbruck, § 103 Rdz. 3.

109 Bei der Antragsrücknahme gem. § 13 II InsO greifen über § 4 InsO die für die Klagerücknahme geltenden Rechtsfolgen des § 269 ZPO ein (vgl. zum geltenden Konkursrecht Hess, § 103, Rdz. 12 ff.; Gottwald-Uhlenbruck, § 11, C. III., Rdz. 43, § 13, III. 3. b) (Rdz. 65)). Das bedeutet, daß gem. § 269 IV ZPO auch ein neuer Antrag zulässig ist.

110 Siehe vorstehend aa).

die Eigenverwaltung für wirtschaftlich sinnvoll hält. Zu einer derartigen Konfliktsituation soll es allerdings nach Einschätzung des Gesetzgebers gar nicht kommen können, da die Verweigerung der Zustimmung des antragstellenden Gläubigers die mangelnde Vertrauenswürdigkeit des Schuldners und damit die im Rahmen des § 270 II Nr. 3 InsO zu prüfende Gefährdung der Gläubigerinteressen indiziere.[111] Die Regelung des § 270 II Nr. 2 InsO (= § 331 II Nr. 2 RegE) scheint ursprünglich als gesetzliches Korrektiv für die dem Gericht nach § 331 II Nr. 3 RegE auferlegte lapidare Interessenabwägung konzipiert worden zu sein. Danach hätte das Gericht die Eigenverwaltung dann anordnen können, wenn "keine Umstände bekannt sind, die erwarten lassen, daß die Anordnung zu Nachteilen für die Gläubiger führen wird". Besondere Nachforschungspflichten sollten das Gericht dabei nicht treffen.[112] § 331 II Nr. 3 hätte also iVm § 331 II Nr. 2 RegE zu einer Verlagerung der Verantwortung bezüglich der Eigenverwaltungsanordnung vom Gericht auf den antragstellenden Gläubiger geführt.

Nunmehr wurden aber infolge der Beschlußempfehlung des Rechtsausschusses die Voraussetzungen für die Eigenverwaltungsanordnung zum Schutz der Gläubigerinteressen durch die Neufassung des jetzigen § 270 II Nr. 3 InsO erheblich verschärft. Das Gericht hat danach detaillierte Ermittlungen über die möglichen Vor- und Nachteile der Eigenverwaltung anzustellen und nach wirtschaftlich vernünftigen Kriterien zu entscheiden.[113] Von großer Bedeutung wird dabei zwar neben der Frage, inwieweit der Schuldner Kenntnisse aus der bisherigen Unternehmensführung in das Verfahren einbringen kann[114], auch seine Vertrauenswürdigkeit sein. Dazu ist es sicherlich hilfreich und notwendig, die Gläubiger – und damit auch den Antragsteller – bezüglich der Person des Schuldners und ihren Erfahrungen aus den bisherigen Geschäftsverbindungen zu befragen. Die Ablehnung des Eigenverwaltungsantrages durch einen oder mehrere Gläubiger wird, wenn hinreichende Gründe dafür dargelegt werden, das Gericht zu noch intensiverer Nachforschung und Vorsicht bei der Entscheidungsfindung veranlassen, zumal die (vorläufi-

111 So offenbar die Ansicht des RegE, BT-Drucksache 12/2443, Begr. B, S. 223.

112 RegE, BT-Drucksache 12/2443, Begr. B, S. 223.

113 Beschlußempfehlung des Rechtsausschusses, BT-Drucksache 12/7302, S. 185. A.A. Hess/Obermüller, C. XIV. 1., Rdz. 643, das Gericht müsse bei der Anordnung der Eigenverwaltung keine besonderen Nachforschungen anstellen.

114 Beschlußempfehlung des Rechtsausschusses, BT-Drucksache 12/7302, S. 185.

ge) Anordnung der Eigenverwaltung nicht sinnvoll wäre, wenn von vornherein feststünde, daß der Gläubiger bzw. die Gläubigerversammlung sie gem. § 272 I Nr. 1/2, II InsO wieder aufheben lassen würden.[115] Wenig sinnvoll erscheint es aber, der Zustimmung des antragstellenden Gläubigers konstitutiven Charakter beizumessen und die Kompetenz des Gerichtes durch die Zustimmungsverweigerung eines einzelnen Gläubigers zu blockieren, der – anders als nach § 272 II InsO – nicht einmal Gründe für seine ablehnende Haltung darzulegen braucht, mithin die Unternehmensfortführung durch den Schuldner auch aus reiner Willkür verhindern kann. Die Kompetenz aus § 270 II Nr. 2 InsO vermittelt dem antragstellenden Gläubiger ein nicht zu rechtfertigendes Machtpotential, das sowohl im Falle der Zustimmungserteilung als auch bei deren Verweigerung zu einer Benachteiligung der übrigen Gläubiger führen kann, wenn die Entscheidung des Gläubigers sich nicht an den tatsächlichen Fähigkeiten des Schuldners und seiner Vertrauenswürdigkeit orientiert.

Da die Zweckmäßigkeit des Sonderverfahrens nach §§ 270 ff. InsO an den wirtschaftlichen Belangen der Gläubigergesamtheit gemessen wird, wäre ein *konstituierendes* Zustimmungserfordernis allenfalls sinnvoll, wenn es Ausdruck vorgezogener Gläubigerautonomie wäre, also repräsentativ für die Interessen aller oder einer überwiegenden Anzahl der am Verfahren beteiligten Gäubiger stünde.[116] Im eröffneten Insolvenzverfahren wird diese Autonomie durch die Gläubigerversammlung und gegebenenfalls den Gläubigerausschuß ausgeübt.[117] *Vor* Verfahrenseröffnung existieren jedoch noch keine mit dieser Aufgabe betrauten Gläubigerorganisationen, die die Zustimmung gem. § 270 II Nr. 2 InsO erteilen könnten. Der *Gravenbrucher Kreis* sieht darin eine unzulässige Beschneidung der Mitspracherechte der Gläubiger bezüglich der Verfahrensausgestaltung und fordert dementprechend die Möglichkeit der Einberufung einer Gläubigerversammlung bereits im Eröffnungsverfah-

115 Wenn sich *nicht zu beseitigende Zweifel* an der Vertrauenswürdigkeit und der Eignung des Schuldners zur Verfahrensdurchführung ergeben, hat das Gericht ohnehin von der Anordnung der Eigenverwaltung abzusehen, vgl. Beschlußempfehlung des Rechtsausschusses, BT-Drucksache 12/7302, S. 185.

116 Nach Ansicht des Gesetzgebers soll die Entscheidungskompetenz bezüglich der Eigenverwaltungsanordnung letztlich immer bei den Gläubigern liegen, RegE, BT-Drucksache 12/2443, Begr. B, S. 223.

117 Vgl. dazu §§ 67 ff. InsO.

ren.[118] Da sich aber wegen der Begriffsdefinition des § 38 InsO[119] die Zahl der Gläubiger regelmäßig erst mit Verfahrenseröffnung herauskristallisieren wird, würden Institute, die bereits im Vorfeld des Verfahrens die Ausübung der Gläubigerautonomie ermöglichten, zu einer Verzerrung des Meinungsbildes führen. Die Autonomie der Verfahrensbeteiligten würde so zu einer Autonomie derjenigen, deren Ansprüche bereits zum Zeitpunkt der Zustimmungserteilung begründet waren. Gläubiger, deren Ansprüche erst zu einem späteren Zeitpunkt des Eröffnungsverfahrens begründet werden, würden bei der Entscheidung nicht berücksichtigt. Dagegen könnten Gläubiger, deren Ansprüche bis zur Verfahrenseröffnung bereits durch Erfüllung o.ä. erloschen sind, Einfluß auf die Ausgestaltung des Verfahrens nehmen. Demnach ist eine die Interessen der Gläubigergesamtheit repräsentierende Zustimmungsausübung gem. § 270 II Nr. 2 InsO durch Gläubigerorganisationen vor Verfahrenseröffnung nicht denkbar.

Abgesehen davon, daß die Regelung des § 270 II Nr. 2 InsO nun aber gerade die unerwünschte Autonomie einzelner Verfahrensbeteiligter nach sich zieht, kann sie auch zu zweifelhaften Zufallsergebnissen führen: Wenn – was heutzutage durchaus nicht ungewöhnlich ist[120] – mehrere Gläubiger einen Eröffnungsantrag gestellt haben und zufällig das von dem die Zustimmung verweigernden Gläubiger beantragte Insolvenzverfahren zuerst eröffnet wurde, so kann dieser sich gegen den Willen aller anderen Gläubiger durchsetzen, die gegebenenfalls selbst das Verfahren beantragt und ihre Zustimmung gem. § 270 II Nr. 2 InsO erteilt haben. Das Insolvenzverfahren wird nämlich immer nur infolge *eines* Antrages eröffnet; eine einheitliche Entscheidung über *alle* Anträge kommt nicht in Betracht.[121] Die übrigen antragstellenden Gläubiger sind

---

118 ZIP 1989, S. 468, 469. Etwaigen Bedenken, die aus der Tatsache resultieren, daß zu diesem Zeitpunkt die Forderungsrechte der Gläubiger noch nicht geprüft sind, tritt der Gravenbrucher Kreis mit dem Argument entgegen, die Lage sei insoweit nicht anders als in der ersten Gläubigerversammlung.

119 Insolvenzgläubiger sind danach alle Gläubiger, die bei Eröffnung des Insolvenzverfahrens einen Vermögensanspruch gegen den Schuldner haben.

120 Zum geltenden Konkursrecht Uhlenbruck KTS 1987, S. 561.

121 Zum Konkursverfahren Uhlenbruck KTS 1987, S. 561, 562. Eine Ausnahme gilt nur, wenn eine Verbindung der (Antrags-) Verfahren gem. § 4 InsO iVm § 147 ZPO wegen eines inneren Zusammenhangs der geltend gemachten Ansprüche möglich ist

zwar auch in diesem Verfahren Beteiligte, wenn sie ihre Forderungen anmelden[122] bzw. als Massegläubiger teilnehmen.[123] Sie sind aber mangels Verbindung der Antragsverfahren nicht als Antragsteller gem. § 270 II Nr. 2 InsO zu qualifizieren, so daß ihre Zustimmung nur in ihrem eigenen Antragsverfahren von Bedeutung ist.[124] Selbst eine fragmentarische Gläubigerautonomie durch Beteiligung zumindest der übrigen antragstellenden Gläubiger bei der Zustimmung zur Eigenverwaltung wird somit durch § 270 II Nr. 2 InsO verhindert.

Insgesamt läßt sich also sagen, daß die – unabdingbare! – Zustimmung des Gläubigers wegen der nunmehr erweiterten Nachforschungspflicht des Gerichts und mangelnder Anforderungen an die Zustimmungsverweigerung etwa gem. § 272 II InsO weder erforderlich noch sinnvoll ist. Die Voraussetzung des § 270 II Nr. 2 InsO blockiert an Wirtschaftlichkeitskriterien orientierte Entscheidungen des Gerichts und verhindert die Berücksichtigung der Interessen anderer Verfahrensbeteiligter. Eine sachliche Rechtfertigung des Zustimmungserfordernisses ist nicht ersichtlich. Daher verwundert es nicht, daß *Neumann*[125] den einzigen Sinn des § 270 II Nr. 2 InsO darin sieht, dem Schuldner einen Anreiz zu geben, die Verfahrenseröffnung selbst zu beantragen.

cc) Nachteilsregelung gem. § 270 II Nr. 3 InsO

Nach § 270 II Nr. 3 InsO setzt die Anordnung der Eigenverwaltung im Eröffnungsbeschluß weiterhin voraus, "daß nach den Umständen zu erwarten ist, daß die Anordnung nicht zu einer Verzögerung des Verfahrens oder zu sonstigen Nachteilen für die Gläubiger führen wird". Diese

---

(z.B. bei Insolvenzanträgen von Arbeitnehmern gegen ihren Arbeitgeber wegen rückständiger Löhne und Gehälter), Uhlenbruck KTS 1987, S. 561, 564 f.

122 Vgl. zur Anmeldepflicht bei mehreren Anträgen im Rahmen des Konkursverfahrens Uhlenbruck, Gläubigerberatung, Teil 1, B. I. 12. (S. 29); ders. Anwaltliche Beratung, Teil 1, B. IX. 10. (S. 147 f.)

123 Die Kosten und Auslagen, für die der jeweilige Gläubiger in "seinem" Verfahren haftet, kann er als Massekosten iSv § 54 Nr. 1 InsO aus der Insolvenzmasse verlangen, vgl. zum geltenden Recht Uhlenbruck KTS 1987, S. 561, 565 f.

124 A.A. offenbar Neumann, § 6, A. VI. 1. a), S. 364, Fn. 200, der die Frage aufwirft, ob nach dem RegE bei mehreren Gläubigeranträgen die Zustimmung aller Gläubiger oder nur eines einzelnen Gläubigers notwendig ist.

125 § 6, A. VI. 1. a), S. 364.

Regelung soll eine sorgfältige gerichtliche Prüfung der Zweckmäßigkeit der Eigenverwaltungsanordnung im konkreten Verfahren gewährleisten und vermeiden, daß der Schuldner das Insolvenzverfahren nutzt, um sein Unternehmen über längere Zeit weiterzuführen, ohne das Ziel des Verfahrens, die optimale Gläubigerbefriedigung, zu fördern.[126] Während der Eigenverwaltungsantrag des Schuldners und das Zustimmungserfordernis des den Eröffnungsantrag stellenden Gläubigers gem. § 270 II Nr. 1, 2 InsO für das Gericht nur formal zu prüfende Voraussetzungen darstellen, soll es im Rahmen der Nachteilsprüfung gem. § 270 II Nr. 3 InsO also die sachliche Rechtfertigung für eine Eigenverwaltungsanordnung beurteilen. Diese ist nur dann gegeben, wenn die dem Sonderverfahren gem. §§ 270 ff. InsO abstrakt immanenten Vorteile wie Verfahrensverkürzung, Kosteneinsparung und Effizienzsteigerung realisiert werden können. Diese dürfen nicht durch die der Eigenverwaltung typischerweise anhaftenden Risiken kompensiert oder sogar übertroffen werden. Nur dann ist gewährleistet, daß das Verfahren entsprechend den Erwartungen des Gesetzgebers[127] nicht zum Selbstzweck durchgeführt wird, sondern den Interessen der Gläubiger an einer optimalen, gegenüber dem Regelinsolvenzverfahren vorteilhafteren Verwertung und Befriedigung zu dienen bestimmt ist. Um das beurteilen zu können, muß das Gericht zunächst überlegen, welche Nachteile sich aus der Anordnung gem. § 270 I 1 InsO gegenüber dem Regelinsolvenzverfahren ergeben können. Sodann ist zu ermitteln, ob die Umstände des konkreten Falles auf eine derartige Benachteiligung hinweisen.

(1) Mögliche Nachteile der Eigenverwaltung

(a) Verzögerung des Verfahrens

Gem. § 270 II Nr. 3 InsO hat das Gericht von der Anordnung der Eigenverwaltung abzusehen, wenn diese zu einer Verzögerung des Verfahrens führen würde. Damit hebt der Gesetzgeber das Interesse der Gläubiger an einer zügigen Verfahrensabwicklung hervor. Den Gläubigern, die infolge der mit Verfahrenseröffnung eintretenden Vollstreckungssperre gem. § 89 I InsO an der individuellen Durchsetzung ihrer Rechte gehindert

126 Beschlußempfehlung des Rechtsausschusses, BT-Drucksache 12/7302, S. 185.
127 Beschlußempfehlung des Rechtsausschusses, BT-Drucksache 12/7302, S. 185.

sind, ist regelmäßig nicht nur an der Erzielung einer möglichst hohen Befriedigungsquote, sondern auch an der schnellstmöglichen Begleichung ihrer Forderungen gelegen.[128] Gerade wenn die vom Schuldner nicht geleisteten Zahlungen für die Gläubiger – etwa wegen eigener Liquiditätsengpässe, die sie nur durch die Aufnahme kostspieliger Darlehen ausgleichen könnten – existenziell wichtig sind, können weitere Verzögerungen wirtschaftliche Zusammenbrüche anderer Personen nach sich ziehen. Zudem führt jede unnötige Ausdehnung des Verfahrens zu weiteren Vermögensverlusten: Die seit Eröffnung des Insolvenzverfahrens laufenden Zinsen der Forderungen der Insolvenzgläubiger werden gem. § 39 I Nr. 1 InsO als nachrangige Forderungen qualifiziert. Das bedeutet, daß sie bei der Verteilung der Masse erst nach den Masseansprüchen und den einfachen Insolvenzforderungen zu berücksichtigen sind. Soweit – was häufig der Fall sein wird – die Masse nicht ausreicht, um diese im Rang vorgehenden Gläubiger vollständig zu befriedigen, fallen die Zinsgläubiger mit ihren Ansprüchen also aus. Wenn die Vermögensverwertung auf der Grundlage eines Insolvenzplans erfolgt, so gelten diese Ansprüche sogar kraft Gesetzes als erlassen, soweit in dem Plan nichts anderes bestimmt ist, § 225 I InsO.[129] Je länger also das Verfahren dauert, um so höher sind die wirtschaftlichen Verluste der Gläubiger.

Weiterhin ist die zügige Verfahrensabwicklung aber auch für die Effizienz der Vermögensverwertung von Bedeutung: Wenn etwa eine Liquidation des Schuldnervermögens angestrebt wird, so kann eine Verfahrensverzögerung zu einem erheblichen Wertverlust bei den zu veräußernden Vermögensgegenständen führen. Einer beabsichtigten und bei Verfahrenseröffnung sogar noch möglichen Sanierung des Schuldnerunternehmens kann die Verzögerung sogar gänzlich "das Genick brechen": Der Erfolg einer Sanierung basiert auf der Vermeidung bzw. schnellstmöglichen Überwindung der negativen Wirkungen des Insolvenzantrages. Die Kunden, Lieferanten und Arbeitnehmer des Unternehmens, die in der Regel das Vertrauen in die wirtschaftliche Leistungsfähigkeit des Unternehmens verloren haben, müssen zur weiteren Zusammenarbeit

128 Zur entsprechenden Pflicht des Konkursverwalters Häsemeyer, 13. Kap., III. 1., S. 258; Kuhn/ Uhlenbruck, § 117 Rdz. 11b.

129 Vgl. § 246 Nr. 1 InsO, wonach die Zustimmung dieser nachrangigen Insolvenzgläubiger zum Plan als erteilt gilt, wenn die Zinsforderungen im Plan erlassen werden oder iSv § 225 I InsO als erlassen gelten und schon die Hauptforderungen der Insolvenzgläubiger nach dem Plan nicht voll berichtigt werden.

motiviert werden. Dazu ist es aber notwendig, schnellstmöglich über die Ausgestaltung des Insolvenzverfahrens zu entscheiden, Sanierungskonzepte zu entwickeln, die betroffenen Personen darüber zu informieren und Maßnahmen zur Wiederherstellung der Ertragskraft des Unternehmens zu ergreifen. Jegliche Unsicherheit über den Verfahrensausgang führt zum weiteren Vertrauensverlust und damit zum Abwandern der für die Unternehmenssanierung dringend benötigten Geschäftspartner und Arbeitnehmer.[130]

Die zügige Durchführung des Insolvenzverfahrens ist also für die optimale Befriedigung der Gläubiger von größter Bedeutung. Sofern die Anordnung der Eigenverwaltung eine Verfahrensverzögerung zur Folge hätte – etwa weil der Schuldner durch die im Eröffnungsverfahren angeordneten Sicherungsmaßnahmen bereits derart aus der Unternehmensleitung verdrängt wurde, daß er zur Aufnahme der Geschäftsführung und zur Durchführung der bereits im Insolvenzverfahren erforderlichen Sanierungsmaßnahmen einer zeitaufwendigen Einarbeitung bedürfte –, hat das Gericht mithin von der Anordnung gem. § 270 I 1 InsO abzusehen.

(b) Sonstige Nachteile

Weiterhin hat das Gericht gem. § 270 II Nr. 3 InsO zu prüfen, ob die Anordnung der Eigenverwaltung zu sonstigen wirtschaftlichen[131] Nachteilen für die Gläubiger führen würde. Dazu ist es zunächst notwendig, den verfahrensrechtlichen Anknüpfungspunkt des Begriffs "Nachteile" zu definieren. "Nachteilig" kann eine die Ausgestaltung des Insolvenzverfahrens betreffende gerichtliche Entscheidung nämlich nur dann sein, wenn eine andere Ausgestaltung für die Verfahrensbeteiligten in irgendeiner Weise günstiger wäre. Das Sonderverfahren der Eigenverwaltung gem. §§ 270 ff. InsO stellt die Alternative zur Durchführung des Regelinsolvenzverfahrens unter Bestellung eines Insolvenzverwalters gem. § 56 InsO dar. Die dem Schuldner im Rahmen der Eigenverwaltung obliegenden Aufgaben sind Konsequenz der Tatsache, daß die Verwaltungs- und Verfügungsbefugnis nicht – wie normalerweise gem. § 80 I

---

130 Zu allem Obermüller/Livonius BFuP 1995, S. 59, 71; vgl. auch Riering, § 8, B., S. 145; Gravenbrucher Kreis ZIP 1992, S. 657, 658.

131 So die Konkretisierung des Gesetzestextes durch die Beschlußempfehlung des Rechtsausschusses, BT-Drucksache 12/7302, S. 185.

InsO – auf den Insolvenzverwalter übergeht. Deshalb ist als Anknüpfungspunkt für die Nachteilsprüfung gem. § 270 II Nr. 3 InsO die ansonsten erfolgende Einsetzung eines Insolvenzverwalters heranzuziehen. Es ist zu prüfen, welchen wirtschaftlichen Zweck die im Sonderverfahren gem. §§ 270 ff. InsO keine Anwendung findende Regelung des § 80 I InsO im Regelinsolvenzverfahren verfolgt. Daraus ergibt sich im Umkehrschluß, welche Konsequenzen das Absehen von der Bestellung eines Fremdverwalters hat, d.h. welche Risiken und Gefahren entstehen, wenn das Vermögen des Schuldners nicht beschlagnahmt wird. Stellt sich die dann bestehende Situation im Hinblick auf die wirtschaftlichen Interessen der Gläubiger als gegenüber derjenigen bei Bestellung eines Insolvenzverwalters ungünstiger dar, so sind damit zugleich die möglichen Nachteile gem. § 270 II Nr. 3 InsO aufgezeigt.

Sinn und Zweck des § 80 I InsO, der dem derzeit geltenden § 6 KO entspricht[132], ist es, masseschädigende Handlungen des Gemeinschuldners auszuschließen.[133] Das gem. §§ 35 ff. InsO zur Insolvenzmasse gehörende Vermögen des Schuldners ist ab Verfahrenseröffnung haftungsrechtlich allein den Gläubigern zugewiesen.[134] Wegen des Vorliegens eines Insolvenzgrundes steht fest, daß die Masse nicht mehr zur Befriedigung aller Gläubiger ausreicht.[135] Deshalb muß die Masse bestmöglich genutzt werden, um den Gläubigern wenigstens eine möglichst hohe Befriedigungsquote zu verschaffen.[136]

Diese Prämisse bedingt die optimale Verwertung der Masse, im Falle der Liquidation also die Veräußerung bei korrekter Marktpreisbildung und im Falle der Unternehmenssanierung die Ergreifung geeigneter Sanierungsmaßnahmen, um die Ertragsfähigkeit des Unternehmens wiederherzustellen. Je mehr Masse dabei für die Verwertung zur Verfügung steht, um so größer sind die Befriedigungschancen der Gläubiger. Das bedeutet wiederum, daß der gem. §§ 159,187 III 1 InsO für die Verwertung und Verteilung der Masse zuständige Insolvenzverwalter alle Maßnahmen zu ergreifen hat, die notwendig sind, um die bereits vorhandene

---

132 Vgl. RegE, BT-Drucksache 12/2443, Begr. B, S. 135.

133 Hess/Obermüller, B. IX., Rdz. 172. Zu § 6 KO Kuhn/Uhlenbruck,§ 6 Rdz. 1; Hess, § 6 Rdz. 1; Jauernig, § 40, III. 2., S. 173.

134 Henckel FS Weber, S. 237 ff.; Bork, § 14, A., Rdz. 117.

135 Bork, § 1, Rdz. 2.

136 Bork, § 7, A., Rdz. 53, § 26, Rdz. 292; zum Konkursverfahren OLG Düsseldorf KTS 1973, S. 270, 271.

Masse zu erhalten bzw. sie noch weiter anzureichern. Er hat das Unternehmen weiterzuführen, wenn dadurch die vorhandenen Vermögenswerte optimal genutzt werden können und die Fortführung nicht zu weiteren Verlusten führt.[137] Soweit aber dadurch eine weitere Verwirtschaftung der Masse indiziert wird, hat er das Unternehmen stillzulegen.[138]

All diese eine optimale Gläubigerbefriedigung gewährleistenden Aufgaben obliegen im Regelinsolvenzverfahren deshalb dem Insolvenzverwalter[139], weil der Gesetzgeber normalerweise den Schuldner nicht für geeignet hält, "die Insolvenzmasse optimal zu verwerten und bei der Durchführung des Insolvenzverfahrens die Interessen der Gläubiger über die eigenen Interessen zu stellen".[140] Vielmehr legt der wirtschaftliche Zusammenbruch des Schuldners den Schluß nahe, daß dieser ohne Rücksicht auf die Interessen der anderen Verfahrensbeteiligten versuchen wird "zu retten, was zu retten ist".[141] Die wenigsten Schuldner werden, wenn sie sich ohnehin vor dem wirtschaftlichen Ruin und ihre Existenz vernichtet sehen, soviel Ehrgefühl und Anstand besitzen, ihr verbleibendes Vermögen allein für die optimale Befriedigung ihrer Gläubiger einzusetzen. Realistischer erscheint die Einschätzung, daß der insolvente Schuldner versuchen wird, sich in der ihm verbleibenden Zeit noch so viele wirtschaftliche Vorteile wie möglich zu verschaffen. Die wirtschaftliche Notlage wird regelmäßig die Gefahr der illegalen Beiseiteschaffung und Verschiebung von Vermögensgegenständen durch den Schuldner indizieren. Daneben ist denkbar, daß der Schuldner Masse zu miserablen Konditionen verschleudert, um den Gläubigern bewußt Nachteile zuzufügen. Das kann insbesondere dann der Fall sein, wenn es sich bei dem Schuldner um einen Einzelunternehmer handelt, der sich von seinen Gläubigern zu Unrecht drangsaliert fühlt und diese für seinen wirtschaftlichen Zusammenbruch verantwortlich macht.

Abgesehen von diesen persönlich motivierten – wenn auch irrationalen – Verhaltensweisen des Schuldners kann aber auch seine bloße unternehmerische Unfähigkeit zur Schädigung der Masse bzw. der Gläubi-

---

137 So kann es z.B. auch im Falle einer angestrebten Liquidation des Schuldnervermögens wirtschaftlich sinnvoll sein, ein Schuldnerunternehmen zunächst weiterzuführen, um eine Ausproduktion vorhandener Halbfertigprodukte zu erreichen.

138 Vgl. § 158 InsO.

139 Vgl. §§ 148 ff. InsO.

140 RegE, BT-Drucksache 12/2443, Begr. B, S. 222.

141 Grub in: Kübler, S. 79, 90.

ger führen. Die Beurteilung der wirtschaftlichen Effizienz der Unternehmensfortführung sowie die Verwertung des Schuldnervermögens zu optimalen Konditionen erfordern fundierte betriebswirtschaftliche Kenntnisse und unternehmerische Qualitäten. Gerade diese werden bei einem Schuldner, der den Eintritt der Insolvenz nicht hat verhindern können, aber regelmäßig nicht vorhanden sein.[142] Aber selbst wenn das der Fall ist, ist es illusorisch anzunehmen, daß der Schuldner, dem es naturgemäß in erster Linie um die Rettung des Unternehmens als seiner wirtschaftlichen Existenz geht, sich bei einer Entscheidung gem. § 158 InsO allein von wirtschaftlich vernünftigen Kriterien leiten läßt oder er die im Berichtstermin von den Gläubigern gem. § 157 InsO beschlossene Liquidation seines Unternehmens mit dem nach Auffassung des Gesetzgebers für eine erfolgreiche Eigenverwaltung erforderlichen "vollen Einsatz"[143] vornehmen und somit eine optimale Marktpreisbildung bei der Veräußerung erzielen wird[144].

Alle die Vermögensverwertung betreffenden Entscheidungen und Maßnahmen, die sich gegen eine Fortführung des Schuldnerunternehmens richten, begründen einen Konflikt zwischen dem Interesse der Gläubiger an einer optimalen Befriedigung und dem des Schuldners an der Rettung seiner wirtschaftlichen Existenz.[145] In einer solchen Konfliktsituation kann regelmäßig nur die Heranziehung einer unabhängigen Person zu einem sachgerechten Interessenausgleich führen. Die Beauftragung des Schuldners mit der Wahrnehmung der die Vermögensverwertung betreffenden Aufgaben würde unweigerlich zu einer Vernachlässigung der Wirtschaftlichkeitskriterien und damit zu einer Benachteiligung der Gläubiger hinsichtlich ihrer Befriedigungsaussichten führen. All diese Argumente demonstrieren die normalerweise bestehende Gefahr der Masseschädigung durch den Schuldner zu Lasten der Gläubiger und indizieren die Notwendigkeit, das zur Insolvenzmasse gehörige Vermögen mit der Eröffnung des Insolvenzverfahrens zu beschlagnahmen und der Verwaltungs- und Verfügungsbefugnis eines Fremdverwal-

142 Vgl. RegE, BT-Drucksache 12/2443, Begr. B, S. 222.

143 RegE, BT-Drucksache 12/2443, Begr. B, S. 224.

144 So wird in der Literatur treffend bemerkt, der Schuldner könne nicht zu seinem "eigenen Gerichtsvollzieher" bestellt werden, vgl. Grub in: Kübler, S. 79, 90; ders. AnwBl. 1993, S. 458, 460; Gravenbrucher Kreis ZIP 1989, S. 468, 471; ders. ZIP 1992, S. 657, 658; Leipold, S. 165, 170; Neumann, § 6, A. VI. 3., S. 381.

145 Vgl. Grub AnwBl. 1993, S. 458, 460.

ters zu unterstellen.[146] Kann diese Gefahr nicht im konkreten Fall ausgeräumt oder zumindest weitestgehend gebannt und durch die der Eigenverwaltung innewohnenden Vorteile wie Effizienzsteigerung und Kosteneinsparung kompensiert werden, so wirkt sich der durch die §§ 270 ff. InsO bedingte Ausschluß des § 80 I InsO für die Gläubiger wirtschaftlich nachteilig aus. In diesem Fall ist nach § 270 II Nr. 3 InsO von der gerichtlichen Eigenverwaltungsanordnung abzusehen.

(2) Kriterien für die Nachteilsprüfung

Gem. § 270 II Nr. 3 InsO setzt die gerichtliche Anordnung der Eigenverwaltung gem. § 270 I 1 InsO voraus, daß "*nach den Umständen zu erwarten ist*, daß die Anordnung nicht zu einer Verzögerung des Verfahrens oder zu sonstigen Nachteilen für die Gläubiger führen wird". Entgegen den ursprünglichen Entwürfen zur InsO[147] hat der Gesetzgeber damit eine Nachforschungspflicht statuiert, die das Gericht zur detaillierten Überprüfung eventueller Nachteile bei Anordnung der Eigenverwaltung im konkreten Fall verpflichtet.[148]

An welchen Kriterien sich das Gericht dabei zu orientieren hat, d.h. welche Umstände auf das Vorliegen der Gefahr einer Gläubigerbenachteiligung im Falle der Eigenverwaltungsanordnung hinweisen, sagt das Gesetz jedoch nicht. Aus § 270 II Nr. 3 iVm § 5 I InsO ergibt sich lediglich, daß das Gericht alle notwendigen Ermittlungen anzustellen hat, um derartige Umstände ausfindig zu machen. Die Zielvorgaben dieser Ermittlungen muß sich das Gericht mangels gesetzlicher Vorgaben demnach selbst setzen. Da im vorliegenden Fall die Gefahr einer Gläubigerbenachteiligung von dem möglicherweise masseschädigenden Verhalten des Schuldners ausgeht, müssen sich die Ermittlungen auf Umstände konzentrieren, die über das (künftige) Schuldnerverhalten Auskunft geben können. Zuverlässigste Informationsquelle wären dabei naturgemäß die Aussagen des Schuldners selbst, wenn man von deren 100%igem Wahrheitsgehalt ausgehen könnte. Jedoch wird gerade der böswillige Schuldner regelmäßig keine Schwierigkeiten haben, die Verfahrensbe-

146 Vgl. Leipold, S. 165, 168 ff.

147 §§ 320 II Nr. 3 DiskE InsO/ § 320 II Nr. 3 RefE/ § 331 II Nr. 3 RegE mit den jeweiligen Einzelbegründungen.

148 Vgl. Beschlußempfehlung des Rechtsausschusses, BT-Drucksache 12/7302, S. 185.

teiligten über sein wahres Ansinnen zu täuschen.[149] Demnach wird das Gericht andere Quellen auffinden müssen, die entweder selbst auf ein bestimmtes Schuldnerverhalten schließen lassen oder zumindest die Aussagen des Schuldners bestätigen. Welche das sein können, wird im folgenden aufzuzeigen sein.

(a) Art der insolvenzrechtlichen Vermögensverwertung

Einer der über die Gefahr der Masseschädigung und damit die Gläubigerbenachteiligung entscheidenden Umstände könnte die Art der insolvenzrechtlichen Vermögensverwertung sein. Darauf deutet etwa die Anmerkung in der Beschlußempfehlung des Rechtsausschusses hin, daß es für die Beurteilung, ob die Anordnung der Eigenverwaltung zu einer Verzögerung des Verfahrens führt und deshalb für die Gläubiger nachteilig ist, wesentlich darauf ankomme, "inwieweit der Schuldner bei der *Verwertung* seines Vermögens besondere Kenntnisse einbringen kann und insoweit Einarbeitungszeit eines Insolvenzverwalters erspart".[150] Das hängt wiederum davon ab, wie das Vermögen des Schuldners verwertet werden soll. Wenn der Schuldner ein sanierungsfähiges Unternehmen betreibt und dieses im Rahmen des Insolvenzverfahrens saniert werden soll, sind die Erfahrungen und Kenntnisse der bisherigen Geschäftsleitung sicherlich von größerer Bedeutung als im Falle der zerschlagenden Liquidation des Schuldnervermögens, wo die unternehmerischen Qualitäten und die bestehenden Geschäftsverbindungen relativ wenig zur Optimierung der Gläubigerbefriedigung beitragen werden.

(aa) Unternehmenssanierung

Das Sonderverfahren der Eigenverwaltung gem. §§ 270 ff. InsO ist deshalb nach Aussage des Gesetzgebers auch vorrangig für diejenigen Fälle konzipiert, in denen die zum Zwecke der optimalen und gleichmäßigen Gläubigerbefriedigung erfolgende Verwertung des Schuldnervermögens[151] durch eine Sanierung des dem insolventen Schuldner gehörenden

149 Vgl. Grub in: Kübler, S. 79, 91.
150 BT-Drucksache 12/7302, S. 185.
151 § 1 InsO; vgl. dazu Bork, § 1, Rdz. 1, 3.

Unternehmens auf der Grundlage eines Insolvenzplans[152] erfolgt.[153] Diese sog. "investive Verwertung"[154] zielt darauf ab, die Ertragsfähigkeit des in seiner wirtschaftlichen Existenz bedrohten Unternehmens wieder herzustellen, um die Gläubiger aus den vom sanierten Unternehmen erwirtschafteten Erträgen zu befriedigen.[155] Die zur Sanierung regelmäßig erforderlichen organisatorischen, personellen und finanziellen Umstrukturierungsmaßnahmen sowie Zugeständnisse der Gläubiger in Form von Forderungsstundung bzw. Schuldenerlaß können im Insolvenzplan festgelegt und mit den Beteiligten abgestimmt werden.[156] Kommt ein solcher Plan rechtswirksam zustande[157], so hebt das Gericht das Insolvenzverfahren gem. § 258 I InsO auf und der Schuldner führt sein Unternehmen fort[158]. Der Gesetzgeber geht nun davon aus, daß bei einem sanierungswilligen und vertrauenswürdigen Schuldner, dem *nach* Aufhebung des Insolvenzverfahrens die Unternehmensfortführung und die Gläubigerbefriedigung[159] obliegen, die Einsetzung eines Insolvenzverwalters eine unnötige Verkomplizierung, Verzögerung und Verteuerung des Verfahrens darstellen kann und der Schuldner selbst in der Lage – und wegen besonderer persönlicher Kenntnisse und Erfahrungen möglicherweise auch besser als ein Fremdverwalter geeignet – ist, auch *während* des Verfahrens das Unternehmen im Interesse der Gläubiger fortzuführen und notwendige Sanierungsmaßnahmen zu treffen.[160] Dieser Grundgedanke korrespondiert mit der Konzeption und Zweckbestimmung der Vergleichsordnung, an die sich das Rechtsinstitut der Eigenverwaltung anlehnt.[161]

---

152 §§ 217 ff. InsO.

153 RegE, BT-Drucksache 12/2443, Begr. B, S. 226.

154 Bork, § 1, Rdz. 4.

155 Landfermann BB 1995, S. 1649, 1654.

156 Vgl. §§ 219 ff., 240 InsO.

157 Vgl. §§ 235 ff. InsO.

158 Vgl. §§ 259 I 2, 263 ff. InsO. Beachte aber auch § 260 III InsO!

159 § 260 II InsO.

160 Vgl. RegE, BT-Drucksache 12/2443, Begr. B, S. 223, 226.

161 RegE, BT-Drucksache 12/2443, Begr. B, S. 222 f.

(bb) Liquidation des Schuldnervermögens

In gewissem Widerspruch dazu steht daher die Klarstellung des Gesetzgebers, daß die Eigenverwaltung *nicht nur* in Fällen der Unternehmenssanierung, sondern – trotz der erhöhten Gefahr masseschädigenden Verhaltens seitens des Schuldners[162] – auch bei der konkursmäßigen Liquidation des Schuldnervermögens in Betracht kommt.[163]

Zwar stimmt auch diese Konstellation insoweit mit dem Vorbild der Vergleichsordnung überein, als diese als Alternative zur Sanierung gem. § 7 IV VerglO die Möglichkeit der Vermögensverwertung durch Veräusserung vorsieht (sog. Liquidationsvergleich). Der Unterschied zur Liquidation im Sonderverfahren der Eigenverwaltung besteht jedoch darin, daß der Schuldner im Rahmen des Liquidationsvergleichs sein Vermögen den Gläubigern zum Zwecke der Befriedigung zur Verfügung stellt. Die Verwertung erfolgt dabei regelmäßig durch einen *Treuhänder*, der vom Schuldner bevollmächtigt wurde bzw. dem der Schuldner sein Vermögen zu diesem Zweck übereignet hat.[164] Das Risiko der Masseschädigung durch Vermögensverschleuderung, -verschiebungen oder sonstige Zugriffe des Schuldners wird damit eliminiert. Zwar ist zu berücksichtigen, daß auch im Vergleichsverfahren die Verwaltungs- und Verfügungsbefugnis über das zu veräußernde Vermögen dem Schuldner zumindest bis zur Annahme und gerichtlichen Bestätigung des Vergleichs zusteht, insoweit also kein Unterschied zum insolvenzrechtlichen Liquidationsverfahren im Wege der Eigenverwaltung besteht. Zu beachten ist aber, daß das Gericht anders als nach § 277 I 1 InsO im Vergleichsverfahren gem. §§ 58, 59 VerglO jederzeit die Möglichkeit hat, dem Schuldner von Amts wegen – und nicht nur auf Antrag der Gläubigerversammlung oder eines absonderungsberechtigten oder Insolvenzgläubigers[165] – Verfügungsbeschränkungen aufzuerlegen. Zudem stellt die Vergleichsordnung mit der Möglichkeit des Erlasses eines allgemeinen Veräußerungsverbotes weiterreichende Instrumentarien zum Schutz der Gläubigerinteressen zur Verfügung als § 277 I 1 InsO, der lediglich einen Zustimmungsvorbehalt für bestimmte Rechtsgeschäfte vorsieht. Die bei

---

162 Siehe oben (1) (b).

163 RegE, BT-Drucksache 12/2443, Begr. B, S. 226.

164 Böhle-Stamschräder/Kilger, § 7 Anm. 3.

165 § 277 II InsO.

der zerschlagenden Liquidation oder der Gesamtveräußerung des Schuldnerunternehmens gegenüber der Sanierung erhöhte Gefahr der Masseschädigung wird also von der VerglO stärker berücksichtigt als von der InsO.

Die Vernachlässigung derartiger Schutzmechanismen im neuen Insolvenzrecht darf nun aber nicht zu dem Schluß verleiten, dem Schuldner stünden bei der Eigenverwaltung gem. § 270 ff. InsO im Rahmen der Liquidation größere Freiheiten zu als nach geltendem Recht. Vielmehr geht der Gesetzgeber selbst davon aus, daß der Schuldner wegen des Verlustes des Unternehmens als seiner wirtschaftlichen Existenz nicht willens und in der Lage sein wird, die ihm zufallenden Verwaltungs- und Verwertungsaufgaben mit dem erforderlichen Einsatz[166] zu erfüllen[167] und auch die bei natürlichen Personen mögliche Restschuldbefreiung gem. §§ 286 ff. InsO die dadurch bedingte Demotivation nicht zu kompensieren vermag, so daß die Liquidations-Eigenverwaltung von vornherein auf absolute Ausnahmefälle beschränkt sein wird.[168] Angesichts des mit der Durchführung eines Liquidationsverfahrens im Wege der Eigenverwaltung regelmäßig verstärkt verbundenen Risikos der Masseschädigung durch den Schuldner, kann daher die Anordnung gem. § 270 I 1 InsO bei Liquidation des Schuldnervermögens nur infolge der Legitimation durch die wirtschaftlich betroffenen Gläubiger zulässig sein. Ansonsten wird die Anordnung der Eigenverwaltung allenfalls in einem auf Unternehmenssanierung ausgerichteten Insolvenzverfahren seine Berechtigung haben.[169] Da vor Eröffnung des Insolvenzverfahrens aber noch keine Gläubigerorganisationen existieren, durch die die Gläubigerautonomie bezüglich der Entscheidung über die Eigenverwaltung im Eröffnungsbeschluß ausgeübt werden kann[170], ist die Legitimation der sog. Liquidations-Eigenverwaltung durch die wirtschaftlich betroffenen Gläubiger zum Zeitpunkt der Entscheidung gem. § 270 I 1 InsO noch gar nicht möglich. Damit könnte die Eigenverwaltungsanordnung gem. § 270 I 1 InsO von vornherein auf die Fälle der Unternehmenssanierung beschränkt sein.

---

166 Vgl. RegE, BT-Drucksache 12/2443, Begr. B, S. 224.

167 Siehe bereits oben Fn. 55.

168 RegE, BT-Drucksache 12/2443, Begr. B, S. 223, 226.

169 Neumann, § 6, A. VI. 3., S. 380 f.

170 Siehe oben bb).

(cc) Zeitpunkt der Entscheidung über die Verwertungsform

Nun stellt sich aber das Problem, daß zum Zeitpunkt dieser Entscheidung gem. § 270 I 1 InsO noch gar nicht feststeht, ob die insolvenzrechtliche Haftungsverwirklichung im Wege der Liquidation oder der Sanierung erfolgt. Während nämlich nach geltendem Recht bereits der Insolvenzantrag die Verwertungsart indiziert[171], entscheiden gem. § 157 InsO allein die Gläubiger in dem nach Maßgabe des § 29 I Nr. 1 InsO festzulegenden Berichtstermin über die Sanierung oder Liquidation des schuldnerischen Unternehmens. Da der Berichtstermin aber erst nach der Verfahrenseröffnung und somit nach der gerichtlichen Entscheidung gem. § 270 I 1 InsO stattfindet[172], kann das Gericht naturgemäß die Entscheidung der Gläubiger über die Verwertungsform nicht gem. § 270 II Nr. 3 InsO als Kriterium für die Anordnung der Eigenverwaltung heranziehen. Die Qualifizierung eines Insolvenzverfahrens als Sanierungs- oder Liquidationsverfahren kann mithin nicht über das Eingreifen der Nachteilsregelung gem. § 270 II Nr. 3 InsO entscheiden.

(b) Prüfung der Sanierungschancen

Wenn nun einerseits der Sinn und Zweck der Eigenverwaltung, also die im Interesse der wirtschaftlich betroffenen Gläubiger notwendige Kosten-/ Nutzenanalyse von der Art der Vermögensverwertung abhängig ist[173], andererseits eine Verwertungsentscheidung zum Zeitpunkt der gerichtlichen Beschlußfassung noch nicht vorliegt, so fragt sich, ob das Gericht vor der Anordnung der Eigenverwaltung gem. § 270 I 1 InsO

---

171 Nach geltendem Vergleichsrecht ist dem Antrag des Schuldners gem. §§ 3 I, 7 I 1 VerglO ein bestimmter Vergleichsvorschlag beizufügen, der über die genauen Modalitäten des Vergleichs Auskunft gibt und damit auch zu bestimmen hat, ob die Gläubigerbefriedigung durch Sanierung oder durch Liquidation des Schuldnerunternehmens erfolgen soll, vgl. Böhle-Stamschräder/Kilger, § 7 Anm. 1. Das Konkursverfahren ist von vornherein ausschließlich auf die Liquidation des Schuldnervermögens ausgerichtet.

172 Vgl. §§ 27, 29 I Nr. 1 InsO.

173 Vgl. oben (1) (b), (2) (a) (aa), (bb) und RegE, BT-Drucksache 12/2443, Begr. B, S. 223, 226; Beschlußempfehlung des Rechtsausschusses, BT-Drucksache 12/7302, S. 185.

zumindest die *Chancen* für eine Unternehmenssanierung zu prüfen hat.[174]

Das könnte aus zweierlei Gründen notwendig sein: Zum einen ist, wenn die Sanierung des Schuldnerunternehmens von vornherein ausgeschlossen ist, die Durchführung des Insolvenzverfahrens bis zur Verwertungsentscheidung im Berichtstermin im Wege der Eigenverwaltung wenig sinnvoll. Diese sog. erste Phase des Insolvenzverfahrens dient der *Vorbereitung* der Vermögensverwertung. Das mit der Verwaltung und Verwertung der Insolvenzmasse betraute Verfahrensorgan soll wirtschaftliche Verhältnisse analysieren und die Möglichkeiten optimaler Gläubigerbefriedigung untersuchen können. Wenn die Gläubigerversammlung im Berichtstermin die Liquidation des Vermögens beschließt, so wird regelmäßig ein Insolvenzverwalter bestellt werden.[175] Zwar ist die gerichtliche Anordnung der Eigenverwaltung gem. § 270 II Nr. 3 InsO dann insoweit nicht nachteilig, als der Insolvenzverwalter selten einer zusätzlichen Einarbeitungszeit bedürfen wird, um die Vermögensabwicklung durchzuführen. Regelmäßig wird nämlich der bisherige Sachwalter zum Insolvenzverwalter bestellt werden, der mit den wirtschaftlichen Verhältnissen des Schuldners wegen der Informations- und Kontrollpflichten aus §§ 274 II, 281 I 2, II 2 InsO und der Mitwirkungsbefugnisse gem. §§ 275, 277 InsO bereits vertraut ist.[176] In einem derartigen Fall hat die Eigenverwaltung aber bis auf die eventuelle kurzfristige Kostenersparnis durch die geringere Vergütung des Sachwalters bis zum Berichtstermin[177] keine Vorteile gegenüber dem Regelinsolvenzverfahren. Wenn die Sanierung des Schuldnerunternehmens ohnehin aussichtslos und der Schuldner sich der zwingend bevorstehenden Liquidation bewußt ist, so liegt vielmehr die Gefahr der Masseschädigung in erhöhtem Maße vor, so daß die mit der Eigenverwaltung drohenden Nachteile den Vorteil der Verfahrensverbilligung nicht ausreichend kompensieren würde.[178]

---

174 So etwa Neumann, § 6, A. VI. 3., S. 382; Leipold, S. 165, 171, der allerdings vorrangig vorschlägt, auf das Sonderverfahren der Eigenverwaltung gänzlich zu verzichten.

175 RegE, BT-Drucksache 12/2443, Begr. B, S. 226.

176 RegE, BT-Drucksache 12/2443, Begr. B, S. 224.

177 Dazu näher unten III. 3. f) dieses Kapitels.

178 Zu Recht betont Landfermann KTS 1989, S. 763, 776, daß allein der Gesichtspunkt der Kosteneinsparung nicht ausschlaggebend für die Anordnung der Eigenverwal-

Zum anderen könnte aber vor allem die Gefahr bestehen, daß das Gericht dem Schuldner trotz objektiver Aussichtslosigkeit der Unternehmenssanierung die Möglichkeit bietet, diese Form der Vermögensverwertung gegenüber den Gläubigern durchzusetzen bzw. zumindest die Beschlagnahme seines Vermögens solange zu verhindern, bis die Gläubiger realisieren, daß eine Sanierung nicht möglich ist. Das ergibt sich daraus, daß die Kompetenzen aus § 156 I InsO, die dem Bedürfnis der Gläubiger nach den für die Entscheidung gem. § 157 InsO erforderlichen Basisinformationen Rechnung tragen, im Sonderverfahren der Eigenverwaltung dem Schuldner zustehen, § 281 II 1 InsO. Gerade im Falle eines böswilligen, die Eigenverwaltung aus mißbräuchlicher, eigennütziger Motivation heraus beantragenden Schuldners bieten diese Kompetenzen Raum für Manipulationen. Diese Gefahr könnte dadurch abgewendet werden, daß das Gericht vor jeder Entscheidung gem. § 270 I 1 InsO die Sanierungschancen des Schuldnerunternehmens zu prüfen hätte.

Dem läßt sich aber entgegenhalten, daß der Gefahr der Informationsmanipulation durch den Schuldner im Rahmen des Berichtstermins gem. § 156 I InsO und der damit verbundenen – gegebenenfalls nur vorläufigen – Durchsetzung einer für die Gläubiger objektiv nachteiligen Verwertungsform durch die Kontrollpflichten des Sachwalters gem. § 281 II 2 InsO vorgebeugt wird, der den Verfahrensbeteiligten gem. §§ 274 I, 60 I InsO wie ein Insolvenzverwalter haftet. Vor allem aber ist gegen eine Pflicht des Gerichts zur Prüfung der Sanierungschancen einzuwenden, daß dann das Insolvenzgericht durch die bloße Antragstellung gem. § 270 II Nr. 1 InsO mit einem erheblichen Mehraufwand belastet würde, durch nur eine einzige Handlung des Schuldners also eine Verlagerung bzw. Duplizierung der Prüfungspflichten gem. § 156 I InsO herbeigeführt würde. Das widerspräche dem in diversen Normen der InsO[179] zum Ausdruck kommenden Anliegen des Gesetzgebers, die Insolvenzgerichte gegenüber dem geltenden Recht zu entlasten. Abgesehen davon wird es dem Gericht aber regelmäßig auch kaum möglich sein, die Sanierungschancen eines Unternehmens zuverlässig zu beurteilen: Die Prüfung der Sanierungsfähigkeit und -würdigkeit ist eine komplexe Aufgabe, die

---

tung sein kann, da bei einer den Gläubigerinteressen widersprechenden Vermögensverwertung und Verfahrensdurchführung durch den Schuldner ein Schaden eintreten könnte, der die eingesparten Kosten um ein vielfaches übersteigt.

179 Z.B. §§ 174 I 1, 270 III 2, 304 ff. InsO.

fundierte betriebswirtschaftliche Kenntnisse und Qualifikationen erfordert.[180] Deshalb hat sich die im Regelinsolvenzverfahren gem. § 56 I InsO erfolgende Auswahl des Insolvenzverwalters nicht nur an juristischen Fähigkeiten, sondern auch und vor allem an unternehmerischen Qualitäten zu orientieren.[181] Das Gerichtspersonal wird hingegen in den seltensten Fällen hinreichend qualifiziert sein, um Entscheidungen und Beurteilungen auf betriebswirtschaftlicher Grundlage vornehmen zu können. Das bedeutet wiederum, daß das Gericht dann eigens für die Prüfung der Sanierungschancen des Unternehmens Sachverständige heranziehen müßte, deren Untersuchungen nicht nur zu einer Verzögerung der Verfahrenseröffnung[182], sondern auch zu einer übermäßigen Kostenbelastung führen könnten. Dementsprechend wird man nicht verlangen können, daß das Gericht vor der Entscheidung über den Eigenverwaltungsantrag gem. § 270 I 1 InsO die Sanierungschancen des Schuldnerunternehmens zu prüfen und bejahen hat.

Angesichts des von der Eigenverwaltung ausgehenden erheblichen Risikos der Masseschädigung zu Lasten der Gläubiger wird aber zumindest zu fordern sein, daß das Gericht im Falle *offensichtlicher* Unmöglichkeit der Unternehmenssanierung[183] oder bei umfassenden Informationen aus gesicherter Quelle (– etwa vom vorläufigen Insolvenzverwalter –) von der Anordnung gem. § 270 I 1 InsO abzusehen hat.[184]

---

180 Instruktiv Wegmann DB 1987, S. 1901, 1905 ff., Risse KTS 1994, S. 465, 471.

181 Wegmann DB 1987, S. 1901.

182 Eine Verzögerung ist allerdings dann nicht zu befürchten, wenn das Gericht im Eröffnungsverfahren ohnehin einen vorläufigen Insolvenzverwalter als Sachverständigen bestellt hat und auf dessen Erkenntnissen aufbauen kann. Dabei müßte die Kompetenz dem Verwalter aber gem. § 22 II 1 InsO und nicht gem. § 22 I Nr. 3 InsO vom Gericht übertragen worden sein, denn im Falle des Erlasses eines allgemeinen Verfügungsverbotes gem. § 21 II Nr. 2 InsO kommt die Anordnung der Eigenverwaltung gem. § 270 I 1 InsO ohnehin nicht in Betracht, siehe oben I. 2. a), 3. b), 4.

183 Das ist etwa der Fall, wenn das Unternehmen bereits vor oder mit Stellung des Eröffnungsantrages durch den Schuldner oder im Rahmen des Eröffnungsverfahrens durch den vorläufigen Insolvenzverwalter gem. § 22 I Nr. 2, 2. Fall InsO stillgelegt wurde.

184 Diese Forderung korrespondiert mit § 18 Nr. 4 VerglO, der die Durchführung eines Vergleichsverfahrens nur zuläßt, wenn sich aus den individuellen Umständen nicht ergibt, daß "im Falle der Fortführung des Unternehmens seine Erhaltung durch den Vergleich offenbar nicht zu erwarten ist". Dabei bedeutet "durch den Vergleich"

Daß die Eigenverwaltungsanordnung gem. § 270 I 1 InsO *jedenfalls dann* ausgeschlossen ist, wenn die Liquidation des Schuldnervermögens offensichtlich feststeht, bedeutet aber nicht zugleich, daß sie *nur* in diesem Falle ausgeschlossen ist, also anderenfalls die Eigenverwaltung immer vorsichtshalber angeordnet werden müßte.

Zwar könnten der Sinn und Zweck der Eigenverwaltung gem. §§ 270 ff. InsO – nämlich die Verfahrensverbilligung und die Effizienzsteigerung durch Nutzung der unternehmensbezogenen Kenntnisse und Erfahrungen der bisherigen Geschäftsleitung im Rahmen der Sanierung sowie der Anreiz zur frühzeitigen Antragstellung – und die Tatsache, daß bis zur Entscheidung der Gläubiger gem. § 157 InsO eine Unternehmenssanierung immerhin noch möglich ist, zu der Annahme verleiten, daß das Gericht zumindest vorläufig dem Eigenverwaltungsantrag des Schuldners zu entsprechen hat. Wenn nämlich die Gläubiger tatsächlich die Sanierung des Unternehmens durch den Schuldner beschließen, so wäre es sinnlos, diesem zunächst in dem notwendigen Durchgangsstadium bis zum Berichtstermin die Geschäftsführungsbefugnis aus der Hand zu nehmen und damit die Vorteile der Eigenverwaltung zumindest vorläufig auszuschließen. Untermauert wird diese Argumentation durch die Anlehnung der §§ 270 ff. InsO an das Vergleichsverfahren, während dessen der Schuldner verwaltungs- und verfügungsbefugt bleibt, obwohl über die Annahme des Vergleichs und damit über die Unternehmenssanierung noch gar nicht entschieden wurde und die anschließende Liquidation des

---

nicht, daß durch den Forderungserlaß lediglich der vorliegende Insolvenzgrund beseitigt werden und damit das Unternehmen vor einer Zerschlagung in einem auf das Vergleichsverfahren folgenden (weiteren) Insolvenzverfahren bewahrt werden soll. Vielmehr liegt die ratio des § 18 Nr. 4 VerglO darin, nicht selbständig lebensfähige Unternehmen aus dem Wirtschaftsleben zu eliminieren. Ein zusammengebrochenes Unternehmen soll und kann aus wirtschaftlich vernünftiger Sicht nur dann erhalten werden, "wenn nachzuweisen ist, daß der Betrieb im Kern gesund ist, daß durch Umstellung, Kapitalzuschüsse, Wechsel in der Leitung, technische Modernisierung oder wie immer die Unrentabilität abgestellt werden kann", also mit dem Vergleichsverfahren nicht nur die Symptome des wirtschaftlichen Zusammenbruchs (= Vorliegen eines Insolvenzgrundes), sondern deren Ursachen beseitigt werden können, Paulsen KuT 1936, S. 33, 34. Ist *offensichtlich*, daß die Herstellung der Rentabilität des Unternehmens im Wege des Vergleichsverfahrens nicht (mehr) möglich ist, so hat das Gericht die Verfahrenseröffnung abzulehnen. Dazu ist notwendig, daß die Gründe, die die Erhaltung des Unternehmens nicht erwarten lassen, so klar zutage liegen, daß begründete Zweifel nicht bestehen, Eckert KuT 1937, S. 49.

Schuldnervermögens im Anschlußkonkursverfahren gem. § 102 VerglO nicht ausgeschlossen ist.

Diese gesetzlich anerkannte Konstellation der (vorläufigen) Unternehmensfortführung durch den Schuldner trotz späterer Liquidation des Schuldnervermögens entspricht dem oben dargelegten Vorschlag, dem Schuldner jedenfalls bis zur Entscheidung über die Art der Vermögensverwertung die Verwaltungs- und Verfügungsbefugnis über sein Vermögen zu belassen, solange die Unternehmenssanierung möglich ist. Dafür spricht zudem, daß die Gefahr der – böswilligen – Masseschädigung zumindest so lange nicht bestehen dürfte, wie der sanierungswillige und -fähige Schuldner auf die Zustimmung der Gläubiger zur Sanierung hoffen kann. Außerdem kann die Phase, für die das Gericht die Eigenverwaltung gem. § 270 I 1 InsO anordnet, relativ kurz gehalten werden: Wenn die Gläubiger mit der gerichtlichen Entscheidung nicht einverstanden sind und ihre Interessen durch die Anordnung gefährdet sehen, so steht es ihnen frei, gem. § 272 I Nr. 1 InsO die Aufhebung zu beantragen.[185] Da die Gläubiger sofort nach Eröffnung des Insolvenzverfahrens gem. § 75 I Nr. 2[186], 3, 4 InsO einen Antrag auf Einberufung der Gläubigerversammlung stellen können, dem das Insolvenzgericht gem. § 75 II InsO innerhalb einer Zwei-Wochen-Frist zu entsprechen hat, bietet das Gesetz die Möglichkeit einer relativ schnell nach Verfahrenseröffnung erfolgenden Korrektur der gerichtlichen Entscheidung im Sinne der Gläubiger, die der Ausdehnung der vom Schuldner gegebenenfalls mißbräuchlich genutzten Zeitspanne entgegenwirken kann.

Genau dieses Argument der frühzeitigen Entscheidungskorrektur spricht aber angesichts der von der fehlerhaft angeordneten Eigenverwaltung ausgehenden Risiken eher gegen eine Anordnung gem. § 270 I 1 InsO, wenn die Sanierung des Schuldnerunternehmens noch nicht feststeht: Wenn der Schuldner – anders als im oben dargestellten hypothetischen Idealfall – nicht sanierungswillig ist, sondern den Eigenverwaltungsantrag nur zur mißbräuchlichen Perpetuierung der Unternehmensfortführung gestellt hat, ist die Gefahr der Masseschädigung gerade in

---

185 Des weiteren sind einzelne absonderungsberechtigte oder Insolvenzgläubiger gem. § 272 I Nr. 2 InsO antragsbefugt. Damit die gerichtliche Entscheidung korrigiert wird, muß der Antrag aber den Anforderungen gem. § 272 I Nr. 2, II 1 InsO genügen.

186 Vgl. § 67 I InsO.

der auf die Verfahrenseröffnung folgenden Zeitspanne außerordentlich groß, da der Schuldner versuchen wird, die für ihn günstigen Vermögensverschiebungen schnellstmöglich vorzunehmen. Demgegenüber ist die mit der Eigenverwaltung zu vermeidende Kostenintensität des Insolvenzverfahrens gering, wenn das Gericht zunächst von der Anordnung gem. § 270 I 1 InsO absieht, die Gläubigerversammlung aber gem. § 271 InsO frühzeitig einen diese Entscheidung korrigierenden, also die Eigenverwaltung anordenden Beschluß faßt. Die dann für den Insolvenzverwalter anfallende Einarbeitungszeit ist auf die Phase bis zur Antragstellung gem. § 271 InsO begrenzt und der Verwalter kann die inzwischen erworbenen Kenntnisse im Rahmen seiner späteren Sachwalterstellung nutzen.[187] Die Gefahr der Masseschädigung überwiegt also in diesem Verfahrensstadium grundsätzlich den hier allein in Betracht kommenden Vorteil der Verfahrensverbilligung[188]. Demnach hat das Gericht von einer prophylaktischen Anordnung gem. § 270 I 1 InsO abzusehen.

Dafür spricht auch folgende Überlegung: Bei einer vorsorglichen Eigenverwaltungsanordnung ohne Rücksicht auf das potentielle (sekundäre)[189] Verfahrensziel Sanierung bzw. Liquidation liegt es nahe, daß die Gläubiger vorsichtshalber die Aufhebung gem. § 272 I Nr. 1 InsO beantragen werden, wenn sie sich über die Verfahrensausgestaltung noch nicht im Klaren sind. In diesem Fall können sie aber später die Eigenverwaltung nicht mehr anordnen lassen, auch wenn sie dann wegen der gegebenenfalls inzwischen ergangenen Entscheidung für die Unternehmenssanierung im Berichtstermin durchaus sinnvoll wäre, da gem. § 271 Satz 1 InsO nur die *erste* Gläubigerversammlung zur positiven Korrektur berechtigt ist. Zwar bezieht sich diese Regelung ihrem Wortlaut nach auf den Fall, daß das Gericht die Anordnung der Eigenverwaltung auf Antrag des Schuldners gem. § 270 I 1 InsO abgelehnt hatte. In Ermangelung einer anderen, dem § 272 I Nr. 1 InsO entsprechenden Regelung, die eine von dem Aufhebungsantrag abweichende Entscheidung in einer späteren Gläubigerversammlung zuläßt, ist jedoch davon auszugehen, daß der Antrag gem. § 272 I Nr. 1 InsO die Gläubiger endgültig bindet. Damit

---

187 Vgl. § 271 Satz 2 InsO, der aus Praktikabilitätsgründen regelmäßig Anwendung finden wird.

188 Die angestrebte Effizienzsteigerung betrifft in erster Linie die Phase nach dem Berichtstermin, nämlich das Stadium der Vermögensverwertung.

189 Primäres Verfahrensziel ist stets die insolvenzrechtliche Verwirklichung der schuldnerischen Vermögenshaftung, vgl. § 1 Satz 1 InsO.

kann also das Gericht durch eine vorschnelle Anordnung gem. § 270 I 1 InsO eine sinnvolle Eigenverwaltung zum Zwecke der Sanierung verhindern.

Zudem – und vor allem – würde eine vorsorgliche Eigenverwaltungsanordnung gem. § 270 I 1 InsO aber dem Willen des Gesetzgebers widersprechen, der davon ausgeht, daß das Sonderverfahren der Eigenverwaltung gem. §§ 270 ff. InsO nur in *Ausnahme*fällen Anwendung finden wird.[190] Überspitzt gesagt würde § 80 I InsO als eine der wichtigsten Normen des Insolvenzverfahrens[191] durch die bloße Stellung des Eigenverwaltungsantrages gem. § 270 II Nr. 1 InsO in seinem Anwendungsbereich auf ein Minimum begrenzt, nämlich auf die Fälle, in denen bereits bei Eröffnung des Verfahrens die Liquidation des Schuldnervermögens feststeht. Daß die gläubigerschützende Eröffnungswirkung des Insolvenzbeschlags nicht durch eine schuldnerfreundliche Ausnahmeregelung außer Kraft gesetzt werden soll, liegt auf der Hand.

Wenn nun aber feststeht, daß es einerseits nicht Aufgabe des Insolvenzgerichts sein kann, die Sanierungschancen des Schuldnerunternehmens zu prüfen, andererseits eine prophylaktische Anordnung der Eigenverwaltung gem. § 270 I 1 InsO für den Fall, daß sich die Gläubiger im Berichtstermin für die Verwertungsform der Sanierung entscheiden, ausscheidet, so bedeutet dies, daß das Gericht die Eigenverwaltung nur dann anordnen darf, wenn es aus seiner Sicht sicher oder höchstwahrscheinlich ist, daß das Insolvenzverfahren zur Sanierung des Unternehmens – durch den Schuldner – genutzt werden wird. Zu dieser Überzeugung wird das Gericht etwa dann kommen, wenn der Schuldner selbst unter Berufung auf den Insolvenzgrund der drohenden Zahlungsunfähigkeit gem. § 18 InsO frühzeitig die Eröffnung des Insolvenzverfahrens beantragt und damit gewährleistet, daß für die Sanierung seines Unternehmens noch möglichst viel Masse zur Verfügung steht.[192] Weiterhin spricht die Vorlage eines Insolvenzplans gem. § 218 I 2 InsO für die Sanierung des Unternehmens. Der Insolvenzplan muß, wenn er als Sanierungsplan ausgestaltet ist[193], in seinem darstellenden Teil gem. § 220 InsO alle bereits

190 Kritisch zur Realisierbarkeit dieses Ziels Leipold, S. 165, 168 f.; Grub WM 1994, S. 880, 881 und Smid DZWir 1994, S. 278, 282.

191 Vgl. Leipold, S. 165, 168 ff.

192 Vgl. Bork, § 31, C. IV., Rdz. 368.

193 Das ist nicht zwingend der Fall. Der Plan ist als "universelles Instrument der Masseverwertung" an keine bestimmte Verwertungsart gebunden und kann als Liquida-

getroffenen und noch zu treffenden Sanierungsmaßnahmen darlegen.[194] Diese können nur auf der Grundlage eines umfassenden Sanierungskonzeptes festgelegt werden. Die Erarbeitung eines solchen Konzeptes setzt wiederum eine detaillierte Schwachstellenanalyse voraus, der sich eine Sanierungsfähigkeitsprüfung anschließen muß.[195] Wenn der Schuldner also bereits mit dem Eröffnungsantrag einen funktionstauglichen und den gesetzlichen Mindestanforderungen[196] entsprechenden Insolvenzplan vorgelegt hat, so hat er damit bereits die ihm ansonsten im Rahmen der Eigenverwaltung gem. §§ 281 II 1, 156 InsO auferlegten Prüfungspflichten vorweggenommen. Anhand der dargelegten Informationen über die wirtschaftliche Situation des Unternehmens und der möglichen und angestrebten Sanierungsmaßnahmen kann das Gericht sich ein Bild von den Sanierungschancen machen. Wenn der Schuldner vertrauenswürdig und seine Darstellungen glaubhaft erscheinen – was im Falle der (freiwilligen[197]) Antragstellung unter Berufung auf § 18 InsO und angesichts des mit der Planaufstellung verbundenen Arbeitsaufwandes, den ein bös- bzw. sanierungsunwilliger Schuldner vermutlich scheuen würde, naheliegt –, wird das Gericht angesichts der im Falle der Unternehmenssanierung gegenüber der Liquidation des Schuldnervermögens regelmäßig höheren Befriedigungsaussichten für die Gläubiger[198] von einer insolvenzrechtlichen Sanierung des Schuldnerunternehmens ausgehen können. Zudem kann das Gericht in diesem Falle den Berichtstermin gem. § 29 I Nr. 1 InsO alsbald nach der Verfahrenseröffnung ansetzen, was sich insbesondere anbietet, wenn der zu bestellende Sachwalter bereits im Eröffnungsverfahren als vorläufiger Insolvenzverwalter eingesetzt worden ist und sich so bereits die für die Stellungnahme gem. § 281 II 2

---

tions-, Sanierungs- oder Übertragungsplan ausgestaltet sein, RegE, BT-Drucksache 12/2443, Begr. A, S. 90 f., Begr. B, S. 195.

194 RegE, BT-Drucksache 12/2443, Begr. B, S. 197; Beschlußempfehlung des Rechtsausschusses, BT-Drucksache 12/7302, S. 182.

195 Hodemacher KTS 1956, S. 81, 82; Gottwald-Maus, § 2, V. (Rdz. 44 ff.), § 3, I., Rdz. 4 ff.

196 Vgl. § 231 I InsO!

197 Die drohende Zahlungsunfähigkeit ist nur im Falle des vom Schuldner gestellten Eröffnungsantrages Insolvenzgrund, § 18 I InsO. Eine Insolvenzantragspflicht besteht in diesem Fall noch nicht, vgl. §§ 42 II BGB, 130a HGB, 177a HGB, 99 GenG, 92 II AktG, 64 GmbHG idF der Art. 33 Nr. 1, 40 Nr. 4 a), 47 Nr. 4, 48 Nr. 7, 49 Nr. 16 a) EGInsO.

198 Häsemeyer, 13. Kap., III. 3., S. 261; vgl. auch Kuhn/Uhlenbruck,§ 117 Rdz. 14.

InsO erforderlichen Informationen verschaffen konnte. Dann liegen günstige Voraussetzungen für die notwendigerweise schnell durchzuführende Unternehmenssanierung[199] vor, so daß das Gericht den Umständen nach von der Wahl derjenigen Verwertungsform ausgehen kann, für die die Eigenverwaltung nach dem Willen des Gesetzgebers konzipiert ist.

Zusammenfassend läßt sich also feststellen, daß das Gericht die Sanierungschancen des Schuldnerunternehmens zwar nicht umfassend zu prüfen hat. Ergibt sich aber aus den der Verfahrenseröffnung zugrundeliegenden Umständen, daß eine Sanierung des Unternehmens offenbar nicht zu erwarten ist, sondern das Vermögen im Wege der Liquidation zu verwerten sein wird, so darf es die Eigenverwaltung gem. § 270 I 1 InsO keinesfalls anordnen. Nur wenn die Unternehmenssanierung nach den dem Gericht vorliegenden Informationen hinreichend wahrscheinlich ist, erscheinen die Gläubigerinteressen gem. § 270 II Nr. 3 InsO gewahrt.

(c) Ursachen der Insolvenz

Steht die insolvenzrechtliche Sanierung des Schuldnerunternehmens nach Auffassung des Insolvenzgerichtes fest, so bedeutet dieses nicht automatisch, daß mit der Eröffnung des Verfahrens zugleich die Anordnung der (vorläufigen) Eigenverwaltung einherzugehen hat. Die Abhängigkeit dieser beiden Komponenten äußert sich nur dergestalt, daß das Sonderverfahren gem. §§ 270 ff. InsO im Eröffnungsbeschluß nicht ohne (voraussichtliche) Unternehmenssanierung angeordnet werden darf; hingegen indiziert die Sanierungsentscheidung der Gläubiger gem. § 157 InsO bzw. die davon ausgehende gerichtliche Beurteilung nicht die Anordnung gem. § 270 I 1 InsO. Mit einer solchen Schlußfolgerung würde man sich nämlich in Widerspruch zu den beiden manifestierten Anliegen des Gesetzgebers setzen, mit der InsO einerseits ein funktionsfähiges Insolvenzverfahren zur Sanierung von Unternehmen zur Verfügung zu stellen, also die insolvenzrechtlichen Sanierungen gegenüber dem geltenden Recht erheblich zu erleichtern und somit eine größere Anzahl wirtschaftlich zusammengebrochener Unternehmen zu retten als bisher[200]

---

199 Siehe oben (1) (a).

200 RegE, BT-Drucksache 12/2443, Begr. A, S. 73.

und andererseits das Sonderverfahren der Eigenverwaltung nur in Ausnahmefällen zuzulassen[201].

Obwohl der Schuldner bei der Sanierung seines Unternehmens auf der Grundlage eines Insolvenzplans nach Aufhebung des Verfahrens[202] die Befugnis zurückerhält, über die Insolvenzmasse frei zu verfügen (§ 259 I 2 InsO), damit die gegebenenfalls noch zu ergreifenden Sanierungsmaßnahmen selbst einzuleiten und durchzuführen hat und die noch ausstehende Befriedigung der Gläubiger in seiner Hand liegt (§ 260 I, II InsO), wird es wegen der drohenden Masseschmälerung durch Vermögensverschiebungen oder unwirtschaftliche Unternehmensfortführung regelmäßig im Interesse der Gläubiger liegen, den Schuldner zunächst seiner unternehmensleitenden Position zu entheben. Der gem. §§ 27 I 1, 56 I InsO eingesetzte Insolvenzverwalter kann Transparenz in die wirtschaftlichen Verhältnisse des Schuldners bringen, einen die Interessen aller Verfahrensbeteiligten ausgleichenden Insolvenzplan erarbeiten, bereits während des Verfahrens für die Sanierung nicht benötigte Vermögensbestandteile verwerten, das Unternehmen also auf eine funktions- und lebensfähige Größe "zurechtstutzen" und betriebsinterne Sanierungsmaßnahmen einleiten, welche etwa auch in der Auswechslung des bisherigen Managements des Unternehmens liegen können. Dementsprechend ist die Durchführung des Insolvenzverfahrens im Wege der Eigenverwaltung nicht zwingend die logische Konsequenz einer (voraussichtlichen) Sanierungsentscheidung.

Vielmehr hat das Gericht zu prüfen, ob der Schuldner die ihm bis zum Berichtstermin[203] obliegenden Aufgaben zumindest genauso gut wie ein ansonsten bestellter Insolvenzverwalter erfüllen kann und wird. Wie be-

---

201 Beschlußempfehlung des Rechtsausschusses, BT-Drucksache 12/7302, S. 185.

202 Diese erfolgt – anders als im Normalfall des Vergleichsverfahrens gem. § 96 I, II, IV 1 VerglO – gem. § 258 I InsO nicht erst mit Erfüllung der im Insolvenzplan vorgesehenen Ansprüche, sondern bereits mit rechtskräftiger gerichtlicher Bestätigung des von den Gläubigern angenommenen Plans.

203 Der Berichtstermin stellt eine Gläubigerversammlung dar, in der die Gläubiger die gerichtliche Entscheidung über die Eigenverwaltungsanordnung gem. §§ 271, 272 I Nr. 1, 2 InsO korrigieren können. Beantragen sie dort nicht die Aufhebung der Anordnung iSv § 270 I 1 InsO, so ist dieses Verhalten als konkludente Bestätigung der gerichtlichen Entscheidung zu werten. In diesem Zeitpunkt endet also (spätestens) die Entscheidungskompetenz des Gerichts; sie wird durch die der Gläubiger ersetzt, die nunmehr allein über die Ausführung der zeitlich dem Berichtstermin nachfolgenden Aufgaben im Wege der Eigenverwaltung zu entscheiden haben.

reits dargestellt[204], dient die Phase vor dem Berichtstermin der Vorbereitung einer möglichst effizienten Vermögensverwertung, zielt also als solche bereits auf die optimale Ausnutzung der vorhandenen Vermögenswerte ab. Das bedeutet, daß im Falle einer Unternehmensinsolvenz versucht werden muß, bereits während des laufenden Verfahrens die Produktions- und Vertriebsorganisation so umzustellen, daß eine Verlustproduktion vermieden und die Rentabilität des Unternehmens wiederhergestellt werden kann, die massereduzierenden Faktoren so gering wie möglich zu halten, allgemein so früh und so effektiv wie möglich alle denkbaren und notwendigen Sanierungsmaßnahmen einzuleiten. Ob der Schuldner dazu in der Lage ist, zeigt sich insbesondere an einer Analyse der Insolvenzursachen im konkreten Fall. Wenn der Schuldner nämlich sein Unternehmen selbst durch jahrelanges Mißmanagement in den wirtschaftlichen Zusammenbruch getrieben hat, so liegt es nahe, daß er die für eine erfolgversprechende Sanierung im Wege der Eigenverwaltung notwendigen Kenntnisse und Qualitäten nicht besitzt.[205] Haben hingegen vorrangig unternehmensexterne – sog. exogene[206] – Ursachen zu der Insolvenz geführt, so könnte es sinnvoll erscheinen, den Schuldner zum Zwecke der Unternehmenssanierung auch während des Verfahrens verwaltungs- und verfügungsbefugt zu lassen.

(aa) Exogene Insolvenzursachen

Exogene Insolvenzursachen können etwa in der allgemeinen schlechten Wirtschaftslage mit Komponenten wie Inflation, politischen Krisen und Bevölkerungswachstum, dem Anwachsen ausländischer Konkurrenz, einem hohen Zinsniveau in der Kreditwirtschaft, verändertem Konsumentenverhalten, Marktsättigung, Insolvenz des Hauptgeschäftspartners bei Abhängigkeit von dessen Produkten bzw. von der Abnahme eigener Produkte, Rohstoffverteuerung, Streiks bei Kunden, Lieferanten oder im Unternehmen selbst, Wettbewerbsverzerrungen durch staatliche Subven-

---

204 Siehe oben (1) (b).

205 Diese These müßte theoretisch in 80 % aller Insolvenzen die Eigenverwaltungsanordnung gem. § 270 I 1 InsO von vornherein verbieten, da die Insolvenzursachen in Höhe dieser Quote im Mißmanagement des Schuldners liegen, Grub AnwBl. 1993, S. 458, 460; ders. WM 1994, S. 880, 881; Kressin, II. 1.2, S. 50.

206 Hess, § 117 Rdz. 121.

tionen, dem Verlust von Auslandsmärkten durch Boykotte, Kriege und Importverbote u.ä. liegen.[207]

Anders als unternehmensinterne – sog. endogene[208] – Insolvenzursachen indiziert das Vorliegen derartiger exogener Ursachen nicht zwingend das persönliche Versagen des Schuldners. Es ist demnach durchaus möglich, daß der Schuldner trotz seines wirtschaftlichen Zusammenbruchs wertvolle geschäftliche Kenntnisse und Erfahrungen besitzt, die er in die Sanierung einbringen und so eine Optimierung der Gläubigerbefriedigung gewährleisten kann.

Indessen darf das Gericht nicht automatisch auf eine mangelnde Verantwortlichkeit des Schuldners schließen, die die Eigenverwaltung rechtfertigen könnte. Soweit die exogenen Ursachen nämlich nicht nur das Unternehmen des Schuldners bzw. einen kleineren Kreis von Geschäftsbetrieben getroffen haben, sondern die allgemeine konjunkturelle Lage oder bestimmte Wirtschaftszweige betroffen sind, zeigen sich die – für die Eigenverwaltung erforderlichen – unternehmerischen Qualitäten gerade daran, ob es dem Schuldner gelingt, das Unternehmen relativ gesund durch die Krise zu führen. Unternehmen, die aufgrund ihrer Konstitution sowie der Qualifikation und Motivation ihrer Führung und Belegschaft nicht in der Lage sind, den rezessionsbedingt erhöhten Anforderungen zu genügen, werden im Wege wirtschaftlicher Selektion vom Markt verdrängt.[209] Da sich auch im Insolvenzverfahren die gesamtwirtschaftliche Situation nicht ändert, der Schuldner im Rahmen der Eigenverwaltung im Zweifel also mit genau den gleichen Problemen wie bisher zu kämpfen hätte, zeigt sich also bereits an der Tatsache der Verfahrenseröffnung, daß der Schuldner nicht in der Lage war und ist, die Krisensituation zu bewältigen.[210] Abgesehen von der die Eigenverwaltung präjudizierenden Frage, ob im Falle einer auf exogenen Ursachen beruhenden Unternehmensinsolvenz eine Sanierung nach der InsO überhaupt

207 Einen umfassenden Überblick bietet Hess, § 117 Rdz. 210 ff. Vgl. auch Kressin, II. 1.5, S. 77 ff., 1.6, S. 84 ff.

208 Hess, § 117 Rdz. 121.

209 Hess, § 117 Rdz. 210.

210 So spricht Hess, § 117 Rdz. 211 von einer "erfahrungsgemäß nur sehr bedingten Verantwortlichkeit exogener Einflüsse als Ursachen einer Unternehmenskrise" und statuiert, daß diese in der Regel die latent vorhandenen (endogenen) Krisen nur auslösen.

möglich ist[211], steht damit zumindest fest, daß die Durchführung des Insolvenzverfahrens im Wege der Eigenverwaltung nicht im Interesse der Gläubiger liegen kann.

Eine Ausnahme kann allenfalls dann vorliegen, wenn der Schuldner überzeugend darlegen kann, daß keinerlei Chance bestand, den wirtschaftlichen Zusammenbruch zu verhindern, also auch keine andere Person an seiner Stelle den Eintritt der Insolvenz hätte verhindern können und in absehbarer Zeit eine Veränderung der exogenen Verhältnisse zu erwarten ist bzw. er auf diese nunmehr positiv zu reagieren weiß.

(bb) Endogene Insolvenzursachen

Endogene Insolvenzursachen sind Ausdruck unternehmensinternen Mißmanagements seitens der Führungsspitze des Unternehmens. Sie deuten darauf hin, daß die unternehmensleitenden Organe nicht in der Lage waren, die im Unternehmen selbst entstandenen, seine Existenz bedrohenden Fehlerquellen zu erkennen und zu beseitigen, also eine Aufgabe zu erfüllen, die grundlegender Bestandteil eines wirtschaftlich sinnvollen Managements ist. Als derartige Fehlerquellen kommen insbesondere in Betracht: Organisationsmängel, kein hinreichend durchdachtes Unternehmenskonzept, Fehlentscheidungen aufgrund falscher Prognosen bezüglich Marktvolumen, Preisentwicklung, Wettbewerbsdruck etc., schlechte Belegschaftsstruktur, planlose Produktentwicklung infolge unzureichender Marktforschung, veraltete Produktpalette, kostenintensive Überkapazitäten, Bilanzmanipulationen, Mängel im Rechnungs- und Finanzwesen, Umsatzexpansion bei Preisen unter Selbstkosten, überhöhte Personalkosten, schlechter Führungsstil beim Management, vermögensschädigende Kriminalität beim Personal u.ä.[212]

---

211 Betriebs- bzw. unternehmensneutrale Gründe können eine Weiterführung des Unternehmens unmöglich machen, Kressin, II. 2., S. 93. So ist etwa im Falle der Marktsättigung eine Sanierung undenkbar, wenn eine Umstellung des Produktions- oder Dienstleistungsangebots nicht möglich ist. Aber auch in anderen Fällen wird die Reaktion auf exogene Einflüsse regelmäßig einen wesentlich größeren Kraftakt erfordern als die Beseitigung bloßen unternehmensinternen Mißmanagements.

212 Hess, § 117 Rdz. 152 ff; ausführlich zu den innerbetrieblichen Insolvenzursachen Kressin, II. 1.2, S. 50 ff., 1.3, S. 53 ff. und insbes. 1.4, S. 66 ff. und Grub/Rinn ZIP 1993, S. 1583, 1584 f.

Zumeist führt nicht allein eine dieser Ursachen zum wirtschaftlichen Zusammenbruch des Schuldners, sondern mehrere Faktoren wirken kumulativ.[213] Die Unfähigkeit des Managements, derartige Fehlerquellen zu vermeiden bzw. zu beseitigen, läßt auf extrem mangelhafte Qualifikationen bei den unternehmensleitenden Organen schließen. Dieser sog. Betriebsführungsmangel wird oftmals begleitet von sog. "Charaktermängeln" der in der Führungsebene befindlichen Personen, die sich etwa in übermäßigen Privatentnahmen des betrieblichen Vermögens manifestieren, um den eigenen hohen Lebensstandard zu finanzieren.[214]

Wenn die Insolvenzursachen im unternehmensinternen Bereich liegen, so bedeutet das zum einen, daß eine Sanierung zumindest theoretisch möglich ist, da die Fortführung des Unternehmens nicht durch Faktoren verhindert wird, die außerhalb des Einflußbereichs der unternehmensleitenden Organe liegen. Zum anderen aber bedingt die Sanierung dann stets erhebliche Eingriffe in die organisatorischen, personellen, finanziellen und rechtlichen Strukturen des Unternehmens.[215] Nur wenn gewährleistet ist, daß das unternehmenseigene Management diese Maßnahmen während des Verfahrens ergreifen kann und wird, ist die Anordnung der Eigenverwaltung gem. § 270 I 1 InsO für die Gläubiger wirtschaftlich effizient. Zu beachten ist aber, daß in dem hier maßgeblichen Krisenstadium bereits die Eröffnung des Insolvenzverfahrens feststeht, es nur noch um die Frage der Verfahrensausgestaltung gem. §§ 270 ff. InsO geht. Hat der Schuldner bzw. die Führungsspitze des Unternehmens den Eintritt der Insolvenz nicht durch die rechtzeitige Einleitung von Sanierungsmaßnahmen verhindern können, so ist davon auszugehen, daß die für eine wirtschaftlich sinnvolle Unternehmensfortführung und -sanierung notwendigen Qualitäten gerade nicht vorhanden sind.[216] An sich ist also bereits der Eintritt der Insolvenz als solcher der gravierendste Beweis unternehmerischer Unfähigkeit. Ausgehend von dieser Prämisse hat das Insolvenzgericht also äußerste Zurückhaltung bei der positiven Beurteilung der unternehmerischen Qualitäten im Rahmen der Nachteilsprüfung gem. § 270 II Nr. 3 InsO zu üben.

---

213 Hodemacher KTS 1956, S. 81, 82; Kressin, II. 2., S. 90; vgl. auch Hess, § 117 Rdz. 152.

214 Hodemacher KTS 1956, S. 81, 82; Kressin, II. 1.2, S. 50 f.; Grub/Rinn ZIP 1993, S. 1583, 1584.

215 Vgl. Kressin, II. 2., S. 93.

216 Vgl. Bork, § 35, A., Rdz. 401.

(aaa) Informationsquellen

In der Praxis wird es für das Gericht regelmäßig nicht ganz einfach sein, an die für die Beurteilung der unternehmerischen Qualitäten des Schuldners erforderlichen Informationen zu gelangen. Als mögliche Quellen bieten sich in erster Linie die Aussagen des Schuldners bezüglich der für die Insolvenz verantwortlichen Ursachen an, des weiteren ist die Anhörung von Geschäftspartnern (Kunden, Lieferanten)[217] und Mitarbeitern sowie der zuständigen Industrie- und Handels- oder Handwerkskammer zweckmäßig.[218] Wenn das Gericht bereits im Eröffnungsverfahren einen vorläufigen Insolvenzverwalter gem. § 21 I, II Nr. 1 InsO eingesetzt hat, kann es dessen Erkenntnisse als Beurteilungsgrundlage heranziehen. Dieser wird sich im Rahmen seiner Aufsichts- und Kontrollbefugnisse bereits im Eröffnungsverfahren ein Bild von den fachlichen Qualitäten des Schuldners gemacht haben können, im Hinblick auf die ihm[219] später gem. § 156 I InsO obliegenden Prüfungs- und Informationspflichten die Ursachen der Insolvenz erörtert haben und so dem Gericht zuverlässige Auskünfte erteilen können. Soweit der Schuldner sich selbst zu den Insolvenzursachen äußert, wird es wegen der starken Mißbrauchsgefahr notwendig sein, seine Aussagen mit objektiven Nachweisen zu untermauern, etwa mit Daten über die gesamtwirtschaftliche Lage, Sachverständigengutachten, Berichten zu Rate gezogener Unternehmensberater, Informationen über das Alter des Unternehmens, die Umsätze der letzten Jahre, Absatzmarkt-Analysen, bereits vor Eröffnung des Insolvenzverfahrens eingeleitete Sanierungsmaßnahmen etc.

(bbb) Orientierung an den in §§ 17 Nr. 4, 18 Nr. 1 VerglO genannten Ablehnungsgründen

Das Gesetz läßt dem Insolvenzgericht bei der Prüfung der möglichen Nachteile gem. § 270 II Nr. 3 InsO freie Hand und gibt dementsprechend explizit keine Richtlinien vor, an denen sich das Gericht bei der Beurteilung der unternehmerischen Unfähigkeit des Schuldners orientieren

217 Siehe oben bb).

218 Vgl. § 5 I InsO.

219 Im eröffneten Insolvenzverfahren wird aus Praktikabilitätsgründen regelmäßig der vorläufige Verwalter zum Insolvenzverwalter bestellt werden. Vgl. auch oben I. 2. a).

kann. Damit unterscheidet sich die InsO wesentlich von der VerglO, die in ihren §§ 17 und 18 sog. Würdigkeitsvoraussetzungen normiert, bei deren Fehlen das beantragte Vergleichsverfahren nicht eingeleitet werden darf.

Die in den §§ 17 Nr. 4, 18 Nr. 1 VerglO genannten Ablehnungsgründe befassen sich unmittelbar mit den unternehmerischen Qualitäten des Schuldners. So bestimmt § 17 Nr. 4 VerglO, daß die Verfahrenseröffnung dann abzulehnen ist, "wenn innerhalb der letzten fünf Jahre vor dem Antrag auf Eröffnung des Vergleichsverfahrens im Inlande ein Konkurs- oder ein Vergleichsverfahren über das Vermögen des Schuldners rechtskräftig eröffnet oder mangels Masse rechtskräftig abgelehnt worden ist". Der Gesetzgeber stellt damit die gesetzliche Vermutung auf, daß ein Schuldner, der es nach einem binnen der letzten fünf Jahre eingetretenen wirtschaftlichen Zusammenbruch nicht geschafft hat, seine Vermögensverhältnisse zu ordnen, mangels der dafür notwendigen geschäftlichen Kenntnisse und Erfahrungen nicht in der Lage ist, sein Unternehmen in einem (erneuten) Vergleichsverfahren zu sanieren.

§ 18 Nr. 1 VerglO normiert die Ablehnung der Verfahrenseröffnung für den Fall, "daß der Schuldner seinen Vermögensverfall durch Unredlichkeit, Preisschleuderei oder Leichtsinn herbeigeführt hat." *Unredlich* handelt dabei, wer sich im Geschäftsverkehr gröblich über die Pflichten anständiger Menschen hinwegsetzt.[220] Dieses Tatbestandsmerkmal erfordert vorsätzliche Gläubigerschädigung durch den Schuldner, wobei dolus eventualis genügt.[221] *Preisschleuderei* liegt vor, wenn der Schuldner Waren oder Leistungen erheblich unter dem Einstandspreis oder dem niedriger liegenden Marktpreis veräußert, und dazu nicht aufgrund seiner wirtschaftlichen Gesamtsituation zur Vermeidung größerer Verluste veranlaßt wurde.[222] Unter *Leichtsinn* ist ein besonders starkes Maß an Unbekümmertheit und mangelndem Verantwortungsgefühl in der Geschäftsführung und Vermögensverwaltung zu verstehen.[223] Dieser Begriff umfaßt sowohl außerbetriebliches Verhalten des Schuldners, das

220 Böhle-Stamschräder/Kilger, § 18 Anm. 2).

221 Böhle-Stamschräder/Kilger, § 18 Anm. 2); Bley/Mohrbutter, § 18 Rdz. 3. Dieser Ablehnungsgrund lag etwa im Vergleichsverfahren über das Vermögen der Bankhauses I.D. Herstatt KGaA vor, dazu Künne KTS 1975, S. 178, 180.

222 Heidland KTS 1968, S. 81, 90; in Abgrenzung zu den üblichen und angemessenen "Ausverkäufen" Bley/Mohrbutter, § 18 Rdz. 3.

223 Heidland KTS 1968, S. 81, 83.

etwa in dem Entzug liquider Mittel zur Finanzierung des eigenen aufwendigen Lebensstils liegen kann, als auch betriebliches Verhalten wie z.B. Unterlassen sachgemäßer Geschäftsaufsicht oder die Vornahme von Geschäften mit betriebsunangemessenem spekulativen Einschlag.[224]

Diese in § 18 Nr. 1 VerglO normierten Würdigkeitsvoraussetzungen befassen sich also – anders als § 17 Nr. 4 VerglO – nicht mit den objektiven unternehmerischen Qualitäten des Schuldners wie den geschäftsbezogenen Kenntnissen und Erfahrungen, sondern stellen auf die persönliche Beziehung des Schuldners zu seinem Vermögen und sein Verantwortungsbewußtsein gegenüber den Gläubigern ab. Beiden Kategorien ist aber gemeinsam, daß sie die Schuldnersanierung in den Fällen verbieten, in denen der Schuldner die Insolvenz selbst zu verantworten hat, entweder durch mangelnde Unternehmerqualifikationen oder durch gläubigerschädigende Charaktermängel.

Der Gesetzgeber hat sich bei der Konzeption der InsO explizit gegen eine Übernahme der in den §§ 17, 18 VerglO normierten Kriterien als Voraussetzung für die Durchführung eines Insolvenzverfahrens – unabhängig von seiner jeweiligen Modifikation – entschieden.[225] Die Abkehr von diesen vergleichsrechtlichen Grundsätzen erklärt sich daraus, daß das Insolvenzverfahren gem. § 1 Satz 1 InsO allein die optimale, gleichmäßige Gläubigerbefriedigung bezweckt und anders als das Vergleichsverfahren keine „Rechtswohltat" für den Schuldner darstellen soll, indem von der Zerschlagung seines Unternehmens abgesehen und ihm die Rettung seiner wirtschaftlichen Existenz ermöglicht wird[226]. Der Gesetzgeber hat damit der Kritik zahlreicher Stimmen aus der Literatur Rechnung getragen, die die in §§ 17, 18 VerglO normierten Ablehnungsgründe als Sanierungshindernisse deklariert haben.[227] Er folgte der Auffassung, daß sich die Entscheidung für oder gegen die insolvenzrechtliche Sanierung

---

224 Böhle-Stamschräder/Kilger, § 18 Anm. 2).

225 RegE, BT-Drucksache 12/2443, Begr. A, S. 73, 78, 91. Kritisch dazu bzgl. der §§ 270 ff. InsO Leipold, S. 165, 169; Grub AnwBl. 1993, S. 458, 460; ders. WM 1994, S. 880, 881.

226 Vgl. dazu Wessel BB 1976, S. 770. Erweist sich der Schuldner dieser "Wohltat" nicht würdig, so sollen ihm die Vorteile des Vergleichsverfahrens nicht zugute kommen. Kritisch (u.a.) Wessel aaO und Berges KTS 1958, S. 31, 32.

227 Uhlenbruck KTS 1981, S. 513, 515; Karsten Schmidt, DJT-Gutachten, S. 43 f.; Gottwald KTS 1984, S. 1, 21; Baur/Stürner, ZV-, KO u.VerglR, Bd. II, § 4, III. 1. (Rdz. 4.6).

eines maroden Schuldnerunternehmens allein nach Wirtschaftlichkeitskriterien richten müsse und nicht von in der Person des Schuldners begründeten Voraussetzungen abhängen dürfe.[228]

So eindeutig die Absage des Gesetzgebers an die Normierung personengebundener Würdigkeitsvoraussetzungen bezüglich der *Durchführung* eines insolvenzrechtlichen Sanierungsverfahrens auch ist, stellt sich wegen der strukturellen Anlehnung der §§ 270 ff. InsO an das Modell der Vergleichsordnung[229] dennoch die Frage, ob die heute in den §§ 17 Nr. 4, 18 Nr. 1 VerglO noch ausdrücklich aufgeführten Umstände künftig auch ohne gesetzliche Erwähnung im Rahmen der Nachteilsregelung gem. § 270 II Nr. 3 InsO zu berücksichtigen sind. Bei der Frage nach der Anordnung der Eigenverwaltung gem. § 270 I 1 InsO geht es nicht darum, *ob* ein insolvenzrechtliches Sanierungsverfahren überhaupt durchgeführt werden kann und soll, sondern lediglich um eine besondere Art der Verfahrens*ausgestaltung*. Wenn die in den §§ 17 Nr. 4, 18 Nr. 1 VerglO noch als über die Verfahrensart entscheidende Ablehnungsgründe aufgeführten Umstände tatsächlich vorliegen, so kann de lege ferenda die Sanierung des Schuldnerunternehmens immer noch im Wege des Regelinsolvenzverfahrens durchgeführt werden. Die Orientierung an diesen Kriterien hätte somit keine verfahrens- und damit sanierungshemmende Wirkung. Vielmehr ist gerade für die Frage, ob die Anordnung der Eigenverwaltung im konkreten Verfahren die Gefahr wirtschaftlicher Nachteile mit sich brächte, von größter Bedeutung, ob der Schuldner seine unternehmerische Unfähigkeit durch ein früheres Insolvenzverfahren oder durch den infolge Unredlichkeit, Preisschleuderei oder Leichtsinn selbst herbeigeführten Vermögensverfall dokumentiert hat. In diesen Fällen kann das Gericht davon ausgehen, daß der Schuldner nicht in der Lage ist, mit seinem Vermögen sinnvoll zu wirtschaften und bei der Verfahrensabwicklung die Interessen der Gläubiger an einer optimalen Befriedigung hinreichend zu wahren. Demnach erscheint eine differenzierende Betrachtungsweise sachgerecht, wonach zwar die Durchführung des Insolvenzverfahrens entsprechend den Vorgaben des Gesetzgebers nicht von in der Person des Schuldners begründeten „Würdigkeitsvoraussetzungen" abhängen darf, diese Umstände aber dennoch bei der

228 RegE, BT-Drucksache 12/2443, Begr. A, S. 75 ff. So bereits Uhlenbruck KTS 1975, S. 166, 170; Karsten Schmidt, DJT-Gutachten, S. 43 f.

229 RegE, BT-Drucksache 12/2443, Begr. B, S. 223.

Sachverhaltssubsumtion im Rahmen der Nachteilsregelung zu berücksichtigen sind.

Zu überlegen bleibt nunmehr, ob das Gericht bei Vorliegen dieser Umstände – früheres Insolvenzverfahren, Vermögensverfall infolge Unredlichkeit, Preisschleuderei oder Leichtsinn – zwingend von der Anordnung gem. § 270 I 1 InsO abzusehen hat, oder ob ihm ein Ermessensspielraum bleibt. In der vergleichsrechtlichen Literatur hat sich wegen der Qualifizierung der in den §§ 17, 18 VerglO Ablehnungsgründe als sanierungsfeindlich die Ansicht herauskristallisiert, diesen sollte kein zwingender Charakter zukommen.[230] Vielmehr komme es für die Ablehnung der vergleichsrechtlichen Schuldnersanierung darauf an, ob das Fortwirken der in der Person des Schuldners begründeten Insolvenzursachen durch bestimmte Verfahrensmaßnahmen – wie etwa die Anordnung einer korrespondierenden Geschäftsführung gem. §§ 58 ff. VerglO oder die Absetzung der für die Insolvenz verantwortlichen Mitglieder der unternehmensleitenden Organe – verhindert werden kann.[231] Da die in §§ 58 ff. VerglO aufgeführten Beschränkungen gem. § 276 InsO grundsätzlich auch im Rahmen der Eigenverwaltung möglich sind, könnte man von einer vergleichbaren Interessenlage und damit von der Prämisse ausgehen, auch bei Vorliegen der in den §§ 17 Nr. 4, 18 Nr. 1 VerglO genannten Umstände sei die Versagung der Eigenverwaltungsanordnung keinesfalls zwingend.

Dabei ist jedoch zu beachten, daß auch diese vergleichsrechtliche Ansicht gerade von der konstitutiven Wirkung der Würdigkeitsvoraussetzungen für die Durchführung des Insolvenzverfahrens ausgeht und demnach eine andere Situation zu beurteilen hat als diejenige, die bei der Entscheidung über die Eigenverwaltung vorliegt. Zum anderen sind die Möglichkeiten der Beschränkung der Schuldnerkompetenzen in der Eigenverwaltung gegenüber der VerglO erheblich abgeschwächt: So kann etwa das Gericht kein allgemeines Verfügungsverbot, sondern lediglich auf bestimmte Rechtsgeschäfte beschränkte Zustimmungsvorbehalte[232]

---

230 Berges KTS 1955, S. 2, 6; ders. KTS 1958, S. 31, 32; Künne KTS 1975, S. 178, 189; ders. DB 1978, S. 729, 731; einschränkend Wessel BB 1976, S. 770, 771; Bley/Mohrbutter, § 17 Rdz. 1; Böhle-Stamschräder/Kilger, § 17 Anm. 1) bezüglich § 17 VerglO.

231 Uhlenbruck KTS 1975, S. 166, 174; Bley/Mohrbutter, § 17 Rdz. 1; Böhle-Stamschräder/Kilger, § 17 Anm. 1); Mohrbutter/Mohrbutter, 2. Teil, III. 1. c), Rdz. 1226.

232 § 277 InsO.

erlassen. Selbst diese Beschränkungen sind nicht von Amts wegen, sondern nur auf Antrag der Gläubigerversammlung oder u.U. eines einzelnen Gläubigers zulässig. Der Gläubigerschutz ist also gegenüber dem Vergleichsrecht zumindest in der Zeit bis zum Zusammentritt der ersten Gläubigerversammlung und der gerichtlichen Anordnung lückenhaft. Deshalb wird man fordern müssen, daß das Gericht bei Vorliegen der in den §§ 17 Nr. 4, 18 Nr. 1 VerglO genannten Umstände aus Gründen des Gläubigerschutzes zwingend von der Anordnung der Eigenverwaltung gem. § 270 I 1 InsO abzusehen hat.[233]

(ccc) Situation bei horizontaler Aufteilung der Leitungsbefugnisse

Während die Zurechnung der Insolvenzursachen bei dem Schuldner als natürlicher Person unproblematisch ist, fragt sich, wie das Gericht über die Anordnung der Eigenverwaltung zu entscheiden hat, wenn bei einer juristischen Person oder einer Gesellschaft ohne Rechtspersönlichkeit die Leitungsbefugnisse horizontal auf *mehrere* Geschäftsführer, geschäftsführende Gesellschafter oder Vorstandsmitglieder verteilt sind, die Ursachen der Insolvenz, insbesondere die im geltenden Recht in § 18 Nr. 1 VerglO normierten Kriterien „Unredlichkeit“, „Preisschleuderei“ und „Leichtsinn“ aber nur bei *einem* von ihnen vorliegen. In diesem Fall wäre eine Eigenverwaltung dann sinnvoll, wenn durch die Eliminierung des für die Insolvenz verantwortlichen Organ(teil)s die Störfaktoren beseitigt werden und das Unternehmen ordnungsgemäß, d.h. in den Händen eines betriebswirtschaftlich qualifizierten und redlichen Managements saniert werden könnte. Das gilt insbesondere für insolvente Großunternehmen, bei denen der Insolvenzverwalter als natürliche Person wegen der umfassenden und verzweigten Organisationsstrukturen die Unternehmensfortführung allein kaum bewältigen könnte und das "Management-know-how" über Jahre hinweg von verschiedenen Personen entwickelt und ausgebaut wurde. In derartigen Fällen könnte es nachteilig sein, wegen des nur von einer Person verursachten wirtschaftlichen Zusammenbruchs

233 A.A. Grub AnwBl. 1993, S. 458, 459 f.; ders. ZIP 1993, S. 393, 397; ders. WM 1994, S. 880, 881, der offenbar allein wegen des Fehlens einer ausdrücklichen Übernahme der vergleichsrechtlichen Würdigkeitsvoraussetzungen in den Gesetzestext der InsO von deren Unanwendbarkeit im neuen Insolvenzrecht – auch bei der Frage nach der Anordnung der Eigenverwaltung – ausgeht.

des Unternehmens die übrigen unternehmensleitenden Personen ihrer Funktion zu entheben und so u.U. erhebliche Potentiale an "know-how" zu vernichten.

Dazu ist zunächst zu prüfen, inwieweit es überhaupt möglich ist, daß nur einzelne von mehreren unternehmensleitenden Personen die Ursachen für die Insolvenz setzen. Dabei ist bezüglich der Insolvenzursachen zunächst zwischen den sog. allgemeinen Betriebsführungsmängeln, die in der Nichtbeseitigung unternehmensinterner Mißstände und Verlustquellen auf den Gebieten der Betriebsorganisation, des Personalwesens, der Produktentwicklung, der Absatzmarktpolitik, des Rechnungs- und Finanzwesens etc. liegen und aktiven insolvenzverursachenden Verhaltensweisen einzelner unternehmensleitender Personen zu differenzieren.

Wurde die Insolvenz des Unternehmensträgers durch eine Kumulation sog. Betriebsführungsmängel verursacht, so zeigt sich an der Realisierung des allgemeinen Betriebsrisikos das Versagen des gesamten Managements, das seine Pflicht zur ordnungsgemäßen Geschäftsführung[234] verletzt hat. Die Verantwortung trifft dann alle mit der Unternehmensleitung betrauten Personen, so daß eine Einzelzurechnung ausscheidet. Bei aktivem vermögensmindernden Verhalten einzelner Geschäftsführer bzw. Vorstandsmitglieder ist wiederum zu unterscheiden, ob es sich dabei um betriebsübliche Geschäfte handelt, die lediglich für die wirtschaftliche Situation des Unternehmens von Nachteil sind (so etwa bei leichtsinnigen Spekulationsgeschäften oder bei der sog. "Preisschleuderei"), oder ob Vermögensverschiebungen und unzulässige Privatentnahmen für die Insolvenz verantwortlich sind.

Die böswillige Vermögensschädigung durch einen Geschäftsführer bzw. ein Vorstandsmitglied kann sicherlich den anderen nicht ohne weiteres zugerechnet werden, so daß der Entzug sämtlicher unternehmensleitender Kompetenzen sinnvoll und gerechtfertigt erschiene. Andererseits ist zu beachten, daß einzelne Vermögensverschiebungen und Privatentnahmen kaum jemals ein derartiges Ausmaß haben werden, daß sie das Unternehmen sofort in die Insolvenz stürzen; vielmehr werden dazu eine Reihe solcher "Fehltritte" notwendig sein, deren Verhinderung Aufgabe der übrigen Führungsspitze des Unternehmens als Teil ordnungsgemäßer

234 Zur Geschäftsführung gehören neben dem rechtsgeschäftlichen Handeln u.a. auch die Organisation des Betriebes und die Lenkung des Personals, Baumbach/Hopt, § 114 Anm. 1 A.

Vermögensverwaltung ist. Nur wenn diese bei Eröffnung des Verfahrens glaubhaft machen kann, daß allein das – nicht erkennbare und somit unvermeidbare – böswillige Verhalten eines ehemaligen Mitglieds für die Insolvenz verantwortlich war und dieses nunmehr seiner unternehmensleitenden Position endgültig enthoben ist, wird die Anordnung der Eigenverwaltung gem. § 270 I 1 InsO für die Gläubiger nicht nachteilig sein.[235]

Soweit die insolvenzverursachende Vermögensschädigung allerdings nicht in dem tatsächlichen Zugriff auf das Vermögen, sondern in der Vornahme wirtschaftlich nachteiliger Geschäfte liegt, ist bei der Zurechnung des Verhaltens je nach Führungsstrukur des Unternehmensträgers zu differenzieren: Im Falle der GmbH und der AG sind grundsätzlich nur alle Geschäftsführer bzw. Vorstandsmitglieder gemeinsam zur Geschäftsführung und Vertretung der Gesellschaft befugt.[236] Das bedeutet, daß alle vorzunehmenden Geschäfte nur mit Zustimmung aller kompetenten Organe bzw. Organmitglieder erfolgen können. Demnach ist also eine Einzelzurechnung der Insolvenzursachen gar nicht möglich.[237] Etwas anderes kann nur gelten, wenn infolge abweichender Bestimmungen in der Satzung oder Geschäftsordnung bzw. im Gesellschaftsvertrag die Geschäftsführungs- und Vertretungskompetenzen auf eine Person beschränkt wurden oder mehreren Personen – aufgeteilt in verschiedene Ressorts – zur alleinigen Ausübung übertragen wurden[238]. Nur wenn weder eine Abhängigkeit von den übrigen zur Führungsspitze gehörenden Organen noch eine Kontrolle durch diese besteht, die anderen Geschäftsführer bzw. Vorstandsmitglieder also von der geschäftlichen Tätigkeit der für die Insolvenz letztlich verantwortlichen Person gänzlich ausgeschlossen waren, erscheint eine Zurechnung des vermögensschädi-

---

235 In der Praxis wird es für das Gericht angesichts der Kürze der Zeit in der Regel kaum möglich sein, den wahren Übeltäter zu erkennen, vgl. Uhlenbruck KTS 1975, S. 166, 172 f. Daher liegt die vorherige Aufklärung und spätere Information des Gerichts im eigenen Interesse der anderen Mitglieder der Führungsspitze.

236 §§ 77 I 1, 78 II 1 AktG; Rowedder u.a., § 35 Rdz. 20, 30, § 37 Rdz. 16.

237 Wenn eine einzelne geschäfts- und vertretungsbefugte Person dennoch allein tätig wird und mit den vorgenommenen Geschäften die Insolvenzursache gesetzt hat, so erfolgt die Zurechnung über die Verletzung der der Geschäftsführung immanenten Pflicht zur Kontrolle der Mitgeschäftsführer bzw. Vorstandsmitglieder. Vgl. Schlegelberger-Martens, § 114 Rdz. 11; Baumbach/Hopt, § 114 Rdz. 10.

238 Vgl. §§ 77 I 2, II 1AktG; Rowedder u.a., § 35 Rdz. 40, 43, § 37 Rdz. 16.

genden Verhaltens nicht gerechtfertigt. Ansonsten wird man wegen der Kontrollpflichten der übrigen geschäftsleitenden Organe bzw. Organmitglieder[239] und der Möglichkeit, durch entsprechende Informationen gem. §§ 84 III, 90 I, III, 111 I AktG, 38, 46 Nr. 5, 6, 51a I GmbHG die Abberufung der "Übeltäter" zu erreichen, von einer die Insolvenz betreffenden Mitveranwortlichkeit des gesamten Managements sprechen können.

Aus diesen Gründen ist grundsätzlich auch bei den Personengesellschaften oHG und KG eine Zurechnung des unternehmerischen Fehlverhaltens gerechtfertigt: Gem. § 114 (iVm § 161 II) HGB ist grundsätzlich jeder (persönlich haftende) Gesellschafter allein geschäftsführungsbefugt, es sei denn, die Geschäftsführungsbefugnis ist durch den Gesellschaftsvertrag auf einen oder mehrere Gesellschafter beschränkt.[240] Nach § 115 I HGB haben jedoch die anderen geschäftsführenden Gesellschafter Einflußmöglichkeiten, so daß niemals ein Gesellschafter allein die Geschäftsführung an sich reißen kann. Zudem hat jeder Gesellschafter Aufsichts- und Kontrollrechte gem. § 118 HGB. Insbesondere aber können die übrigen Gesellschafter einem anderen gem. § 117 HGB die Befugnis zur Geschäftsführung durch das Gericht entziehen lassen, wenn ein wichtiger Grund vorliegt, insbesondere wenn dieser eine grobe Pflichtverletzung begangen oder Unfähigkeit zur ordnungsgemäßen Geschäftsführung demonstriert hat. Diese Regelungen zeigen, daß trotz weitgehender Unabhängigkeit jedes einzelnen Geschäftsführers eine Kontrolle durch die übrigen gewünscht ist und diese die Möglichkeit haben, negative, vermögensschädigende Handlungen im Bereich der Geschäftsführung zu unterbinden, notfalls durch Entziehung der unternehmensleitenden Kompetenzen.[241] Einer Zurechnung des insolvenzverursachenden Verhaltens eines geschäftsführenden Gesellschafters werden sich die übrigen also nicht entziehen können.

Dementsprechend gilt für alle juristischen Personen und Gesellschaften ohne Rechtspersönlichkeit, bei denen die Geschäftsleitungskompetenzen mehreren Personen übertragen sind, daß das aktive vermögensschädigende Verhalten auch nur eines Geschäftsführeres bzw. Vorstandsmitglieds zur Verantwortlichkeit des gesamten Managements für den

239 Hachenburg-Mertens, § 43 Rdz. 30, 33 ff.; Rowedder, § 43 Rdz. 9 f.; Hüffer, § 77 Rdz. 15, 18. Siehe bereits Fn. 148.

240 Vgl. zur Vertretung der Gesellschaft § 125 HGB.

241 Siehe bereits Fn. 148 und die dortigen Nachweise.

Eintritt der Insolvenz führt. Das bedeutet etwa, daß die Anordnung der Eigenverwaltung gem. § 270 I 1 InsO zu unterbleiben hat, wenn auch nur in der Person eines Mitglieds der Führungsspitze einer der im geltenden Recht in § 18 Nr. 1 VerglO normierten Umstände vorliegt.[242] Lediglich wenn die Geschäftsführungs- und Vertretungsbefugnisse kraft vom Gesetz abweichender Bestimmungen auf diejenige Person beschränkt sind, die die vermögensschädigenden Handlungen vorgenommen hat, bleibt die – theoretische – Möglichkeit, das Sonderverfahren nach §§ 270 ff. InsO unter unternehmensinterner Auswechslung des Managements durchzuführen. In diesem Fall aber wird die Eigenverwaltung zumeist nutzlos sein, da die dann einzusetzenden Krisenmanager im Zweifel genauso wenig Einblick in die Unternehmensstruktur und die Geschäftsbeziehungen und -vorgänge haben wie der Insolvenzverwalter. Das Gericht wird also auch dann von einer Anordnung gem. § 270 I 1 InsO abzusehen haben.

Der Umstand, daß über das Vermögen nur eines unternehmensleitenden Organs bereits früher ein Insolvenzverfahren stattgefunden hat, wird dagegen nicht zwangsläufig zur Versagung der Eigenverwaltungsanordnung führen. Zwar ist der Eintritt einer Privatinsolvenz regelmäßig eindeutiges Indiz für die Unfähigkeit des Leitungsorgans zur ordnungsgemäßen Vermögensverwaltung, aus der möglicherweise die Insolvenz der Gesellschaft resultiert. Andererseits kann dieser Ursachenzusammenhang bei der Aufteilung der Geschäftsführungsbefugnisse auf mehrere unternehmensleitende Organe leichter widerlegt werden als bei der Insolvenz einer natürlichen Person. Vor allem aber sind die Dispositionen des insolventen Leitungsorgans über sein Privatvermögen der Einflußnahme der übrigen Führungsspitze des Unternehmens entzogen, so daß diese – anders als im Falle des aktiven Fehlverhaltens oder der unterlassenen Mängelbeseitigung im Rahmen der Geschäftsführung – keine Möglichkeit haben, die vermögensschädigenden Verhaltensweisen zu kompensieren. Deshalb erscheint eine zwangsläufige Mitverantwortlichkeit der gesamten Unternehmensleitung für den Eintritt der Insolvenz nicht sachgerecht. Dementsprechend wird das Gericht hier nach den Umständen des

---

242 Vgl. zum geltenden Vergleichsrecht Bley/Mohrbutter, § 18 Rdz. 5; Böhle-Stamschräder/Kilger, § 18 Anm. 2); differenzierend nach dem Kenntnisstand der Mitgeschäftsführer Uhlenbruck, Die GmbH & Co. KG in Krise, Konkurs und Vergleich, 57. Kap., I. 3.3 g) (S. 326 f.). Siehe auch § 109 I Nr. 2 VerglO.

konkreten Einzelfalles zu beurteilen haben, ob die Anordnung gem. § 270 I 1 InsO bei entsprechenden Maßnahmen des Managements zur Eliminierung des Störfaktors sachlich gerechtfertigt ist.

(d) Vertrauenswürdigkeit des Schuldners

Das wohl wesentlichste Kriterium für die Nachteilsprüfung gem. § 270 II Nr. 3 InsO ist die Vertrauenswürdigkeit des Schuldners. Angesichts der von der Eigenverwaltung ausgehenden Gefahr irreversibler gläubigerschädigender Handlungen durch den Schuldner muß das Gericht bei der im Rahmen des § 270 II Nr. 3 InsO vorzunehmenden Interessenabwägung zu dem eindeutigen Schluß kommen, daß der Schuldner nicht nur wichtige unternehmensbezogene Kenntnisse und Erfahrungen besitzt, sondern diese auch während des gesamten Insolvenzverfahrens allein im Interesse der Gläubiger umsetzen wird. Er hat seine gesamte Kraft aufzubringen, um das Unternehmen wieder zu einer ertrags- und lebensfähigen Wirtschaftseinheit zu machen, und muß seine eigenen vermögensorientierten Interessen demgegenüber zurückstellen. Dementsprechend muß das Persönlichkeitsbild des Schuldners darauf hindeuten, daß die Gefahr von eigennützigen Vermögensverschiebungen oder einer böswilligen Masseschädigung zu Lasten der Gläubiger nicht besteht. Regelmässig wird dem Gericht bei der Verfahrenseröffnung keine komplette Analyse der Schuldnerpersönlichkeit vorliegen.[243] Nachfolgend sollen daher einzelne Faktoren aufgezeigt werden, an denen sich das Gericht bei der Beurteilung der Vertrauenswürdigkeit des Schuldners orientieren kann.

(aa) Eigenantrag des Schuldners

Ein Indiz für eine derartige Vertrauenswürdigkeit kann die Stellung eines Eigenantrages auf Eröffnung des Insolvenzverfahrens durch den Schuldner sein.[244] Ein böswilliger Schuldner, der die (weitere) Vornahme gläu-

---

243 Möglicherweise kann aber der im Eröffnungsverfahren eingesetzte vorläufige Verwalter bereits wichtige Informationen liefern.

244 So der RegE, BT-Drucksache 12/2443, Begr. B, S. 223. Vgl. auch Leipold, S. 165, 167, der kritisiert, daß die Person des Antragstellers nicht *explizit* zum Kriterium iSv § 270 II Nr. 3 InsO erhoben wurde.

bigerschädigender Vermögensverschiebungen etc. beabsichtigt, wird sich nicht freiwillig der Gefahr der frühzeitigen Verfahrenseröffnung und dem damit regelmäßig verbundenen Entzug der Verwaltungs- und Verfügungsbefugnis über sein Vermögen aussetzen, sondern vielmehr die Antragstellung durch einen seiner Gläubiger abwarten. Zusätzlich untermauert wird die positive Bedeutung des Eigenantrages, wenn der Schuldner zugleich einen Insolvenzplan gem. § 218 I 2 InsO vorlegt; damit demonstriert er die Ernsthaftigkeit seiner Sanierungsbemühungen und seine Informationsbereitschaft bezüglich seines derzeitigen und künftigen Vermögensstandes[245], welchen der böswillige Schuldner regelmäßig zu verschleiern suchen wird. Zudem wird nur der Schuldner, dem es vorrangig um die Rettung des in seiner wirtschaftlichen Existenz bedrohten Unternehmens und nicht um die Erlangung eigener wirtschaftlicher Vorteile zu Lasten der Gläubiger geht, den mit der Erstellung eines umfassenden Insolvenzplans verbundenen Arbeitsaufwand auf sich nehmen.

(bb) Zustimmung des den Eröffnungsantrag stellenden Gläubigers

Für den Fall, daß ein Gläubiger den Eröffnungsantrag gestellt hat, bejaht der RegE die erforderliche Vertrauenswürdigkeit des Schuldners in der Regel dann, wenn der antragstellende Gläubiger dem Eigenverwaltungsantrag des Schuldners gem. § 270 II Nr. 2 InsO zugestimmt hat.[246] Der Anknüpfungspunkt dieser Argumentation liegt darin, daß die Motivation zur Stellung des Eröffnungsantrages stets in der Befürchtung des Gläubigers liegt, die zu diesem Zeitpunkt ohnehin schon vorliegende Unmöglichkeit, die gegen den Schuldner bestehenden Vermögensansprüche vollständig zu erfüllen, werde sich künftig noch weiter verschärfen. Der Gläubiger hat also das Vertrauen in die Fähigkeit des Schuldners, seine wirtschaftlichen Schwierigkeiten aus eigener Kraft zu überwinden, regelmäßig bereits verloren. Wenn er dennoch dem Schuldner zugesteht, sein Vermögen unter Aufsicht eines Sachwalters weiterhin zu verwalten, und es dem Schuldner zutraut, mit dem Instrumentarium des Insolvenzrechts sein Unternehmen zu sanieren und weitere Einbußen zu Lasten der Gläubiger zu verhindern, so spricht tatsächliches vieles dafür, daß der Schuldner durch vorheriges redliches Verhalten davon überzeugen

245 Vgl. § 229 InsO!
246 BT-Drucksache 12/2443, Begr. B, S. 223.

konnte, daß eine gläubigergefährdende Interessenkollision im konkreten Fall nicht vorliegt. Gerade im Falle eines Gläubigerantrages wird die Gefahr der Vermögensverschiebung oder -verschleuderung in der Regel erheblich größer sein als beim Eigenantrag.[247] Das Gericht wird deshalb einen freiwilligen Verzicht[248] auf den gesetzlich gewährten Gläubigerschutz gem. § 80 I InsO bei der Beurteilung der Vertrauenswürdigkeit positiv zu berücksichtigen haben.

(cc) Insolvenzstraftaten, mangelnde Kooperationsbereitschaft des Schuldners

Allerdings wird es auch bei Vorliegen derartiger Indizien nicht auf weitere Nachprüfungen verzichten können. So können etwa Tatsachen bezüglich der Person und des bisherigen Verhaltens des Schuldners vorliegen, die seine Vertrauenswürdigkeit objektiv erschüttern, dem antragstellenden Gläubiger aber nicht bekannt sind und sich so in seiner Entscheidung über die Zustimmung gem. § 270 II Nr. 2 InsO nicht niedergeschlagen haben. Dazu zählen z.B. vom Schuldner bzw. seinen unternehmensleitenden Organen begangene Insolvenzstraftaten. Nach Schätzungen von *Liebl*[249] und *Müller/Wabnitz*[250] liegt die Kriminalitätsquote bei Unternehmenszusammenbrüchen bei ca. 80 %. Besonders hervorzuheben sind dabei neben der Verfahrensverschleppung unter Verstoß gegen gesetzlich normierte Insolvenzantragspflichten Vermögensverschiebungen, mit denen der Unternehmer Teile seines Vermögens dem Zugriff der Gläubiger entzieht, Begünstigungen einzelner Gläubiger, Buchführungs- und Bilanzdelikte (z.B. durch unordentliches Führen von Handelsbüchern, Beiseiteschaffen oder Verheimlichung von Unterlagen und die nicht rechtzeitige oder fehlerhafte Aufstellung von Bilanzen) sowie "allgemeine" Delikte wie Unterschlagung, Untreue, Steuerhinterziehung, Urkundenfälschung und Betrug.[251] Insbesondere ein anhängiges Strafverfahren oder eine rechtskräftige Verurteilung des Schuldners wegen

---

247 Siehe oben I. 3. a) dd) (2) (a), (b).

248 Dieser ist nach § 270 II Nr. 2 InsO als solcher bereits Voraussetzung einer Eigenverwaltungsanordnung. Siehe dazu oben bb).

249 Kap. 1., S. 6. Tiedemann (ZRP 1975, S. 129), auf den Liebl Bezug nimmt, spricht dagegen von einer Kriminalitätsrate von "nur" 50%.

250 6. Kap., IV. 1. (S. 123).

251 Grub/Rinn ZIP 1993, S. 1583, 1585 f.; Weyand, 1.4, S. 21 f.

eines Deliktes gem. §§ 283 I-III, 283a StGB oder einer anderen Vermögensstraftat zwingen zu dem Schluß, daß er nicht geeignet ist, während des Insolvenzverfahrens sein Vermögen, das ja nunmehr haftungsrechtlich allein seinen Gläubigern zugewiesen ist[252], in deren Interesse weiterhin zu verwalten und zu verwerten.

Aber auch andere Verhaltensweisen des Schuldners wie etwa die Verweigerung der Einsicht in geschäftliche Unterlagen oder ein Verstoß gegen seine Auskunfts- und Mitwirkungspflichten gegenüber dem vorläufigen Verwalter[253] oder die Zuwiderhandlung gegen im Eröffnungsverfahren gem. § 21 II Nr. 2 InsO erlassene Verfügungsbeschränkungen sprechen dagegen, daß der Schuldner die ihm im Rahmen der Eigenverwaltung obliegenden Aufgaben ordnungsgemäß wahrnehmen und sich den zum Zwecke des Gläubigerschutzes normierten Kontroll- und Mitwirkungsbefugnissen des Sachwalters gem. §§ 274 II, 22 III, 275, 277 InsO unterwerfen wird. In derartigen Fällen wird der Schuldner also nicht hinreichend vertrauenswürdig sein, so daß das Gericht von der Anordnung der Eigenverwaltung gem. § 270 I 1 InsO abzusehen hat. Diese kommt vielmehr nur dann in Betracht, wenn der Schuldner durch sein vorheriges Verhalten seine Kooperationsbereitschaft und den redlichen Umgang mit der Haftungsmasse glaubhaft gemacht hat.

Gem. §§ 17 Nr. 3, 7, 9, 18 Nr. 2 VerglO kommt den genannten Versagungskriterien bereits im geltenden Vergleichsrecht die Funktion eines Ablehnungsgrundes hinsichtlich der Verfahrenseröffnung zu. Damit stellt sich zugleich die Frage, ob es bei der Insolvenz einer juristischen Person oder einer Gesellschaft ohne Rechtspersönlichkeit für das Vorliegen eines Nachteils gem. § 270 II Nr. 3 InsO – ebenso wie im Vergleichsrecht[254] – ausreicht, daß der die Vertrauensunwürdigkeit indizierende Grund in der Person *eines* Geschäftsführers, geschäftsführenden Gesellschafters oder Vorstandsmitglieds vorliegt. Angesichts der gravierenden Bedeutung eines geordneten Verfahrensablaufs, der Gewährleistung der gesetzlich vorgeschriebenen Kontrollen und Mitwirkung des Sachwalters und der Eliminierung sämtlicher den Bestand der Haftungsmasse bedrohenden Risiken wird dies zu bejahen sein. Wenn die

252 Bork, § 14, A., Rdz. 117.

253 Vgl. §§ 22 III 2, 3, 97 InsO.

254 Bley/Mohrbutter, § 17 Rdz. 9, 12, 21, 26; Böhle-Stamschräder/Kilger, § 17 Anm. 4), 8), 10). Beachte auch § 109 I Nr. 2.

übrigen unternehmensleitenden Organ(teil)e die Eigenverwaltung anstreben, so obliegt es ihnen, die die optimale Gläubigerbefriedigung gefährdenden Störfaktoren bereits vor Verfahrenseröffnung auszuschalten, also die vertrauensunwürdige Person von der Geschäftsführung auszuschließen.

(e) Insolvenzgrund

Maßgeblich könnte zudem sein, welcher Insolvenzgrund zur Verfahrenseröffnung geführt hat.[255] Die Insolvenzgründe sind in den §§ 17 ff. InsO normiert. Danach kann das Verfahren (nur) dann eröffnet werden, wenn der Schuldner zahlungsunfähig ist oder zu werden droht, er also – derzeitig oder im Zeitpunkt der noch ausstehenden Fälligkeit seiner Verbindlichkeiten – nicht in der Lage ist, seinen Zahlungspflichten nachzukommen. Bei juristischen Personen ist auch die Überschuldung Eröffnungsgrund. Diese liegt vor, wenn das Vermögen des Schuldners die bestehenden Verbindlichkeiten nicht mehr deckt, § 19 II 1 InsO.

Über die für die Eigenverwaltung wichtigen Komponenten wie die Sanierungschancen eines Unternehmens und die Optimierung der Gläubigerbefriedigung durch Nutzung der fachspezifischen Kenntnisse und Erfahrungen des Schuldners sagen die Eröffnungsgründe als solche nichts aus. Zwar ist im Rahmen der Überschuldungsprüfung gem. § 19 II 2 InsO eine Prognose zu erstellen, ob eine Fortführung des Unternehmens nach den Umständen überwiegend wahrscheinlich ist. Fällt diese Prognose negativ aus, so steht eine rechtliche Überschuldung fest, wenn bereits beim Ansetzen der Liquidationswerte die Passiva die Aktiva überwogen. Ist die Unternehmensfortführung hingegen wahrscheinlich, so ist eine Überschuldung gem. § 19 II 1 InsO nur dann gegeben, wenn trotz des Ansetzens der sog. going-concern-Werte die Aktiva das Volumen der Passiva nicht ausgleichen können. Würde man nun die Fortführungsprognose mit der für die gerichtliche Entscheidung über den Eigenverwaltungsantrag bedeutsamen Prüfung der Sanierungsfähigkeit gleichsetzen, so könnte man nach dem oben unter (2) (b) Gesagten zu dem Schluß kommen, im Falle der Negativ-Prognose könne eine Anordnung nach § 270 I 1 InsO nie getroffen werden. Indessen sagt die Fortführungsprognose über die Sanierungsfähigkeit des Unternehmens nichts

255 Vgl. Leipold, S. 165, 167.

aus: Sie bezieht sich nur darauf, ob eine Unternehmensfortführung in der derzeit vorliegenden Situation, also *ohne die Ergreifung von (insolvenzrechtlichen) Sanierungsmaßnahmen* wahrscheinlich ist. Deshalb ist die Prognose für die Nachteilsabwägung gem. § 270 II Nr. 3 InsO nutzlos.

Abgesehen von dem Mangel eines eigenständigen Aussagegehalts der Eröffnungsgründe Zahlungsunfähigkeit und Überschuldung für die bezüglich der Eigenverwaltungsanordnung wichtigen Komponenten der Sanierungschancen, der unternehmerischen Qualitäten und der Vertrauenswürdigkeit des Schuldners, ist die Frage, *welcher* Insolvenzgrund zur Verfahrenseröffnung geführt hat, aber aus praktischen Gründen bereits deshalb nicht sonderlich hilfreich, weil häufig entweder nur ein Eröffnungsgrund vorliegen kann[256] oder aber beide nebeneinander eingreifen[257]. Allenfalls die Fälle, in denen sowohl die Überschuldung als auch die Zahlungsunfähigkeit Eröffnungsgrund sein können[258], aber nur einer dieser beiden Gründe vorliegt, können auf Faktoren hindeuten, die für die Anordnung der Eigenverwaltung sprechen. So kann etwa die Zahlungsunfähigkeit des Schuldners trotz fehlender Überschuldung darauf beruhen, daß der Schuldner zahlreiche Vermögenswerte besitzt, die aber im Zeitpunkt der Fälligkeit seiner Verbindlichkeiten gebunden sind und weder als Kreditunterlage benutzt noch veräußert werden können.[259] Überschuldung trotz Existenz liquider Mittel kann hingegen etwa vorliegen, wenn der insolvente Schuldner von Banken oder anderen Gläubigern noch Kredit bekommt.[260] Während der erste Fall auf unternehmerische Qualitäten des Schuldners insoweit hindeuten kann, als dieser sein Vermögen nicht vollends verwirtschaftet, sondern darüber lediglich falsch disponiert, also die Notwendigkeit seiner Verfügbarkeit falsch eingeschätzt hat, kommt dem zweiten Bedeutung hinsichtlich der Vertrauenswürdigkeit des Schuldners zu. Indessen dürfen die dargelegten Konstellationen nicht zu einer automatischen Anordnung gem. § 270 I 1 InsO

---

256 Der Eröffnungsgrund der Überschuldung greift gem. § 19 I, III InsO nur bei juristischen Personen und unter bestimmten Voraussetzungen bei Gesellschaften ohne Rechtspersönlichkeit ein.

257 Bork, § 10, C., Rdz. 94.

258 Gem. §§ 17 I, 19 I, III InsO ist das der Fall bei juristischen Personen und Gesellschaften ohne Rechtspersönlichkeit, bei denen auch mittelbar keine natürliche Person persönlich haftet.

259 Bork, § 10, C., Rdz. 94.

260 Bork, § 10, C., Rdz. 94.

führen, da die Bindung einzelner Vermögensbestandteile nicht zwingend die Verwirtschaftung des Restvermögens ausschließt und somit unternehmerische Unfähigkeit offenläßt und die Kredit gewährenden Gläubiger u.U. selbst nicht genügend Einblick in die geschäftsbezogenen und persönlichen Qualitäten des Schuldners haben, um durch ihr Verhalten die objektive Vertrauenswürdigkeit indizieren zu können. Das Gericht kann also das Vorliegen eines der beiden Insolvenzgründe nur zum Anlaß weiterer Ermittlungen nehmen.

Anders dürfte es sich mit dem Insolvenzgrund der drohenden Zahlungsunfähigkeit gem. § 18 InsO verhalten. Dieser Eröffnungstatbestand dient der Vorverlegung der Verfahrenseröffnung zum Zwecke der Masseanreicherung und damit der Sanierungserleichterung. Er greift nur im Falle eines Eigenantrages des Schuldners ein. Wenn sich der Schuldner dieses Insolvenzgrundes bedient und sich freiwillig dem "Makel" des Insolvenzverfahrens aussetzt, so ist davon auszugehen, daß ernsthafte Sanierungsbemühungen und das Vertrauen auf das insolvenzrechtliche (Sanierungs-)Instrumentarium die Grundlage für den Eigenverwaltungsantrag bilden. Daneben zeugt die frühzeitige Stellung des Eröffnungsantrages zumindest insoweit von unternehmerischen Qualitäten, als der Schuldner detaillierte Kenntnisse über seinen Vermögensstand haben und ihm bewußt sein muß, daß er das Insolvenzverfahren besser zur Sanierung einsetzen kann als – diskretere – außergerichtliche Maßnahmen, die zu diesem Zeitpunkt rechtlich immerhin noch möglich sind. Zumindest dann, wenn der Antrag auf § 18 InsO gestützt wird und der Schuldner zugleich einen detaillierten und realisierbaren Insolvenzplan vorlegt, wird das Gericht von den für die Eigenverwaltung erforderlichen Kenntnissen und Fähigkeiten sowie seiner Vertrauenswürdigkeit ausgehen können.[261]

(f) Zusammenfassung zu cc)

Die sachliche Rechtfertigung für das Sonderverfahren nach §§ 270 ff. InsO ist gem. § 270 II Nr. 3 InsO nur dann gegeben, wenn die Anordnung der Eigenverwaltung gem. § 270 I 1 InsO im konkreten Fall nicht zu einer Verzögerung des Verfahrens führt und gewährleistet ist, daß die Gläubiger nicht durch Verschiebungen, schlechte Verwaltung oder Ver-

261 Siehe bereits oben (d) (aa).

schleuderung des Vermögens durch den Schuldner wirtschaftliche Nachteile erleiden. Mangels gesetzlicher Vorgaben hat das Gericht die für die Beurteilung gem. § 270 II Nr. 3 InsO erforderlichen Kriterien selbst zu ermitteln.

Von großer Bedeutung ist dabei die Frage, ob das Schuldnervermögen im Wege der Liquidation verwertet wird oder eine Unternehmenssanierung angestrebt wird. Da aber die Entscheidung über die Verwertungsform bei Verfahrenseröffnung noch nicht feststeht, sondern erst im Berichtstermin durch die Gläubiger getroffen wird, kann das Gericht sich nur auf eine Prognose über die *voraussichtliche Art der Vermögensverwertung* stützen. Das bedeutet, daß es von der Anordnung der Eigenverwaltung jedenfalls dann abzusehen hat, wenn es offensichtlich zu einer Liquidation des Schuldnervermögens kommen wird. Nur wenn eine Unternehmenssanierung nach den dem Gericht vorliegenden Informationen hinreichend wahrscheinlich ist, sind die Interessen der Gläubiger gem. § 270 II Nr. 3 InsO ausreichend gewahrt. Als weitere Kriterien bieten sich die *Ursachen der Insolvenz* an. Soweit es sich um exogene Insolvenzursachen handelt, ist bereits die Chance, das Unternehmen im Insolvenzverfahren zu sanieren, zweifelhaft. Abgesehen davon zeigt sich gerade in allgemeinen wirtschaftlichen Krisensituationen, ob der Schuldner die für die Eigenverwaltung bedeutsamen unternehmerischen Qualitäten besitzt. Eine Anordnung gem. § 270 I 1 InsO wird nur dort sinnvoll sein, wo der Schuldner glaubhaft darlegen kann, daß der Eintritt der Insolvenz unvermeidbar war und die exogenen Einflüsse sich inzwischen geändert haben bzw. er auf negativen Faktoren nunmehr entsprechend zu reagieren weiß. Endogene Insolvenzursachen sprechen zwar eher als die exogenen für die Chance, das Unternehmen im Rahmen eines Insolvenverfahrens zu sanieren. Jedoch treten dabei die mangelhaften unternehmerischen Qualitäten des Managements regelmäßig noch stärker in den Vordergrund, da die Insolvenz nicht nur auf wirtschaftlich fehlerhafte Reaktionen auf äußere Umstände zurückzuführen ist, sondern das Managment das Unternehmen selbst "heruntergewirtschaftet" hat. Bezüglich einer positiven Beurteilung gem. § 270 II Nr. 3 InsO wird daher große Zurückhaltung angebracht sein.

In Anlehnung an die §§ 17 Nr. 4, 18 Nr. 1 VerglO des geltenden Rechts hat das Gericht zwingend von der Eigenverwaltungsanordnung abzusehen, wenn binnen der letzten fünf Jahre ein Insolvenzverfahren über das Vermögen des Schuldners eröffnet oder mangels Masse abgelehnt wurde oder wenn der Schuldner seinen Vermögensverfall durch Unredlichkeit, Leichtsinn oder Preisschleuderei herbeigeführt hat. Bei juristischen Personen oder Gesellschaften ohne Rechtspersönlichkeit sind die endogenen Insolvenzursachen grundsätzlich allen unternehmensleitenden Organ(teil)en gemeinsam zuzurechnen, auch wenn die Insolvenz letztlich nur durch das aktive Verhalten einer Person verursacht wurde.

Das wohl wesentlichste Kriterium für die Anordnung der Eigenverwaltung gem. § 270 I 1 InsO ist die *Vertrauenswürdigkeit* des Schuldners. Es muß gewährleistet sein, daß der Schuldner unternehmensbezogene Kenntnisse und Erfahrungen während des Insolvenzverfahrens allein im Interesse der Gläubiger umsetzt und die Gefahr von eigennützigen Vermögensverschiebungen und böswilligen Masseschädigungen nicht besteht. Indizien für die Vertrauenswürdigkeit des Schuldners können die Stellung eines Eigenantrags gem. § 13 I InsO – gegebenenfalls verknüpft mit der Vorlage eines Insolvenzplans gem. § 218 I 2 InsO – sowie die Zustimmung des den Eröffnungsantrag stellenden Gläubigers gem. § 270 II Nr. 2 InsO sein. Dagegen sprechen vom Schuldner bzw. seinen unternehmensleitenden Organen begangene Insolvenzstraftaten, mangelnde Kooperationsbereitschaft und Zuwiderhandlungen gegen die im Eröffnungsverfahren erlassenen Verfügungsbeschränkungen gegen seine Vertrauenswürdigkeit. Handelt es sich bei dem Schuldner um eine juristische Person oder eine Gesellschaft ohne Rechtspersönlichkeit, so genügt es für die Ablehnung der Eigenverwaltung, daß ein die Vertrauensunwürdigkeit des Schuldners indizierender Grund in der Person nur eines Geschäftsführers, geschäftsführenden Gesellschafters oder Vorstandsmitglieds vorliegt.

Insgesamt läßt sich damit festhalten, daß die Anordnung der Eigenverwaltung im Interesse der Gläubiger strengen Anforderungen unterliegt. Die für das Verfahren nach §§ 270 ff. InsO bedeutsamen Komponenten *Sanierungschancen, unternehmerische Qualitäten des Schuldners* und seine *Vertrauenswürdigkeit* sind durch den Eintritt der Insolvenz als solcher bereits in Frage gestellt worden. Dem Schuldner wird daher regelmäßig ein hoher Begründungsaufwand, vorausschauendes Verhalten und die Demonstration seiner Redlichkeit und Einsatzbereitschaft abverlangt. Von Vorteil wird deshalb die Stellung eines Eigenantrages unter Berufung auf den *Insolvenzgrund der drohenden Zahlungsunfähigkeit gem. § 18 InsO* sein, durch den der Schuldner verdeutlicht, daß er nicht versucht, in einem unumgänglichen Insolvenzverfahren noch die für ihn bestmögliche Position herauszuschlagen, sondern zu einem Zeitpunkt, in dem noch ausreichend Masse vorhanden ist, das insolvenzrechtliche Instrumentarium zur Sanierung seines Unternehmens einzusetzen[262].

b) Anfechtungsmöglichkeiten des Schuldners

Nach § 6 I InsO unterliegen die Entscheidungen des Insolvenzgerichts nur in den Fällen einem Rechtsmittel, in denen das Gesetz die Statthaftigkeit einer sofortigen Beschwerde ausdrücklich normiert. Anders als § 272 II 3 InsO bezüglich der *Aufhebung* der Eigenverwaltungsanordnung sieht § 270 InsO keine Anfechtungsmöglichkeit des Schuldners für den Fall der *Versagung* der Anordnung im Eröffnungsbeschluß vor. Der Schuldner kann sich also nur dann gegen die Ablehnung seines Antrags gem. § 270 II Nr. 1 InsO zur Wehr setzen, wenn ihm andere Normen ein Beschwerderecht einräumen oder einen sonstigen Rechtsbehelf zur Verfügung stellen.

aa) Anfechtung der Ablehnungsentscheidung gem. § 34 II InsO

Nach § 34 II InsO steht dem Schuldner die sofortige Beschwerde zu, wenn das Insolvenzverfahren eröffnet wird. Das eingelegte Rechtsmittel wendet sich dann gegen den Eröffnungsbeschluß gem. § 27 InsO. Da in diesem Beschluß gem. § 270 I 1 InsO zugleich über die Anordnung der beantragten Eigenverwaltung entschieden wird, die Beschwerde also die Versagung der Anordnung als reduzierten Teilbereich des gesamten Beschlusses erfaßt, könnte man erwägen, nach § 34 II InsO auch *nur* die Anfechtung der Versagung zuzulassen. Dann wäre der Verzicht auf die ausdrückliche Zulassung der sofortigen Beschwerde in § 270 InsO lediglich als Vermeidung einer überflüssiger Duplizierung anzusehen.

Diese Auslegung widerspräche indessen dem mit § 6 I InsO verfolgten Ziel des Gesetzgebers, einen zügigen Verfahrensablauf zu gewährleisten[263]. Nach Auffassung des BVerfG ergibt sich weder aus Art. 19 IV 1 GG noch aus Art. 103 I GG oder dem Rechtsstaatsprinzip, daß gegen eine gerichtliche Entscheidung immer ein Rechtsmittel gegeben sein

262 Kritisch dazu Grub WM 1994, S. 880, 881.

263 RegE, BT-Drucksache 12/2443, Begr. B, S. 110.

muß.[264] Dementsprechend hat der Gesetzgeber – in Anlehnung an § 121 I VerglO – eine Anfechtungsmöglichkeit nur für diejenigen insolvenzrechtlichen Entscheidungen vorgesehen, die für die Verfahrensbeteiligten von besonderer Bedeutung sind.[265] Dazu zählen wegen der gravierenden Eröffnungswirkungen bezüglich des Schuldnervermögens einerseits und der Relevanz optimaler und gleichmäßiger Gläubigerbefriedigung im Falle der Insolvenz des Schuldners andererseits gem. § 34 I, II InsO die Beschlüsse, durch die ein Insolvenzverfahren eröffnet oder seine Eröffnung abgelehnt wird. Durch die sofortige Beschwerde gem. § 34 II InsO soll der Schuldner geltend machen können, daß die Eröffnung des Insolvenzverfahrens wegen Fehlens oder späteren Wegfalls des Insolvenzgrundes, Unzuständigkeit des Gerichts, Prozeßunfähigkeit des Antragstellers etc. nicht hätte erfolgen dürfen, ihm die Verwaltungs- und Verfügungsbefugnis über sein Vermögen also zu Unrecht entzogen wurde. Durch die Anfechtung allein der Versagung der Eigenverwaltungsanordnung bringt der Schuldner aber gerade zum Ausdruck, daß er die Verfahrens*eröffnung* selbst für gerechtfertigt hält, nur mit der *-ausgestaltung* nicht einverstanden ist. Diese jedoch erfolgt allein nach Maßgabe der Gläubigerinteressen, nicht nach dem Willen des Schuldners. Wenn die Eigenverwaltung angeordnet wird, so mag dieses zugleich in seinem Interesse liegen; beanspruchen kann er eine derartige Anordnung jedoch nicht, weil die Haftungsmasse ihm mit dem Zeitpunkt der Verfahrenseröffnung entzogen und seinen Gläubigern zugewiesen wurde. Die gerichtliche Entscheidung über die Anordnung der Eigenverwaltung ist also nicht von der gleichen grundlegenden Bedeutung wie die Entscheidung über die Verfahrenseröffnung als solche, zumal sie durch die erste Gläubigerversammlung gem. § 271 InsO korrigiert werden kann und insoweit nur vorläufigen Charakter hat. Dementsprechend ist die isolierte Anfechtung der Eigenverwaltungsversagung gem. § 34 II InsO nicht zulässig. [266]

Dasselbe hat aus den genannten Gründen auch dann zu gelten, wenn sich die Beschwerde gem. § 34 II InsO zwar gegen den Eröffnungsbe-

---

264 BVerfG NJW 1983, S. 2929; NJW 1990, S. 1902.

265 RegE, BT-Drucksache 12/2443, Begr. B, S. 110.

266 Zur Unanfechtbarkeit einer gem. § 110 KO gleichzeitig mit der Eröffnung des Konkursverfahrens erlassenen sonstigen Anordnung (z.B. Verwalterbestellung) siehe Jaeger-Weber, § 109 Anm. 1.

schluß selbst richtet, sich aber lediglich auf das Argument stützt, es hätte kein Insolvenzverwalter gem. § 27 I InsO bestellt werden dürfen. Denn auch in diesem Fall rügt der Schuldner nicht das Fehlen der Eröffnungsvoraussetzungen, sondern die seinem Einflußbereich nach dem Willen des Gesetzgebers entzogene künftige Verfahrensausgestaltung. Würde man die Person des Verwalters als beschwerdefähiges Kriterium gem. § 34 II InsO ansehen, so müßte man konsequenterweise auch das Motiv anerkennen, einen anderen als den bestellten Fremdverwalter einzusetzen. Dies widerspricht aber ersichtlich dem in §§ 56 f. InsO ausdrücklich auf das Gericht und die Gläubigerversammlung beschränkten Auswahlrecht; zudem sollten die aus derartigen Beschwerdegründen resultierenden Verkomplizierungen und Verzögerungen des Verfahrens durch die Beschränkung der Anfechtbarkeit gem. § 6 I InsO gerade vermieden werden. Die Anfechtung des Eröffnungsbeschlusses gem. § 34 II InsO scheidet mithin ebenfalls aus. Diese Auslegung korrespondiert mit den für die Vorbildnorm des § 109 KO[267] geltenden Grundsätzen, daß die sofortige Beschwerde nur mit dem Ziel der absoluten Aufhebung des Eröffnungsbeschlusses, nicht aber zwecks Herbeiführung anderer Eröffnungsmodalitäten zulässig ist[268].

bb) Rechtspflegererinnerung gem. § 11 RPflG

§ 6 I InsO schließt nicht aus, daß gegen Entscheidungen des Rechtspflegers nach § 11 RPflG der Rechtsbehelf der Erinnerung stattfindet.[269] Das bedeutet, daß der Schuldner den die Eigenverwaltung versagenden Beschluß gem. § 11 I 1 RPflG anfechten könnte, wenn die Entscheidung über die Anordnung nach § 270 I 1 InsO in den Zuständigkeitsbereich des Rechtspflegers fällt.

Gem. § 3 Nr. 2e RPflG idF von Art. 14 Nr. 4 EGInsO ist der Rechtspfleger grundsätzlich funktionell zuständig für alle dem Gericht im Rahmen des Insolvenzverfahrens obliegenden Aufgaben. Davon enthält § 18 RPflG idF von Art. 14 Nr. 5 EGInsO als Konkretisierung der Vor-

---

267 Vgl. § RegE, BT-Drucksache 12/2443, Begr. B, S. 121.

268 Kilger/Karsten Schmidt, § 109 Anm. 2); Kuhn/Uhlenbruck,§ 109 Rdz. 4.

269 RegE, BT-DRucksache 12/2443, Begr. B, S. 110. So bereits zum geltenden Vergleichsrecht Bley-Mohrbutter, § 121 Rdz. 1; Böhle-Stamschräder/Kilger, § 121 Anm. 4).

behaltsregelung in § 3 Nr. 2 RPflG wichtige Ausnahmen: Das gesamte Verfahren bis zur Entscheidung über den Eröffnungsantrag unter Einschluß dieser Entscheidung und der Ernennung des Insolvenzverwalters sowie des Verfahrens über einen Schuldenbereinigungsplan gem. § 305 ff. InsO bleibt ausnahmslos dem Richter vorbehalten. Zudem ist er für die Versagung und den Widerruf gem. §§ 289, 296, 297, 300, 303 InsO zuständig. Darüber hinaus kann der Richter sich das Verfahren gem. § 18 II RPflG ganz oder teilweise vorbehalten, wenn er dies wegen der besonderen wirtschaftlichen Bedeutung des Falles oder wegen tatsächlicher oder rechtlicher Schwierigkeiten[270] für geboten erachtet.

Eine explizite Regelung der Kompetenzverteilung hinsichtlich der Eigenverwaltungsanordnung gem. § 270 I 1 InsO findet sich in § 18 RPflG nicht. Jedoch indiziert bereits § 18 I Nr. 1 InsO die Zuständigkeit des Richters für diese Entscheidung: Die Ernennung des Insolvenzverwalters gem. § 27 I 1 InsO setzt voraus, daß das Gericht den Antrag auf Anordnung der Eigenverwaltung bereits abgelehnt hat. Das ergibt sich aus § 27 I 2 InsO. Somit folgt aus der Kompetenzzuweisung gem. § 18 I Nr. 1 RPflG bezüglich der Verwalterernennung quasi als „Kehrseite" zugleich die Zuständigkeit zur Entscheidung gem. § 270 I 1 InsO. Diese Zuständigkeitsregelung ist deshalb sinnvoll, weil die Entscheidung über den Eigenverwaltungsantrag wegen der umfangreichen Nachforschungspflichten aus § 270 II Nr. 3 InsO nicht isoliert von den vor Verfahrenseröffnung gewonnenen Erkenntnissen getroffen werden kann.[271] Die im Vorverfahren dem Richter gem. § 18 I Nr. 1 RPflG zugewiesenen Aufgaben wie die Prüfung des Vorliegens eines Insolvenzgrundes, der Verfahrenskostendeckung und der ordnungsgemäßen Antragstellung, die Anordnung von Sicherungsmaßnahmen, die Vornahme von Anhörungen nach §§ 14 II, 15 II 2 InsO sowie u.U. weitere Ermittlungen gem. § 5 I 1 InsO bilden die Basis für diese Entscheidung.

Demnach fällt die Entscheidung über die Anordnung gem. § 270 I 1 InsO aus Gründen der Praktikabilität und des Sachzusammenhangs wegen § 18 I Nr. 1 RPflG nicht in den Zuständigkeitsbereich des Rechts-

270 Bassenge/Herbst, § 18 Rdz. 7 zu dem mit § 18 II RPflG idF von Art. 14 Nr. EGInsO identischen geltenden Recht.

271 Dies gilt ausnahmsweise dann nicht, wenn die Eigenverwaltungsanordnung bereits am Fehlen der in § 270 II Nr. 1 und 2 InsO normierten Voraussetzungen scheitert.

pflegers, so daß auch eine Anfechtung der Versagung der Eigenverwaltung mittels der Erinnerung gem. § 11 I 1 RPflG ausscheidet.

c) Anfechtungsmöglichkeiten der Gläubiger

Auch für den umgekehrten Fall, in dem das Gericht dem Antrag des Schuldners entsprochen und die Eigenverwaltung gem. § 270 I 1 InsO angeordnet hat, sieht § 270 InsO das Rechtsmittel der sofortigen Beschwerde nicht vor. Die Gläubiger können die Anordnung wegen § 6 I InsO also nicht anfechten. Auch die Anfechtung der Entscheidung mit der Rechtspflegererinnerung gem. § 11 RPflG scheidet aus den oben unter b) bb) genannten Gründen aus. Dies könnte wegen des den Gläubigern im Falle der Verfahrenseröffnung zustehenden Rechtsanspruchs auf den Zwangszugriff auf das schuldnerische Vermögen[272] verfassungsrechtlich bedenklich sein. Jedoch ist zu berücksichtigen, daß die Gläubiger gem. § 272 I Nr. 1, 2 InsO jederzeit die Aufhebung der Eigenverwaltungsanordnung beantragen und – für den Fall, daß der Aufhebungsantrag von der Gläubigerversammlung gestellt wird – auch ohne das ansonsten erforderliche zeitraubende Beschwerdeverfahren durchsetzen können. Stellt nur ein einzelner Gläubiger den Aufhebungsantrag, so steht ihm gem. § 272 II 3 InsO gegen die ablehnende Entscheidung des Gerichts die sofortige Beschwerde zur Verfügung, mit der er die Rechtmässigkeit der Eigenverwaltungsanordnung bzw. der Aufhebungsversagung überprüfen lassen kann. Somit bietet die InsO den betroffenen Gläubigern einen umfassenden Rechtsschutz, so daß verfassungsrechtliche Bedenken hier nicht durchgreifen.

2. Anordnung nach Beantragung durch die erste Gläubigerversammlung, § 271 Satz 1 InsO

Das Gericht trifft im Eröffnungsbeschluß stets nur eine *vorläufige* Entscheidung über den Antrag des Schuldners auf Anordnung der Eigenverwaltung. Die Gläubiger können diese – wie soeben angedeutet – in einem späteren Verfahrensstadium sowohl positiv als auch negativ korrigieren. Mit der Zuweisung der Letztentscheidungskompetenz an die

272 Leipold, S. 165, 168.

Gläubiger manifestiert der Gesetzgeber den sog. Grundsatz der Autonomie der wirtschaftlich betroffenen Verfahrensbeteiligten.[273] In § 271 InsO ist der Fall geregelt, daß das Gericht dem Schuldnerantrag – entweder wegen fehlender Zustimmung des antragstellenden Gläubigers gem. § 270 II Nr. 2 InsO oder wegen des mutmaßlichen Vorliegens von Nachteile für die Gläubiger indizierenden Umständen – nicht entsprochen hat. Wenn die Gläubiger dennoch die Eigenverwaltung durch den Schuldner für wirtschaftlich sinnvoll halten, können sie in der ersten Gläubigerversammlung deren Anordnung durch das Gericht beantragen. Zu beachten ist dabei aber, daß der (fortbestehende) Schuldnerantrag – wie sich aus § 272 I Nr. 3 InsO ergibt – auch im Rahmen des § 271 InsO zwingende Voraussetzung für die Eigenverwaltungsanordnung ist.[274] Im Interesse optimaler Gläubigerbefriedigung hätte es nämlich keinen Sinn, einen unwilligen Schuldner mit der Vermögensverwertung zu beauftragen.[275] Das Gericht hat bezüglich des Antrags gem. § 271 Satz 1 InsO weder ein Nachprüfungs- noch ein Versagungsrecht; es ist an den Beschluß der Gläubigerversammlung gebunden und muß die Eigenverwaltung anordnen.

Funktionell zuständig für die nachträgliche Anordnung der Eigenverwaltung gem. § 271 Satz 1 InsO ist gem. § 3 Nr. 2e RPflG idF von Art. 14 Nr. 4 EGInsO der Rechtspfleger, da diese Maßnahme nicht unter die Vorbehaltsregelung des § 18 I RPflG fällt. Allerdings kann der Richter die funktionelle Zuständigkeit gem. § 18 II 1 RPflG an sich ziehen, indem er sich das Insolvenzverfahren ganz oder teilweise vorbehält.

a) Zeitpunkt der ersten Gläubigerversammlung

In § 271 Satz 1 InsO ist ausdrücklich normiert, daß eine solche positive Korrektur der versagenden Gerichtsentscheidung durch die Gläubiger nur in der *ersten* Gläubigerversammlung erfolgen kann. Darunter ist wortlautgemäß diejenige Versammlung zu verstehen, die nach der Ver-

---

273 RegE, BT-Drucksache 12/2443, Begr. B, S. 223. Vgl. auch RegE, BT-Drucksache 12/2443, Begr. A, S. 100: "Es ist allein Sache der Gläubiger zu beurteilen, ob dem Schuldner die Fortführung oder die Abwicklung seines Betriebes und gegebenenfalls eine Sanierung überlassen bleiben können." Zustimmend Uhlenbruck ZRP 1988, S. 471, 473.

274 Insoweit mißverständlich Kübler/Prütting, Einl. III. 4.

275 Bork, § 35, C. (Rdz. 403), Fn. 5. Siehe bereits oben 1. a) aa).

fahrenseröffnung stattfindet.[276] Theoretisch kann es sich dabei entweder um den gesetzlich normierten Prüfungs-[277] oder Berichtstermin[278] oder die Kombination beider Termine[279] handeln.

Da dem Schuldner im Falle der Eigenverwaltungsanordnung aber bereits vor und in dem Termin gem. § 29 I Nr. 1 InsO wichtige Analyse- und Informationspflichten obliegen[280], kann es im konkreten Fall sinnvoller sein, den Antrag auf Anordnung der Eigenverwaltung bereits *vor* dem Berichtstermin zu stellen.[281] Dieser wird wegen der im Vergleich zu den in §§ 28 I 2, 29 I Nr. 2 InsO normierten Fristen sehr kurzen Zeitspanne von sechs Wochen gem. § 29 I Nr. 1 InsO regelmäßig bereits vor dem Prüfungstermin stattfinden.[282] Dann müßte es sich bei der ersten Gläubigerversammlung gem. § 271 Satz 1 InsO also um einen gesonderten, den Terminen gem. § 29 I InsO zeitlich vorgelagerten Termin handeln. Dies berücksichtigte der RegE in seinem § 35 I Nr. 1, der im Anschluß an § 110 I KO für die Wahl eines anderen als vom Gericht bestellten Insolvenzverwalters die Anberaumung eines sog. Wahltermins vorsah. In diesem Termin sollten die Gläubiger eine Person ihres Vertrauens mit der Verwaltung der Insolvenzmasse und der Wahrnehmung der Verfahrensaufgaben betrauen können. Zwar stellten weder § 35 I Nr. 1 RegE noch § 332 RegE (als alte Fassung des jetzigen § 271 InsO) einen Bezug

---

276 Vgl. zum geltenden Konkursrecht LG Düsseldorf ZIP 1985, S. 628, 630, nach dem die erste Gläubigerversammlung diejenige ist, die auf die Ernennung des Konkursverwalters folgt. Da der Verwalter gem. § 110 I KO im Eröffnungsbeschluß ernannt wird, handelt es sich zugleich um die der Verfahrenseröffnung folgende Versammlung. Dieser Terminologie ist wegen der weitgehenden Übernahme und Präzisierung des § 80 KO durch § 57 InsO und des Verweises auf die letztgenannte Norm in der Begründung des RegE zu § 271 InsO auch bezüglich der Frage nach dem Zeitpunkt der ersten Gläubigerversammlung iSv § 271 Satz 1 InsO zu folgen.

277 §§ 29 I Nr. 2, 176 InsO.

278 §§ 29 I Nr. 1, 156 ff. InsO.

279 § 29 II InsO.

280 Vgl. §§ 281 I 1, II 1, 151 ff., 156 I InsO.

281 Dies gilt natürlich nur, wenn die Gläubiger bereits von sich aus das notwendige Vertrauen zum Schuldner besitzen und nicht erst vom Insolvenzverwalter im Berichtstermin nach dessen eingehender Analyse der wirtschaftlichen Umstände und der Persönlichkeit des Schuldners über den Sinn und Zweck der Eigenverwaltung im konkreten Fall informiert werden müssen.

282 Vgl. Beschlußempfehlung des Rechtsausschusses, BT-Drucksache 12/7302, S. 159. Zum Verhältnis des *Wahl*termins zum Prüfungstermin nach geltendem Konkursrecht siehe auch LG Düsseldorf ZIP 1985, S. 628, 630.

der auf Anordnung der Eigenverwaltung gerichteten Beschlußfassung zum Wahltermin her. Da aber die Gläubiger mit der Bestellung eines anderen als vom Gericht vorgesehenen Fremdverwalters zugleich die Ablehnung der Eigenverwaltung manifestieren und sie andersherum keinen anderen Verwalter bestellen werden, wenn sie dem Schuldner seine Verwaltungs- und Verfügungsbefugnis zurückgewähren wollen,[283] betraf der sog. Wahltermin nicht nur die Wahl eines anderen Insolvenzverwalters, sondern auch die nachträgliche Anordnung der Eigenverwaltung auf Antrag des Schuldners. Mit der Festsetzung des Wahltermins gem. § 35 I Nr. 1 RegE wurde also zugleich der für die Antragstellung gem. § 271 InsO bzw. § 332 RegE maßgebliche Termin bestimmt.

Diese Norm des RegE ist nun aber mit Schaffung der InsO gestrichen worden, so daß man darauf schließen könnte, die Anberaumung eines von dem Berichts- bzw. Prüfungstermin unabhängigen, diesem zeitlich vorgelagerten Wahltermins sei nunmehr unzulässig.[284] Das ist indessen nicht die vom Gesetzgeber mit der Streichung verfolgte Zwecksetzung: Laut Beschlußempfehlung des Bundestags-Rechtsausschusses dient die Streichung des § 35 I Nr. 1 InsO lediglich der Gerichts- und Verfahrensentlastung.[285] Nur die Pflicht zur Anberaumung eines derartigen Termins *von Amts wegen* soll damit beseitigt werden. Den Gläubigern steht es aber offen, gem. § 75 I Nr. 2[286], 3, 4 InsO kurzfristig eine Gläubigerversammlung einberufen zu lassen, wenn sie einen gesonderten Wahltermin wünschen. Demnach steht die von § 35 RegE abweichende Fassung des § 29 InsO der zeitlichen Vorverlegung der ersten Gläubigerversammlung vor den Prüfungs- und den Berichtstermin nicht entgegen.

Problematisch könnte indessen das Verhältnis der Antragstellung gem. § 271 Satz 1 InsO in einem extra anberaumten Sondertermin bzw. im gesetzlich vorgeschriebenen Berichtstermin zum Prüfungstermin gem. §§ 29 I Nr. 2, 176 InsO sein. Wie sich aus der Verweisung des

---

283 Da der Wahltermin gem. §§ 35 I Nr. 1 iVm 66 RegE die erste Gläubigerversammlung darstellt, soweit er vor dem(n) Berichts- und Prüfungstermin(en) stattfindet, ist eine spätere Beantragung der Eigenverwaltung nicht mehr möglich.

284 So gehen etwa Hess/Obermüller (E. I., Rdz. 1144) offenbar davon aus, es handele sich bei der ersten Gläubigerversammlung nunmehr stets um den Berichtstermin iSv § 29 I Nr. 1 InsO.

285 BT-Drucksache 12/7302, S. 159.

286 Vgl. § 67 I InsO.

RegE[287] auf das Verfahren nach § 78 InsO[288] ergibt, ist Grundlage des Korrekturantrags gem. § 271 Satz 1 InsO ein Beschluß gem. § 76 InsO. Diese Qualifizierung ergibt sich bereits aus § 332 I RegE als Vorgängernorm des § 271 InsO. Die abweichende Ausgestaltung dieser Norm in der InsO erfolgte lediglich aus Gründen der redaktionellen Straffung und sollte keine inhaltlichen Veränderungen mit sich bringen.[289] Die Beschlußfassung einer Gläubigerversammlung richtet sich nach § 76 II InsO. Danach kommt ein Beschluß zustande, wenn die Summe der Forderungsbeträge der zustimmenden Gläubiger mehr als die Hälfte der Summe der Forderungsbeträge der abstimmenden Gläubiger beträgt.[290] Voraussetzung für eine solche Beschlußfassung ist zunächst die Stimmberechtigung der zu- und abstimmenden Gläubiger.[291] Ein derartiges Stimmrecht gewähren gem. § 77 I InsO die Forderungen, die angemeldet und weder vom Insolvenzverwalter noch von einem stimmberechtigten Gläubiger bestritten worden sind.[292] Die Gläubiger, deren Forderungen bestritten werden, sind gem. § 77 II 1, 2 InsO stimmberechtigt, soweit sich in der Gläubigerversammlung der Verwalter und die erschienenen stimmberechtigten Gläubiger über das Stimmrecht geeinigt haben; hilfsweise entscheidet das Insolvenzgericht über das Stimmrecht. § 77 InsO hat damit die in den §§ 95 I, 96 I KO geregelten Grundsätze des geltenden Konkursrechts inhaltlich übernommen. Das Bestreiten der Forderungen findet gem. §§ 176, 178 InsO im Prüfungstermin statt. Da also der vom Insolvenzverwalter oder einem Insolvenzgläubiger gegebenenfalls erhobene Widerspruch bzw. das Nichtbestreiten für die Festlegung des Stimmrechts maßgeblich ist, diese nach dem Gesetzeswortlaut mithin erst nach Abhaltung des Prüfungstermins stattfinden kann, könnte die Beschlußfassung gem. § 271 InsO vor dem Termin gem. §§ 29 I Nr. 2, 176 InsO unzulässig sein. Das würde zugleich bedeuten, daß der Gläubigerantrag auf Anordnung der Eigenverwaltung im Prüfungstermin gestellt werden müßte,

---

287 BT-Drucksache 12/2443, Begr. B, S. 224.

288 = modifizierte Fassung des § 89 RegE. Danach können Beschlüsse der Gläubigerversammlung durch das Gericht aufgehoben werden, wenn sie dem gemeinsamen Interesse der Insolvenzgläubiger widersprechen.

289 Beschlußempfehlung des Rechtsausschusses, BT-Drucksache 12/7302, S. 186.

290 Vgl. zum geltenden Recht § 94 KO.

291 Vgl. Siegelmann DRiZ 1968, S. 133 zur Beschlußfassung im Konkursverfahren.

292 Nachrangige Gläubiger sind nicht stimmberechtigt, § 77 I 2 InsO.

denn dieser ist als Gläubigerversammlung zu qualifizieren[293] und eine spätere Antragstellung ist nach § 271 Satz 1 InsO nicht zulässig.

Diese Konsequenz kann der Gesetzgeber indessen nicht angestrebt haben. Würde man vor dem Prüfungstermin keine Beschlußfassung durch die Gläubigerversamlung zulassen, so könnte nämlich auch der Berichtstermin, der im Interesse einer beschleunigten Verfahrensabwicklung und einer zügigen Entscheidung über die konkrete Verwertungsform[294] möglichst früh anzusetzen ist, nicht vor diesem Termin stattfinden. Die in § 29 II InsO normierte Zusammenlegung von Berichts- und Prüfungstermin wäre keine fakultative, sondern eine obligatorische, was zwangsläufig zu Kollisionen der in § 29 I Nr. 1, 2 InsO geregelten Fristen führen würde. Auch die Absetzung des vom Gericht eingesetzten Insolvenzverwalters gem. § 57 InsO könnte erst erfolgen, nachdem der Verwalter, der das Vertrauen der Gläubiger als den wirtschaftlich betroffenen Verfahrensbeteiligten nicht genießt, wichtige Verfahrensaufgaben wahrgenommen hat. Die zur Streichung des § 35 I Nr. 1 InsO angeführte Begründung des Gesetzgebers würde im Hinblick auf die mit der Gläubigerversammlung einhergehende Beschlußfassung praktisch bedeutungslos. Die der Insolvenzordnung zugrundeliegenden Prinzipien wie Deregulierung und Stärkung der Gläubigerautonomie sowie wirtschaftliche Effizienz der Verfahrensabwicklung würden damit ausgehebelt.

Das geltende Konkursrecht hat diesen Konflikt zwischen der erst im Prüfungstermin erfolgenden Stimmrechtsfestlegung und vorher stattfindenden Beschlußfassungen durch die Gläubigerversammlung durch die Regelung des § 95 II KO beseitigt. Danach ist der Gläubiger einer ungeprüften Forderung grundsätzlich ebenso stimmberechtigt wie der einer unbestrittenen Forderung. Erst wenn der Verwalter oder ein Konkursgläubiger dem Stimmrecht in der Gläubigerversammlung widerspricht, hat das Gericht – unanfechtbar – darüber zu entscheiden. Das festgestellte Stimmrecht ist dann jedoch nur ein "vorläufiges", es gilt also nur für die konkrete Gläubigerversammlung, in der die Beschlußfassung stattfinden soll, nicht jedoch für spätere Versammlungen.[295] § 95 II KO fin-

---

293 Bork, § 8, B., Rdz. 75 und § 25, C., Rdz. 282.

294 Vgl. dazu oben 1. a) cc) (1) (a).

295 Siegelmann DRiZ 1968, S. 133; LG Düsseldorf ZIP 1985, S. 628, 630; Pape ZIP 1991, S. 837, 840. Voraussetzung eines derartigen Stimmrechts ist allerdings die Anmeldung der Forderung vor oder in der Gläubigerversammlung, Kuhn/Uhlenbruck, § 95 Rdz. 3.

det seinem Wortlaut nach in § 77 InsO keine Entsprechung. Eine Parallele der neuen insolvenzrechtlichen Regelung scheint nur zu den §§ 95 I, 96 I KO zu bestehen. Wegen der soeben dargelegten Sinn- und Zweckwidrigkeit einer von der Forderungsprüfung abhängigen Stimmrechtsfestsetzung und der Verweisung des RegE auf § 95 I 1 *und II* KO in der Begründung zu § 77 InsO[296] ist aber davon auszugehen, daß der Gesetzgeber die Möglichkeit der Stimmrechtsfestsetzung vor dem Prüfungstermin nicht ausschließen wollte und demnach die Regelung des § 95 II KO grundsätzlich auch im Insolvenzverfahren gelten soll. Dogmatisch läßt sich dies erreichen, indem das in § 77 I 1 InsO normierte "Bestreiten" der Forderung nicht (allein) als Widerspruch im Prüfungstermin gem. § 178 I InsO begriffen wird, sondern auch als Widerspruch in der betreffenden Gläubigerversammlung, in der die Beschlußfassung stattfinden soll. Somit ist festzuhalten, daß das Ausstehen des Prüfungstermins eine vorherige Beschlußfassung durch die Gläubiger auch nach neuem Recht nicht hindert. Demnach können die Gläubiger den Antrag auf Anordnung der Eigenverwaltung gem. § 271 Satz 1 InsO zeitlich vor Abhaltung der Termine gem. § 29 I Nr.1, 2 InsO stellen.[297]

b) Gewährleistung der Gläubigerautonomie

aa) Sinn und Zweckmäßigkeit der Gläubigerautonomie im Hinblick auf die Anordnung der Eigenverwaltung

Wie bereits dargelegt, soll die *endgültige* Entscheidung über die Durchführung des Insolvenzverfahrens im Wege der Eigenverwaltung allein von den Gläubigern getroffen werden; sie soll weder vom Verfahrensergebnis noch von der Form der Masseverwertung oder der subjektiven Würdigkeit des Schuldners abhängig gemacht werden.[298]

---

296 = § 88 RegE.

297 Die damit von Gesetzes wegen gegebene Möglichkeit der frühzeitigen Antragstellung iSv § 271 Satz 1 InsO darf allerdings nicht darüber hinwegtäuschen, daß die Gläubiger angesichts der regelmäßigen Zweckwidrigkeit der Eigenverwaltung bei Liquidation des Schuldnervermögens in der Praxis wohl eher die im Berichtstermin über die Art der Vermögensverwertung zu treffende Entscheidung abwarten werden, bevor sie sich für die Eigenverwaltung aussprechen.

298 RegE, BT-Drucksache 12/2443, Begr. A, S. 100. Hier sind also die oben in 1. a) cc) (2) genannten Abwägungskriterien, die das Gericht bei der vorläufigen Anordnung

Hier spiegelt sich der allgemeine insolvenzrechtliche Grundsatz der Gläubigerautonomie wider, der im Zuge der Reformdiskussion gegenüber dem geltenden Recht eine erhebliche Stärkung erfahren hat.[299] Das bereits mit der Konkursordnung eingeführte System staatlich kontrollierter Gläubigerselbstverwaltung basiert auf der Zielvorstellung, die wirtschaftlich bedeutsamen Anwicklungsfragen des Verfahrens aus der Entscheidungsbefugnis des Gerichts zu lösen, um den Gläubigern einerseits eine optimale Verwertung der ihnen durch die Verfahrenseröffnung haftungsrechtlich zugewiesenen Haftungsmasse zu ermöglichen, ihnen andererseits aber auch die Verantwortung für die Effizienz der Verwertung zu übertragen.[300]

Das Insolvenzverfahren ist ein Verfahren der Generalzwangsvollstreckung, in dem die Gläubiger regelmäßig Einbußen bei der Durchsetzung ihrer Rechte hinnehmen müssen, andererseits aber einen Anspruch auf optimale Befriedigung haben. Daher müssen sie hinsichtlich jeder diese optimale Befriedigung gefährdenden Entscheidung bezüglich Verfahrensziel und -abwicklung kompetent sein.[301] Die Auswahl einer geeigneten, für die Verfahrensabwicklung zuständigen Person ist für die wirtschaftliche Effizienz des Insolvenzverfahrens von erheblicher Bedeutung.[302] Diese erfährt in bezug auf die Eigenverwaltungsanordnung noch eine Steigerung, als es hier nicht nur darum geht, die Person mit den besten juristischen und betriebswirtschaftlichen Kenntnissen und Fähigkeiten für die Vermögensverwertung zu gewinnen. Vielmehr stehen der optimalen Ausnutzung unternehmerischer Qualitäten hier zusätzlich die Gefahr der Vermögensschädigung durch mißbräuchlich gestellte Eigenverwaltungsanträge und das praktische Leerlaufen der Haftungsvor-

---

der Eigenverwaltung zu berücksichtigen hat, nicht von Bedeutung. Der Gesetzgeber geht davon aus, daß sich bei der Beschlußfassung durch die Gläubigerversammlung ohnehin die wirtschaftlich effizienteste und die Interessen der Gläubiger repräsentativ widerspiegelnde Entscheidung durchsetzen wird, ohne daß entsprechende Schutzmechanismen erforderlich sind.

299 Vor einer übertriebenen Gläubigerautonomie warnt Jelinek in: Leipold, S. 21, 22 ff. unter Bezugnahme auf das österreichische Insolvenzrecht. Ebenso Uhlenbruck KTS 1989, S. 229, 238 ff.

300 Pape ZIP 1990, S. 1251, 1253.

301 Vgl. RegE, BT-Drucksache 12/2443, Begr. A, S. 79 f.

302 Schröter/Weber ZIP 1982, S. 1023, 1026; Uhlenbruck KTS 1989, S. 229 ff.; ders. AnwBl. 1993, S. 453, 454; so bereits zum Konkursverfahren Pape ZIP 1990, S. 1251, 1255; ders. ZIP 1993, S. 737; Gottwald-Heilmann/Klopp, § 23, I. 3. (Rdz. 3).

schriften[303] gegenüber. Angesichts der damit einhergehenden, dem Regelinsolvenzverfahren gegenüber erheblich gesteigerten Gefährdung der Optimierung der Gläubigerbefriedigung ist demnach die Zuweisung der Letztentscheidungskompetenz an die Gläubiger durch § 271 Satz 1 InsO durchaus zweckmäßig.

Fraglich ist aber, ob diese durch die wirtschaftliche Risikoverteilung gerechtfertigte Kompetenzzuweisung mit der dem Sonderverfahren der Eigenverwaltung zugrundeliegenden Zielvorstellung, dem Schuldner werde ein Anreiz zur frühzeitigen Antragstellung geboten, korrespondiert. *Neumann*[304] bezweifelt dies mit dem Einwand, der Schuldner könne bei einer nachträglichen Änderung der Verfahrensausgestaltung durch die Gläubiger nie davon ausgehen, daß ihm die mit der Verfahrenseröffnung erlangten Vorteile erhalten bleiben, und werde sich deshalb durch die Aussicht auf Erhalt der Verwaltungs- und Verfügungsbefugnis nicht zur frühzeitigen Stellung des Insolvenzantrages motivieren lassen. Diese Argumentation bezieht sich allerdings offensichtlich auf die umgekehrte Konstellation des § 272 InsO, bei der das Gericht mit Eröffnung des Verfahrens die Eigenverwaltung angeordnet hat und die Gläubiger deren Aufhebung beantragen. Indessen bietet die im Rahmen des § 271 Satz 1 InsO ausgeübte Gläubigerautonomie für den Schuldner keine Nachteile: Wenn das Gericht die Anordnung der Eigenverwaltung gem. § 270 I 1 InsO versagt hat, können die Gläubiger durch ihre Antragsbefugnis vielmehr eine für den Schuldner günstigere Verfahrensausgestaltung herbeiführen. Demnach wird durch die Kompetenzzuweisung gem. § 271 Satz 1 InsO der Anreiz zur frühzeitigen Antragstellung durch den Schuldner eher gestärkt, da dieser auch bei negativer Entscheidung des Gerichts stets noch auf eine positive Beurteilung durch die Gläubiger hoffen kann.

bb) Stimmrechtssystem und Abstimmungsmodalitäten

Die Beschlußfassung in der Gläubigerversammlung gem. § 271 Satz 1 InsO erfolgt gem. § 76 II InsO mit absoluter Mehrheit. Das bedeutet, daß die Summe der Forderungsbeträge der zustimmenden Gläubiger mehr als die Hälfte der Summe der Forderungsbeträge der abstimmenden Gläubi-

303 Bork, § 35, D., Rdz. 407, Fn. 8.
304 § 6, A. VI. 1. c), S. 367.

ger betragen muß.[305] Damit weicht die InsO von § 87 RegE ab, der zusätzlich zu dieser erforderlichen Summenmehrheit eine Kopfmehrheit der in der Versammlung anwesenden Gläubiger verlangte. Auf diese Weise wollten die Verfasser des Regierungsentwurfes einer Majorisierung der Kleingläubiger durch einzelne Großgläubiger entgegegenwirken.[306] Der Gesetzgeber hat von diesen erhöhten Anforderungen unter Hinweis auf den Schutz der Kleingläubiger durch ihre Vertretung im Gläubigerausschuß gem. § 67 II 1 InsO und das Aufhebungsverfahren nach § 78 InsO abgesehen.[307] Die absonderungberechtigen Gläubiger erhalten künftig – im Gegensatz zum geltenden Konkursrecht[308] – das volle Stimmrecht in der Gläubigerversammlung, da sie stärker als bisher in das Verfahren einbezogen werden.[309]

Die künftige insolvenzrechtliche Ausgestaltung des Stimmrechtssystems und der Abstimmungsmodalitäten ist in der Literatur – sowohl generell[310] als auch speziell im Hinblick auf die Beschlußfassung gem. § 271 Satz 1 InsO[311] – bereits auf heftige Kritik gestoßen. So wird etwa kritisiert, daß keine qualifizierten Mehrheiten wie etwa bei der Abstimmung über Vergleich und Zwangsvergleich nach geltendem Konkurs- und Vergleichsrecht[312] verlangt werden.[313] Die Beteiligung der absonderungsberechtigten Gläubiger an den Abstimmungen mit vollem Stimmrecht wird als unangemessen empfunden[314], da diese zwar insoweit in das Verfahren einbezogen werden, als sie nicht mehr ungehindert auf das

305 Siehe bereits oben a).

306 RegE, BT-Drucksache 12/2443, Begr. B, S. 133.

307 Beschlußempfehlung des Rechtsausschusses, BT-Drucksache 12/7302, S. 164.

308 Danach sind absonderungsberechtigte Gläubiger nur in Höhe der (mutmaßlichen) Ausfallforderung bzw. bei Verzicht auf die abgesonderte Befriedigung stimmberechtigt, vgl. § 96 I KO und Kuhn/Uhlenbruck,§ 96 Rdz. 1; Kilger/Karsten Schmidt, § 96 Anm. 1).

309 RegE, BT-Drucksache 12/2443, Begr. B, S. 133. Zur Bemessung des Stimmrechts siehe § 76 II, 2. HS InsO.

310 Kübler, S. 61, 74 f.; Jelinek in: Leipold, S. 21, 24 ff.

311 Leipold, S. 165, 170, 172 f.; Smid BB 1992, S. 501, 509.

312 Vgl. §§ 74 I Nr. 2 VerglO, 182 I Nr. 2 KO.

313 Kübler, S. 61, 75; Leipold, S. 165, 170, 172; Jelinek in: Leipold, S. 21, 26, der zudem für die Bemessung der erforderlichen Mehrheit die Zahl der *stimmberechtigten* Gläubiger und nicht nur die der tatsächlich abstimmenden als Maßstab nehmen will.

314 Kübler, S. 61, 74; Leipold, S. 165, 170; Smid BB 1992, S. 501, 509.

Sicherungsgut zugreifen dürfen[315], der Gesetzgeber jedoch von einer über die Wirkungen einer Verwertungssperre hinausgehenden Beschneidung der Sicherungsrechte mit Rücksicht auf die Kreditgewährungspraxis abgesehen hat[316]. Abgesehen von dem – gegebenenfalls durch Übersicherungen auszugleichenden – Kostenbeitrag gem. § 171 InsO müssen die absonderungsberechtigten Gläubiger regelmäßig keine Eingriffe in die Wertsubstanz ihrer Sicherheiten hinnehmen[317]; damit fällt es schwer, die Legitimation ihres vollen Stimmrechts zu begründen.[318] Angesichts des Ausmaßes der derzeitigen Sicherungspraxis – ca. 80 % des bei insolventen Schuldnern vorhandenen Vermögens sind mit Aus- und Absonderungsrechten Dritter belastet[319] – und der regelmäßigen Konzentration des überwiegenden prozentualen Anteils der Sicherheiten bei einem oder wenigen Großgläubigern, insbesondere Banken, besteht bei voller Stimmberechtigung der absonderungsberechtigten Gläubiger und der Beschränkung des § 76 II InsO auf bloße *Summen*mehrheit vor allem die Gefahr, daß die Antragstellung gem. § 271 Satz 1 InsO allein von einzelnen, voll abgesicherten Personen beschlossen wird, die vom Insolvenzverfahren wirtschaftlich am wenigsten betroffen sind.[320] Gerade die ungesicherten Gläubiger, denen die mit dem Sonderverfahren gem.

---

315 Der Individualzugriff der Sicherungsgläubiger wird künftig insoweit eingeschränkt, als dadurch der technisch-organisatorische Verbund des Schuldnerunternehmens auseinandergerissen und damit eine (übertragende) Sanierung vereitelt würde. Damit soll die vorherrschende Zerschlagungsautomatik des geltenden Rechts beseitigt werden, RegE, BT-Drucksache 12/2443, Begr. A, S. 86. Vgl. Bork, § 31, C. IV. 1. (Rdz. 369); Landfermann BB 1995, S. 1649, 1653. Dazu näher unten III. 4. a) bb) ccc).

316 RegE, BT-Drucksache 12/2443, Begr. A, S. 86 (anders noch die Kommission für Insolvenzrecht, Erster Bericht, Leitsatz 3.3.1); zust. Landfermann KTS 1989, S. 763, 765; Hax BFuP 1995, S. 59, 73; kritisch Gottwald in: Leipold, S. 197, 207 f.

317 Ihre Rechte können allerdings mit ihrem Einverständnis durch den Insolvenzplan gekürzt werden, vgl. § 222 I 2 Nr. 1, 223 InsO. Siehe dazu Burger/Schellberg DB 1994, S. 1833, 1835.

318 Kübler, S. 61, 74. Jelinek in: Leipold, S. 21, 25 weist zutreffend darauf hin, daß der Gesetzgeber an anderer Stelle – nämlich gem. §§ 238, 237 II InsO im Planverfahren – die Stimmberechtigung der absonderungsberechtigten Gläubiger selbst nur in dem Umfang befürwortet, in dem ihre Rechtsstellung (durch den Plan) betroffen bzw. verkürzt wird.

319 RegE, BT-Drucksache 12/2443, Begr. A, S. 73.

320 Vgl. Leipold, S. 165, 170; Smid BB 1992, S. 501, 509. Einschränkend zur Majorisierung des Verfahrens durch Sicherungsgläubiger Kübler, S. 61, 75.

§§ 270 ff. InsO angestrebte Steigerung der ökonomischen Effizienz der Insolvenzabwicklung zugute kommen soll, werden dann an der Entscheidung gem. § 271 Satz 1 InsO nicht beteiligt.

Daher stellt sich die Frage, ob bei Abstimmungen bezüglich der Antragstellung gem. § 271 Satz 1 InsO – zumindest bei voller Stimmberechtigung der absonderungsberechtigten Gläubiger – nicht die Beibehaltung des in § 87 II Nr. 1 RegE noch explizit vorgeschriebenen Erfordernisses der zusätzlichen Kopfmehrheit sachgerechter, also de lege ferenda diesbezüglich eine Modifizierung des in § 76 II InsO normierten Abstimmungssystems erforderlich wäre.

Dagegen spricht, daß es sich bei der Antragstellung gem. § 271 Satz 1 InsO quasi um das Pendant zur Bestellung eines anderen als des vom Gericht ernannten Insolvenzverwalters gem. § 57 Satz 1 InsO handelt, dieser Beschluß aber gem. § 76 II InsO ebenfalls nur die bloße Summenmehrheit und keine zusätzliche Kopfmehrheit erfordert. Allerdings kann allein die Einheitlichkeit der gesetzlichen Regelungen die Reduzierung der Beschlußvoraussetzungen gem. § 271 Satz 1 InsO auf das Erfordernis der Summenmehrheit nicht begründen, denn dann wären die vom Grundsatz des § 76 II InsO abweichenden Abstimmungsmodalitäten gem. § 244 I InsO bezüglich der Annahme eines Insolvenzplans obsolet. Zudem ist die Wahl eines anderen *Fremd*verwalters gem. § 57 Satz 1 InsO in bezug auf den Schutz der widersprechenden Gläubiger insoweit nicht mit der Stellung des Antrages auf Anordnung der *Eigen*verwaltung gem. § 271 Satz1 InsO vergleichbar, als die Gläubiger im ersten Fall bei Schädigung der Insolvenzmasse einen realisierbaren Haftungsanspruch gem. § 60 I InsO gegen den Verwalter haben, während die Haftungsvorschriften bei Mißbrauch der Eigenverwaltung durch den Schuldner oder schlichter Unfähigkeit zur Erfüllung der ihm kraft Gesetzes übertragenen Aufgaben wegen seiner Insolvenz regelmäßig leerlaufen[321]. Wegen des effektiveren haftungsrechtlichen Gläubigerschutzes wären insofern geringere Anforderungen an die Wahl eines anderen Verwalters im Ver-

321 Vgl. Bork, § 35, D., Rdz. 407, Fn. 8. Zwar haftet gem. § 274 I InsO der Sachwalter entsprechend § 60 I InsO, so daß eine Kompensation des Gläubigerverlustes durchaus möglich ist. Da der Sachwalter aber lediglich eine Überwachungs- und Kontrollfunktion innehat, wird die haftungsbegründende schuldhafte Pflichtverletzung bei Schädigung der Masse schwerer nachzuweisen sein als bei der Fremdverwaltung, bei der der Schuldner keinerlei Zugriff mehr auf sein Vermögen hat. Dazu näher unter III. 3 e) dieses Kapitels.

gleich zur Eigenverwaltungsbeantragung gem. § 271 Satz 1 InsO gerechtfertigt.

Demnach kommt es für die Rechtfertigung der reinen Summenmehrheit bezüglich der Antragstellung gem. § 271 Satz 1 InsO darauf an, welche Vorteile dieses Mehrheitssystem gegenüber der kombinierten Summen- und Kopfmehrheit bietet und ob der Schutz der überstimmten Kleingläubiger vor einer nicht interessengerechten Eigenverwaltungsanordnung durch andere Mechanismen der InsO gewährleistet wird.

Der Gesetzgeber hat die Reduzierung der Voraussetzungen für eine Beschlußfassung gem. § 76 II InsO auf das Erfordernis der Summenmehrheit mit der Vereinfachung der Abstimmungsverfahren in den Gläubigerversammlungen begründet. Des weiteren wird die Parallele zu § 94 KO angeführt.[322] Beide Argumente leuchten nicht ein:

Für die Übernahme einer Norm aus dem geltenden Recht ist zum einen maßgeblich, ob diese sich in ihrer Anwendung bislang bewährt hat, und zum anderen, ob das Rechtssystem, in das diese Norm eingefügt werden soll, demjenigen entspricht, dem sie entnommen wurde. Gerade letzteres ist hier aber nicht der Fall. Die InsO koordiniert wesentliche Grundstrukturen von Konkurs- und Vergleichsordnung, legt aber im Vergleich zum geltenden Recht sehr viel mehr Gewicht auf die Autonomie der Verfahrensbeteiligten. Dementsprechend gibt sie als Verfahrensziel nur die optimale, gleichmäßige Gläubigerbefriedigung vor; die Auswahl der Verwertungsform und damit das Risiko einer diesbezüglichen massereduzierenden Fehlentscheidung überträgt sie hingegen den Gläubigern. Damit stehen den Gläubigern im neuen Insolvenzverfahren wesentlich umfassendere Kompetenzen zu als im geltenden Recht. Ist das aber der Fall, so muß sichergestellt werden, daß die Kompetenzausübung repräsentativ für die Interessen aller bzw. der überwiegenden Anzahl der Gläubiger erfolgt. Eben diesem Zweck, der Schaffung einer stabilen Legitimationsgrundlage für die Beschlüsse der Gläubigerversammlung, diente die von den Verfassern des Regierungsentwurfes vorgeschlagene Einführung der zusätzlichen Kopfmehrheit.[323] Durch die Kombination mit der Summenmehrheit wäre damit auch die Gefahr gebannt, daß die angesichts geringer Forderungsbeträge wirtschaftlich weniger betroffe-

322 Beschlußempfehlung des Rechtsausschusses, BT-Drucksache 12/7302, S. 164.
323 RegE, BT-Drucksache 12/2443, Begr. B, S. 133.

nen Kleingläubiger sich über die Interessen der Gläubiger hinwegsetzen, die im Insolvenzverfahren einen größeren Ausfall erleiden können[324].

Das Argument der Verfahrensvereinfachung kann dem durch die Kopfmehrheit gewährleisteten Vorteil einer stabileren Legitimationsgrundlage bezüglich der Eigenverwaltungsanordnung kaum entgegengesetzt werden: Die Vereinfachung bringt nur dort Vorteile, wo ansonsten verfahrensverzögernde Abstimmungsprozeduren oder gar Blockierungen von für die weitere Verfahrensabwicklung notwendigen Entscheidungen zu befürchten wären. Das ist aber gerade bei der Beschlußfassung gem. § 271 Satz 1 InsO nicht der Fall, da durch sie lediglich eine Zuweisung der Verfahrenskompetenzen an den Schuldner bzw. bei Scheitern der Abstimmung an den gerichtlich bestellten Insolvenzverwalter vorgenommen wird, der Verfahrensablauf als solcher aber nicht beeinflußt wird. Rechtsunsicherheiten durch spätere Korrekturen der (negativen) Entscheidung sind anders als etwa im Falle des § 157 InsO[325] nicht zu erwarten, da diese Beschlußfassung nur in der ersten Gläubigerversammlung erfolgen kann.

Demnach erscheint das zusätzliche Erfordernis der Kopfmehrheit bei der das Vertrauen der Gläubiger zum Schuldner dokumentierenden Beschlußfassung gem. § 271 Satz 1 InsO an sich sachgerechter als die alleinige Voraussetzung der Summenmehrheit gem. § 76 II InsO.

Von dieser Beurteilung könnte allerdings dann abgewichen werden, wenn die Interessen der Kleingläubiger durch andere Mechanismen der InsO geschützt werden, die ihnen durch die Beschlußfassung im Rahmen des § 271 Satz 1 InsO abverlangten Zugeständnisse also wieder kompensiert werden. Der Gesetzgeber beruft sich diesbezüglich auf die Vertretung der Kleingläubiger im Gläubigerausschuß gem. § 67 II 1 InsO und auf das Verfahren zur Aufhebung von Beschlüssen der Gläubigerversammlung gem. § 78 InsO.

Die wichtigste Aufgabe des Gläubigerausschusses liegt gem. § 69 Satz 1 InsO im Regelinsolvenzverfahren darin, den Insolvenzverwalter bei seiner Geschäftsführung zu unterstützen und zu überwachen. Auch

---

324 Zu dieser Gefahr im Rahmen des Konkursverfahrens Pape ZIP 1991, S. 837, 839. Ob dieses Argument (noch) trägt, ist angesichts der vollen Stimmberechtigung der absonderungsberechtigten Gläubiger, zu denen die betroffenen Großgläubiger regelmäßig gehören werden, allerdings ohnehin zweifelhaft.

325 Satz 3!

im Sonderverfahren der Eigenverwaltung ist die Bestellung eines Gläubigerausschusses vorgesehen.[326] Da aber bereits der Sachwalter die Kontrolle und Unterstützung der Geschäftsführung des Schuldners übernimmt[327], hat der Gläubigerausschuß abgesehen von den in § 276 InsO normierten Mitwirkungsbefugnissen bei besonders bedeutsamen Rechtshandlungen des Schuldners – die allerdings selbst bei Zustimmungsverweigerung wegen §§ 276 Satz 2, 164 InsO nicht zur Unwirksamkeit der vorgenommenen Geschäfte führen können – keine direkten Einflußmöglichkeiten auf dessen Geschäftsführung.[328] Er kann lediglich auf der Basis der vom Sachwalter gem. § 274 III 1 InsO gegebenen Informationen die Aufhebung der Eigenverwaltung gem. § 272 I Nr. 1, 2 InsO anstreben. Demnach hat der Gläubigerausschuß im Sonderverfahren nach den §§ 270 ff. InsO angesichts der Zwischenschaltung eines weiteren Kontrollorgans gegenüber dem Regelinsolvenzverfahren eine schwächere Position.

Abgesehen davon wird die Vertretung der Interessen der Kleingläubiger im Rahmen der Eigenverwaltung aber bereits deshalb nicht lückenlos gewährleistet, weil die Einsetzung eines Gläubigerausschusses im Insolvenzverfahren nicht obligatorisch, sondern nur fakultativ ist. Die Einsetzung eines vorläufigen Gläubigerausschusses liegt gem. § 67 I InsO im pflichtgemäßen Ermessen des Gerichts.[329] Ansonsten beschließt gem. § 68 I 1 InsO die Gläubigerversammlung darüber, ob ein Gläubigerausschuß eingesetzt werden bzw. ob der gegebenenfalls bereits vom Gericht bestellte beibehalten werden soll. Da für diesen Beschluß die oben genannten Abstimmungsmodalitäten gem. §§ 76 f. InsO gelten, können die Großgläubiger bereits durch eine die Einsetzung eines Gläubigerausschusses ablehnende Entscheidung den Mitspracherechten der Kleingläubiger entgegenwirken. Die §§ 67 ff. InsO bieten somit keinen die Benachteiligung der Kleingläubiger bei der Abstimmung gem. § 271 Satz 1 InsO kompensierenden Schutz.

Fraglich ist demnach, ob das Verfahren zur Aufhebung von Beschlüssen der Gläubigerversammlung gem. § 78 InsO den bei der Beschlußfas-

326 Vgl. §§ 274 III, 276 InsO.

327 §§ 274 f., 277, 279 InsO.

328 Dafür spricht das Fehlen einer Verweisung auf § 69 InsO einschließlich Bestimmung der zu überwachenden und unterstützenden Person (Schuldner oder Sachwalter).

329 Beschlußempfehlung des Rechtsausschusses, BT-Drucksache 12/7302, S. 162.

sung gem. § 271 Satz 1 InsO überstimmten Gläubigern ein hinreichendes Instrumentarium bietet, die durch die Anordnung der Eigenverwaltung zu befürchtenden wirtschaftlichen Nachteile abzuwenden.

Nach § 78 I InsO hat das Gericht auf Antrag[330] eines absonderungsberechtigten Gläubigers, eines nicht nachrangigen Insolvenzgläubigers oder des Insolvenzverwalters den Beschluß einer Gläubigerversammlung aufzuheben, wenn er dem gemeinsamen Interesse der Insolvenzgläubiger widerspricht.[331] Als das gemeinsame Interesse der Insolvenzgläubiger ist das Interesse an der bestmöglichen Gläubigerbefriedigung anzusehen.[332] Das Gericht hat insoweit also – wie auch im Rahmen des § 270 II Nr. 3 InsO – erneut zu prüfen, ob die Anordnung der Eigenverwaltung im konkreten Fall die wirtschaftliche Effizienz des Insolvenzverfahrens zu steigern verspricht oder ob Nachteile für die Gläubigergesamtheit zu erwarten sind. Dabei hat es nunmehr das Vorbringen der die Eigenverwaltung befürwortenden Gläubiger verstärkt zu berücksichtigen und Informationen des bislang eingesetzten Insolvenzverwalters in seine Abwägung einzubeziehen[333]. Bedeutsam wird regelmäßig auch die Anzahl der überstimmten Gläubiger sein. Angesichts der auf detaillierten Ermittlungen gem. § 270 II Nr. 3 InsO basierenden Versagung der Anordnung gem. § 270 I 1 InsO ist jedoch von einer Tendenz zur Aufhebung der Beschlußfassung auszugehen, wenn nicht erkennbar neue Umstände eingetreten sind, die das Gericht zuvor nicht berücksichtigen konnte.[334]

---

330 Dieser muß aus Gründen der Rechtssicherheit noch in der die Eigenverwaltung gem. § 271 Satz 1 InsO beschließenden Gläubigerversammlung gestellt werden, vgl. RegE, BT-Drucksache 12/2443, Begr. B, S. 134.

331 Diese Vorschrift lehnt sich – anders als noch § 89 RegE – an § 99 KO an.

332 Beschlußempfehlung des Rechtsausschusses, BT-Drucksache 12/7302, S. 164.

333 Vgl. Mohrbutter/Haarmann KTS 1956, S. 177, 179 zur Zusammenarbeit von Gericht und Verwalter im Rahmen des § 99 KO.

334 Allerdings wird zu fordern sein, daß die Eigenverwaltungsanordnung dem wirtschaftlichen Interesse der Insolvenzgläubiger *eindeutig* widerspricht. Die dem Gericht durch § 78 InsO zugewiesene Kompetenz darf nicht nicht dazu führen, daß das Gericht durch die Aufhebung des Beschlusses iSv § 271 Satz 1 InsO lediglich auf seiner ursprünglichen Ansicht beharrt und diese den Gläubigern gegenüber durchsetzt, da sonst die aus dem Grundsatz der Gläubigerautonomie abgeleiteten Befugnisse der Gläubigerversammlung zur Gestaltung des Verfahrensablaufs ausgehöhlt würden, vgl. RegE, BT-Drucksache 12/2443, Begr. B, S. 134; Pape ZIP 1991, S. 837, 842 zum geltenden Konkursrecht. So aber die Befürchtung von Kübler, S. 61, 73.

Die Einrichtung dieser zusätzlichen gerichtlichen Kontrollinstanz wird die die Eigenverwaltung befürwortenden Gläubiger im Hinblick auf die vormals negative Entscheidung des Insolvenzgerichts motivieren, auch die Interessen der anderen Gläubiger in den Entscheidungsprozeß einzubeziehen und deren Zustimmung durch überzeugende Argumente bezüglich der Vertrauenswürdigkeit des Schuldners und ihrer eigenen Redlichkeit zu gewinnen. Beschlüsse, die dem gemeinsamen Interesse der Gläubiger widersprechen und nur die Sonderinteressen einzelner, insbesondere absonderungsberechtigter Gläubiger im Wege der Mehrheitsentscheidung durchsetzen sollen, werden angesichts der gesetzlichen Regelung meist von vornherein unterbleiben.[335] So geht etwa auch der Gesetzgeber allgemein davon aus, daß § 78 InsO in der Gerichtspraxis keine große Bedeutung erlangen wird, sondern ihm in erster Linie präventive Wirkung zukommt.[336] Dadurch wird auch die in der Literatur z.T. angeführte Kritik, das Aufhebungsverfahren nach § 78 InsO werde zu Verfahrensverzögerungen und -verteuerungen führen[337], praktisch kaum durchgreifen.

Die Kompetenz des Insolvenzgerichts zur Aufhebung von Beschlüssen der Gläubigerversammlung wird also regelmäßig eine interne Selbstkontrolle, einen wechselseitigen Informationsaustausch unter den Gläubigern, Kompromißbereitschaft und gegebenenfalls sogar die Korrektur ursprünglicher Entscheidungen bewirken. Der mit einem allein auf dem in § 76 II InsO geregelten Stimmrechtssystem der Summenmehrheit basierenden Eigenverwaltungsantrag verbundenen Gefahr der wirtschaftlichen Benachteiligung ungesicherter Kleingläubiger dürfte der Gesetzgeber damit wirksam entgegengetreten sein.[338] Somit besteht kein Anlaß,

335 RegE, BT-Drucksache 12/2443, Begr. B, S. 134; Beschlußempfehlung des Rechtsausschusses, BT-Drucksache 12/7302, S. 164.

336 RegE, BT-Drucksache 12/2443, Begr. B, S. 134. Kritisch Kübler, S. 61, 74, der in dem Verweis auf die Präventionsfunktion und dem "Herunterspielen" der praktischen Relevanz der Norm seitens des Gesetzgebers Indikatoren für die mangelhafte Konzeption des Stimmrechtssystems sieht.

337 Neumann, § 6, A. VI. 1 c), S. 369.

338 Darüber hinaus besteht für einzelne Gläubiger die Möglichkeit, die von der ersten Gläubigerversammlung gem. § 271 Satz 1 InsO beantragte Anordnung der Eigenverwaltung gem. § 272 I Nr. 2 InsO aufheben zu lassen, wenn glaubhaft dargelegt werden kann, daß die Eigenverwaltung zu wirtschaftlichen Nachteilen für die Gläubiger führt. Dazu näher unter 3. b).

die im Rahmen der Antragstellung gem. § 271 Satz 1 InsO geltenden Abstimmungsmodalitäten wegen des Fehlens eines zusätzlichen Kopfmehrheitserfordernisses als unsachgemäß zu qualifizieren.

c) Praktische Relevanz der Gläubigerautonomie bezüglich der Antragstellung gem. § 271 Satz 1 InsO

Fraglich ist nunmehr, welche praktische Relevanz der Letztentscheidungskompetenz der Gläubiger gem. § 271 Satz 1 InsO in der Praxis zukommen wird.

Grundsätzlich ist davon auszugehen, daß die Möglichkeit, die Eigenverwaltung nach Eröffnung des Insolvenzverfahrens zu beantragen, auf geringe Resonanz stoßen wird. Die Gläubiger sind gem. § 89 I InsO während der Dauer des Insolvenzverfahrens an der Durchsetzung ihrer Rechte im Wege der Zwangsvollstreckung gehindert. Wenn ihnen aber dieser Zugriff versagt ist, so werden sie regelmäßig zumindest dafür sorgen wollen, daß keine andere Person – der Schuldner, am Verfahren nicht beteiligte Dritte oder sonstige Gläubiger – Vermögenswerte aus der ihnen gemeinschaftlich zugewiesenen Haftungsmasse erlangt oder auf ihre Kosten vermögensmindernde Handlungen vornimmt.

Der effektivste Schutz der schuldnerischen Vermögensmasse erfolgt regelmäßig durch die Beschlagnahme durch einen unabhängigen Insolvenzverwalter, der diese zu verwalten und optimal zu verwerten hat. Von diesem insolvenzrechtlich vorgesehenen Schutzmechanismus werden die Gläubiger nur dann absehen, wenn sie das Sicherungsbedürfnis im konkreten Fall als gering einschätzen und sich von der Unternehmensfortführung durch den Schuldner im Hinblick auf die zu erwartende Befriedigungsquote Vorteile versprechen.

Maßgeblich dafür ist, wieviel Vertrauen sie in die Redlichkeit und die unternehmerischen Qualitäten des Schuldners haben. Dieses dürfte angesichts der eingetretenen Insolvenz und der statistisch hohen Quote der Insolvenzkriminalität[339] grundsätzlich äußerst gering sein. Unterstützt wird das natürliche Mißtrauen der Gläubiger durch die die Anordnung der Eigenverwaltung versagende Entscheidung des Gerichts bei Verfahrenseröffnung. Das gilt zumindest dann, wenn die Versagung nicht lediglich auf formalen Mängeln wie der fehlenden Zustimmung des den

---

339 1. a) cc) (2) (d) (cc).

Eröffnungsantrag stellenden Gläubigers gem. § 270 II Nr. 2 InsO beruht, sondern das Ergebnis einer umfassenden Interessenabwägung im Rahmen der Nachteilsprüfung des § 270 II Nr. 3 InsO ist. In diesem Fall hat das Gericht bereits die wesentlichen über die Person des Schuldners und seine Geschäftsführung Auskunft gebenden Informationen ermittelt und ist zu der Überzeugung gekommen, daß die Anordnung der Eigenverwaltung für die Gläubiger wirtschaftliche Nachteile mit sich bringen würde. Gerade negative Beurteilungen über die Vertrauenswürdigkeit des Schuldners werden die Gläubiger wegen der dem Gericht zur Verfügung stehenden breiteren Informationsgrundlage[340] selten anzweifeln. Insbesondere wenn sich das Gericht bei seiner Entscheidung auf Auskünfte des vorläufigen Verwalters gestützt hat, der bereits im Eröffnungsverfahren Einblick in die wirtschaftliche Situation des Schuldners und seine Geschäftsführung erhalten hat, können die Gläubiger von einer kompetenten Beurteilung der Effizienz des Eigenverwaltungsverfahrens ausgehen. Sie werden daher zu den insolvenzrechtlich erfahrenen Verfahrensorganen regelmäßig mehr Vertrauen haben als zum Schuldner, der sie von seiner Redlichkeit und unternehmerischen Qualifikation zu überzeugen versucht, zumal das gegenüber Geschäftspartnern an den Tag gelegte Verhalten häufig darauf angelegt sein wird, über negative Umstände hinwegzutäuschen.[341]

Ein maßgebliches Kriterium für die Antragstellung gem. § 271 Satz 1 InsO wird sein, ob das Vermögen des Schuldners im Wege der Liquidation oder der Unternehmenssanierung zu verwerten ist. Zwar stellt der Gesetzgeber den Gläubigern ausdrücklich die Möglichkeit der Durchführung des Insolvenzverfahrens im Wege der Eigenverwaltung auch für den Fall der Liquidation zur Verfügung[342]; jedoch werden die Gläubiger aus den oben genannten Gründen[343] dann grundsätzlich die Beschlagnahme des Schuldnervermögens und die Verwertung durch den Insolvenzverwalter befürworten. Daher ist davon auszugehen, daß die Entscheidung über die Antragstellung gem. § 271 Satz 1 InsO regelmäßig erst im Berichtstermin fallen wird.[344] Die Gläubiger können sich dann

340 So kann sich das Gericht etwa – im Gegensatz zu den Gläubigern – eingehend über vom Schuldner verübte Insolvenzdelikte informieren.

341 Vgl. Leipold, S. 165, 170.

342 RegE, BT-Drucksache 12/2443, Begr. A, S. 100, Begr. B, S. 226.

343 Siehe oben 1. a) cc) (1) (b), (2) (a) (bb).

344 Siehe oben a) (Fn 208).

auf die vom Insolvenzverwalter gem. § 156 I InsO gegebenen Informationen stützen, die sich auf die für die Eigenverwaltung wichtigen persönlichen Verhältnisse des Schuldners, insbesondere seine Auskunfts- und Kooperationsbereitschaft beziehen.

Gerade wenn sich der Verwalter – gegebenenfalls bereits gem. §§ 21 I, II Nr.1, 22 InsO als vorläufiger Insolvenzverwalter – eingehend mit der wirtschaftlichen Situation des Unternehmens und seiner Fortführung unter insolvenzrechtlichen Gesichtspunkten auseinandergesetzt hat, ist allerdings ein wesentliches Ziel der Eigenverwaltung, nämlich die Vermeidung der zeit- und kostenintensiven Einarbeitung des Verwalters, nicht mehr zu erreichen. Soweit im Vorverfahren ein allgemeines Verfügungsverbot gem. § 21 II Nr. 2 InsO erlassen wurde und der Schuldner damit insgesamt für einen relativ langen Zeitraum aus der Unternehmensführung verdrängt wurde, würde vielmehr gerade die Anordnung der Eigenverwaltung zu einer Verzögerung des Verfahrens führen. Die mit der Eigenverwaltung angestrebte Effizienzsteigerung wäre damit in Frage gestellt.

Am wahrscheinlichsten ist die Antragstellung gem. § 271 Satz 1 InsO demnach dann, wenn der Schuldner durch sein vorheriges Verhalten dazu beigetragen hat, das Eröffnungsverfahren und die Phase bis zum Berichtstermin möglichst kurz zu halten, dem Insolvenzverwalter durch umfassende Informationsbeschaffung die zügige Wahrnehmung seiner Aufgaben ermöglicht hat und der Verwalter darüber hinaus bestätigen kann, daß an der Redlichkeit des Schuldners keine Zweifel bestehen und seine unternehmerischen Qualitäten die Verfahrensdurchführung gem. §§ 270 ff. InsO effizient erscheinen lassen. Realistischerweise ist aber kaum damit zu rechnen, daß der Verwalter sich für die Anordnung der Eigenverwaltung einsetzt, da er dann gem. § 271 Satz 2 InsO regelmäßig zum Sachwalter bestellt und eine gegenüber seiner vorigen Position geringere Vergütung erhalten würde.

Abgesehen von diesem Hindernis und dem eingangs dargelegten potentiellen Mißtrauen der Gläubiger gegenüber dem Schuldner hängt der Antrag auf Anordnung der Eigenverwaltung gem. § 271 Satz 1 InsO aber auch wesentlich von der innerhalb der Gläubigerversammlung vertretenen Interessenstruktur und der damit verbundenen Risikobereitschaft ab. So werden etwa Arbeitnehmer zwar stets eine Sanierung des Schuldnerunternehmens anstreben, um ihre Arbeitsplätze zu erhalten; zumeist haben aber gerade diese Gläubiger über einen längeren Zeitraum vergebliche Sanierungsversuche der Führungsspitze verfolgen können, empfinden Maßnahmen wie Rationalisierungen und Einsparungen im organisatorischen und personellen Bereich als Angriff auf ihre private Existenz und werden daher in der Regel die Auswechslung des Managements befürworten. Absonderungsberechtigte Gläubiger werden, wenn ihre persönlichen Forderungen durch die Sicherungen voll abgedeckt sind, zunächst ohnehin kein allzugroßes Interesse an einer Sanierung des Unternehmens haben, es sei denn, sie streben dessen Fortführung zum Zwecke der Aufrechterhaltung existentiell wichtiger Geschäftsbeziehungen an. Großgläubiger wie z.B. Banken werden sowohl bei der Entscheidung über die Verwertungsform als auch bei der Frage nach der Eigenverwaltung wesentlich vom Druck der Öffentlichkeit beeinflußt sein. Angesichts der häufigen Verantwortlichkeit des Managements für die Krisensituation des Unternehmens und der sozialstaatsbedingten Tendenz zum vorrangigen Schutz der Arbeitnehmer werden auch sie daher regelmäßig für eine Auswechslung der Führungsspitze plädieren und die Eigenverwaltung ablehnen. Bei ungesicherten Kleingläubigern ist bereits die aktive Beteiligung an den Gläubigerversammlungen z.T. sehr gering, da der hohe Zeit- und Kostenaufwand oftmals nicht in angemessenem Verhältnis zu der zu erwartenden Befriedigungsquote steht.[345] Daher wird auch in dieser Gläubigergruppe selten mit einer Beantragung der Eigenverwaltung zu rechnen sein.

Zusammenfassend läßt sich also sagen, daß die Beantragung der Eigenverwaltung durch die Gläubigerversammlung gem. § 271 Satz 1 InsO angesichts der negativen Beurteilung durch das Gericht im Eröffnungsbeschluß, der Einsetzung eines Insolvenzverwalters und dessen Kompetenzausübung, der in der Praxis regelmäßig bestehenden Abhängigkeit der Eigenverwaltung von der Verwertungsform und der heterogenen Interessen- und Beteiligungsstruktur in den Gläubigerversammlungen selten zu erwarten ist. Der Gläubigerautonomie wird in diesem Zusammenhang wenig praktische Relevanz zukommen.

345 Pape ZIP 1990, S. 1251, 1252, 1258 zur derzeitigen Konkurspraxis.

3. Aufhebung der Eigenverwaltungsanordnung gem. § 272 InsO

Selbst wenn das Insolvenzgericht die Eigenverwaltung im Eröffnungsbeschluß gem. § 270 I 1 InsO oder auf Antrag der ersten Gläubigerversammlung gem. § 271 Satz 1 InsO angeordnet hat, so bedeutet dies nicht zwingend, daß dem Schuldner damit endgültig die Verwaltungs- und Verfügungsbefugnis über sein Vermögen für die Dauer des gesamten Insolvenzverfahrens verbleibt. Vielmehr kann es im Laufe des Verfahrens notwendig werden, dem Schuldner seine unternehmensleitende Position zu entziehen und einen Insolvenzverwalter einzusetzen. Das kann etwa dann der Fall sein, wenn die Gläubigerversammlung gem. § 157 Satz 1, 3 InsO ihre ursprüngliche Entscheidung über die Verwertungsform korrigiert und nunmehr statt der Unternehmenssanierung die Liquidation befürwortet, der Schuldner das Vertrauen des Gerichts und/oder der Gläubiger mißbraucht und Vermögensverschiebungen vorgenommen hat, den Anforderungen an eine ökonomisch effiziente Geschäftsführung nicht genügt, die ihm im Rahmen der §§ 275 ff. InsO obliegenden Aufgaben nicht ordnungsgemäß erfüllt hat oder einfach seine Bereitschaft zur Unternehmensfortführung entfallen ist.

Dementsprechend besteht nach § 272 InsO die Möglichkeit, die Anordnung der Eigenverwaltung durch das Insolvenzgericht aufheben zu lassen. Voraussetzung ist ein entsprechender Antrag der Gläubigerversammlung, eines absonderungsberechtigten Gläubigers, eines Insolvenzgläubigers oder des Schuldners selbst. Zum Insolvenzverwalter wird aus Praktikabilitätsgründen gem. § 272 III InsO regelmäßig der bisherige Sachwalter bestellt werden.[346]

a) Antrag der Gläubigerversammlung gem. § 272 I Nr. 1 InsO

Korrespondierend mit dem Grundsatz der Gläubigerautonomie[347] normiert das Gesetz in § 272 I Nr. 1 InsO, daß die Eigenverwaltung aufzuheben ist, wenn dies von der Gläubigerversammlung beantragt wird. Im Unterschied zu § 271 Satz 1 InsO kann nicht nur die erste Gläubigerversammlung, sondern auch jede spätere einen entsprechenden Antrag stel-

---

346 RegE, BT-Drucksache 12/2443, Begr. B, S. 224.

347 Siehe oben 2. b) aa).

len.[348] Daher ist es unerheblich, ob die Eigenverwaltung durch das Gericht gem. § 270 I 1 InsO bereits im Eröffnungsbeschluß oder erst nachträglich auf Antrag der Gläubiger gem. § 271 Satz 1 InsO angeordnet wurde. Damit bietet das Gesetz den Gläubigern die Chance, ihre ursprüngliche Entscheidung zu revidieren, wenn sie aufgrund veränderter Verhältnisse das zunächst vorliegende Vertrauen zum Schuldner später verloren haben. Für den Schuldner ist die Möglichkeit der Aufhebung gem. § 272 I Nr. 1 InsO ein Druckmittel, um ihn zur ordnungsgemäßen Geschäftsführung und zur Redlichkeit anzuhalten. § 272 I Nr. 1 InsO kommt neben seiner repressiven Wirkung damit auch eine Präventivfunktion zu.

aa) Korrespondenz mit dem Zweck der Eigenverwaltung

Neumann[349] kritisiert, die den Gläubigern durch § 272 I Nr. 1 InsO übertragene Entscheidungskompetenz über die Perpetuierung der Eigenverwaltung stehe nicht im Einklang mit dem dem Sonderverfahren gem. §§ 270 ff. InsO zugrundeliegenden Ziel, dem Schuldner einen Anreiz zur frühzeitigen Stellung des Eröffnungsantrages zu bieten. Da der Schuldner keinen Einfluß auf die Entscheidung der Gläubigerversammlung habe, nicht angehört werde und ihm kein Rechtsbehelf gegen den Aufhebungsantrag zur Verfügung stehe, sei er dem Willen der Gläubiger bedingungslos ausgesetzt. Er werde aus der Geschäftsführung verdrängt, auch wenn eine diese Maßnahme rechtfertigende Gefahr gläubigerschädigender Handlungen nicht besteht, zumal die Gläubiger ihren Aufhebungsantrag nicht begründen müssen und dem Gericht – anders als etwa nach § 57 Satz 2 InsO – keine Versagungskompetenz zusteht. Dementsprechend reduziere die Entscheidungskompetenz der Gläubiger die Motivation des Schuldners zur frühzeitigen Antragstellung, weil der Schuldner sich seiner durch die Eigenverwaltung erlangten Vorteile nie sicher sein könne. Daher sei zu bezweifeln, ob das Sonderverfahren gem. §§ 270 ff. InsO überhaupt nennenswerte Bedeutung erlangen werde.

Dieser Kritik ist entgegenzuhalten, daß das Eigenverwaltungsverfahren auch nach Ansicht des Gesetzgebers dem Schuldner nie als "sichere Belohnung" für die frühzeitige Antragstellung in Aussicht gestellt wer-

348 RegE, BT-Drucksache 12/2443, Begr. B, S. 224.
349 § 6, A. VI. 1. c), S. 367 f.

den sollte. Auch bei der Entscheidung des Gerichts über die Anordnung gem. § 270 I 1 InsO muß sich der Schuldner einer am Interesse der Gläubiger gemessenen Fremdbeurteilung unterziehen, der er lediglich argumentativ entgegentreten kann. Das Gesetz gibt ihm aber keinen Rechtsanspruch auf Anordnung und Perpetuierung der Eigenverwaltung bei Vorliegen bestimmter Voraussetzungen. Allein die *Möglichkeit*, auch im eröffneten Verfahren weiterhin mit der Geschäftsführung betraut zu bleiben, soll den Schuldner zur frühzeitigen Antragstellung motivieren. Diese Möglichkeit wird ihm aber auch mit der Übertragung der Letztentscheidungskompetenz auf die Gläubiger nicht genommen. Vielmehr hat der Schuldner stets die Chance, während der Phase nach Anordnung der Eigenverwaltung die Gläubiger von deren Nutzen und Effizienz und von seiner Redlichkeit zu überzeugen.

Die Gläubiger selbst werden den Aufhebungsantrag regelmäßig nur dann stellen, wenn sie davon überzeugt sind, von dem Sonderverfahren nach §§ 270 ff. InsO nicht profitieren zu können. Gerade bei der Anordnung gem. § 270 I 1 InsO durch das Gericht werden sie in der Regel potentielles Mißtrauen hinter die Wirtschaftlichkeitserwägungen, die vom Gericht umfassend gegen die Gefahr gläubigerschädigender Handlungen des Schuldners abgewogen wurden, zurückstellen. Wenn die Gläubiger sogar selbst die Anordnung gem. § 271 Satz 1 InsO beantragt haben, wird es regelmäßig eindeutiger Anlässe bedürfen, um das dem Schuldner entgegengebrachte Vertrauen wieder zu zerstören. Diese zu verhindern ist Sache des Schuldners. Angesichts der mit der Eigenverwaltung verbundenen Kostenersparnis werden die Gläubiger nicht von der Eigenverwaltung absehen, wenn diese sich bereits bewährt hat und sich daran auch in absehbarer Zeit nichts ändern wird.

Der Schuldner hat also trotz der fehlenden rechtlichen Einflußmöglichkeiten die Chance, die Beurteilung der Gläubiger durch eigene Leistung zu steuern. Zum anderen gewährleistet die Antragsbefugnis der Gläubiger gem. § 272 I Nr. 1 InsO, daß der Schuldner sich nicht auf seiner erlangten Rechtsposition ausruht, sondern ständig um die ökonomische Effizienz der Verfahrensdurchführung und die optimale Gläubigerbefriedigung, also die Realisierung der anderen mit der Eigenverwaltung angestrebten Ziele, bemüht sein muß. Einen redlichen Schuldner, der von seinen unternehmerischen Qualitäten und damit von dem Nutzen der Eigenverwaltung für seine Gläubiger überzeugt ist, wird die Entscheidungskompetenz der Gläubiger nicht abschrecken können.

Demnach korrespondiert die Regelung des § 272 I Nr. 1 InsO entgegen *Neumanns* Ansicht mit den der Eigenverwaltung vom Gesetzgeber zugrundegelegten Zielvorstellungen. Wollte man dem die Eigenverwaltung betreffenden Regelungssystem die Eignung zur Motivation des Schuldners zur frühzeitigen Antragstellung absprechen, so müßte dieses deswegen geschehen, weil dem Schuldner kein – gegebenenfalls von bestimmten Voraussetzungen abhängiger – Rechtsanspruch auf die Eigenverwaltung gewährt wird, nicht aber wegen der Antragsbefugnis der Gläubiger gem. § 272 I Nr. 1 InsO.

bb) Zeitlicher Rahmen der Antragsbefugnis

Die den Antrag gem. § 272 I Nr. 1 InsO stellende Gläubigerversammlung ist auf keinen bestimmten Verfahrenszeitpunkt festgelegt. So kann die Beschlußfassung im Rahmen des Berichtstermins stattfinden, was sich insbesondere anbietet, wenn die Eigenverwaltung gem. § 270 I 1 InsO im Eröffnungsbeschluß angeordnet wurde, dann aber entgegen den Erwartungen des Gerichts statt der Sanierung des Unternehmens die Liquidation beschlossen wird. Sie kann aber auch in einem anderen gesetzlich normierten Termin[350] oder in einer in jedem Verfahrensstadium gem. §§ 74 f. InsO einzuberufenden Gläubigerversammlung erfolgen.

Da nach Aussage des Gesetzgebers die Anordnung der Eigenverwaltung allein zur Disposition der Gläubiger stehen soll, muß die vorläufige Anordnung durch das Gericht gem. § 270 I 1 InsO auch unmittelbar nach der Verfahrenseröffnung wieder aufgehoben werden können, wenn die Gläubiger dies wünschen. Zwar besteht nach § 75 InsO auch sofort nach Verfahrenseröffnung die Möglichkeit, die Einberufung einer Gläubigerversammlung zu beantragen. Wegen des organisatorischen Aufwandes kann die Versammlung allerdings regelmäßig nicht unmittelbar nach der Antragstellung stattfinden. Die vom Gesetz vorgesehene Maximalfrist zur Einberufung beträgt gem. § 75 II InsO zwei Wochen. Da es sich bei dieser Norm um eine "Soll-Vorschrift" handelt[351], kann der Zeitraum zwischen dem Eingang des Antrags und dem Termin der Gläubigerversammlung die Spanne von zwei Wochen jedoch tatsächlich noch überschreiten. Bis zur Antragstellung gem. § 272 I Nr. 1 InsO kann also eine

350 Z.B. im Prüfungstermin gem. §§ 29 I Nr. 2, 176 InsO.

351 Kritisch der Gravenbrucher Kreis ZIP 1989, S. 468, 469.

geraume Zeit vergehen, in der die Gläubiger die Anordnung des Gerichts noch nicht außer Kraft setzen können.

Demnach stellt sich die Frage, ob die Gläubigerautonomie durch § 272 I Nr. 1 InsO überhaupt hinreichend verwirklicht wird. Dazu ist zunächst das praktische Bedürfnis nach unmittelbar auf die Verfahrenseröffnung folgender Antragstellung gem. § 272 I Nr. 1 InsO zu ermitteln. Wie oben gezeigt[352], ist das Gericht bei der Anordnung der Eigenverwaltung an strenge Nachforschungspflichten gebunden. Es muß davon überzeugt sein, daß die Eigenverwaltung den wirtschaftlichen Interessen der Gläubiger nicht schadet, also die Gefahr gläubigerschädigender Handlungen durch den Schuldner den Umständen nach nicht besteht. Die Gefahr leichtfertiger, etwa nur auf dem Vorliegen der formalen Voraussetzungen gem. §§ 270 II Nr. 1 und 2 InsO beruhender Anordnungen ist durch die im Anschluß an die Beschlußempfehlung des Rechtsausschusses vorgenommene Verschärfung der Voraussetzungen gem. § 270 II Nr. 3 InsO weitgehend gebannt. Zumindest solange die Entscheidung über die Verwertungsform noch aussteht, wird angesichts des Vertrauens der Gläubiger zur sachgerechten Einschätzung der Sachlage durch das Gericht und der mit der Eigenverwaltung bestenfalls verbundenen Kosteneinsparung und Effizienzsteigerung das Bedürfnis zur sofortigen Aufhebung der Eigenverwaltung nicht bestehen. Das gilt um so mehr als bei sofortigem Aufhebungsantrag gem. § 272 I Nr. 1 InsO eine spätere Revision der Entscheidung nicht mehr möglich wäre.[353]

Falls entgegen der ursprünglichen Ansicht des Gerichts doch eine Gefährdung der Gläubigerinteressen sichtbar wird, die das Abwarten auf den Zusammentritt der Gläubigerversammlung nicht zuläßt, so besteht gem. § 272 I Nr. 2 InsO die Möglichkeit, die Eigenverwaltung kurzfristig zu beenden.[354] Zwar ist diese Möglichkeit wegen der Prüfungs- und Versagungskompetenz des Gerichts und der nicht repräsentativ für sämtliche Gläubiger erfolgenden Antragstellung nicht Ausdruck der vom Gesetzgeber bezüglich der Eigenverwaltung angestrebten Gläubigerautonomie. Diese ist aber – soweit sie durch Kollegialorgane wie die Gläubigerversammlung ausgeübt wird – zwangsläufig immer faktischen Beschränkungen durch zeitraubende Terminorganisation ausgesetzt. Da jedoch der

352 1. a) cc).

353 § 271 Satz 1 InsO: "...beantragt die *erste* Gläubigerversammlung...".

354 RegE, BT-Drucksache 12/2443, Begr. B, S. 224.

Nutzen und die Effizienz der Eigenverwaltung auch bei einem Antrag gem. § 272 I Nr. 2 InsO an dem gemeinsamen Interesse aller Gläubiger an optimaler Befriedigung gemessen wird und nicht nur am Individualinteresse des Antragstellers, ist dem Gesetzgeber zumindest ein geeigneter Ausgleich dieser faktischen Beschränkung gelungen.

b) Antrag eines Gläubigers gem. § 272 I Nr. 2 InsO

§ 272 I Nr. 2 InsO bestimmt, daß das Insolvenzgericht die Anordnung der Eigenverwaltung aufzuheben hat, wenn dies von einem absonderungsberechtigten Gläubiger oder von einem Insolvenzgläubiger beantragt wird und die Voraussetzung des § 270 II Nr. 3 InsO weggefallen ist. Gem. § 272 II 1 InsO ist der Antrag nur zulässig, wenn der Wegfall der Voraussetzung glaubhaft gemacht wird.

aa) Wegfall der Voraussetzung des § 270 II Nr. 3 InsO

Die Formulierung des § 272 I Nr. 2 InsO bezieht sich ersichtlich auf den Fall, daß die Eigenverwaltung vom Insolvenzgericht im Eröffnungsbeschluß gem. § 270 I 1 InsO angeordnet wurde und die Sachlage sich gegenüber der bei Verfahrenseröffnung vorliegenden Situation verändert hat. Das Gericht soll erneut mit der Prüfung der Nachteilsregelung gem. § 270 II Nr. 3 InsO befaßt werden, wenn sich im Verlauf des Verfahrens Umstände ergeben, die auf eine wirtschaftliche Benachteiligung der Gläubiger infolge der Eigenverwaltungsanordnung schließen lassen.

Der Gesetzgeber bezieht damit Fälle, in denen die Voraussetzungen des § 270 II Nr. 3 InsO von Anfang an nicht vorlagen oder die Eigenverwaltung nachträglich gem. § 271 Satz 1 InsO angeordnet wurde, vom Wortlaut her nicht in den Anwendungsbereich des § 272 II Nr. 2 InsO ein. Angesichts der durch § 270 II Nr. 3 InsO indizierten umfassenden Nachforschungspflichten des Gerichts geht der Gesetzgeber offenbar davon aus, daß es in der Praxis nicht zu fehlerhaften Eigenverwaltungsanordnungen im Sinne der erstgenannten Kategorie kommen werde. Diese Vermutung rechtfertigt es jedoch nicht, auf einen umfassenden Rechtsschutz der Verfahrensbeteiligten zu verzichten. Da das Gericht den Gläubigern mit seiner Entscheidung die Möglichkeit des Zwangszugriffs auf das Schuldnervermögen nimmt, die insolvenzrechtliche Beschlagnahme aber für die Gläubiger von gravierender Bedeutung ist, kann es nicht die Absicht des Gesetzgebers gewesen sein, den wirtschaftlich Betroffenen Anfechtungsmöglichkeiten vorzuenthalten. Der Verzicht auf die Normierung eines Rechtsmittels für die Gläubiger in § 270 InsO läßt sich nur damit erklären, daß der Gesetzgeber den Schutz der Gläubiger durch § 272 InsO als ausreichend angesehen hat. Das ist aber nur dann der Fall, wenn auch *Fehl*entscheidungen des Gerichts gerügt werden können. Demnach ist § 272 I Nr. 2 InsO extensiv auszulegen, so daß neben dem *Wegfall* der Voraussetzung des § 270 II Nr. 3 InsO auch deren *ursprüngliches Fehlen* geltend gemacht werden kann.

Problematischer ist hingegen die Frage, ob ein einzelner Gläubiger im Wege des § 272 I Nr. 1 InsO die von der ersten Gläubigerversammlung beantragte Eigenverwaltungsanordnung gem. § 271 Satz 1 InsO aufheben lassen kann. Dies erscheint deshalb bedenklich, weil das Gericht damit seine eigene Beurteilung gegebenenfalls gegen den Willen der übrigen Gläubiger durchsetzen kann, die vom Gesetzgeber deklarierte Gläubigerautonomie also durchbrochen wird. Angesichts der Beschränkung der Beschlußfassung gem. § 271 Satz 1 InsO auf die *erste* Gläubigerversammlung wandelt sich die vorläufige Entscheidungskompetenz des Gerichtes gem. § 270 I 1 InsO damit in eine endgültige um. Da die Beschwerdebefugnis gem. § 272 II 3 InsO auf den Schuldner und den antragstellenden Gläubiger beschränkt ist, steht den übrigen Gläubigern gegen die Entscheidung des Gerichts nicht einmal ein Rechtsmittel zur Verfügung.

Denkbar wäre daher, die Befugnis zur Stellung eines Aufhebungsantrages im Falle der Anordnung gem. § 271 Satz 1 InsO auf die Gläubigerversammlung zu beschränken. Andererseits ist zu berücksichtigen, daß die Durchbrechung der Gläubigerautonomie trotz deren starker Betonung in den Materialien zur InsO – wie § 78 InsO zeigt – nicht systemfremd ist. Zwar könnte man nun der Anwendung des § 272 II Nr. 2 InsO bezüglich der Eigenverwaltungsanordnung gem. § 271 Satz 1 InsO entgegenhalten, daß mit dem Verfahren nach § 78 InsO dem Schutz einzelner Gläubiger vor nachteiligen Versammlungsbeschlüssen hinreichend genügt wird. Dabei würde aber übersehen, daß der Aufhebungsantrag gem. § 78 I InsO nur in der beschließenden Gläubigerversammlung gestellt werden kann und daher spätere Veränderungen der Sachlage nicht berücksichtigt werden können. Angesichts der Tatsache, daß sich die Gläubiger bei der Antragstellung gem. § 271 Satz 1 InsO regelmäßig am

Maßstab des § 270 II Nr. 3 InsO orientieren werden[355], sind jedoch gerade diese Situationsänderungen für die Aufhebung der Eigenverwaltung von Bedeutung, so daß § 78 InsO keinen Grund darstellt, im Falle des § 271 Satz 1 InsO von § 272 I Nr. 2 InsO abzusehen.

Maßgebliche Kriterien müssen daher sein, ob das Aufhebungsverfahren nach § 272 I Nr. 2 InsO gegenüber der Antragstellung gem. § 272 I Nr. 1 InsO tatsächlich den Vorteil einer schnelleren Reaktion auf nachteilige Veränderungen der Sachlage verspricht und dabei die Interessen der Gläubigergesamtheit gewahrt werden. Der vom Gesetzgeber in Aussicht gestellte Vorteil einer kurzfristigen Eigenverwaltungsaufhebung[356] könnte durch die Pflicht zur Anhörung des Schuldners und die Nachteilsprüfung gem. §§ 272 I Nr. 2, 270 II Nr. 3 InsO relativiert werden. Gerade wenn die ursprüngliche gerichtliche Versagung der Anordnung gem. § 270 I 1 InsO nicht auf der Nachteilsregelung gem. § 270 II Nr. 3 InsO, sondern – wie dies bei einer späteren Anordnung gem. § 271 Satz 1 InsO überwiegend der Fall sein wird[357] – auf dem Fehlen der Gläubigerzustimmung gem. § 270 II Nr. 2 InsO beruhte, könnte die dann erstmalige Interessenabwägung des Gerichts einige Zeit beanspruchen. Andererseits ist das Gericht durch die Leitung der Gläubigerversammlung gem. §§ 271 Satz 1, 76 I InsO in den Prozeß der Beschlußfassung über die Eigenverwaltung einbezogen, auch wenn ihm diesbezüglich keine Mitwirkungsbefugnisse zustehen. Die für die Eigenverwaltungsanordnung maßgeblichen Kriterien sind ihm also nicht unbekannt. Zudem wird es die Situation anhand der detaillierten Darlegung der Aufhebungsgründe durch den Gläubiger und durch Befragung des Sachwalters relativ schnell beurteilen können. Demnach wird die Aufhebung der Eigenverwaltung gem. § 272 I Nr. 2 InsO zumeist schneller erfolgen können als diejenige nach § 272 I Nr. 1 InsO, der ja in der Regel noch die Einberufung der Gläubigerversammlung vorausgehen muß.[358] Da das Gericht sich bei der Entscheidung über die Aufhebung der Eigenverwaltung an dem Maßstab des § 270 II Nr. 3 InsO zu orientieren hat, den auch die übrigen Gläubiger ihrer Beschlußfassung gem. § 271 Satz 1 bzw. § 272 I

---

355 Siehe oben 2. c).

356 RegE, BT-Drucksache 12/2443, Begr. B, S. 224.

357 Vgl. die Ausführungen unter 2. c).

358 Das gilt umso mehr, als die Antragsbefugnis zur Einberufung gem. § 75 I InsO nur bestimmten Personen/-gruppen zusteht.

Nr. 1 InsO zugrundelegen werden, werden auch die Interessen der Gläubigergesamtheit gewahrt.[359] Demnach ist es unbedenklich, den Antrag eines absonderungsberechtigten Gläubigers oder eines Insolvenzgläubigers aufgrund aktueller Veränderungen der Sachlage auch gegen die Anordnung der Eigenverwaltung gem. § 271 Satz 1 InsO zuzulassen.[360]

bb) Glaubhaftmachung gem. § 272 II 1 InsO

Zur Abwehr von rechtsmißbräuchlichen Anträgen hat der Gesetzgeber in § 272 II 1 InsO vorgesehen, daß der antragstellende Gläubiger den Wegfall der Voraussetzung gem. § 270 II Nr. 3 InsO glaubhaft machen muß.[361] Das bedeutet gem. § 4 InsO iVm § 294 ZPO, daß der Gläubiger zur Überzeugung des Gerichts den Nachweis erbringen muß, daß die wirtschaftlichen Interessen der Gläubiger infolge der Eigenverwaltungsanordnung (nunmehr) mit überwiegender Wahrscheinlichkeit[362] gefährdet sind. Dabei kann er sich gem. § 294 ZPO aller Beweismittel bedienen, auch zur Versicherung an Eides Statt zugelassen werden. Da sich der Gläubiger vorwiegend auf im persönlichen Verhalten des Schuldners liegende Gründe wie unökonomische Geschäftsführung, Vermögensverschiebungen, mangelnde Erfüllung der ihm im Rahmen der Eigenverwaltung obliegenden Aufgaben[363] oder mangelnde Kooperationsbereitschaft iFd §§ 275 I, 279 Satz 2, 282 II InsO stützen wird[364], ist es sinnvoll, seine Darlegungen mit Aussagen des Sachwalters oder anderer Gläubiger,

---

359 Als Vergleichsmaßstab bezüglich der Frage, ob sich die Sachlage zum Nachteil der Gläubiger verändert hat, hat das Gericht allerdings die der Antragstellung gem. § 271 Satz 1 InsO zugrundeliegende Beurteilung durch die Gläubiger heranzuziehen.

360 Davon gehen auch Leipold, S. 165, 170, Neumann, § 6, A. VI. 1. c), S. 370 und Smid BB 1992, S. 501, 509; ders. DZWir 1994, S. 278, 282 aus.

361 RegE, BT-Drucksache 12/2443, Begr. B, S. 224.

362 Der Vollbeweis hingegen verlangt eine an Sicherheit grenzende Wahrscheinlichkeit. Glaubhaftmachung ist also ein geringerer Grad der Beweisführung, vgl. Baumbach/ Lauterbach/Albers/Hartmann, § 294 Rdz. 1; Thomas/Putzo, § 294 Rdz. 1.

363 Z.B. Unterrichtung der Gläubiger gem. § 281 InsO.

364 Wenn dagegen die Aufhebung der Eigenverwaltung wegen der gem. § 157 InsO beschlossenen Liquidation des Schuldnervermögens angestrebt wird, so wird der Antrag regelmäßig unmittelbar von der beschließenden Gläubigerversammlung gestellt werden, so daß es auf den Antrag eines einzelnen Gläubigers gem. § 272 I Nr. 2 InsO nicht ankommt.

die die Argumentation des antragstellenden Gläubigers bestätigen können, zu untermauern. Insbesondere wenn der Gläubiger sich mit seinem Antrag gegen die gem. § 270 I 1 InsO angeordnete Eigenverwaltung richtet, wird ihm angesichts der vom Gericht bereits erstellten positiven Prognose jedenfalls ein hoher Begründungsaufwand abverlangt werden.[365]

c) Antrag des Schuldners gem. § 272 I Nr. 3 InsO

Die mit der Eigenverwaltung gegenüber dem Regelinsolvenzverfahren angestrebten Vorteile sind nur dann realisierbar, wenn der Schuldner bereit ist, alle ihm im Rahmen des Insolvenzverfahrens obliegenden Aufgaben ordnungsgemäß zu erfüllen und sein Vermögen im Interesse der Gläubiger optimal zu verwerten.[366] Diese Bereitschaft kann – selbst wenn sie bei Stellung des Antrags gem. § 270 II Nr. 1 InsO zunächst vorhanden war – im Laufe des Verfahrens entfallen. Das ist z.B. dann denkbar, wenn der Schuldner mit den ihm auf Antrag der Gläubigerversammlung oder eines einzelnen Gläubigers gem. § 277 InsO auferlegten Einschränkungen oder mit der Ausübung der Zustimmungsbefugnis gem. § 276 InsO durch den Gläubigerausschuß nicht einverstanden ist.[367] In diesem Fall ist es aus Gründen des Gläubigerschutzes notwendig, die Eigenverwaltung vorzeitig zu beenden. § 272 I Nr. 3 InsO bietet diese Möglichkeit, indem er bestimmt, daß das Insolvenzgericht die Anordnung der Eigenverwaltung aufzuheben hat, wenn der Schuldner einen entsprechenden Antrag stellt.

---

365 Smid BB 1992, S. 501, 509; ders. DZWir 1994, S. 278, 282. Kritisch auch Neumann, § 6, A. VI. 1. c), S. 370.

366 RegE, BT-Drucksache 12/2443, Begr. B, S. 224; Neumann, § 6, A. VI. 1. a), S. 363; Bork, § 35, C., Fn. 5.

367 RegE, BT-Drucksache 13/2443, Begr. B, S. 224. Der RegE spricht allerdings nicht lediglich von der Zustimmungsbefugnis des Gläubigerausschusses, sondern von einer "Weisungsbefugnis". Nach der oben (2. b) bb)) vertretenen Ansicht existiert eine Weisungsbefugnis bezüglich der Geschäftsführung des Schuldners bereits wegen der Kompetenzverlagerung auf den Sachwalter nicht; aber auch im Regelinsolvenzverfahren hat der Gläubigerausschuß gegenüber dem Insolvenzverwalter kein Weisungsrecht, sondern nur Informations- und Beratungspflichten – vgl. Bork, § 8, B. II., Rdz. 78 –, so daß auch eine diesbezügliche Herleitung der Weisungsbefugnis ausscheidet.

Das Gericht muß diesem Antrag zweifellos entsprechen, wenn er von dem Schuldner als natürlicher Person oder von allen geschäftsführenden Organen bzw. Organmitgliedern einer Handelsgesellschaft (oHG, KG oder juristische Person) gemeinsam gestellt wird. Wegen des oben[368] dargelegten Bedürfnisses nach Kooperationsbereitschaft und Interessenhomogenität in der Führungsspitze des Unternehmens wird aber zu fordern sein, daß auch auf den Antrag nur eines *einzelnen* geschäftsführenden Organmitglieds bzw. Gesellschafters die Eigenverwaltung aufgehoben wird. In einem solchen Fall ist nämlich die Führungsstruktur des Unternehmens offenbar bereits stark geschädigt, da ansonsten interne Maßnahmen wie Aufgabenumverteilung oder Auswechslung des dissentierenden Organ(-mitglied)s zur Beseitigung der Unstimmigkeiten in der Unternehmensleitung ausgereicht hätten.

d) Funktionelle Zuständigkeit

Wie bereits dargelegt, ist gem. § 3 Nr. 2e RPflG vorbehaltlich der in § 18 I RPflG normierten Kompetenzzuweisung grundsätzlich der Rechtspfleger funktionell zuständig für die im Rahmen des Insolvenzverfahrens zu treffenden Entscheidungen. Das bedeutet, daß ihm die Aufhebung der Eigenverwaltungsanordnung gem. § 272 I InsO dann obliegt, wenn diese Entscheidung nicht in den Regelungsbereich des § 18 I RPflG fällt. Für das Eingreifen des Richtervorbehalts könnte in diesem Fall sprechen, daß die Aufhebung der Eigenverwaltung die Einsetzung eines Insolvenzverwalters nach sich zieht[369], dessen Ernennung gem. § 18 I Nr. 1 RPflG dem Richter zugewiesen ist. Indessen bezieht sich diese Kompetenzzuweiung ersichtlich nur auf die erstmalige Verwalterbestellung bei Verfahrenseröffnung gem. § 27 I 1, II Nr. 2 InsO, wie sich aus der Formulierung " unter Einschluß (...) der Ernennung des Insolvenzverwalters" ergibt. Die spätere Bestellung eines Verwalters hingegen fällt – unabhängig davon, ob sie infolge einer Abwahl gem. § 57 Satz 1 InsO oder der Aufhebung der Eigenverwaltung gem. § 272 I InsO erfolgt – nach dem Wortlaut der Norm nicht in den Kompetenzbereich des Richters.[370]

---

368 1. a) aa) (1).

369 Vgl. § 272 III InsO.

370 Der Gesetzgeber hat damit die bereits im geltenden Konkursverfahren bestehende Struktur der Aufgabenverteilung zwischen Richter und Rechtspfleger übernommen,

Dementsprechend ergibt sich aus dem Fehlen einer expliziten Zuweisung der Entscheidung gem. § 272 I InsO an den Richter in der – abschließenden – Regelung des § 18 I RPflG die funktionelle Zuständigkeit des Rechtspflegers.

Diese Kompetenzzuweisung ist im Hinblick auf die Aufhebung der Eigenverwaltung infolge eines Antrags der Gläubigerversammlung oder des Schuldners selbst gem. § 272 I Nr. 1, 3 InsO unbedenklich, da das Gericht in diesen Fällen keinen Entscheidungsspielraum hat, sondern dem jeweiligen Antrag ohne komplizierte Abwägungen und Bewertungen des zugrundeliegenden Sachverhalts entsprechen muß. Bedenken können sich aber in bezug auf die Eigenverwaltungsaufhebung gem. § 272 I Nr. 2 InsO ergeben, wenn der Aufhebungsantrag von einem absonderungsberechtigten Gläubiger oder einem Insolvenzgläubiger gestellt wird. In diesem Fall muß der antragstellende Gläubiger gem. § 272 I Nr. 2, II 1 InsO glaubhaft machen, daß die Voraussetzung des § 270 II Nr. 3 InsO weggefallen ist. Das Gericht muß den Schuldner vor seiner Entscheidung über den Antrag hören, gegen die Entscheidung stehen sowohl dem Gläubiger als auch dem Schuldner die sofortige Beschwerde zu, § 272 II 2, 3 InsO.

Nun weist aber der Regierungsentwurf zum EGInsO in seiner Begründung zu § 18 I Nr. 2 RPflG[371] unter Bezugnahme auf Art. 92 GG darauf hin, daß aus verfassungsrechtlichen Gründen die gesamte rechtsprechende Tätigkeit und solche Aufgaben, die ihr nahekommen, dem Richter vorbehalten sind. Diesbezügliche Qualifikationsmerkmale sind nach seiner dortigen Aussage ein der betreffenden Entscheidung vorausgehendes kontradiktorisches Verfahren mit Anhörung des Betroffenen, schwierige Abwägungen und Bewertungen und ein tiefer Eingriff in die Rechtsstellung des Schuldners oder der Gläubiger[372], wie sie bei den in § 18 I Nr. 2 RPflG normierten Entscheidungen gem. §§ 289, 296, 297, 300, 303 InsO zu finden sind.

Im Rahmen dieser die Restschuldbefreiung betreffenden Regelungen obliegt dem Richter die Prüfung, ob der Schuldner eine Obliegenheit gem. § 295 InsO verletzt und dadurch die Befriedigung der Insolvenz-

---

wonach die Bestellung eines gem. § 80 KO gewählten Verwalters Sache des Rechtspflegers ist, vgl. dazu Bassenge/Herbst, § 18 Rdz. 3 f.

371 BT-Drucksache 12/3803, S. 65.

372 RegE EGInsO, BT-Drucksache 12/3803, S. 65.

gläubiger beeinträchtigt hat, § 296 InsO, oder wegen einer Insolvenzstraftat gem. §§ 283 – 283c StGB rechtskräftig verurteilt worden ist, § 297 InsO. Der den Antrag gem. § 272 I Nr. 2 InsO stellende Gläubiger wird sich bezüglich des Wegfalls bzw. des ursprünglichen Fehlens der Voraussetzungen des § 270 II Nr. 3 InsO regelmäßig auf im persönlichen Verhalten des Schuldners liegende Gründe wie nicht ordnungsgemäße Erfüllung seiner Aufgaben, Vermögensverschiebungen, Verübung von Straftaten und die dadurch bedingte Gläubigerschädigung berufen.[373] Da es hier um den Regelungen der Restschuldbefreiung vergleichbare Prüfungsgegenstände geht, könnte man darauf schließen, daß der Richter de lege ferenda dann auch für die Aufhebung der Eigenverwaltung gem. § 272 I Nr. 2 InsO funktionell zuständig sein müßte. Wenn sich der Aufhebungsantrag des Schuldners gegen die Anordnung der Eigenverwaltung gem. § 271 Satz 1 InsO richtet, hat die Aufhebung für die Rechtsstellung der Gläubiger insoweit gravierende Bedeutung, als danach keine erneute Anordnung mehr möglich ist. Die Frage, ob den Gläubigern endgültig die Möglichkeit der mit der Eigenverwaltung angestrebten Kostenersparnis und Effizienzsteigerung genommen wird, erfordert daher sorgfältige Interessenabwägungen und Bewertungen. Auch dies könnte für die funktionelle Zuständigkeit des Richters bei Anträgen gem. § 272 I Nr. 2 InsO sprechen.

Andererseits indiziert die Notwendigkeit umfassender Interessenabwägungen nicht zwangsläufig die Unzuständigkeit des Rechtspflegers: Das zeigt sich nach geltendem Recht bereits daran, daß etwa die Beurteilung, ob ein von den Gläubigern angenommener Vergleich dem gemeinsamen Interesse der Gläubiger widerspricht (§§ 79 Nr. 4 VerglO), in den Zuständigkeitsbereich des Rechtspflegers fällt.[374] Bejaht er dies, so hat er gem. § 19 II RPflG a.F. iVm § 80 I VerglO über die Eröffnung des Anschlußkonkurses zu entscheiden. Im Hinblick auf die Frage nach der Verwaltungs- und Verfügungsbefugnis über das Schuldnervermögen ist die Rechtslage der Situation bei Aufhebung der Eigenverwaltung vergleichbar. Mit seiner Entscheidung gem. §§ 79 Nr. 4, 80 I VerglO greift der Rechtspfleger darüber hinaus sogar viel stärker in die Rechtsstellung der Gläubiger ein als bei der Aufhebungsentscheidung gem. § 272 I Nr. 2 InsO, da er ihnen nunmehr zugleich ein anderes Verfahrensziel vorgibt

373 Siehe oben Kap. 3, II. 3. b) bb).

374 Vgl. Bassenge/Herbst, § 18 Rdz. 6 zum Zwangsvergleich nach der KO.

(Liquidation statt Schuldnersanierung), das nur durch einen Zwangsvergleich gem. §§ 173 ff. KO wieder abgewendet werden kann. Demnach kann allein von der Notwendigkeit einer umfassenden Interessenabwägung und den Rechtsfolgen der Aufhebung gem. § 272 I Nr. 2 InsO nicht auf die zwangsläufige Notwendigkeit der Richterkompetenz geschlossen werden. Der Vergleich zu den angeführten Regeln über die Restschuldbefreiung vermag das Bedürfnis nach einer Kompetenzzuweisung an den Richter deshalb nicht zu begründen, weil es dort – anders als bei der Aufhebungsentscheidung gem. § 272 I Nr. 2 InsO – um unmittelbare Veränderungen der materiellen Rechststellung der Verfahrensbeteiligten geht und die betreffenden Entscheidungen daher von verfassungsrechtlicher Relevanz gem. Art. 92 GG sind.

Demnach ist die sich aus § 3 Nr. 2e RPflG ergebende Zuständigkeit des Rechtspflegers auch in bezug auf die Aufhebung der Eigenverwaltung gem. § 272 I Nr. 2 InsO unbedenklich, zumal gem. § 18 II RPflG immer noch die Möglichkeit besteht, daß der Richter die Entscheidung an sich zieht, wenn im konkreten Fall das Bedürfnis nach einer richterlichen Beurteilung besteht.

4. *Zusammenfassung und Ergebnis zu II.*

Die Anordnung der Eigenverwaltung kann gem. § 270 I 1 InsO bereits im Eröffnungsbeschluß erfolgen. Dann setzt sie gem. § 270 II Nr. 1 InsO einen entsprechenden Antrag des Schuldners voraus, der bei juristischen Personen und Gesellschaften ohne Rechtspersönlichkeit von jedem organschaftlichen Vertreter oder persönlich haftenden Gesellschafter gestellt werden kann. In diesem Fall müssen die übrigen unternehmensleitenden Personen aus Gründen des Gläubigerschutzes zustimmen. Der Antrag kann nicht nur bei Stellung des Eigenantrags gem. §§ 13 I 2, 2. Fall, 15 I InsO oder in der Anhörung gem. § 14 II InsO, sondern auch noch in der Anhörung gem. § 15 II 2 InsO gestellt werden.

Soweit ein Gläubiger den Eröffnungsantrag gestellt hat, muß er gem. § 270 II Nr. 2 InsO dem Eigenverwaltungsantrag des Schuldners zustimmen. Diese Regelung trägt dazu bei, das Sonderverfahren gem. §§ 270 ff. InsO auf Ausnahmefälle zu beschränken. So wünschenswert dieses Ziel aus Gläubigerschutzgründen einerseits ist, so unsachgemäß erscheint es andererseits, die Entscheidung über die Eigenverwaltungsanordnung nicht ausschließlich an objektiv nachvollziehbaren Wirtschaftlichkeitskriterien und dem von sämtlichen Verfahrensbeteiligten dem Schuldner entgegengebrachten Vertrauen in seine Redlichkeit und seine unternehmerischen Qualitäten zu messen, sondern von der u.U. auf reiner Willkür und persönlicher Antipathie basierenden Zustimmung eines einzelnen Gläubigers abhängig zu machen. Damit wird dem betreffenden Gläubiger ein nicht zu rechtfertigendes Machtpotential an die Hand gegeben, das mit dem ursprünglich mit der Eigenverwaltung angestrebten Zweck der Optimierung der Gläubigerbefriedigung nichts mehr zu tun hat. Zudem kann das Erfordernis gem. § 270 II Nr. 2 InsO im Falle mehrerer Gläubigeranträge gem. § 13 I 2, 1. Fall InsO zu unerwünschten Zufallsergebnissen führen.

Darüber hinaus ist aber ein derartiges Zustimmungserfordernis wegen der nunmehr im Anschluß an die Beschlußempfehlung des Bundestags-Rechtsausschusses verschärften Nachforschungspflichten im Rahmen der Nachteilsregelung gem. § 270 II Nr. 3 InsO auch nicht notwendig: Danach darf das Gericht die Eigenverwaltung gem. § 270 I 1 InsO nur dann anordnen, wenn sie im konkreten Fall nicht zu einer Verzögerung des Verfahrens führt und gewährleistet ist, daß die Gläubiger nicht durch Verschiebungen, schlechte Verwaltung oder Verschleuderungen des Vermögens durch den Schuldner wirtschaftliche Nachteile erleiden. Nur wenn die Sanierung des Schuldnerunternehmens hinreichend wahrscheinlich ist, der Schuldner glaubhaft darlegen kann, daß die in seiner Person liegenden Ursachen der Insolvenz beseitigt sind und er das Gericht von seiner Vertrauenswürdigkeit überzeugen kann, besteht eine sachliche Rechtfertigung für das Sonderverfahren nach §§ 270 ff. InsO. Sofern die Liquidation des Schuldnervermögens nach den dem Gericht bei Verfahrenseröffnung vorliegenden Informationen sicher oder zumindest wahrscheinlich ist oder einer der in den §§ 17 Nr. 4, 18 Nr. 1 VerglO des geltenden Rechts genannten Umstände in der Person des Schuldners bzw. eines seiner unternehmensleitenden Organ(teil)e vorliegt, ist die Eigenverwaltung sogar zwingend ausgeschlossen. Dem Schuldner wird bereits durch § 270 II Nr. 3 InsO ein hoher Begründungsaufwand, vorausschauendes Verhalten und die Demonstration seiner Redlichkeit und Einsatzbereitschaft abverlangt. Die strengen Anforderungen an die Anordnung gem. § 270 I 1 InsO rechtfertigen einen Verzicht auf das konstitutive Zustimmungserfordernis gem. § 270 II Nr. 2 InsO.

Die Versagung der Eigenverwaltungsanordnung gem. § 270 I 1 InsO kann vom Schuldner nicht angefochten werden. Dennoch ist mit der negativen gerichtlichen Entscheidung das Sonderverfahren gem. §§ 270 ff. InsO nicht endgültig ausgeschlossen. Vielmehr besteht noch die Möglichkeit einer nachträglichen Anordnung der Eigenverwaltung auf Antrag der ersten Gläubigerversammlung gem. § 271 Satz 1 InsO. Bei dieser kann es sich um den Prüfungs- oder den Berichtstermin gem. §§ 29 I Nr. 1, 2, 156 ff., 176 InsO, die Kombination beider Termine gem. § 29 II InsO oder aber einen gem. § 75 I InsO beantragten, den gesetzlich normierten Terminen zeitlich vorgelagerten Versammlungstermin handeln. Angesichts der regelmäßigen Zweckwidrigkeit der Eigenverwaltung bei Liquidation des Schuldnervermögens werden die Gläubiger in der Praxis allerdings regelmäßig die im Berichtstermin zu treffende Entscheidung über die Art der Vermögensverwertung abwarten, bevor sie sich für die Eigenverwaltung aussprechen.

Gemäß dem Grundsatz der Autonomie der wirtschaftlich betroffenen Gläubiger wird über die Eigenverwaltung nach dem in § 76 II InsO normierten Mehrheitssystem entschieden.[375] Entgegen den Vorschlägen des Regierungsentwurfs hat der Gesetzgeber sich dabei für das Prinzip der bloßen Summenmehrheit entschieden; eine zusätzliche Kopfmehrheit ist nicht erforderlich. Angesichts der Einbeziehung der durch Absonderungsrechte gesicherten Gläubiger in das Abstimmungsverfahren einerseits und der Bedeutung der Eigenverwaltungsentscheidung gerade für die ungesicherten Kleingläubiger andererseits könnten sich Zweifel an der Sachgerechtigkeit dieses Stimmsystems ergeben. Diesen dürfte aber durch das Verfahren zur Aufhebung von Beschlüssen der Gläubigerversammlung gem. § 78 InsO weitgehend die Grundlage entzogen worden sein: Die von der Einrichtung dieser zusätzlichen Kontrollinstanz ausgehende Präventionswirkung wird regelmäßig eine versammlungsinterne Selbstkontrolle, einen wechselseitigen Informationsaustausch unter den Gläubigern, Kompromißbereitschaft, Überzeugungsarbeit und gegebenenfalls sogar die Korrektur ursprünglicher Entscheidungen bewirken.

375 Vgl. Neumann, § 6, A. IV. 1.c), S. 368: "Die Gläubigerautonomie ist stets die Autonomie der jeweiligen Gläubigermehrheit." ... "Abzulehnen ist ... auch die Forderung, daß alle Gläubiger der Eigenverwaltung zustimmen müßten. Die Gläubigerautonomie würde sich in eine nicht zu rechtfertigende Autonomie des einzelnen oder einiger weniger Gläubiger reduzieren."

Darüber hinaus können benachteiligte Gläubiger einem Beschluß gem. § 271 Satz 1 InsO, mit dem lediglich Sonderinteressen einzelner, insbesondere absonderungsberechtigter Gläubiger durchgesetzt werden sollen, mit dem Aufhebungsantrag gem. § 272 I Nr. 2 InsO entgegentreten.

In der Praxis wird der Letztentscheidungskompetenz der Gläubiger gem. § 271 Satz 1 InsO allerdings insgesamt wenig praktische Relevanz zukommen. Angesichts der negativen Beurteilung durch das Gericht im Eröffnungsbeschluß, der Einsetzung eines Insolvenzverwalters und dessen Kompetenzausübung, der in der Praxis regelmäßig bestehenden Abhängigkeit der Eigenverwaltung von der Verwertungsform und der heterogenen Interessen- und Beteiligungsstruktur in den Gläubigerversammlungen ist die Beantragung der Eigenverwaltung durch die Gläubiger gem. § 271 Satz 1 InsO selten zu erwarten.

Ordnet das Gericht die Eigenverwaltung gem. § 270 I 1 InsO im Eröffnungsbeschluß an, so können die Gläubiger diese Entscheidung nicht anfechten. Dennoch bedeutet dies nicht, daß dem Schuldner damit zwingend die Verwaltungs- und Verfügungsbefugnis über sein Vermögen für die Dauer des gesamten Insolvenzverfahrens verbleibt. Zum einen ist die Eigenverwaltung gem. § 272 I Nr. 3 InsO aufzuheben, wenn der Schuldner bzw. eines seiner unternehmensleitenden Organ(teil)e einen entsprechenden Antrag stellt. Zum anderen können aber auch die Gläubiger gem. § 272 I Nr. 2, 3 InsO auf die Einsetzung eines Insolvenzverwalters hinwirken. Einem Aufhebungsantrag der Gläubigerversammlung hat das Gericht ohne weiteres zu entsprechen. Stellt ein einzelner Gläubiger diesen Antrag, so muß er glaubhaft machen, daß die Eigenverwaltungsanordnung mit Nachteilen für die Gläubiger verbunden ist. Dabei ist § 272 I Nr. 2 InsO extensiv auszulegen, so daß neben dem späteren Wegfall der Voraussetzung gem. § 270 II Nr. 3 InsO auch deren ursprüngliches Fehlen geltend gemacht werden kann. Der Aufhebungsantrag kann sich – ebenso wie der Antrag gem. § 272 I Nr. 1 InsO – nicht nur gegen die Anordnung gem. § 270 I 1 InsO, sondern auch gegen die auf Antrag der Gläubigerversammlung gem. § 271 Satz 1 InsO angeordnete Eigenverwaltung richten.

Die Entscheidung über die Anordnung der Eigenverwaltung gem. § 270 I 1 InsO fällt wegen § 18 I Nr. 1 RPflG als Konkretisierung der Vorbehaltsregelung in § 3 Nr. 2 RPflG in den funktionellen Zuständigkeitsbereich des Richters. Dagegen ist für die Anordnung gem. § 271 Satz 1 InsO und für die Aufhebung der Eigenverwaltung auf Antrag der

Gläubigerversammlung, eines einzelnen Gläubigers oder des Schuldners gem. § 272 InsO grundsätzlich der Rechtspfleger gem. § 3 Nr. 2e RPflG funktionell zuständig, es sei denn, der Richter zieht das Verfahren gem. § 18 II 1 RPflG ganz oder teilweise an sich.

III. Rechtsfolgen der Eigenverwaltungsanordnung

1. Allgemeine Rechtsfolgen

Die Anordnung der Eigenverwaltung gem. § 270 I 1 InsO bzw. § 271 Satz 1 InsO bewirkt lediglich, daß das Schuldnervermögen nicht beschlagnahmt und der Verwaltungs- und Verfügungsbefugnis eines Insolvenzverwalters unterstellt wird, sondern letztere dem Schuldner verbleibt. Auf die Durchführung des Insolvenzverfahrens hat sie aber keinen Einfluß, vgl. § 270 I 2 InsO. Vielmehr bleibt es dabei, daß das Schuldnervermögen zu verwerten ist, um die Gläubiger gemeinschaftlich zu befriedigen.[376] Es handelt sich bei dem Sonderverfahren der Eigenverwaltung also lediglich um eine besondere Modalität des Regelinsolvenzverfahrens, das durch einzelne, durch den Verbleib der Verwaltungs- und Verfügungsbefugnis beim Schuldner bedingte Abweichungen gekennzeichnet ist. Diese liegen etwa darin, daß die Eigenverwaltungsanordnung aus Gründen der Rechtssicherheit[377] zwar öffentlich bekannt gemacht werden muß[378], aber gem. § 270 III 3 InsO keine Eintragung in das Grundbuch oder die in § 33 InsO genannten Register zu erfolgen hat.[379] Vor allem aber wird gem. §§ 270 III 1, 271 Satz 2 InsO kein Insolvenzverwalter, sondern ein Sachwalter bestellt, dem nur eingeschränkte Kompetenzen bezüglich der Prüfung der Vermögensverhältnisse des Schuldners, der Überwachung seiner Geschäfts- und Lebensführung, der Information der Gläubiger etc. obliegen. Die den Verfahrensablauf betreffenden Kompetenzen sowie die im Rahmen der Unternehmenssanierung bedeutsame Geschäftsführung, die die Vornahme von Verwaltungs-

376 Bork, § 35, D., Rdz. 404.

377 Vgl. RegE, BT-Drucksache 12/2443, Begr. B, S. 224.

378 §§ 270 I 1 iVm 27, 30 I, 273 1. Fall InsO.

379 Die Eintragung ist jedoch erforderlich, sobald eine Verfügungsbeschränkung angeordnet wird, § 277 III 2, 3 InsO. Die Kritik Leipolds, S. 165, 174 ist mit der Korrektur des RefE durch den RegE diesbezüglich gegenstandslos geworden.

maßnahmen und Vermögensverfügungen beinhaltet, obliegen in erster Linie dem Schuldner.

a) Bildung einer Insolvenzmasse

In einigen, den Komplex der Eigenverwaltung betreffenden Normen[380] ist von der "Insolvenzmasse" die Rede. So bestimmt etwa § 270 I 1 InsO, daß "der Schuldner (...) berechtigt (ist), unter Aufsicht eines Sachwalters die *Insolvenzmasse* zu verwalten und über sie zu verfügen, wenn das Insolvenzgericht (...) die Eigenverwaltung anordnet." Diese umfaßt das gesamte Schuldnervermögen, das zugunsten der Gläubiger im Insolvenzverfahren verwertet werden soll.[381] Dazu gehört gem. § 35 InsO das dem Schuldner zur Zeit der Verfahrenseröffnung gehörende Vermögen sowie der – ehemals konkursfreie – Neuerwerb, ausgenommen diejenigen Gegenstände, die nicht der Zwangsvollstreckung unterliegen[382].

Der Begriff "Masse" ist dem geltenden Konkursrecht entnommen, das in § 1 I KO "das gesamte, einer Zwangsvollstreckung unterliegende Vermögen des Gemeinschuldners, welches ihm zur Zeit der Eröffnung gehört" als Konkursmasse definiert. Im Vergleichsverfahren dagegen findet keine Massebildung statt.[383] Das hängt damit zusammen, daß dort zum einen keine Trennung von verwertbarem Sonder- und haftungsfreiem Schuldnervermögen erfolgt, sondern die Gläubiger aus dem gesamten, auch während des Vergleichsverfahrens erwirtschafteten Vermögen des Schuldners befriedigt werden, und zum anderen kein Wechsel der Verwaltungs- und Verfügungsbefugnis über das im Konkursverfahren so abgespaltene Sondervermögen stattfindet.[384] Die Bildung der Masse soll demnach die logische Konsequenz der konkursrechtlichen Beschlagnahme des (teilweisen) Schuldnervermögens sein.[385]

Da nun aber die InsO den Neuerwerb in das zugunsten der Gläubiger zu verwertende Schuldnervermögen mit einbezieht, also nur noch die

---

380 §§ 270 I 1, 278 I, 280, 281 I 1, 285 InsO.

381 Bork, § 1, Rdz. 3 unter Verweis auf § 38 InsO.

382 § 36 I InsO.

383 BGH ZIP 1980, S. 744, 745; Mohrbutter/Mohrbutter, Zwischenteil, I. 3. (Rdz. 1176); Baur/Stürner, ZV-, KO- u. VerglR, Bd. II, § 27 I. 1. b) (Rdz. 27.2); Bley/ Mohrbutter, § 96 Rdz. 3.

384 Baur/Stürner, ZV-, KO- u. VerglR, Bd. II, § 27 I. 1. b) (Rdz. 27.2).

385 So Jauernig, § 38, IV. (S. 166).

unpfändbaren Gegenstände aus diesem Haftungsverbund herausfallen und damit eine den Zeitpunkt der Verfahrenseröffnung fixierende Trennung zweier Vermögensmassen entbehrlich wird, das Sonderverfahren der Eigenverwaltung in Anlehnung an die Vergleichsordnung gerade die Beschlagnahme verhindert und die Verwaltungs- und Verfügungsbefugnis über das Vermögen beim Schuldner beläßt, könnte man davon ausgehen, daß es im Verfahren nach den §§ 270 ff. InsO rechtstechnisch keine Insolvenzmasse gibt, so daß der Gesetzgeber in den §§ 270 I 1, 278 I, 280, 281 I 1, 285 InsO eine unzutreffende Terminologie benutzt. Andererseits hat der Gesetzgeber mit dem Begriff der Insolvenzmasse nicht nur einen aus einem anderen Regelungssystem bekannten Terminus übernommen, sondern in § 35 InsO zugleich seine Voraussetzungen neu definiert. Durch die Formulierung des die Beschlagnahme des Schuldnervermögens im Regelinsolvenzverfahren betreffenden § 80 I InsO, der von dem Übergang der Verwaltungs- und Verfügungsbefugnis über das "zur Insolvenzmasse gehörende Vermögen" spricht, wird deutlich, daß zunächst – sozusagen in einer logischen Sekunde – eine Masse gebildet wird und dann gegebenenfalls die Beschlagnahme erfolgt, aber nicht andersherum die Beschlagnahme die Voraussetzung der Massebildung ist.[386] Die Massebildung wird also nur als haftungsrechtliche Zuweisung einer Vermögensgesamtheit an die Gläubigergemeinschaft verstanden, unabhängig davon, wem die Verwaltungs- und Verfügungsbefugnis darüber zusteht. Unter Zugrundelegung dieser Definition ist die in den §§ 270 I 1, 278 I, 280, 281 I 1, 285 InsO verwendete Terminologie rechtstechnisch zutreffend.

b) Verfahrensablauf

Der Ablauf eines Insolvenzverfahrens, das im Wege der Eigenverwaltung gem. §§ 270 ff. InsO durchgeführt wird, gestaltet sich in der Praxis folgendermaßen: Zunächst wird das Verfahren auf Antrag des Schuldners oder eines Gläubigers[387] eröffnet, ohne daß damit zugleich eine Festlegung für eine bestimmte Verwertungsart erfolgt. Sind die formel-

386 Diese Interpretation läßt – entgegen der Argumentation *Jauernigs* (§ 38, IV. (S. 166), s.o. Fn. 10) – allerdings auch das geltende Konkursrecht bereits zu (vgl. §§ 1 I, 6 I KO).

387 § 13 I InsO.

len Voraussetzungen des § 270 II Nr. 1 und 2 InsO gegeben und ist das Gericht nach Vornahme der Nachteilsprüfung gem. § 270 II Nr. 3 InsO zu dem Schluß gekommen, daß die Eigenverwaltung dem Interesse der Verfahrensbeteiligten entspricht, so trifft es die Anordnung gem. § 270 I 1 InsO und bestellt gem. § 270 III 1 InsO einen Sachwalter. Ist dies nicht der Fall, so bestellt es gem. §§ 27 I 1, 56 InsO einen Insolvenzverwalter. Das Unternehmen des Schuldners ist bis zum Berichtstermin gem. § 29 I Nr. 1 InsO – je nach gerichtlicher Entscheidung – vom Schuldner unter Aufsicht des Sachwalters oder vom Insolvenzverwalter[388] fortzuführen. In diesem Termin entscheiden die Gläubiger über die Form der Haftungsverwirklichung, nachdem der Schuldner bzw. der Verwalter sie über die wirtschaftliche Lage und die Ursachen für den Zusammenbruch sowie über die Sanierungschancen und die Befriedigungsaussichten im Falle der zerschlagenden Liquidation, der übertragenden Sanierung bzw. der Sanierung des Schuldners informiert hat, §§ 156 f. InsO, gegebenenfalls iVm § 281 II 1 InsO. Zugleich entscheiden sie darüber, ob das Verfahren nach den gesetzlichen Vorgaben oder auf der Grundlage eines von den gesetzlichen Normen abweichenden Insolvenzplans (§§ 217 ff. InsO) abgewickelt werden soll, §§ 1 Satz 1, 157 Satz 2 InsO. Hatte das Gericht die Anordnung der Eigenverwaltung gem. § 270 I 1 InsO versagt und einen Insolvenzverwalter bestellt, so muß zudem spätestens in diesem Termin der Antrag gem. § 271 Satz 1 InsO gestellt werden.

Das gesetzlich geregelte Verfahren betrifft lediglich die Verwertung des Schuldnervermögens durch zerschlagende Liquidation oder übertragende Sanierung. Soweit die Gläubiger die Sanierung des Schuldnerunternehmens unter Perpetuierung des bisherigen Unternehmensträgers anstreben, bietet sich die Durchführung des Verfahrens auf der Grundlage eines Insolvenzplans an, da nur hier die erforderlichen Sanierungsmaßnahmen[389] und flexible Befriedigungsmethoden – wie etwa die Abfindung von Gläubigern in Anteilsrechten des Schuldners – verbindlich für den konkreten Einzelfall festgelegt werden können.[390] Da – wie oben

388 Vgl. §§ 80 I, 148 I, 157 InsO.

389 Vgl. die – nur aus redaktionellen Gründen nicht ausdrücklich in die InsO übernommene – beispielhafte Aufzählung in § 258 II RegE und die Begründung dazu, BT-Drucksache 12/2443, Begr. B, S. 197.

390 §§ 217, 219 ff. InsO, vgl. RegE, BT-Drucksache 12/2443, Begr. A, S. 90 f.; vgl. zum Planinhalt Bork, § 29; Uhlenbruck, Das neue InsR, Teil 1, B. III. 8 b) (S. 104 ff.).

dargelegt[391] – die Eigenverwaltung regelmäßig nur in Sanierungsfällen angeordnet bzw. aufrechterhalten wird, werden die §§ 270 ff. InsO ihre praktische Relevanz vorwiegend im Rahmen des sog. Planverfahrens gem. §§ 217 ff. InsO entfalten.

2. *Rechtsstellung des Schuldners*

Fraglich ist, welche Auswirkungen die Anordnung der Eigenverwaltung auf die Rechtsstellung des Schuldners hat. Dazu sind zunächst die allgemeinen Folgen der Verfahrenseröffnung bezüglich der personen- und vermögensrechtlichen sowie der staatsbürgerlichen Stellung des Schuldners zu klären, um sodann eventuelle – durch das Verfahren nach §§ 270 ff. InsO bedingte – Abweichungen zu prüfen. Ferner ist zu untersuchen, ob auch im Eigenverwaltungsverfahren eine Auflösung der Schuldnergesellschaften stattfindet. Des weiteren sind die Regeln über die finanzielle Unterstützung des Schuldners während des Verfahrens von Interesse, nicht zuletzt, um daran die Realisierbarkeit des mit der Eigenverwaltung verfolgten Ziels der Verfahrensverbilligung zu messen.

a) Personenrechtliche Konsequenzen

Durch den im Regelinsolvenzverfahren gem. § 80 I InsO vorgeschriebenen Entzug der Verwaltungs- und Verfügungsbefugnis über die Insolvenzmasse wird die personenrechtliche Stellung des Schuldners nur in relativ geringem Umfang berührt.[392] Dieser verliert weder seine Rechts- noch seine Geschäftsfähigkeit. Trotz der Beschlagnahme seines Vermögens bleibt er Eigentümer der zur Insolvenzmasse gehörenden Gegenstände und Gläubiger der ihm gegen Dritte zustehenden Forderungen.[393] Er kann sich auch während des Verfahrens durch Rechtsgeschäfte neu verpflichten und Vermögenswerte erwerben, die dann allerdings als Neuerwerb in die Masse fallen.[394] Die Wechsel- und Prozeßfähigkeit des Schuldners bleiben unberührt; er verliert aber die *Prozeßführungsbefug-*

391 Siehe II. 1. a) cc) (2) (a) (aa), (b), 2. b) cc), 3. a) bb).

392 Hess/Obermüller, B., Rdz. 8.

393 Bork, § 14, B., Rdz. 125.

394 Hess/Obermüller, B., Rdz. 8 und B. IX., Rdz. 179.

nis über das insolvenzbefangene Vermögen.[395] Da dieser Verlust allein die Konsequenz des Übergangs der Verwaltungs- und Verfügungsbefugnis auf den Insolvenzverwalter gem. § 80 I InsO ist[396], im Sonderverfahren der Eigenverwaltung dieser Wechsel aber gerade ausbleibt, bleibt der Schuldner hier zudem berechtigt, über die zur Masse gehörenden Gegenstände zu prozessieren.[397]

Die im geltenden Konkursrecht noch vorgesehenen Beschränkungen infolge der Verfahrenseröffnung gem. §§ 1670 I, 1781 Nr. 3, 1886 BGB entfallen im künftigen Insolvenzrecht.[398] Das bedeutet, daß nunmehr die Sorge eines Elternteils über das Vermögen des ehelichen Kindes nicht mehr automatisch mit der Eröffnung des Insolvenzverfahrens bzw. mit Stellung des Insolvenzantrags endet und der Schuldner nicht kraft Gesetzes für die Dauer des Insolvenzverfahrens als untauglich für die Bestellung zum Vormund erklärt wird bzw. wegen des Insolvenzverfahrens entlassen werden muß.[399] Der Gesetzgeber will damit verhindern, daß ein unverschuldet in Not geratener Elternteil oder (potentieller) Vormund durch die Aussicht, die Vermögenssorge über das Vermögen seiner Kinder zu verlieren oder nicht mehr als Vormund agieren zu können, davon abgehalten wird, durch ein Insolvenzverfahren mit anschließender Restschuldbefreiung oder durch einen Schuldenbereinigungsplan seine Vermögensverhältnisse wieder in Ordnung zu bringen.[400] Diese Änderung gegenüber der geltenden Rechtslage gilt auch für die Eigenverwaltung gem. §§ 270 ff. InsO als besondere Modalität des Regelinsolvenzverfahrens.

---

395 Hess/Obermüller, B., Rdz. 9; vgl. auch Bork, § 14, B., Rdz. 126.

396 Bork, § 17, A. (Rdz. 182); zum geltenden Konkursrecht BGHZ 35, S. 180, 183; Baur/Stürner, ZV-, KO- u.VerglR, Bd. II, § 9, IX. 1., 2. (Rdz. 9.78 f.) und Jauernig, § 43 III. 2., S. 186 f.. Siehe auch § 240 Satz 2 ZPO idF des Art. 18 Nr. 2 EG InsO!

397 Vgl. RegE, BT-Drucksache 12/2443, Begr. B, S. 223.

398 § 1670 BGB sowie die Nr. 3 des § 1781 BGB werden durch Art. 33 Nr. 28 und Nr. 30 EGInsO aufgehoben. Wegen der Verweisung auf § 1781 Nr. 3 BGB hat diese Änderung auch Bedeutung für § 1886 BGB.

399 A.A. Hess/Obermüller, B. IX., Rdz. 181, die auch künftig von einer Beschränkung der Rechtsstellung des Schuldners durch die §§ 1670, 1781, 1886 BGB ausgehen.

400 RegE EGInsO, BT-Drucksache 12/3803, Einzelbegr., S. 79.

b) Konsequenzen auf staatsbürgerlichem Gebiet

Die staatsbürgerliche Stellung des Schuldners kann durch die Eröffnung des (Regel-)Insolvenzverfahrens nicht unerheblich beeinflußt werden. So bestimmen §§ 32 Nr. 5, 109 III 2, 113 II GVG idF des Art. 12 Nr. 3.b), 4., 5.a) EGInsO, daß Personen, die in *Vermögensverfall* geraten sind, nicht zum Amt eines Schöffen berufen, nicht zum ehrenamtlichen Handelsrichter[401] ernannt bzw. ihres Amtes enthoben werden sollen.[402] "Vermögensverfall" liegt nach ständiger Rechtsprechung vor, wenn der Schuldner in ungeordnete, schlechte finanzielle Verhältnisse geraten ist, er sie in absehbarer Zeit nicht ordnen kann und außerstande ist, seinen Verpflichtungen nachzukommen.[403]

Im Vergleich zur geltenden Rechtslage besteht damit insoweit ein Unterschied, als bei Eröffnung des Konkursverfahrens über das Vermögen des Schuldners die Bekleidung dieser Ämter zwingend ausgeschlossen ist.[404] Mit der Neuregelung der Ausschlußvoraussetzungen beabsichtigt der Gesetzgeber, dem Insolvenzverfahren den bislang anhängigen Charakter des Makels zu nehmen und individuell – nach den Umständen des Einzelfalles – zu entscheiden, ob der Schuldner, über dessen Vermögen das Insolvenzverfahren eröffnet ist, dennoch genügend wirtschaftlichen Sachverstand besitzt, um das Amt des Schöffen oder des ehrenamtlichen Richters an der Kammer für Handelssachen zu bekleiden.[405] So soll der Schuldner etwa dann zu diesen Ämtern zugelassen werden können, wenn er "völlig unverschuldet in eine wirtschaftliche Notlage geraten ist oder wenn (er) selbst die Eröffnung des Insolvenzverfahrens beantragt hat mit dem Ziel, auf der Grundlage eines Insolvenz-

---

401 Da auch § 21 II ArbGG, § 21 VwGO und § 18 FGO in Anlehnung an die Änderungen von §§ 32 Nr. 3, 33 Nr. 5 und 109 III GVG geändert wurden, gilt das gleiche für einen ehrenamtlichen Richter am Arbeitsgericht, am Verwaltungsgericht und am Finanzgericht, § 21 II 2 ArbGG idF von Art. 25 Ziff. b) EGInsO, § 21 II VwGO idF des Art. 27 Ziff. c) EGInsO und § 18 II FGO idF des Art. 28 Ziff. c) EG InsO.

402 A.A. Hess/Obermüller, B. IX., Rdz. 182.

403 BGH BRAK-Mitt. 1991, S. 102; NJW 1991, S. 2083; so auch Feuerich/Braun, § 7 Rdz. 142.

404 Vgl. §§ 32 Nr. 3, 109 III , 113 I Nr. 1 GVG, § 21 II Nr. 3 ArbGG in der geltenden Fassung.

405 Gegenäußerung der BReg zur Stellungnahme des BRates, BT-Drucksache 12/3808, S. 132 f.

plans oder der gesetzlichen Vorschriften über die Restschuldbefreiung wieder zu geordneten Vermögensverhältnissen zu gelangen."[406] Die Eröffnung des Insolvenzverfahrens ist für sich genommen also u.U. kein hinreichender Grund, um gem. §§ 32 Nr. 5, 109 III 2, 113 II GVG[407] in die staatsbürgerlichen Rechte des Schuldners einzugreifen.

Ebenfalls auf den – vom Bundesrat in seiner Stellungnahme zum RegE EGInsO als zu unpräzise gerügten[408]- Begriff des Vermögensverfalls stellen die §§ 7 Nr. 9, 14 II Nr. 7 BRAO idF des Art. 16 Nr. 1 a), 2.b) EGInsO und § 50 I Nr. 5 BNotO idF des Art. 15 Nr. 2 a) EGInsO ab. Im Gegensatz zum geltenden Recht wird nicht die Eröffnung des Insolvenzverfahrens als maßgebliches Kriterium für die Versagung der Rechtsanwaltszulassung oder ihren Widerruf oder für die Amtsenthebung des Notars herangezogen.[409] Das Insolvenzverfahren soll keine Beeinträchtigung der Ehre als Grundlage für den Ausschluß des Schuldners aus bestimmten Berufen nach sich ziehen.[410]

Zwar ist die Verfahrenseinleitung nach §§ 7 Nr. 9, 14 II Nr. 7 BRAO n.F., § 50 I Nr. 5 BNotO n.F. genauso wie die Eintragung in das Schuldnerverzeichnis gem. § 26 II InsO bei Abweisung mangels Masse ein Indiz für den vorausgesetzten Vermögensverfall; grundsätzlich wird also vermutet, daß der Schuldner, der nicht in der Lage ist, seine eigenen wirtschaftlichen Verhältnisse zu ordnen und das Insolvenzverfahren zu vermeiden, nicht geeignet ist, als Rechtsanwalt oder Notar tätig zu sein und fremde Vermögensinteressen wahrzunehmen. Diese gesetzliche Vermutung kann aber widerlegt werden. Der Schuldner hat dann darzulegen, daß trotz der Eröffnung des Insolvenzverfahrens ein Vermögensverfall nicht besteht. Dazu muß der Betroffene seine Einkommens- und Vermögensverhältnisse umfassend darlegen. Insbesondere muß er eine Aufstellung sämtlicher gegen ihn erhobenen Forderungen vorlegen und darlegen, ob und inwieweit er diese inzwischen erfüllt hat bzw. wie er sie begleichen wird.[411] Dabei kann es nicht genügen, daß der Betroffene lediglich auf das insolvenzrechtliche Instrumentarium (z.B. §§ 151 ff., 217 ff.

406 RegE EGInsO, BT-Drucksache 12/3808, Einzelbegr., S. 64.

407 In der Fassung des Art. 12 Nr. 3.b), 4., 5.a) EGInsO.

408 BT-Drucksache 12/3808, S. 122.

409 Siehe dazu §§ 7 Nr. 10, 14 II Nr. 7 BRAO, § 50 I Nr. 5 BNotO jeweils in der geltenden Fassung.

410 RegE EGInsO, BT-Drucksache 12/3808, Einzelbegr., S. 66.

411 BGH NJW 1991, S. 2083 in bezug auf § 14 II Nr. 8 BRAO a.F.

InsO) verweist, da ansonsten die gesetzliche Vermutung ausgehöhlt würde. Erforderlich ist vielmehr, daß der Schuldner Eigeninitiative, wirtschaftlichen Sachverstand und eine akzeptable Zahlungsmoral demonstriert und gegebenenfalls darlegt, daß er unverschuldet in die wirtschaftliche Notlage geraten und ihm daran gelegen und er fähig ist, seine Vermögensverhältnisse auf der Grundlage des Insolvenzrechts wieder zu ordnen.[412]

Vergleicht man diese Kriterien mit den oben in II. 1. a) cc) (2) genannten materiellen Voraussetzungen der Eigenverwaltung, so fällt auf, daß sie im wesentlichen übereinstimmen. Das bedeutet, daß die Voraussetzungen für die Widerlegung der Vermögensverfallsvermutung iFd §§ 7 Nr. 9, 14 II Nr. 7 BRAO n.F., § 50 I Nr. 5 BNotO n.F bzw. die von den Soll-Vorschriften der §§ 32 Nr. 5, 119 III 2, 113 II GVG abweichende Entscheidung regelmäßig dann gegeben sind, wenn das Gericht die Eigenverwaltung gem. § 270 I 1 InsO oder gem. § 271 Satz 1 InsO[413] angeordnet hat. Somit läßt sich festhalten, daß die staatsbürgerliche Stellung des Schuldners im Eigenverwaltungsverfahren nach den §§ 270 ff. InsO nicht beeinträchtigt wird. Dieses Ergebnis korrespondiert mit der Tatsache, daß auch im Vergleichsverfahren, dem die Eigenverwaltung nachgebildet ist, keine derartige Einschränkung stattfindet. Die die Anwalts-, Notar-, Schöffen- und Handelsrichterzulassung regelnden Normen befassen sich nur mit dem Fall, daß die betreffende Person infolge gerichtlicher Anordnung in der Verfügung über ihr Vermögen beschränkt ist.[414] Da der Schuldner im Vergleichsverfahren die Verwaltungs- und Verfügungsbefugnis über sein Vermögen behält, liegen die Voraussetzungen der staatsbürgerlichen Einschränkungen hier grundsätzlich nicht

---

412 Vgl. die Ausführungen des RegE EGInsO, BT-Drucksache 12/3808, Einzelbegr., S. 64, die sich zwar nicht auf die Widerlegung der Vermutungsregelung beziehen, aber darstellen, unter welchen Voraussetzungen die in §§ 32, 109 GVG geregelten Ämter trotz der Verfahrenseröffnung ausgeübt werden können.

413 Zwar hat das Gericht in diesem Fall keine Entscheidungsfreiheit, sondern es muß die von den Gläubigern beantragte Eigenverwaltung anordnen. Jedoch werden die Gläubiger den Antrag gem. § 271 Satz 1 InsO regelmäßig nur dann stellen, wenn die genannten Voraussetzungen vorliegen.

414 Zwar ist in den §§ 7 Nr. 9, 14 II Nr. 8 BRAO auch der Vermögensverfall geregelt. Die gesetzliche Vermutung bezieht sich wegen der Sonderregelung in §§ 7 Nr. 10, 14 II Nr. 7 BRAO aber nicht auf die Eröffnung eines Insolvenz-, also etwa des Vergleichsverfahrens.

vor. Streitig ist lediglich, ob für den Fall eine Ausnahme besteht, daß ein allgemeines Veräußerungsverbot gem. §§ 12, 59, 62 VerglO ergeht.[415] Da gem. § 277 InsO nur auf bestimmte Rechtsgeschäfte bezogene Zustimmungsvorbehalte ergehen können, jedoch kein allgemeines Veräußerungs- bzw. Verfügungsverbot zulässig ist, stellt sich diese Streitfrage im Eigenverwaltungsverfahren nicht.

c) Vermögensrechtliche Konsequenzen

Die vermögensrechtliche Stellung des Schuldners wird grundsätzlich mit Eröffnung des Insolvenzverfahrens insoweit stark eingeschränkt, als gem. §§ 81 I 1, 82 InsO seine Verfügungen über das insolvenzbefangene Vermögen ebenso wie Leistungen an den Schuldner auf zur Masse gehörende Forderungen unwirksam sind. Statt dessen ist er an die vom nunmehr zuständigen Insolvenzverwalter vorgenommenen Rechtshandlungen – inklusive der zu vertretenden Vertragsverletzungen und Leistungsstörungen – gebunden.[416] Im Eigenverwaltungsverfahren treten die in den §§ 81 I 1, 82 InsO normierten Rechtsfolgen nur dann ein, wenn der Schuldner trotz des gem. § 277 InsO angeordneten Vorbehalts ein Rechtsgeschäft ohne Zustimmung des Sachwalters vorgenommen hat. Ansonsten kann er über sein Vermögen rechtsgeschäftlich frei disponieren, seine vermögensrechtliche Stellung wird also im Rahmen der Eigenverwaltung kaum eingeschränkt.

d) Auflösung von Gesellschaften

Die Eröffnung des Insolvenzverfahrens zieht nach §§ 42 I 1, 728 I 1 BGB, 131 I Nr. 3 HGB, 262 I Nr. 3 AktG, 60 I Nr. 4 GmbHG, 101 GenG idF des EGInsO die Auflösung von juristischen Personen und Gesellschaften ohne Rechtspersönlichkeit nach sich. Diese bestehen während der Dauer des Insolvenzverfahrens nur noch zum Zwecke der Abwicklung fort.[417] Gem. §§ 42 I 2 BGB, 144 I HGB, 274 I, II Nr. 1 AktG, 60 I

415 Bejahend Künne KTS 1971, S. 235, 238; Kissel, § 32 Rdz. 11; Feuerich/Braun, § 7 Rdz. 151; a.A. Berges KTS 1957, S. 183, 184 ff.; Uhlenbruck KTS 1972, S. 220, 228 f.; Bley/Mohrbutter, § 2 Rdz. 20, § 59 Rdz. 7.

416 Hess/Obermüller, B., Rdz. 11.

417 So zum geltenden Konkursrecht Mohrbutter/Mohrbutter, 1. Teil, XI. 1., Rdz. 1016, 2., Rdz. 1035; allg. zu den Auflösungswirkungen Baumbach/Hopt, § 131 Rdz. 1;

Nr. 4 GmbHG, 117 I 1 GenG n.F. können die Mitglieder-, Haupt- oder Generalversammlung bzw. die Gesellschafter aber die Fortsetzung der Gesellschaft beschließen, wenn das Insolvenzverfahren nach der Bestätigung eines den Fortbestand der Gesellschaft vorsehenden Insolvenzplans aufgehoben wird. Bis dahin darf die Gesellschaft jedoch nicht mehr werbend tätig werden, da sich ihr Gesellschaftszweck mit der Verfahrenseröffnung geändert hat.[418] Das bedeutet, daß sie von der Verfolgung ihrer weiteren auf Gewinnerzielung gerichteten Geschäftstätigkeit ausgeschlossen ist.[419]

Diese Regelungen gelten angesichts ihres eindeutigen Gesetzeswortlauts und fehlender Ausnahmeregelungen nicht nur für das Regelinsolvenzverfahren, sondern auch für die besondere Verfahrensmodifikation der Eigenverwaltung. Dies ist in zweierlei Hinsicht bedenklich: Zum einen kommt das Verfahren gem. § 270 ff. InsO faktisch wohl ausschließlich in Sanierungsfällen in Betracht.[420] Soweit das Insolvenzverfahren eine Sanierung des Schuldnerunternehmens bezweckt, ist aber bereits im geltenden Recht anerkannt, daß damit eine Auflösung der Gesellschaft unvereinbar wäre.[421] Deshalb führt de lege lata nur die Eröffnung des auf Liquidation ausgerichteten Konkursverfahrens zur Auflösung der Gesellschaft, nicht aber die Einleitung des gerichtlichen Vergleichsverfahrens.[422] Die damit statuierte Inkompatibilität von Unternehmenssanierung und Gesellschaftsauflösung legte auch die Reformkommission für Insolvenzrecht ihrem Vorschlag in Leitsatz 1.2.10 (VI) des Ersten Berichts zugrunde, mit dem sie normierte, daß der insolvenzrechtliche Eröffnungsbeschluß nicht die Auflösung der Gesellschaft bewirken, sondern diese erst Folge der Einleitung des Liquidationsverfahrens sein sollte.[423] Weshalb der Gesetzgeber die auf die unterschiedlichen Verwer-

---

Hüffer, § 262 Rdz. 2.

418 Vgl. Baumbach/Hopt, § 131Rdz. 1; Hüffer, § 262 Rdz. 2.

419 Hüffer, § 262 Rdz. 2.

420 RegE, BT-Drucksache 12/2443, Begr. B, S. 223, 226.

421 So in bezug auf das Vergleichsverfahren RGZ 154, S. 72, 76; Hüffer, § 262 Rdz. 6. Zum sog. Liquidationsvergleich siehe Baumbach/Hopt, § 131 Rdz. 11.

422 Vgl. §§ 728 Satz 1 BGB, 131 Nr. 3 HGB, 262 I Nr. 3 AktG, 60 I Nr. 4 GmbHG, 101 GenG a.F.

423 Siehe auch die Begründung zu Leitsatz 2.4.9.1 des Ersten Berichtes, S. 276 f. Weitergehend Karsten Schmidt, DJT-Gutachten, S. 71, der vorrangig vorschlug, dem

tungsformen der Liquidation und der Sanierung bezogene Differenzierung hinsichtlich der Auflösungswirkung nicht übernommen hat, bleibt unklar und wird im insolvenzrechtlichen Schrifttum bereits kritisiert.[424] Als Argument für diese Entscheidung ließe sich anführen, daß bei der in der InsO normierten Verfahrensstruktur, nach der die Gläubiger im Berichtstermin über die Verwertungsform entscheiden, Probleme bei einer vorherigen Stillegung des Unternehmens gem. § 158 InsO entstehen könnten, eine spätere Korrektur der Gläubigerentscheidung gem. § 157 Satz 3 InsO zu Komplikationen führen könnte und eine Sanierungsentscheidung nicht zwangsläufig das Fortbestehen des Unternehmensträgers bedingt.[425]

Der wesentliche, eine einheitliche Auflösungsregelung rechtfertigende Unterschied zwischen dem Vergleichsverfahren und dem auf Sanierung ausgerichteten Verfahren nach der InsO besteht in folgendem: Im Regelinsolvenverfahren schadet der Ausschluß der Gesellschaft von der weiteren Verfolgung der auf Gewinnerzielung gerichteten Geschäftstätigkeit der notwendigen kontinuierlichen Unternehmensfortführung deshalb nicht, weil währenddessen der Insolvenzverwalter die fortlaufenden Geschäfte wahrzunehmen hat, also die ursprüngliche Funktion des Unternehmensträgers übernimmt.[426] Im Vergleichsverfahren hingegen stehen dem Vergleichsverwalter nur Aufsichts-, Informations- und Mitwirkungskompetenzen zu, während die Geschäftsfortführung weiterhin den Gesellschaftsorganen obliegt. Daran scheitert hier die Korrespondenz des Sanierungszwecks mit der Gesellschaftsauflösung. Das ergibt sich auch daraus, daß der Gesetzgeber bei der u.U. auf eine Unternehmenssanierung ausgerichteten Beendigung des Konkursverfahrens durch einen Zwangsvergleich gem. §§ 173 ff. KO die Auflösungswirkung bis zur Aufhebung des Verfahrens nach rechtskräftiger Bestätigung des Zwangsvergleichs aufrechterhalten hat; in diesem Fall ist nämlich die sofortige Fortsetzung der Gesellschaft nicht notwendig, weil der die Geschäftsführung übernehmende Konkursverwalter auch während des Zwangsvergleichsverfahrens im Amt bleibt.[427]

---

die Liquidation und die Sanierung als Verfahrensarten anbietenden einheitlichen Insolvenzverfahren überhaupt keine Auflösungswirkung zukommen zu lassen.

424 Wolf in: Leipold, S. 113, 120; Kautz, § 6, A., S. 69 ff.

425 So Kautz, § 6, B., S. 73.

426 Kritisch Wolf in: Leipold, S. 113, 120.

427 Vgl. §§ 192 iVm 190 KO.

Gerade dieses die einheitliche Auflösungswirkung im Regelinsolvenzverfahren rechtfertigende Wesensmerkmal entfällt jedoch bei der sich strukturell an das Modell der VerglO anlehnenden Eigenverwaltung gem. §§ 270 ff. InsO. Dieses Sonderverfahren ist eben dadurch charakterisiert, daß die Gesellschaftsorgane – zumindest in den Fällen der Unternehmenssanierung – ihre ursprüngliche Funktion beibehalten, das Unternehmen also von ihnen mit dem insolvenzbedingten Zweck optimaler Gläubigerbefriedigung durch Eliminierung der bisherigen Verlustquellen und Widerherstellung der Ertragskraft weiterbetrieben wird. Soll das Eigenverwaltungsverfahren mit der Auflösung der Gesellschaft gem. §§ 42 I 1, 728 I 1 BGB, 131 I Nr. 3 HGB, 262 I Nr. 3 AktG, 60 I Nr. 4 GmbHG, 101 GenG idF des EGInsO korrespondieren, so wäre es sinnvoll gewesen, die rechtlichen Konsequenzen der Auflösung in bezug auf die Fortsetzung der gewinnerzielenden Geschäftstätigkeit neu zu regeln. Dieses ist aber – soweit ersichtlich – nicht geschehen.

Gegen diese hier statuierte Unvereinbarkeit der Eigenverwaltung mit der Auflösung der Gesellschaften bei Verfahrenseröffnung spricht auch nicht die in § 145 II HGB idF des Art. 40 Nr. 13 b) EGInsO normierte Bezugnahme auf das Verfahren gem. §§ 270 ff. InsO: Diese betrifft nicht die Auflösung der Gesellschaft infolge eines Insolvenzverfahrens über *ihr* Vermögen, sondern die Auflösung wegen der Insolvenz eines *Gesellschafters*, in dessen Verfahren die Eigenverwaltung gem. §§ 270 ff. InsO angeordnet worden ist.

Fraglich ist aber, ob dieser Auffassung die in § 115e GenG idF des Art. 49 Nr. 37 EGInsO normierte Bezugnahme auf die Eigenverwaltung entgegensteht. Nach dieser Norm gelten die §§ 105 bis 115d GenG n.F. bei einer Anordnung gem. § 270 I 1 InsO oder § 271 Satz 1 InsO mit der Maßgabe, daß an die Stelle des Insolvenzverwalters der Sachwalter tritt. Die §§ 105 bis 115d GenG n.F. regeln die Nachschußpflicht der Genossen. Nach geltendem Recht ist eine solche Nachschußpflicht nur für den Fall der Konkurseröffnung vorgesehen, nicht aber für das Vergleichsverfahren, vgl. §§ 105 ff. GenG a.F. Wenn Anknüpfungspunkt dieser Nachschußpflicht daher die in § 101 GenG a.F. vorgesehene Auflösung der Gesellschaft ist, so könnte dieses zu dem Schluß zwingen, auch im Eigenverwaltungsverfahren müßte eine derartige Auflösung stattfinden, da ansonsten dem Sachwalter nicht die in §§ 105 bis 115d GenG normierten Aufgaben obliegen könnten, wie dies in § 115e GenG n.F. vorgesehen ist. Dem steht aber entgegen, daß die Nachschußpflicht der Genossen nach künftigem Recht nicht mehr an die Liquidation des Schuldnervermögens anknüpft, sondern auch für den Fall der Sanierung in einem (rechtskräftig bestätigten) Insolvenzplan festgelegt werden kann, § 105 I 2 GenG idF des Art. 49 Nr. 22 a) EGInsO. Da aber gem. § 258 I InsO das Insolvenzgericht mit der rechtskräftigen Bestätigung des Insolvenzplans das Insolvenzverfahren aufhebt und die Generalversammlung gem. § 117 I 1 GenG idF des Art. 49 Nr. 39 EGInsO die Fortsetzung der Genossenschaft beschließen kann, kann die dann einsetzende Nachschußpflicht nicht von dem Auflösungsstadium der Genossenschaft abhängen. Demnach steht auch die in § 115e GenG idF des Art. 49 Nr. 37 EGInsO normierte Bezugnahme auf die Eigenverwaltung der Auffassung nicht entgegen, daß die Auflösung der Gesellschaften (und Genossenschaften) mit dem Sonderverfahren gem. §§ 270 ff. InsO nicht korrespondiert.

Zusammenfassend läßt sich mithin festhalten, daß die in den §§ 42 I 1, 728 I 1 BGB, 131 I Nr. 3 HGB, 262 I Nr. 3, AktG, 60 I Nr. 4 GmbHG, 101 GenG idF des EGInsO normierte Auflösungswirkung hinsichtlich der Verfahrensdurchführung im Wege der Eigenverwaltung nicht sonderlich zweckmäßig erscheint und auch nicht durch andere – gesellschaftsrechtliche – Normen zwingend vorgeschrieben wird. Sinnvoller wäre es gewesen, zumindest in dem auf Sanierung ausgerichteten Verfahren gem. §§ 270 ff. InsO von der Auflösung der Gesellschaft abzusehen bzw. im Falle der nachträglichen Anordnung gem. § 271 Satz 1 InsO eine Fortsetzung der aufgelösten Gesellschaft zuzulassen. Dann wäre es nicht notwendig, die Kompetenzen der unternehmensleitenden Organe aus den im Regelinsolvenverfahren dem Insolvenzverwalter zustehenden Unternehmensleitungsbefugnissen herzuleiten, sondern diese würden direkt aus dem Fehlen der Auflösungswirkung resultieren.

e) Mittel zur Lebensführung, § 278 InsO

Da der Schuldner im Sonderverfahren gem. §§ 270 ff. InsO die Verwaltungs- und Verfügungsbefugnis über sein Vermögen behält, ist er nicht darauf angewiesen, daß ihm – wie ihm Regelinsolvenzverfahren gem. § 100 InsO – der Unterhalt, den er für sich und seine Familie zum Leben benötigt, vom Verwalter[428] gewährt wird. Vielmehr kann er die notwen-

428 Gem. § 100 I InsO beschließt die Gläubigerversammlung darüber, ob und in welchem Umfang dem Schuldner und seiner Familie aus der Insolvenzmasse Unterhalt

digen Mittel wegen seiner direkten Zugriffsmöglichkeit selbst aus der Insolvenzmasse entnehmen. Dazu ist – wie der Rechtsausschuß des Bundestages in seiner Beschlußempfehlung explizit klarstellt[429] – weder die Zustimmung der Gläubigerversammlung noch die des Gläubigerausschusses erforderlich. Dies geht insbesondere aus der Verweisung des § 278 I InsO lediglich auf den in § 100 II 2 InsO genannten Personenkreis, nicht aber auf die in § 100 I, II 1 InsO normierte Art und Weise der Unterhaltsgewährung hervor.

§ 278 I InsO bestimmt in diesem Zusammenhang den Umfang der Entnahmebefugnis. Um der Gefahr vorzubeugen, daß der Schuldner seine Befugnisse mißbraucht und sich übermäßig aus der Masse bedient, hat der Gesetzgeber in Anlehnung an § 56 VerglO festgelegt, daß der Schuldner zur Entnahme (nur) derjenigen Mittel berechtigt ist, die unter Berücksichtigung seiner bisherigen Lebensverhältnisse eine bescheidene Lebensführung gestatten.

aa) Natürliche Personen und Personengesellschaften

§ 278 I InsO zielt in erster Linie darauf ab, dem Insolvenzschuldner als natürlicher Person eine angemessene wirtschaftliche Grundlage für seine weitere Lebensführung zu gewähren. In den Kreis der finanziell zu unterstützenden Personen hat der Gesetzgeber gem. § 278 I iVm § 100 II 2 InsO die engsten Familienangehörigen miteinbezogen, nämlich minderjährige unverheiratete Kinder des Schuldners, seinen (früheren) Ehegatten und die Mutter seines unehelichen Kindes nach Maßgabe der §§ 1615l, 1615n BGB.[430] Dadurch, daß der Anspruch des Schuldners nicht lediglich auf den "notwendigen Unterhalt" gem. § 101 II InsO[431] beschränkt ist[432], wird dem Schuldner ein Anreiz geboten, überhaupt

gewährt werden soll. Davor liegt die Unterhaltsgewährung im Ermessen des Verwalters und des Gläubigerausschusses, § 100 II InsO.

429 BT-Drucksache 12/7302, S. 186.

430 Es steht der Gläubigerversammlung aber frei, den Kreis der zu unterstützenden Personen auf weitere Angehörige des Schuldners auszudehnen, Beschlußempfehlung des Rechtsauschusses, BT-Drucksache 12/7302, S. 167.

431 Dieser orientiert sich an den Sozialhilfesätzen, vgl. RegE, BT-Drucksache 12/2443, Begr. B, S. 143 unter Bezugnahme auf § 12 BSHG.

432 Vgl. RegE, BT-Drucksache 12/2443, Begr. B, S. 225. So bereits im geltenden Vergleichsrecht, siehe Bley/Mohrbutter, § 56 Rdz. 5; Böhle-Stamschräder/Kilger,

noch seine Arbeitszeit und -kraft zu investieren, um die wirtschaftliche Existenz seines Unternehmens zu retten. Die gegenüber dem Vergleichsrecht neue Einfügung "...unter Berücksichtigung der bisherigen Lebensverhältnisse des Schuldners..." bringt zum Ausdruck, daß durch § 278 I InsO kein absoluter Fixbetrag festgelegt wird, sondern der Umfang der Mittel von Fall zu Fall variieren kann. Jedoch wird daraus nicht gefolgert werden können, daß ein zuvor leichtlebiger Schuldner den Anspruch hat, einen aufwendigen Lebensstil fortzusetzen, während der genügsame Schuldner stärkere Einschränkungen hinnehmen muß. Vielmehr ergibt sich bereits aus dem Begriff "*bescheidene* Lebensführung", daß jeder Schuldner seine Ausgaben auf das erforderliche Minimum zu begrenzen hat. Maßgeblich wird sein, inwieweit der Schuldner seine Ausgaben reduzieren kann, ohne damit seiner unternehmerischen Tätigkeit, seiner Familie und sich selbst zu schaden. Die praktische Relevanz dieses Entnahmerechts wird nach der Begründung des Regierungsentwurfs relativ gering sein, da häufig die in § 278 I InsO genannten Mittel bereits aus dem unpfändbaren Teil des laufenden Einkommens bestritten werden können und insoweit ein Entnahmeanspruch entfällt.[433]

Verstößt der Schuldner gegen das dem § 278 I InsO immanente Gebot, lediglich die Mittel zur bescheidenen Lebensführung zu entnehmen, so hat dies keine unmittelbaren Auswirkungen auf das Fortbestehen der Eigenverwaltung. Jedoch hat der Sachwalter das Insolvenzgericht und die Gläubiger über einen derartigen Verstoß gem. § 274 III InsO zu informieren. Die Gläubiger können dann gem. § 272 I Nr. 1, 2 InsO die Aufhebung der Eigenverwaltung beantragen. Allerdings kann sich dieser Weg in der Praxis schwierig gestalten: Der Sachwalter hat zwar gem. § 274 II 1 InsO die Pflicht, die Ausgaben des Schuldners für die Lebensführung zu überwachen. Dazu kann er gem. §§ 274 II 2 iVm 22 III InsO die *Geschäfts*räume des Schuldners betreten und dort Nachforschungen anstellen. Ein Recht zum Betreten der *Wohn*räume des Schuldners – wo sich am ehesten Indizien für einen aufwendigen Lebensstil und damit verbundene übermäßige Ausgaben finden werden – läßt sich daraus aber nicht herleiten.[434] Demnach ist der Sachwalter insbesondere auf die

§ 56 Anm. 1.

433 RegE, BT-Drucksache 12/2443, Begr. B, S. 225.

434 Anderes gilt, wenn sich die Geschäftsräume in den Wohnräumen des Schuldners befinden, vgl. Bley/Mohrbutter, § 56 Rdz. 1 zum Vergleichsverfahren.

Überwachung der Geldentnahmen durch den Schuldner angewiesen, die ihm durch die Übernahme der Kassenführung gem. § 275 II InsO erleichtert wird.[435]

Gem. § 278 II InsO gilt Absatz 1 dieser Norm entsprechend für die vertretungsberechtigten persönlich haftenden Gesellschafter des Schuldners, soweit dieser keine natürliche Person ist. Wie nach § 101 I 3 InsO werden damit die Komplementäre einer oHG und einer KG[436] in den Kreis der unterstützungsberechtigten Personen einbezogen. Dies wird damit begründet, daß die wirtschaftliche Lage eines Komplementärs einer insolventen Gesellschaft der eines insolventen Einzelkaufmannes gleicht, sein privates Vermögen dem Zugriff der Gläubiger ausgesetzt ist und er daher derselben Unterhaltsgewährung bedarf wie eine natürliche Person.[437]

bb) Kapitalgesellschaften

Geschäftsführer einer GmbH und Vorstandsmitglieder einer AG werden von § 278 InsO ebensowenig wie von der Unterhaltsregelung des § 101 InsO im Regelinsolvenzverfahren erfaßt. Das liegt daran, daß das Insolvenzverfahren nicht zu einer Beendigung der zwischen den Geschäftsführern bzw. Vorstandsmitgliedern bestehenden Rechtsverhältnisse führt; vielmehr bestehen die Anstellungsverträge auch nach Verfahrenseröffnung fort[438], so daß die Organe bzw. Organmitglieder auch während des Verfahrens weiterhin die dort vereinbarten Vergütungsansprüche haben. Die Regelung besonderer Unterhaltsansprüche ist also nicht erforderlich.

Damit stellt sich nun aber die Frage nach der Realisierbarkeit des mit der Eigenverwaltung angestrebten Ziels der Verfahrensverbilligung gegenüber dem Regelinsolvenzverfahren. Gerade wenn in der GmbH oder der AG mehrere Geschäftsführer oder Vorstandsmitglieder bestellt sind,

---

435 Zu der entsprechenden Situation im Vergleichsverfahren Bley/Mohrbutter, § 56 Rdz. 1.

436 Gleiches gilt für die Komplementäre einer KGaA, vgl. RegE, BT-Drucksache 12/2443, Begr. B, S. 144.

437 RegE, BT-Drucksache 12/2443, Begr. B, S. 144.

438 Sie können lediglich gem. § 113 InsO (im Rahmen der Eigenverwaltung iVm § 279 Satz 1 InsO) gekündigt werden. Zur Qualifikation des Anstellungsvertrages als Dienstverhältnis siehe § 87 III 1 AktG und Kuhn/Uhlenbruck, § 22, Rdz. 5 m.w.N.

die vertragsgemäß hohe Vergütungen zu beanspruchen haben, könnten die Kosten der Eigenverwaltung, in die ja zudem noch die Sachwaltervergütung einzubeziehen ist, diejenigen des Regelinsolvenzverfahrens rechnerisch übersteigen. Das wäre etwa dann möglich, wenn der Insolvenzverwalter ansonsten die Vertragsverhältnisse bei insgesamt langer Verfahrensdauer frühzeitig kündigen würde und die Schadensersatzansprüche der Betroffenen[439] nur ein geringes Ausmaß annehmen. In diesem Falle wäre eine auf die Verfahrensverbilligung abzielende Kostenbegrenzung der Eigenverwaltung nur durch die einverständliche Reduzierung der Vergütungsansprüche durch Modifizierung der Vertragsverhältnisse[440] oder gem. § 87 II AktG durch Herabsetzung der Bezüge durch den Aufsichtsrat der AG[441] möglich. Die Frage nach dem Entfallen der Vergütungsansprüche anderer Gesellschaftsorgane wie etwa der Aufsichtsratsmitglieder scheidet aus, da der Aspekt der Verfahrensverbilligung auf den Vergleich zum Regelinsolvenzverfahren bezogen ist, in dem aber ohnehin keine diesbezüglichen Ansprüche mehr bestehen[442]. In Betracht kommt allenfalls noch eine analoge Anwendung des in § 278 I InsO enthaltenen Gebotes bescheidener Lebensführung, wenn Vorstand oder Geschäftsführer wirtschaftlich als Schuldner anzusehen sind.[443]

439 Vgl. zum Konkursverfahren Siegelmann DB 1967, S. 1029, 1030; Robrecht DB 1968, S. 471, 474.

440 Diese kann allerdings wegen § 279 Satz 1 InsO nicht von dem für die Kontrolle der Berücksichtigung der Gläubigerinteressen zuständigen Sachwalter vorgenommen werden. Ebenso wie das Wahlrecht bzgl. der insolvenzrechtsspezifischen Beendigung der Verträge muß auch deren Abänderung weiterhin dem Schuldner obliegen, im Falle des Anstellungsvertrages bei der GmbH und der AG also der Gesellschafterversammlung bzw. dem Aufsichtsrat, vgl. dazu Scholz-Schneider, § 35 Rdz. 172 f.; Hüffer, § 84 Rdz. 12.

441 § 87 II AktG ist nicht auf die GmbH übertragbar, Kuhn/Uhlenbruck, Vorb. D § 207 Rdz. 25.

442 Zum Konkursrecht RGZ 81, S. 332, 338 f.; Siegelmann, DB 1967, S. 1029, 1030; Robrecht DB 1968, S. 471, 473; Hachenburg-Ulmer, § 63 Rdz. 103; Scholz-Karsten Schmidt, § 63 Rdz. 65; Kuhn/Uhlenbruck, § 22 Rdz. 5, Vorb. E § 207 Rdz. 32.

443 So Bley/Mohrbutter, § 56 Rdz. 4 zur gleichen Problematik im Vergleichsrecht unter Bezugnahme auf die Einmanngesellschaft und Familiengesellschaften in Form einer AG oder GmbH. Kuhn/Uhlenbruck, Vorb. D § 207 halten die Geltendmachung des vollen Gehaltsanspruchs (hier allerdings bezogen auf die bis zum Wirksamwerden der Kündigung im Konkursverfahren betroffene Phase) u.U. für rechtsmißbräuchlich.

Maßstab könnte dabei die Rechtsprechung des BSG zur Arbeitnehmereigenschaft von Gesellschafter-Geschäftsführern sein.[444]

Jedoch ist zu bedenken, daß die Eigenverwaltung ein Verfahren ist, das regelmäßig nur bei Unternehmenssanierungen in Betracht kommt. Das bezüglich des Aspektes der Verfahrensverbilligung als Vergleichsmaßstab allein in Betracht kommende Sanierungs-Regelinsolvenzverfahren wird idR auf der Grundlage eines Insolvenzplans durchgeführt werden. Dieses Planverfahren wird in der neuen Literatur z.T. als zu kompliziert, rechtsmittelbefrachtet und zeitraubend kritisiert.[445] Wenn die Sanierung des Unternehmens unter Perpetuierung des bisherigen Unternehmensträgers angestrebt wird, so wird es dem während des Insolvenzverfahrens für die Geschäftsführung und die Vermögensverwaltung zuständigen Insolvenzverwalter zwar obliegen, bereits während des Verfahrens Sanierungsmaßnahmen zu treffen, die u.a. in dem Abbau des Personals liegen können. Wenn aber vorgesehen ist, daß nach der Aufhebung des Insolvenzverfahrens der Schuldner mit seinem bisherigen Management das Unternehmen fortführen soll, so wird der Verwalter von einer (frühzeitigen) Kündigung der Anstellungsverträge absehen. Für den Fall, daß sich die in der Literatur am Planverfahren geübte Kritik bewahrheitet, entsteht dann eine relativ hohe Kostenbelastung durch die Vergütungsansprüche des Verwalters und der Geschäftsführer bzw. Vorstandsmitglieder. Angesichts der an die Anordnung der Eigenverwaltung gestellten hohen Anforderungen bezüglich der Qualifikation, Redlichkeit und ernsthaften Bemühungen des Schuldners, ist davon auszugehen, daß das Verfahren nach den §§ 270 ff. InsO in einem erheblich kürzeren Zeitraum abgewickelt werden kann. Dazu trägt etwa die Vorlage eines bei Verfahrenseröffnung bereits vom Schuldner ausgearbeiteten Insolvenzplans sowie die kurzfristige Anberaumung des Berichtstermins infolge detaillierter Darlegungen der Vermögensverhältnisse und daraus resultierender geringer Einarbeitungszeit des Sachwalters bei. Kann auf diese Weise die Gesamt-Verfahrensdauer verkürzt werden, so ist wegen der – anders als bei einem auf Liquidation ausgerichteten Insolvenzver-

---

444 Dazu BSG BB 1975, S. 282 f.

445 Gravenbrucher Kreis ZIP 1990, S. 476, 477; Stürner in: Leipold, S. 41, 47; Uhlenbruck KTS 1992, S. 499, 510; Uhlenbruck u.a. BB 1992, S. 1734, 1736; Grub AnwBl. 1993, S. 458; Haarmeyer ZIP 1993, S. 883, 884; Maus BFuP 1995, S. 59, 69; Obermüller/Livonius BFuP 1995, S. 59, 71.

fahren – bei der Unternehmenssanierung zweckmäßigerweise fortzusetzenden Anstellungsverhältnisse die Verfahrensverbilligung durch die Eigenverwaltung nicht ausgeschlossen.

3. Rechtsstellung des Sachwalters

Die Rechtsstellung des nach § 270 III 1 InsO bzw. § 271 Satz 2 InsO zu bestellenden Sachwalters richtet sich gem. § 274 I InsO nach den für den Insolvenzverwalter geltenden Normen der §§ 56 ff. InsO.

a) Bestellung gem. §§ 274 I, 56 InsO

Gem. §§ 274 I iVm 56 InsO hat das Gericht "eine für den jeweiligen Einzelfall geeignete, insbesondere geschäftskundige und von den Gläubigern und dem Schuldner unabhängige natürliche Person" zum Sachwalter zu bestellen.[446] Dieser erhält eine Urkunde über seine Bestellung, die er bei Beendigung seines Amtes zurückzugeben hat.

aa) Amtsbeginn mit Amtsannahme

§ 274 I InsO verweist bezüglich der Bestellung des Sachwalters auf die für den Insolvenzverwalter geltende Vorschrift des § 56 InsO. Diese Norm wiederum lehnt sich an § 38 VerglO an[447], der die Bestellung des Vergleichsverwalters regelt. Wie sich aus der Begründung des Regierungsentwurfs[448] ergibt, geht der Gesetzgeber davon aus, daß für den Beginn des Insolvenzverwalter- bzw. Sachwalteramtes – ebenso wie beim Vergleichs- oder Konkursverwalter nach geltendem Recht[449] – die aus-

---

446 Die Identität der gesetzlichen Anforderungen bzgl. des Qualifikationsprofils von Sachwalter und Insolvenzverwalter trotz der unterschiedlichen Aufgabenbereiche erklärt sich daraus, daß der Sachwalter im Falle der Aufhebung des Eigenverwaltung gem. § 272 InsO jederzeit zum Insolvenzverwalter bestellt werden kann und damit seine Kompetenzen wesentlich erweitert werden.

447 RegE, BT-Drucksache 12/2443, Begr. B, S. 127.

448 BT-Drucksache 12/2443, Begr. B, S. 127.

449 So für den Vergleichsverwalter Bley/Mohrbutter, § 38 Rdz. 8; Böhle-Stamschräder/Kilger, § 38 Anm. 5; für den Konkursverwalter OLG Düsseldorf KTS 1973, S.

drücklich erklärte oder stillschweigende Übernahme des Amtes erforderlich ist. Eine Pflicht zur Annahme soll jedoch nicht bestehen.[450]

Dies ist insoweit nachvollziehbar, als niemand gegen seinen Willen in ein Amt gedrängt werden darf, in dem er den Verfahrensbeteiligten mit seinem eigenen Vermögen persönlich haftet.[451] Wenn er sich jedoch einmal für die Ausübung des Amtes entschieden hat, so ist aus verfahrensökonomischen Gründen zu erwarten, daß er dieses auch beibehält. Deshalb gilt der insolvenzrechtliche Grundsatz, daß der Verwalter sein Amt nicht selbständig niederlegen, sondern höchstens seine Entlassung durch das Gericht anstreben kann.[452]

Dementsprechend ist es zwar sachgerecht, daß die Übernahme des Sachwalteramtes bei der Bestellung gem. § 270 III 1 InsO zur Disposition der ausgewählten Person steht. Wenn die Bestellung jedoch gem. § 271 Satz 2 InsO infolge der nachträglichen Eigenverwaltungsanordnung erfolgt, so wird der zum Sachwalter zu Bestellende regelmäßig vorher bereits als Insolvenzverwalter tätig gewesen sein. Wenn der Verwalter bis zu diesem Verfahrensstadium zufriedenstellend gearbeitet hat, so werden Praktikabilitäts- und Kostengründe es verbieten, eine sachfremde Person zum Sachwalter zu bestellen. Daher erscheint es zweifelhaft, ob auch in diesem Fall dem bisherigen Verwalter ein Wahlrecht bezüglich der Annahme des Sachwalteramtes zuzugestehen ist. Da sich der Insolvenzverwalter ehemals freiwillig für sein Amt entschieden hat und bei der Anordnung der Eigenverwaltung gem. § 271 Satz 1 InsO lediglich sein Tätigkeitsbereich von der Rolle des aktiven Unternehmens- und Verfahrensleiters auf die des Kontrolleurs, Prüfers, Informantens und "Mitgeschäftsführers" beschränkt und seine persönliche Haftung nicht verschärft wird, könnte es sachgerecht erscheinen, aus verfahrensökonomischen Gründen in der Annahme des Insolvenzverwalteramtes die stillschweigende Zustimmung zur Inhaberschaft eines potentiellen Sachwalteramtes zu sehen bzw. ihm entgegen der Begründung des Regierungs-

---

270, 272, Kilger/Karsten Schmidt, § 78 Anm. 2; Baur/Stürner, ZV-, KO- u. VerglR, Bd. II, § 10, II. 1. (Rdz. 10.13); Kuhn/Uhlenbruck, § 78 Rdz. 6.

450 RegE, BT-Drucksache 12/2443, Begr. B, S. 127.

451 Vgl. §§ 82 KO, 42 VerglO, 60 (iVm 274 I) InsO.

452 RegE, BT-Drucksache 12/2443, Begr. B, S. 128; zum geltenden Konkurs- und Vergleichsrecht siehe Böhle-Stamschräder/Kilger, § 38 Anm. 5; Mohrbutter/Mohrbutter, 1. Teil, II. 1., Rdz. 22a, 2. Teil, III., Rdz. 1216; Kuhn/Uhlenbruck, § 78 Rdz. 6. Siehe auch § 59 I 2, 2. Fall InsO!

entwurfs[453] eine Annahmepflicht im Falle der Bestellung nach § 271 Satz 2 InsO aufzuerlegen.[454] Unterstützt wird diese Überlegung durch die ansonsten bestehende Gefahr, daß der Insolvenzverwalter versucht sein könnte, durch sachwidrige Manipulation der Gläubiger bezüglich des Eigenverwaltungsantrags gem. § 271 Satz 1 InsO eine Befreiung von dem ihm lästig gewordenen Amt herbeizuführen.

Andererseits ist zu bedenken, daß der Sachwalter für seine Tätigkeit eine wesentlich geringere Vergütung erhält als der Insolvenzverwalter.[455] Würde man dem Verwalter in der speziellen Fallkonstellation des § 271 Satz 1 InsO die Ablehnung des Sachwalteramtes versagen, so würde man ihn dazu zwingen, eine andere als die bei Annahme des ursprünglichen Amtes in Aussicht gestellte Tätigkeit zu ungünstigeren Konditionen auszuüben. Dies könnte dazu führen, daß sich qualifizierte Personen mit höheren Vergütungsansprüchen bereits von der Übernahme des Verwalteramtes abschrecken lassen oder aber der Verwalter die Gläubiger entgegen objektiver Wirtschaftlichkeitskriterien von der Antragstellung gem. § 271 Satz 1 InsO bewußt abzuhalten versucht.

Aus der personellen Identität des Verwalters bei der dieser Fallkonstellation im weiteren Sinne vergleichbaren Situation bei Überleitung des Konkursverfahrens in den Zwangsvergleich gem. §§ 173 ff. KO läßt sich ebenfalls keine Begründung für die zwangsweise Perpetuierung des Amtsinhabers herleiten: Zum einen bleibt der Konkursverwalter auch während des Zwangsvergleichsverfahrens als solcher im Amt.[456] Er behält seine bisherigen Kompetenzen[457], zudem kommen vergleichsspezifische Rechte und Pflichten hinzu[458]. Vor allem aber wird er weiterhin nach konkursrechtlichen Grundsätzen – und nicht etwa wie ein Ver-

453 BT-Drucksache 12/2443, Begr. B, S. 127.

454 Ebenso dürfte es im umgekehrten Fall aussehen, wenn der vormalige Sachwalter bei Aufhebung der Eigenverwaltung gem. § 272 InsO zum Insolvenzverwalter bestellt wird.

455 Dazu näher unter f).

456 Vgl. Mohrbutter/Mohrbutter, 1. Teil, IX. 1. Rdz. 897 f.

457 Gem. §§ 190 I 1, 192 KO erhält der Gemeinschuldner die ihm gem. § 6 KO mit Verfahrenseröffnung entzogene Verwaltungs- und Verfügungsbefugnis über sein Vermögen erst mit Aufhebung des Konkursverfahrens nach rechtskräftiger Bestätigung des Zwangsvergleichs zurück.

458 Vgl. §§ 176, 184 II, 191 KO.

gleichsverwalter – vergütet[459], so daß er diesbezüglich keine Einbußen hinzunehmen hat.

Vielmehr ist aus der vom Gesetzgeber statuierten expliziten Ablehnung einer Annahmepflicht bezüglich des Verwalteramtes[460] – die im übrigen auch hier die Verfahrensökonomie in den Hintergrund stellt, soweit die betreffende Person zuvor bereits als vorläufiger Insolvenzverwalter tätig war – und des Fehlens einer die Konstellation des § 271 Satz 1 InsO betreffenden Sonderregelung zu folgern, daß die Annahme des Sachwalteramtes auch hier zur freien Disposition des bisherigen Verwalters steht.

bb) Fachliche Qualifikationen des Sachwalters

Die in § 56 I InsO normierten Voraussetzungen der Geschäftskunde und der Unabhängigkeit sind dem geltenden Vergleichsrecht entnommen.[461] *Geschäftskundig* gem. § 38 VerglO ist, wer das gegenwärtige Geschäftsleben wirtschaftlich und rechtlich richtig zu beurteilen versteht.[462] Dazu ist idR erforderlich, daß der zu Wählende selbst längere Zeit im geschäftlichen Leben gestanden und eine gewisse wissenschaftliche Vorbildung auf den Gebieten des Rechts, der Volks- und Privatwirtschaft sowie der Betriebswirtschaft hat.[463] Die zu § 38 VerglO erlassene AV[464] des Reichsjustizministers vom 4.11.1935[465] stellt in ihren Richtlinien klar, daß bei der Auswahl zwar nicht auf die Zugehörigkeit zu einer bestimmten Berufsgruppe abgestellt wird, aber vorwiegend Rechtsanwälte[466], Wirtschaftstreuhänder, Diplomkaufleute, Buchprüfer oder sonstige entsprechend vorgebildete Personen (z.B. Steuerberater[467]) in Betracht

459 OLG Braunschweig KTS 1968, S. 187, 188; Eickmann, vor § 1, IV. 2. c) cc) (13) (Rdz. 39).

460 RegE, BT-Drucksache 12/2443, Begr. B, S. 127.

461 RegE, BT-Drucksache 12/2443, Begr. B, S. 127.

462 Böhle-Stamschräder/Kilger, § 38 Anm. 2.

463 Böhle-Stamschräder/Kilger, § 38 Anm. 2.

464 = Allgemeine Verfügung.

465 Abgedruckt bei Böhle-Stamschräder/Kilger, Anhang 2. Zweifel an der Verfassungsmäßigkeit dieser Verfügung äußert Schick NJW 1991, S. 1328, 1330.

466 Die Einführung eines sog. "Fachanwalts für Insolvenzrecht" befürworten Schick NJW 1991, S. 1328, 1330 und Neumann, § 7, C. 5., S. 516 f.

467 Vgl. Uhlenbruck KTS 1989, S. 229, 241; Bork, § 7, B. I., Rdz. 55 bzgl. des Insolvenzverwalteramtes.

kommen. Die erst im Anschluß an die Beschlußempfehlung des Rechtsausschusses in § 56 I InsO eingefügte Anforderung der konkreten Einzelfalleignung soll sicherstellen, daß das Gericht von einer lediglich schematischen Auswahl des Insolvenzverwalters bzw. Sachwalters absieht und dessen Qualifikation im Hinblick auf die ihn im Verfahren vorwiegend treffenden Aufgaben sorgfältig prüft.[468] So wird künftig etwa maßgeblich sein, ob die zu bestellende Person besondere Kenntnisse und Erfahrungen gemessen an der Struktur, Ausrichtung, Branchenzugehörigkeit und Größenordnung des Unternehmens nachweisen kann[469], und ob in erster Linie rechtliche, wirtschaftliche, buchtechnische oder steuerliche Probleme zu bewältigen sind[470]. Damit soll der nicht immer sachgerechten Auswahl der derzeitigen Insolvenzpraxis entgegengetreten werden, die sich z.T. nicht an den persönlichen Qualifikationen des Verwalters, sondern vielmehr allein daran orientiert, ob der Verwalter seinen Sitz beim örtlichen Amtsgericht und bereits mit dem Gericht zusammengearbeitet hat[471].

Die *Unabhängigkeit* des Sachwalters von den Verfahrensbeteiligten soll gewährleisten, daß die Aufsichts-, Kontroll-, Informations- und Mitwirkungsbefugnisse bzw. -pflichten frei von sachwidrigen Einflüssen ausgeübt werden[472]. Sie muß nicht nur in persönlicher, sondern auch in rechtlicher und wirtschaftlicher Hinsicht gegeben sein.[473] Nur wenn keine derartigen Bindungen bestehen, ist sichergestellt, daß der Sachwalter die Sachverhalte objektiv beurteilt und die zur wirtschaftlich effizienten Verfahrensdurchführung und zum Schutz der Gläubigerinteressen erforderlichen Maßnahmen ergreift. Daher ist etwa derjenige ungeeignet, der den Schuldner vor der Verfahrenseröffnung beraten, eine außergerichtliche Einigung mit den Gläubigern angestrebt und dafür eine Vergütung

---

468 Beschlußempfehlung des Rechtsausschusses, BT-Drucksache 12/7302, S. 161.

469 Haarmeyer/Wutzke/Förster, InsO, B, 2. Teil, 3. Abschn., S. 69, die allerdings auf die praktische Schwierigkeit hinweisen, wie die betreffende Person dem Gericht ihre besondere Eignung nachweisen soll.

470 Schick NJW 1991, S. 1328, 1330; zum Vergleichsrecht Böhle-Stamschräder/Kilger, § 38 Anm. 2 unter Bezugnahme auf die AV des RMJ vom 4.11.1935.

471 Grub ZIP 1993, S. 393, 398; vgl. auch Uhlenbruck KTS 1989, S. 229, 234.

472 RegE, BT-Drucksache 12/2443, Begr. B, S. 127 bzgl. der Person des Insolvenzverwalters.

473 Zum Vergleichsverwalter Bley/Mohrbutter, § 38 Rdz. 12; Böhle-Stamschräder/ Kilger, § 38 Anm. 3.

erhalten hat.[474] Allein die Tatsache, daß der Sachwalter von einem Gläubiger vorgeschlagen worden ist, begründet jedoch keinen Zweifel an seiner Unabhängigkeit.[475]

cc) Natürliche Person

Das Gesetz normiert in § 56 I InsO (iVm § 274 I InsO) ausdrücklich, daß nur *natürliche* Personen zum Sachwalter bestellt werden können. Dadurch werden entgegen den Vorschlägen des Regierungsentwurfs[476] juristische Personen und Gesellschaften ohne Rechtspersönlichkeit von der Sachwaltertätigkeit ausgeschlossen. Der Gesetzgeber hat damit die in Rechtsprechung und Schrifttum zum geltenden Insolvenzrecht vorherrschende Ansicht aufgegriffen, daß es zwar möglich sei, den Funktionsträger einer juristischen Person zum Verwalter zu bestellen, nicht jedoch diese selbst.[477] Die Begründung für die Beschränkung des Amtes von Insolvenzverwalter und (über § 274 I InsO) Sachwalter auf natürliche Personen lieferte bereits die Reformkommission für Insolvenzrecht[478], unterstützt von Stimmen aus der Literatur[479]: Die in Anlehnung an die §§ 78 bis 89 KO und §§ 38 bis 42 VerglO ergangenen Bestimmungen zu deren Stellung und Aufgaben seien auf einen persönlich alleinverantwortlichen Verwalter zugeschnitten, der vom Insolvenzgericht beaufsichtigt werden kann und dessen Vertrauen genießen muß. Dies sei

474 Zum Vergleichsverwalter Böhle-Stamschräder/Kilger, § 38 Anm. 3; zum Konkursverwalter Kuhn/Uhlenbruck, § 78 Rdz. 2d. Weitere Kriterien zum Merkmal der Unabhängigkeit finden sich in den *Verhaltensrichtlinien für als Insolvenzverwalter tätige Rechtsanwälte* des Arbeitskreises für Insolvenzrecht im Deutschen Anwaltsverein, AnwBl. 1992, S. 118, 119.

475 RegE, BT-Drucksache 12/2443, Begr. B, S. 127 zum Insolvenzverwalter; kritisch zur entsprechenden Problematik beim Konkursverwalter Kilger/Karsten Schmidt, § 78 Anm. 1; Kuhn/Uhlenbruck, § 78 Rdz. 2.

476 BT-Drucksache 12/2443, Begr. B, S. 127 in Bezug auf das Amt des Insolvenzverwalters.

477 Bzgl. des Konkursverfahrens OLG Hamburg JW 1931, S. 2154, 2155; Kuhn/Uhlenbruck, § 78 Rdz. 4; Hess, § 78 Rdz. 20; zum Vergleichsverfahren Bley/Mohrbutter, § 38 Rdz. 10; Böhle-Stamschräder/Kilger, § 38 Anm. 4.

478 Erster Bericht, Begründung zu Leitsatz 1.3.1.1, Abs. 2 Satz 1, S. 127 f.

479 Pape ZIP 1993, S. 737, 739 ff.; Uhlenbruck AnwBl. 1993, S. 453, 456 f.; gegen die dort genannten Argumente Braun BB 1993, S. 2172, 2176 ff.; a.A. auch Neumann, § 7, C. 5., S. 516.

aber bei einer anonymen juristischen Person, bei der zudem der als Verwalter bestellte gesetzliche Vertreter nach den Normen des Gesellschaftsrechts auswechselbar ist, nicht gewährleistet. Darüber hinaus bestehe bei juristischen Personen mit beschränkter Haftung die Gefahr, daß die Gläubiger durch eine Unterkapitalisierung geschädigt werden, die als Äquivalent für die Machtbefugnisse des Verwalters eingefügten Haftungsnormen praktisch leerlaufen.

b) Wahl eines anderen Sachwalters, §§ 274 I, 57 InsO

§ 274 I InsO verweist auf § 57 InsO, der die Wahl eines anderen als von dem Gericht bei Verfahrenseröffnung bestellten Insolvenzverwalters durch die erste Gläubigerversammlung vorsieht. In Anlehnung an § 80 KO stellt der Gesetzgeber damit den Gläubigern als den wirtschaftlich Betroffenen des Verfahrens ein Instrumentarium zur Verfügung, um eine Person ihres Vertrauens mit der Wahrnehmung ihrer Vermögensinteressen zu betrauen.[480] Das Sonderverfahren der Eigenverwaltung wird nicht nur von dem Vertrauen der Gläubiger zum weiterhin verwaltungs- und verfügungsbefugten Schuldner getragen, sondern auch von dem Vertrauen gegenüber dem Sachwalter, der sozusagen das "Bindeglied" zwischen den Verfahrensbeteiligten darstellt und von dessen Überwachung und Informationsbereitschaft der Schutz der Gläubigerinteressen abhängt. Dementsprechend ist das Bedürfnis nach dem Wahlrecht der Gläubiger hier ebenso gegeben wie im Regelinsolvenzverfahren.

Soweit die Eigenverwaltung bereits gem. § 270 I 1 InsO im Eröffnungsbeschluß angeordnet wird und damit eine sofortige Bestellung des Sachwalters stattfindet, wirft die Verweisung des § 274 I InsO auf § 57 InsO keinerlei Probleme auf. Unklarheit besteht allerdings, wann die Abwahl eines erst nachträglich gem. § 271 Satz 2 InsO bestellten Sachwalters erfolgen kann bzw. muß. Sieht man die erstmalige Bestellung des Sachwalters durch das Gericht infolge der nachträglichen Eigenverwaltungsanordnung gem. § 271 Satz 1 InsO als zeitlichen Anknüpfungspunkt für die darauffolgende, diesbezüglich also "erste" Gläubigerversammlung gem. § 57 Satz 1 InsO an, so könnte den Gläubigern gegebenenfalls ein relativ langer Zeitraum für die Bestellung einer Person ihres Vertrauens zur Verfügung stehen. Läßt man hingegen die Formulierung

---

480 Im Vergleichsrecht gibt es keine dem § 80 KO entsprechende Norm.

"..., die auf die Bestellung eines Insolvenzverwalters folgt, .." stehen und wendet man die Norm mit der Maßgabe an, daß lediglich der Passus "...an dessen Stelle..." durch "...an Stelle des vom Gericht eingesetzten Sachwalters..." ersetzt wird, so würde dies bedeuten, daß die Gläubiger sofort in der Versammlung, in der die Eigenverwaltung angeordnet wird, den vom Gericht ernannten Sachwalter wieder abwählen müssen. In der Praxis liefe diese Konstruktion wahrscheinlich darauf hinaus, daß das Gericht vor der Auswahl die Gläubiger befragen und sofort den von ihnen favorisierten Sachwalter einsetzen würde. Das Wahlrecht gem. § 57 Satz 1 InsO würde damit zu einem verbindlichen Vorschlagsrecht.

Obwohl die letztgenannte Konstruktion dem natürlichen Sprachempfinden widerspricht, erscheint diese Lösung vorzugswürdig: Der Gesetzgeber hat das Wahlrecht der Gläubiger gem. § 57 Satz 1 InsO auf die erste Gläubigerversammlung beschränkt, um so früh wie möglich Klarheit über die Verfahrensorgane zu erlangen, also weitere Schwebezustände und Rechtsunsicherheiten zu vermeiden.[481] Diese Motivation trifft auch bei der Sachwalter(ab)wahl zu. Zwar findet dessen Bestellung gem. § 271 Satz 1 InsO erst zu einem späteren Zeitpunkt als die – zwingend bei Verfahrenseröffnung erfolgende – Verwalterbestellung gem. § 56 InsO statt, so daß eine proportionale Verschiebung des Wahltermins einleuchtend erschiene. Jedoch ist zu beachten, daß das Gericht idR allein aus Praktikabilitätsgründen den bisherigen Insolvenzverwalter als Sachwalter einsetzen wird, soweit dieser sich nicht als ungeeignet erwiesen hat, die Gläubiger sich also bereits während der Phase bis zur Eigenverwaltungsanordnung gem. § 271 Satz 1 InsO überlegen können, ob sie diese Person für vertrauenswürdig und geeignet halten oder lieber eine andere Person mit diesem Amt betrauen möchten. Sie bedürfen also regelmäßig keiner zusätzlichen Überlegungsfrist, wie sie § 57 Satz 1 InsO für das Regelinsolvenzverfahren normiert. Demnach haben die Gläubiger zwar auch bei der Bestellung des Sachwalters nach § 271 Satz 1 InsO ein Wahlrecht; sie können es aber nur in dem Termin, in dem auch die Erstbestellung des Sachwalters stattfindet, ausüben.

Die Bestellung des von der ersten Gläubigerversammlung Gewählten kann vom Gericht gem. §§ 274 I, 57 Satz 2 InsO nur dann versagt werden, wenn dieser für die Übernahme des Amtes nicht geeignet ist. Das ist insbesondere dann der Fall, wenn die betreffende Person nicht die erfor-

---

481 Zum entsprechenden § 80 Satz 1 KO LG Freiburg RPflG 1987, S. 428, 429.

derliche Sachkunde besitzt, nicht von den Beteiligten unabhängig ist oder ihm die notwendige Zuverlässigkeit und Vertrauenswürdigkeit fehlt.[482] Es muß also ein triftiger Grund für die Versagung vorliegen.[483] Allein die Tatsache, daß der neu bestellte Sachwalter sich erst einarbeiten muß und der Wechsel mit Kosten verbunden ist, kann die Versagung nicht rechtfertigen.[484]

c) Aufsicht des Insolvenzgerichts, §§ 274 I, 58 InsO

Nach §§ 58 I 1 iVm 274 I InsO steht der Sachwalter unter der Aufsicht des Insolvenzgerichts. Diese Regelung enspricht den §§ 83 KO, 41 I VerglO des geltenden Rechts. Zweck dieser Aufsichtsbefugnis und -pflicht[485] ist es, die Tätigkeit des Sachwalters (bzw. Insolvenz-/Konkurs-/Vergleichsverwalters) dauernd zu überwachen und gegen Pflichtwidrigkeiten bei der Amtsausübung einzuschreiten.[486] Neben den Gläubigerinteressen sollen damit auch die Belange des Schuldners geschützt werden.[487]

Da die Rechtsstellung und der Kompetenzbereich des Sachwalters denen des Vergleichsverwalters weitgehend entsprechen, kann der vergleichsrechtliche Grundsatz übernommen werden, daß das Wesen der Aufsichtsgewalt durch den Selbstverwaltungscharakter des Verwalteramtes bestimmt wird.[488] Danach handelt der Sachwalter bei der Ausübung seines Amtes stets eigenverantwortlich; das Gericht besitzt kein bindendes Weisungsrecht, soweit der Sachwalter bei Zweckmäßigkeitsentscheidungen sein Ermessen pflichtgemäß ausgeübt hat.[489] Es ist lediglich zu-

---

482 RegE, BT-Drucksache 12/2443, Begr. B, S. 127; OLG Hamm ZIP 1987, S. 1333, 1334 zur fehlenden praktischen Erfahrung des gewählten Konkursverwalters.

483 Zur entsprechenden Rechtslage im Konkursverfahren OLG Schleswig ZIP 1986, S. 930, 931; OLG Hamm ZIP 1987, S. 1333, 1334; Kuhn/Uhlenbruck, § 80 Rdz. 2.

484 Vgl. RegE, BT-Drucksache 12/2443, Begr. B, S. 127; so bereits zum Konkursverwalterwechsel OLG Schleswig ZIP 1986, S. 930, 931; Kuhn/Uhlenbruck, § 80 Rdz. 2.

485 RGZ 154, S. 291, 297 zum Konkursverfahren.

486 Bley/Mohrbutter, § 41 Rdz. 2 zum Vergleichsrecht; Kilger/Karsten Schmidt, § 83 Anm. 1 zum Konkursrecht.

487 Zum geltenden Konkursrecht Kilger/Karsten Schmidt, § 83 Anm. 1.

488 Bley/Mohrbutter, § 41 Rdz. 1.

489 Ganz h.M. zum Konkurs- u. Vergleichsrecht: LG München KTS 1965, S. 243, 245; LG Freiburg ZIP 1980, S. 438; Kilger/Karsten Schmidt, § 83 Anm. 1; Kuhn/Uhlen-

ständig, die Ordnungsgemäßheit der Amtsausübung zu überprüfen; für die Zweckmäßigkeit und den wirtschaftlichen Erfolg seiner Maßnahmen ist der Sachwalter ausschließlich den Gläubigern um den Preis seiner haftungsrechtlichen Inanspruchnahme verpflichtet.[490] Nur offensichtlich unzweckmäßige und damit zugleich pflichtwidrige Handlungen können vom Gericht unterbunden werden, so etwa wenn der Sachwalter seiner Informationspflicht aus § 274 III InsO nicht genügt und den Schuldner rechtsmißbräuchlich sein Unternehmen fortführen läßt, um seine Finanzen aufzustocken, ihm also nicht nur den notwendigen Unterhalt gem. § 100 InsO, sondern darüber hinausgehend Mittel zur bescheidenen Lebensführung gem. § 278 InsO zu gewähren.[491] Der Sachwalter darf nicht dem Zweck des Insolvenzverfahrens, der auch im Rahmen der Eigenverwaltung immer noch in der optimalen und gleichmäßigen Gläubigerbefriedigung liegt, zuwiderhandeln[492], was z.B. der Fall wäre, wenn er von seiner Zustimmungsbefugnis gem. § 277 I 1 InsO nur bei mit bestimmten Lieferanten abgeschlossenen Geschäften Gebrauch macht und diese dadurch gegenüber anderen Lieferanten-Gläubigern bevorzugt.[493]

Die von Amts wegen auszuübende Aufsichtsgewalt nimmt das Gericht durch das in § 58 I 2 InsO geregelte Auskunftsverlangen wahr, das sich auf alle dem Sachwalter obliegenden Aufgaben erstreckt. Zwar ermächtigt diese Norm das Gericht nicht zur Einsichtnahme und Kontrolle der Bücher und Geschäftspapiere[494], da diese beim Schuldner verbleiben, lediglich seine Tätigkeit und nicht die des Sachwalters dokumentieren und deshalb nicht von § 58 I 2 InsO erfaßt werden. Im Falle des § 275 II

---

bruck, § 83 Rdz. 6; Bley/Mohrbutter, § 41, Rdz. 1; Böhle-Stamschräder/Kilger, § 41 Anm. 1. Zu der im Vorgriff auf die §§ 58, 59 InsO ergangenen Norm des § 8 III GesO siehe Hess/Binz/Wienberg, § 8, Rdz. 29; Smid-Schöpf, § 8 Rdz. 45.

490 Haarmeyer/Wutzke/Förster, GesO, § 8 Rdz. 104 zu den entsprechenden gesamtvollstreckungsrechtlichen Grundsätzen.

491 Zur rechtsmißbräuchlichen Geschäftsfortführung durch den Konkursverwalter vgl. Merz WM 1983, S. 106, 108.

492 Für den Vergleichsverwalter BGH ZIP 1980, S. 744, 745; Mohrbutter/Mohrbutter, 2. Teil, IV. 12. a), Rdz. 1517.

493 So zum Vergleichsrecht unter Bezugnahme auf § 64 VerglO Bley/Mohrbutter, § 41 Rdz. 1.

494 Anders beim verwaltungs- und verfügungsbefugten Insolvenzverwalter, vgl. zum geltenden Insolvenzrecht RGZ 154, S. 291, 296; BGH KTS 1966, S. 17, 19; Baur/Stürner, ZV-, KO- u. VerglR, Bd. II, § 10, II. 2. a) (Rdz. 10.14); Smid-Schöpf, § 8 Rdz. 46.

InsO kann das Gericht aber Prüfungen der Kassenbücher vornehmen. Eine diesbezügliche Pflicht besteht allerdings nur bei begründetem Verdacht der Unredlichkeit des Sachwalters; ansonsten reicht eine jährliche Kontrolle aus.[495]

Wenn sich bei der Ausübung dieser Aufsichtskompetenz ergibt, daß der Sachwalter seine Aufgaben nicht ordnungsgemäß erfüllt, sei es wegen pflichtwidrigen Verhaltens oder auch nur wegen schlichter Unfähigkeit[496], so muß das Gericht einschreiten. Dieses kann es zunächst durch bloße Belehrungen oder Verwarnungen tun.[497] Nützt dieses nichts, so kann das Gericht gem. § 58 II 1 InsO nach vorheriger Androhung ein Zwangsgeld gegen den Sachwalter festsetzen. Dieses hat den Charakter eines Beugemittels[498] und darf gem. § 58 II 2 InsO den Betrag von DM 50.000,- nicht übersteigen.[499] Als gravierendste Aufsichtsmaßnahme bietet sich letztlich die sogleich unter d) zu behandelnde Entlassung des Sachwalters gem. §§ 59 iVm 274 I InsO an. Gegen diese Maßnahmen steht dem Sachwalter gem. §§ 58 II 3, 59 II 1 (iVm 274 I) InsO die sofortige Beschwerde zu.

d) Entlassung aus wichtigem Grund, §§ 274 I, 59 InsO

Nach geltendem Konkursrecht kann das Gericht den Verwalter grundsätzlich nur auf Antrag der Gläubigerversammlung oder des Gläubigerausschusses seines Amtes entheben. Lediglich bis zur ersten auf die Bestellung des Verwalters folgenden Gläubigerversammlung kann diese Maßnahme auch von Amts wegen erfolgen, § 84 I 2 KO. § 41 II 2 VerglO hingegen normiert die Kompetenz des Gerichts, den Verwalter

---

495 Zur Prüfungskompetenz des Gerichts bzgl. Konkurs- bzw. Vergleichsverwalter BGH KTS 1966, S. 17, 19; Kuhn/Uhlenbruck, § 83 Rdz. 6; Bley/Mohrbutter, § 41 Rdz. 2.

496 Bley/Mohrbutter, § 41 Rdz. 2 bzgl. des Vergleichsverwalters.

497 Bley/Mohrbutter, § 41 Rdz. 3 zum geltenden Vergleichsrecht.

498 Es darf also nicht zur Sanktionierung vergangener Pflichtwidrigkeiten eingesetzt werden, so bereits zum geltenden Konkurs- und Vergleichsrecht Böhle-Stamschräder/Kilger, § 41 Anm. 3; Mohrbutter/Mohrbutter, 2. Teil, IV. 12. b), Rdz. 1519; Kuhn/Uhlenbruck, § 84 Rdz. 1.

499 Der Höchstbetrag des Zwangsgeldes ist ggü. dem geltenden Recht drastisch erhöht worden; die allgemeine Vorschrift des Art. 6 I 1 EGStGB hat bislang nur Zwangsgelder bis zu DM 1000,- zugelassen.

während des gesamten Verfahrens von Amts wegen aus wichtigen Gründen zu entlassen.[500] Wird seitens der Gläubiger oder des Verwalters selbst ein Entlassungsantrag gestellt, so hat dieser nur den Charakter einer Anregung.[501] Diese Regelung hat der Gesetzgeber mit § 59 I InsO dem Grunde nach übernommen und über § 274 I InsO auch auf die Person des Sachwalters bezogen. Der Grund für die Abwendung von den konkursrechtlichen Grundsätzen lag in deren Nachteil, "daß ein Konkursverwalter auch bei schweren Pflichtverletzungen oder offensichtlicher Amtsunfähigkeit nicht sofort abberufen werden kann, sondern – insbesondere wenn ein Gläubigerausschuß nicht bestellt ist – noch längere Zeit im Amt bleiben wird." Weiter sei es "nicht ausgeschlossen, daß ein Verwalter, der in unredlicher Weise bestimmte Gläubiger begünstigt, nicht aus seinem Amt entfernt werden kann, da ein Entlassungsantrag des Gläubigerausschusses oder der Gläubigerversammlung gerade wegen des Widerstandes der begünstigten Gläubiger nicht zustandekommt."[502] Mit der Neuregelung soll also ein flexibleres Abberufungsverfahren eingeführt werden, das schnelle Reaktionen auf mögliche Pflichtverstöße des Verwalters gewährleistet.

Zu beachten ist aber, daß die Entlassung des Ver- bzw. Sachwalters stets ultima ratio sein muß, also nur bei schweren oder wiederholten Pflichtverletzungen oder absoluter Unfähigkeit, sein Amt ordnungsgemäß auszuüben, gerechtfertigt ist.[503] Als derartige wichtige Gründe gem. § 59 I 1 InsO kommen das erst im Laufe des Verfahrens eingetretene oder aufgedeckte Fehlen der Qualifikationsmerkmale gem. § 56 I InsO, Amtsunfähigkeit wegen Krankheit[504], kollusives masseschädigendes Verhalten wie etwa die Zustimmung zu nachteilhaften Geschäften, ein-

---

500 Eine entsprechende Regelung enthält § 8 III 2 GesO.

501 Bley/Mohrbutter, § 41 Rdz. 9.

502 So der RegE, BT-Drucksache 12/2443, Begr. B, S. 128.

503 RegE, BT-Drucksache 12/2443, Begr. B, S. 128; zur Abberufung des Verwalters nach der GesO Haarmeyer/Wutzke/Förster, GesO, § 8 Rdz. 99. In derartigen Fällen besteht im geltenden Konkursrecht nicht nur das Recht, sondern auch die Pflicht des Gerichts, von Amts wegen eine Gläubigerversammlung einzuberufen und dieser vorzuschlagen, einen Entlassungsantrag zu stellen, LG Stuttgart ZIP 1989, S. 1595, 1597.

504 RegE, BT-Drucksache 12/2443, Begr. B, S. 128; bzgl. des Verwalters im Gesamtvollstreckungs- bzw. Konkursverfahren Smid-Schöpf, § 8 Rdz. 49; Kuhn/Uhlenbruck, § 84 Rdz. 2.

zelne Gläubigergruppen bevorzugende Rechtshandlungen, Manipulation und Verschleierung von vom Schuldner vorgenommenen Vermögensverschiebungen, nicht sachgerechte Ausübung des Anfechtungsrechts oder kriminelles Verhalten des Sachwalters[505] in Betracht. Nicht ausreichend ist die bloße Zerstörung des Vertrauensverhältnisses zwischen Gericht und Ver- bzw. Sachwalter, wenn diese nur auf das persönliche Verhältnis, nicht aber auf erfolgte Pflichtverletzungen gestützt wird.[506] Die Kumulierung verschiedener Verdachts- und Mißtrauensmomente genügt also nicht, um die Entlassung zu begründen. Um willkürliche Abberufungen zu vermeiden, hat das Gericht vielmehr die Verletzung der Amtspflichten durch den Sachwalter im konkreten Fall nachzuweisen.

Darin sieht *Pape*[507] eine grundlegende Problematik des gegenüber § 84 I 2 KO erweiterten Abberufungsrechts: Die Unmöglichkeit der detaillierten Sachverhaltsaufklärung und die mangelnde Praktikabilität, Strafprozesse als Anlaß der Entlassung zu nehmen, führen dazu, daß der unumstößliche Nachweis eines wichtigen Grundes kaum erbracht werden könne. Daher sei dem Gericht wegen der Gefahr langwieriger, verfahrensverzögernder Streitigkeiten tunlichst davon abzuraten, von dem Instrumentarium des § 8 III 2 GesO (bzw. des § 59 I InsO) Gebrauch zu machen. Die derzeitig minimale praktische Relevanz der Entlassungsbefugnis im geltenden Konkursrecht[508], das ebenso wie das Vergleichs- und das neue Insolvenzrecht die Rechtfertigung der Abberufung durch einen wichtigen Grund fordert[509], scheint der negativen Prognose *Papes* recht zu geben. Das gilt um so mehr für den Bereich der *Sachwalter*entlassungen gem. §§ 59 I 1 InsO iVm § 271 I InsO, die wegen ihrer einge-

505 Z.B. Bestechung des Rechtspflegers wie in dem auf den Konkursverwalter bezogenen Urteil des OLG München vom 18.7.1991, ZIP 1991, S. 1367 ff.; vgl. Haarmeyer/Wutzke/Förster, GesO, § 8 Rdz. 99 zum Verwalter in der Gesamtvollstreckung.

506 Zum Verfahren nach der GesO LG Halle ZIP 1993, S. 1739, 1740; Haarmeyer/Wutzke/Förster, GesO, § 8 Rdz. 109; a.A. Smid-Schöpf, § 8 Rdz. 49.

507 DtZ 1995, S. 40, 42 f. zu dem § 59 I InsO entsprechenden § 8 III 2 GesO.

508 Uhlenbruck KTS 1989, S. 229, 243 belegt unter Bezugnahme auf die rechtssoziologische Untersuchung über die Praxis der Konkursabwicklung in der BRD, daß 1975 durchschnittlich nur 0,068mal ein Verwalter von Amts wegen und 0,034mal auf Antrag der Gläubiger entlassen wurde.

509 AG Köln ZIP 1986, S. 1261; Kilger/Karsten Schmidt, § 84 Anm. 2; Kuhn/Uhlenbruck, § 84 Rdz. 2; Baur/Stürner, ZV-, KO- u. VerglR, Bd. II, § 10, II. 3 c) (Rdz. 10.17).

schränkten Kompetenzen gegenüber dem Insolvenzverwalter weniger Angriffsfläche bieten, da z.B. bedeutsame "wichtige Gründe" wie die eigennützige Verschiebung von Vermögensgegenständen aus der Masse an von ihm selbst – unmittelbar oder durch Strohmänner, Verwandte etc. – beherrschte Auffang- oder Abwicklungsgesellschaften[510] oder die rechtsmißbräuchliche Führung unnützer Prozesse zur Erhöhung des Gebührenanteils[511] mangels auf den Sachwalter übergegangener Verwaltungs- und Verfügungsbefugnis entfallen.

Wenn das Gericht doch von seiner Entlassungskompetenz gem. §§ 59 I 1 iVm 274 I InsO Gebrauch macht, so ist zuvor der Sachwalter gem. § 59 I 3 InsO zu hören. Gegen die Entlassung steht ihm gem.§ 59 II 1 InsO die sofortige Beschwerde zu. Das gleiche Rechtsmittel können der Verwalter, der Gläubigerausschuß oder jeder Insolvenzgläubiger[512] gem. § 59 II 2 InsO einlegen, wenn das Gericht dem Entlassungsantrag gem. § 59 I 2 InsO nicht entsprochen hat.

e) Haftung des Sachwalters, §§ 274 I, 60 InsO

Für die Haftung des Sachwalters verweist § 274 I InsO auf § 60 InsO. Danach hat der Insolvenzverwalter allen Beteiligten den ihnen durch die Verletzung seiner insolvenzspezifischen[513] Pflichten entstandenen Schaden zu ersetzen. Beteiligte sind dabei alle, denen gegenüber der Verwalter nach der InsO Pflichten zu erfüllen hat, auch wenn sie nicht am Verfahren beteiligt sind.[514] Bei seiner Tätigkeit hat der Verwalter gem. § 60 I 2 InsO die Sorgfalt eines "ordentlichen und gewissenhaften Insolvenzverwalters" an den Tag zu legen. Diese Norm ist an die §§ 347 I HGB,

---

510 Pape DtZ 1995, S. 40, 41.

511 Vgl. Uhlenbruck KTS 1989, S. 229, 231.

512 Für den Fall, daß die Gläubigerversammlung den Antrag nach § 59 I 2 InsO gestellt hat. Vgl. dazu RegE, BT-Drucksache 12/2443, Begr. B, S. 127.

513 Dabei handelt es sich lediglich um diejenigen Pflichten, die ihm nach der InsO obliegen, § 60 I 1 InsO und RegE, BT-Drucksache 12/2443, Begr. B, S. 129.

514 Bork, § 7, B. I., Rdz. 58; für das geltende Konkursrecht BGH KTS 1962, S. 106, 108; ZIP 1984, S. 1506, 1507; Lüke, II. 1. (S. 9 f.); Kilger/Karsten Schmidt, § 82 Anm. 2.a); zum Vergleichsrecht BGH ZIP 1988, S. 526 f.; Bley/Mohrbutter, § 42 Rdz. 8 unter Hinweis auf die frühere, engere Rspr. und Lit.; Böhle-Stamschräder/Kilger, § 42 Anm. 1; Baur/Stürner, ZV-, KO- u. VerglR, Bd. II, § 27, II. 5 (Rdz. 27.13).

93 I 1 AktG, 34 I 1 GenG und § 43 I GmbHG angelehnt, legt aber zugleich dar, daß die Sorgfaltsanforderungen des Handels- und Gesellschaftsrechts nicht unverändert auf den Insolvenzverwalter übertragen werden können, da diesem die Fortführung des Unternehmens unter besonders schwierigen Umständen obliegt: So hat er sich regelmäßig zunächst in das fremde Unternehmen und gegebenenfalls in einen ihm nicht vertrauten Geschäftszweig einzuarbeiten, er findet häufig keine ordnungsgemäße Buchführung vor und er muß – anders als der Geschäftsleiter eines solventen Unternehmens – erst einmal die insolvenzbedingten Probleme bewältigen.[515] Da der Sachwalter ebenso wie der Insolvenzverwalter bei der Erfüllung seiner Aufgaben mit diesen insolvenzspezifischen Schwierigkeiten konfrontiert wird, ist es sachgerecht, den Sorgfaltsmaßstab des § 60 I 2 InsO mit dem dieser Norm zugrundeligenden Gedanken der Haftungsbeschränkung auch auf seine Person anzuwenden.

Darüber hinaus ist zu berücksichtigen, daß dem Sachwalter im Vergleich zum Insolvenzverwalter nur ein eingeschränkter Tätigkeitsbereich obliegt. Ihm stehen keine Geschäftsführungsbefugnisse, sondern nur Aufsichts-, Überwachungs-, Informations- und bestenfalls noch Mitwirkungsbefugnisse bezüglich der Geschäftsleitung zu. An dieser reduzierten Verantwortlichkeit hat sich der Umfang der Haftung und damit auch der Maßstab der Sorgfaltspflicht zu orientieren. So normieren etwa die §§ 116 AktG, 52 I GmbHG, 41 GenG, daß die für die Vorstandsmitglieder und Geschäftsführer geltenden Regelungen betreffend die Sorgfaltspflicht und Verantwortlichkeit für die diese überwachenden Organe (in diesen Fällen jeweils die Aufsichtsräte der Gesellschaften bzw. der Genossenschaft) nur *sinngemäß* gelten, also nur im Hinblick auf deren bloße Kontrollfunktion übertragbar sind. Die Haftung der Aufsichtsratsmitglieder greift mithin nur ein, soweit sie die ihnen obliegende Kontrolle über die geschäftsleitenden Organe nicht ordnungsgemäß entsprechend ihren betriebswirtschaftlichen und unternehmensbezogenen Kenntnissen und Fähigkeiten ausgeübt haben. Die Bezugnahme des RegE[516] auf die Normen des Handels- und Gesellschaftsrechts und die bezüglich der Kontrolle und Überwachung der Geschäftsführung vergleichbare Situation von Sachwalter und Aufsichtsrat indizieren eine

515 RegE, BT-Drucksache 12/2443, Begr. B, S. 129.

516 BT-Drucksache 12/2443, Begr. B, S. 129.

ebensolche Haftungsbeschränkung zugunsten des Sachwalters. Vorwerfbar sind insoweit nur die Vernachlässigung der mit den ihm kraft Gesetzes oder gerichtlicher Anordnung obliegenden Aufgaben verbundenen Pflichten wie etwa mangelnde Einarbeitung in die geschäftlichen Unterlagen, unzureichende Analyse der Schuldnerpersönlichkeit, unterlassene Unterrichtung der Gläubiger oder unzulängliche Abwägung der Wirtschaftlichkeitskriterien im Rahmen der geschäftsführungsbezogenen Zustimmungsbefugnisse. Wirtschaftliche Mißerfolge hingegen wird man ihm nur anteilig zurechnen können, soweit er gem. § 277 InsO an der Geschäftsführung aktiv beteiligt war.

Bedient der Sachwalter sich zur Erfüllung seiner Pflichten anderer Personen, so hat er grundsätzlich für deren Verschulden nach § 278 BGB einzustehen.[517] Eine Ausnahme gilt im Regelinsolvenzverfahren gem. § 60 II InsO dann, wenn finanzielle Gründe oder besondere Kenntnisse der Angestellten deren Weiterbeschäftigung erforderlich machen. Der Insolvenzverwalter ist dann nur für ihre Überwachung und für Entscheidungen von besonderer Bedeutung verantwortlich. Diese Norm ist auf die Konstellation zugeschnitten, daß der Verwalter im Rahmen der Unternehmensfortführung auf die Angestellten zurückgreifen muß, etwa bei der Erfüllung seiner Buchhaltungs- und Rechnungslegungspflichten die mit der Buchhaltung des Schuldners beschäftigten Personen oder bei der Veräußerung von Produkten des Unternehmens das vorhandene Verkaufspersonal heranziehen muß.[518] Da die Angestellten im Rahmen der Eigenverwaltung aber vom Schuldner weiterbeschäftigt werden und ihm die Erfüllung der mit der Geschäftsführung zusammenhängenden Aufgaben obliegt[519], hat die Ausnahmeregelung für die Haftung des Sachwalters keine praktische Bedeutung.

Der Schadensersatzanspruch aus § 60 InsO verjährt gem. § 62 Satz 1, 2 InsO in drei Jahren seit Kenntniserlangung von Schaden und den die Ersatzpflicht auslösenden Umständen durch den Verletzten, spätestens aber in drei Jahren seit der Aufhebung oder rechtskräftigen Einstellung des Verfahrens. Neben dieser insolvenzrechtlichen Haftung kommt nach wie vor noch eine solche nach allgemeinen Tatbeständen in Betracht, et-

517 Vgl. die Beschlußempfehlung des Rechtsausschusses, BT-Drucksache 12/7302, S. 161 f.

518 RegE, BT-Drucksache 12/2443, Begr. B, S. 129.

519 Vgl. RegE, BT-Drucksache 12/2443, Begr. B, S. 223.

wa durch Übernahme vertraglicher Verpflichtungen[520] oder aus Delikt[521].[522]

f) Vergütung, §§ 274 I, 63 ff. InsO, InsVV

Gem. § 274 I InsO sind für die Vergütung des Sachwalters die §§ 63 und 64 InsO sowie über § 65 InsO die insolvenzrechtliche Vergütungsverordnung (InsVV) heranzuziehen. Danach hat der Sachwalter einen Anspruch auf Vergütung für seine Geschäftsführung[523] und auf Erstattung angemessener Auslagen, §§ 274 I, 63 Satz 1 InsO.[524] Die Festsetzung der Vergütung und der Auslagen erfolgt gem. §§ 274 I, 64 I InsO durch Beschluß des Insolvenzgerichts, der nach §§ 274 I, 64 II 1 InsO öffentlich bekanntzumachen und dem Sachwalter, dem Schuldner sowie den Mitgliedern eines gegebenenfalls bestellten Gläubigerausschusses besonders zuzustellen ist.[525] Entgegen den Vorschlägen des Regierungsentwurfs dürfen die festgesetzten Beträge aus datenschutzrechtlichen Gründen nicht veröffentlicht werden; der gesamte Beschluß kann aber in der Geschäftsstelle eingesehen werden, §§ 274 I, 64 II 2 InsO.

Honorarvereinbarungen zwischen dem Sachwalter und den Verfahrensbeteiligten sind nicht zulässig. Der Rechtsausschuß des Bundestages

---

520 So kann der Sachwalter mit den Verfahrensbeteiligten Verträge abschließen, kraft derer er Verpflichtungen übernimmt, die von seiner Sachwaltertätigkeit nicht erfaßt sind, z.B. Rechtsberatung. Voraussetzung ist allerdings, daß dadurch seine Unabhängigkeit nicht beeinträchtigt wird.

521 Bley/Mohrbutter, § 42 Rdz. 1 zum Vergleichsverwalter.

522 Zum Insolvenzverwalter Hess AnwBl. 1993, S. 448, 450.

523 Der Begriff "Geschäftsführung" bezieht sich hierbei selbstverständlich nicht auf die Leitung des Schuldnerunternehmens, sondern auf die Erfüllung der dem Sachwalter nach der InsO obliegenden Aufgaben. Das ergibt sich daraus, daß – wie nachfolgend noch zu zeigen sein wird – der Sachwalter hinsichtlich der unternehmensbezogenen Geschäftsführung nur Mitwirkungs-, aber keine selbständigen Leitungskompetenzen besitzt. Zudem wäre eine andere Interpretation dieser Norm auch bzgl. der Insolvenzverwaltervergütung irreführend, da ansonsten die liquidationsmäßige Verwertung des Schuldnervermögens nicht erfaßt wäre. Vgl. darüber hinaus Robrecht/Kossmann KTS 1968, S. 65, 67 zu § 43 I VerglO.

524 Vergütung und Auslagen des Sachwalters zählen gem. §§ 274 I, 54 Nr. 2 InsO zu den Kosten des Insolvenzverfahrens.

525 Der Beschluß kann nach Maßgabe des § 64 III InsO mit der sofortigen Beschwerde angefochten werden.

hatte zunächst erwogen, zur Verbilligung des Verfahrens und zur Stärkung der Gläubigerautonomie derartige Vereinbarungen zwischen Ver- bzw. Sachwalter und Gläubigerversammlung oder -ausschuß zuzulassen, durch die die gesetzliche Vergütung bis zur Hälfte herabgesetzt werden kann. Von dieser Lösung hat der Ausschuß aber letztlich abgesehen, da sie zu einer Gefährdung der Unabhängigkeit gem. § 56 I InsO[526] und zu einem "Angebot von (...)Verwaltern (bzw. Sachwaltern) zu Dicountpreisen"[527] führen könnte.

§ 63 Satz 2 InsO bestimmt iVm § 274 I InsO, daß die Vergütung des Sachwalters nach Regelsätzen bemessen wird, die sich nach dem Wert der Insolvenzmasse zur Zeit der Beendigung des Insolvenzverfahrens berechnen. Diese Regelsätze variieren gem. § 63 Satz 3 InsO, wenn dem Umfang und der Schwierigkeit der Geschäftsführung im konkreten Fall durch Zu- oder Abschläge Rechnung getragen wird. Die Einzelheiten der Vergütungsbemessung sollen in der nach § 65 InsO zu erlassenden InsVV geregelt werden. Diese Verordnung wird nach Auskünften des zuständigen Referenten des Bundesjustizministeriums[528] frühestens Anfang des Jahres 1997 ergehen. Der unveröffentlichte[529] Referentenentwurf zur InsVV sieht eine wesentliche Anlehnung der InsVV an die geltende VergVO[530] vor.[531] Bei der Bemessung der Regelsätze wird dabei die bisherige insolvenzrechtliche Vergütungspraxis zugrunde gelegt, die durchschnittlich von der vierfachen Berechnung des in den §§ 3, 9 VergVO bestimmten Regelsatzes ausgeht.[532] Jedoch soll bei größeren

526 Beschlußempfehlung des Rechtsausschusses, BT-Drucksache 12/7302, S. 162.

527 Uhlenbruck, Das neue InsR, Teil 1, B. III. 4. d), S. 93.

528 Informationsstand der Verfasserin im April 1996 nach einem Anruf beim BMJ.

529 Vorstellung der Grundzüge in ZIP aktuell 1994, A 27 f.

530 Verordnung über die Vergütung des Konkursverwalters, des Vergleichsverwalters, der Mitglieder des Gläubigerausschusses und der Mitglieder des Gläubigerbeirats vom 25.5.1960 (BGBl. I, S. 329).

531 Uhlenbruck, Das neue InsR, Teil 1, A. 8. (S. 28).

532 Angesichts des erheblichen Ansteigens der allgemeinen Geschäftskosten seit Erlaß der VergVO wird in Lit. und Rspr. auch bei durchschnittlichen Verfahren nur eine (Mindest-)Erhöhung des Regelsatzes um das drei- bis vierfache als angemessen erachtet, siehe zur derzeitigen insolvenzrechtlichen Vergütungspraxis z.B. LG Darmstadt KTS 1979, S. 125, 126; AG Bad Homburg ZIP 1980, S. 105; LG Hamburg ZIP 1981, S. 1116; LG Siegen ZIP 1988, S. 326, 327; Schmidt KTS 1981, S. 65, 66; Böhle-Stamschräder/Kilger, § 43 Anm. 1. b); Gottwald-Delhaes, § 120, C. II, Rdz. 56; Baur/Stürner, ZV-, KO- u. VerglR, Bd. II, § 27, II. 3. (Rdz. 27.12).

Teilungsmassen die Degression verstärkt werden. So soll der Insolvenzverwalter etwa bei einer Teilungsmasse von bis zu DM 50.000, – 40% erhalten, bis zu DM 100.000,- 20 %, bis zu 500.000,- 7%, bis zu DM 1.000.000,- 3%, bis zu DM 10.000.000,- 1% und darüber hinaus 0,5%. Damit liegen die Vergütungseinbußen des Verwalters gegenüber dem geltenden Konkursrecht zwischen bestenfalls 9,9% (bei einer Teilungsmasse von bis zu DM 500.000,-) und schlimmstenfalls 68, 15% und mehr (bei einer Teilungsmasse von DM 100.000.000,- und mehr).[533] Das Gebührenaufkommen eines Insolvenzverwalters wird sich bei Umsetzung des Referentenentwurfs also gegenüber dem geltenden Konkursrecht erheblich verschlechtern.[534]

Die Vergütung eines *Sachwalters* soll wegen seines gegenüber dem Insolvenzverwalter eingeschränkten Tätigkeitsbereiches in der InsVV noch niedriger bemessen werden als die des Verwalters.[535] Konkrete Vorgaben finden sich weder in der Begründung des Regierungsentwurfs zu den §§ 63 ff. InsO[536] noch in der Veröffentlichung der Grundzüge des RefE zur InsVV[537]. Angesichts der mit dem Vergleichsverwalter nach der VerglO komparablen Stellung des Sachwalters ist im Hinblick auf § 9 VergVO davon auszugehen, daß das Sachwalterhonorar auf die Hälfte der Insolvenzverwaltervergütung reduziert werden wird.[538] Ob eine derartige Vergütungsregelung zur Verwirklichung der mit der Eigenverwaltung angestrebten Ziele Kostenersparnis und Effizienzsteigerung beitragen wird, ist zweifelhaft. Allgemein hat sich heute die Erkenntnis durchgesetzt, daß bei der Vergütung des Verwalters als zentraler Figur des Insolvenzverfahrens, von deren Qualitäten letztlich der Umfang der Gläubigerbefriedigung abhängt, nicht zu stark gespart werden darf.[539] Bei zu niedriger Bemessung des Honorars werden sich in der Praxis nicht mehr hinreichend qualifizierte Personen finden, die bereit sind, für die Übernahme des Verwalteramtes ihre hauptberufliche Anwalts-, Wirtschaftsprüfer-, Steuerberatertätigkeit etc. zu vernachlässigen und sich mit vollem Engagement auf die insolvenzrechtlichen Aufgaben zu stürzen.

---

533 Instruktiver Überblick bei Uhlenbruck, Das neue InsR, Teil 1, B. III. 4. d), S. 93.

534 Kritisch dazu Haarmeyer/Wutzke/Förster, InsO, Teil B, 1. Teil, 3. Abschn., S. 71.

535 RegE, BT-Drucksache 12/2443, Begr. B, S. 224.

536 BT-Drucksache 12/2443, Begr. B, S. 130.

537 ZIP aktuell 1994, A 27 f.

538 Davon geht auch Grub ZIP 1993, S. 393, 397 aus.

539 Schmidt KTS 1981, S. 65, 67 f. mit Nachweisen aus der gerichtlichen Praxis.

Die notgedrungene Einsetzung einer auch für geringere Vergütung dankbaren, minder kompetenten Persönlichkeit kann infolge durch längere Einarbeitungszeit bedingte Verfahrensverzögerungen oder schlechter Geschäftsführung bzw. beim Sachwalter mangelhafter Überwachung und Mitwirkung bei der schuldnerischen Geschäftsführung zu gravierenden Verlusten führen, die die Kostenersparnis durch Reduzierung der Vergütung nicht nur kompensieren, sondern sogar übersteigen.[540]

Die Vergütungsbemessung muß berücksichtigen, daß eine starke Reduzierung die mit der Tätigkeit verbundenen – insbesondere bei Großinsolvenzen erheblichen – Haftungsrisiken nicht mehr ausreichend kompensiert. Zwar bringt eine großzügige Ver- bzw. Sachwaltervergütung neben der zusätzlichen Massebelastung die Gefahr mit sich, daß nach der Verfahrensbeendigung eine Störung des Betriebsfriedens eintritt, weil im Zuge des Verfahrens viele Mitarbeiter entlassen wurden und andere aus Ansprüche verzichten mußten[541]. Andererseits wird die Belegschaft den Arbeitseinsatz und die unternehmerischen Qualitäten des Ver- bw. Sachwalters genau wie die anderen Gläubiger honorieren (müssen), da es angesichts der vorherigen Mißwirtschaft der Unternehmensleitung nicht zuletzt als sein Verdienst anzuerkennen ist, wenn das Unternehmen wieder wirtschaftlich lebensfähig gemacht wurde und dadurch zahlreiche Arbeitsplätze gerettet werden konnten.

Abgesehen von diesen die Vergütungsreduzierung gegenüber dem geltenden Recht generell betreffenden Bedenken, unterliegt auch die Sachgerechtigkeit der hälftigen Sachwaltervergütung erheblichen Zweifeln. Der Regierungsentwurf begründet die relativ geringere Vergütung des Sachwalters mit dem eingeschränkten Tätigkeitsbereich gegenüber dem Insolvenzverwalter. Dazu ist festzustellen, daß der Sachwalter zwar in erster Linie überwachend, informativ und mitwirkend tätig wird, selbst verhältnismäßig wenig agiert. Ihm obliegt weder die Geschäftsführung des Unternehmens noch die Durchführung des Insolvenzverfahrens. Dies sind Aufgaben des Schuldners, deren ordnungsgemäße Erfüllung der Sachwalter zu kontrollieren und in dem ihm möglichen Rahmen wegen seiner Haftungspflicht auch zu garantieren hat. Damit ist aber nicht zu-

---

540 Diese Bedenken äußern Robrecht/Kossmann KTS 1968, S. 65, 80 bzgl. der Qualifikation des Vergleichsverwalters.

541 Baur/Stürner, ZV-, KO- u. VerglR, Bd. II, § 27, II. 3. (Rdz. 27.12) zum geltenden Vergleichsrecht.

gleich gesagt, daß die Sachwaltertätigkeit zwangsläufig einen geringeren Arbeits- und Zeitaufwand erfordert als die Verwaltertätigkeit. Vielmehr sind gerade für die Kontrolle der ordnungsgemäßen Aufgabenerfüllung durch den Schuldner detaillierte Analysen der wirtschaftlichen Situation und der Schuldnerpersönlichkeit sowie seiner geschäftlichen Kontakte notwendig. Der Sachwalter muß die Forderungen prüfen, den Zahlungsverkehr überwachen oder selbst führen, Buchhaltung und Bilanzen des Unternehmens durchforsten, Gespräche mit Gläubigern führen und über jede Handlung des Schuldners informiert sein.[542] Gerade wenn die ihm kraft Gesetzes obliegenden Aufgaben noch durch Anordnungen gem. § 277 InsO erweitert werden, unterscheidet er sich vom Insolvenzverwalter im wesentlichen nur noch dadurch, daß ihm die Entscheidungskompetenzen fehlen. Eine derart gravierende Abweichung der Sachwalter- von der Insolvenzverwaltervergütung, wie sie nach der geltenden VergVO betreffend Konkurs- und Vergleichsverwalter vorgesehen ist, erscheint demnach nicht sachgerecht und wird die Motivation und das Engagement des Sachwalters sicherlich nicht steigern.[543]

Dem könnte man entgegenhalten, daß auch in der heutigen insolvenzrechtlichen Praxis sich trotz der wesentlich geringeren Vergütung immer noch qualifizierte Personen finden, die das Amt des Vergleichsverwalters übernehmen. Dabei ist aber zu bedenken, daß zum einen das Vergleichsverfahren letztlich fast immer in ein Konkursverfahren übergeht und zum anderen wegen der Zweispurigkeit des geltenden Rechts die für den Verwalter vorteilhafte, weil imagefördende Möglichkeit der Unternehmenssanierung und der damit verbundenen öffentlichkeitswirksamen Rettung von Arbeitsplätzen lediglich im Vergleichsverfahren besteht[544], er also die Vergütungsnachteile zwangsläufig in Kauf nehmen muß. Im einheitlichen Verfahren nach der InsO hingegen besteht die Möglichkeit der Unternehmenssanierung sowohl im Wege der Eigenverwaltung als auch im Regelinsolvenzverfahren. Der Verwalter kann also bei vergleichbarem Arbeitsaufwand und gleichzeitiger Imagesteigerung eine bessere Vergütung erlangen, wenn er sich nur für das Regelinsolvenzver-

542 Siehe Robrecht/Kossmann KTS 1968, S. 65, 72 zu den umfangreichen Aufgaben eines Vergleichsverwalters. Knorr (KTS 1970, S. 69, 70) bezeichnet das Amt des Vergleichsverwalters sogar als anspruchsvoller als das eines Konkursverwalters.

543 Leipold, S. 165, 172; diesem zustimmend Grub ZIP 1993, S. 393, 397.

544 Dies ist zumindest insoweit der Fall, als die Sanierung unter Perpetuierung des Unternehmensträgers stattfinden soll.

fahren zur Verfügung stellt. Daher kann bei drastischen Abweichungen der Sachwalter- von der Verwaltervergütung davon ausgegangen werden, daß sich für die Tätigkeit iSd §§ 274 ff. InsO kaum vernünftige und qualifizierte Persönlichkeiten finden lassen. Sinnvoll erscheint es deshalb, die mit der Eigenverwaltung angestrebte Kostenersparnis nicht durch eine gravierende Herabsetzung der Sachwaltervergütung gegenüber dem Regelinsolvenzverfahren herbeizuführen, sondern mittelbar durch Verkürzung der Verfahrensdauer, indem Schuldner und Sachwalter gemeinsam auf eine beschleunigte Verfahrensabwicklung hinwirken. Es bleibt zu hoffen, daß der Gesetzgeber diese Gedanken bei der Festlegung des Sachwalterhonorars in der InsVV berücksichtigt.

g) Amtsbeendigung

Das Amt des Sachwalters endet mit der Einstellung oder Aufhebung des Verfahrens gem. §§ 200 I, 207 I, 211, 212, 213 InsO, falls das Eigenverwaltungsverfahren – wie in der Praxis wohl kaum zu erwarten – nach den Vorschriften über die gesetzlich vorgegebene Zwangsverwertung abgewickelt wurde, mit der Aufhebung des Planverfahrens gem. § 258 I InsO[545], mit der Ernennung eines neuen Sachwalters gem. §§ 57 Satz 1 iVm 274 I InsO, mit seiner Entlassung durch das Insolvenzgericht gem. §§ 59 I 1 iVm 274 I InsO, mit seinem Tode oder Geschäftsunfähigkeit[546] sowie mit der Aufhebung der Eigenverwaltung gem. § 272 InsO[547].

545 Das gilt nicht, wenn im Insolvenzplan gem. § 260 I InsO die Überwachung der Planerfüllung vereinbart wurde, die gem. § 284 II InsO durch den Sachwalter zu erfolgen hat.

546 Diese Kriterien sind zwar gesetzlich nicht ausdrücklich normiert, ergeben sich aber zum einen aus der Natur der Sache (Tod) und zum anderen aus den Verweisen der Begründung des Regierungsentwurfs (BT-Drucksache 12/2443, Begr. B, S. 126, 224) auf die für das Amt des Konkurs- und Vergleichsverwalters geltenden Grundsätze, vgl. dazu Böhle-Stamschräder/Kilger, § 38 Anm. 5; Jauernig, § 43, I., S. 184; Baur/Stürner, ZV-, KO u. VerglR, Bd. II, § 10, II. 3. a) (Rdz. 10.17); Kuhn/Uhlenbruck, § 78 Rdz. 6.

547 In diesem Fall kann zwar der ursprüngliche Sachwalter zum Insolvenzverwalter bestellt werden, § 272 III InsO. Er tritt damit aber ein neues Amt an. Noch deutlicher wird die Amtsbeendigung im Falle der Eigenverwaltungsaufhebung, wenn eine andere Person zum Insolvenzverwalter bestellt wird.

4. *Die Kompetenzverteilung zwischen Schuldner und Sachwalter*

Die im Regelinsolvenzverfahren allein dem Insolvenzverwalter obliegenden Aufgaben sind im Sonderverfahren der Eigenverwaltung gem. §§ 270 ff. InsO auf den Schuldner und den Sachwalter verteilt. Grundsätzlich ist dabei der Schuldner für die Verfahrensdurchführung und die durch das (Sekundär-)Ziel der Sanierung bedingte Unternehmensfortführung inklusive aller damit zusammenhängenden Tätigkeiten zuständig. Der Sachwalter hat – wie der Verwalter im Vergleichsverfahren – lediglich Kontroll- und Aufsichts-, Informations- und Mitwirkungsbefugnisse bzw. -pflichten.

a) Kompetenzen des Schuldners

Bei den Kompetenzen des Schuldners ist zu unterscheiden zwischen denjenigen, die ihm in jedem Eigenverwaltungsverfahren zustehen, und den Kompetenzen, die ihm ausschließlich dann obliegen, wenn die Eigenverwaltung gem. § 270 I 1 InsO bei Verfahrenseröffnung bzw. nach § 271 Satz 1 InsO, in diesem Fall aber vor Abhaltung des Berichtstermins, angeordnet worden ist.

aa) Kompetenzen bei Anordnung gem. § 270 I 1 InsO bzw. gem. § 271 Satz 1 InsO vor Abhaltung des Berichtstermins

aaa) Erstellung der Massegegenstands- und Gläubigerverzeichnisse sowie der Vermögensübersicht, §§ 281 I 1, 151 ff. InsO

Gem. §§ 281 I 1 iVm 151 – 153 InsO hat der Schuldner das *Verzeichnis der Massegegenstände, das Gläubigerverzeichnis und die Vermögensübersicht zu erstellen.* Diese Pflichten treffen ihn deshalb nur dann, wenn die Eigenverwaltung gem. § 270 I 1 InsO bzw. gem. § 271 Satz 1 InsO vor der Abhaltung des Berichtstermins angeordnet wurde, weil diese Verzeichnisse gem. § 154 InsO spätestens eine Woche vor dem Berichtstermin in der Geschäftsstelle des Gerichts zur Einsicht der Beteiligten niederzulegen sind. Sie bilden die Grundlage für die Beurteilung der schuldnerischen Vermögenslage durch die Gläubiger, die entscheidend für die Ausgestaltung des weiteren Verfahrens nach § 157 InsO ist.[548]

548 RegE, BT-Drucksache 12/2443, Begr. B, S. 171.

Das Verzeichnis der Massegegenstände erfordert eine Aufzeichnung[549] der einzelnen Gegenstände mit Wertangabe, wobei wegen der bei der Eigenverwaltung grundsätzlich gegebenen Möglichkeit der Unternehmenssanierung die Fortführungs- und die Einzelveräußerungswerte stets nebeneinander anzugeben sind.[550] Erfaßt werden auch insolvenzrechtsspezifische Ansprüche, etwa solche, die sich aus den Vorschriften über die Insolvenzanfechtung ergeben.[551] Diese Zuordnung könnte im Bereich der Eigenverwaltung deshalb problematisch sein, weil die Insolvenzanfechtung gem. § 280 InsO dem Sachwalter obliegt und der Schuldner daher bei der Aufstellung der Verzeichnisse noch gar nicht weiß, welche der vorgenommenen Handlungen der Sachwalter anfechten wird. Zudem wird er – auch wenn durch die Anfechtung die Masse gemehrt und damit auch in seinem Interesse die Befriedigung der Gläubiger maximiert wird – seine eigene Unredlichkeit nachweisende, anfechtbare Rechtshandlungen vorrangig zu verschleiern versuchen und nicht erst dem Sachwalter den Hinweis geben, welche Geschäfte er anfechten könnte. Demnach wäre durch die vorliegende Kompetenzzuweisung eine Verfälschung der Massegegenstandsverzeichnisse und damit der für die Entscheidung nach § 157 InsO maßgeblichen Beurteilungsgrundlage möglich. Andererseits ist zu beachten, daß der Gesetzgeber aus diesem Grund dem Sachwalter gem. § 281 I 1 InsO auferlegt hat, die Verzeichnisse zu prüfen und schriftlich zu erklären, ob nach dem Ergebnis seiner Prüfung Einwendungen zu erheben sind. Durch die Einrichtung dieser zusätzlichen Kontrolle will der Gesetzgeber die vollständige und korrekte Unterrichtung der Gläubiger gewährleisten.[552]

Das Pendant zum Massegegenstandsverzeichnis gem. § 151 InsO als Auflistung des zur Gläubigerbefriedigung zur Verfügung stehenden Aktivvermögens bildet das Gläubigerverzeichnis gem. § 152 InsO, das die diesem Vermögen gegenüberstehenden Verbindlichkeiten und Belastungen möglichst komplett wiedergeben soll.[553] Dort müssen alle Gläubiger samt Grund und Betrag ihrer Forderungen angegeben und in verschiede-

549 Diese ist ggf. später zu ergänzen, wenn weitere Aktiven festgestellt werden, vgl. zum Konkursverfahren Kilger/Karsten Schmidt, § 124 Anm. 2.b).

550 § 151 II 1, 2 InsO.

551 RegE, BT-Drucksache 12/2443, Begr. B, S. 171; zum geltenden Konkursrecht Kilger/Karsten Schmidt, § 124 Anm. 2.c); Hess, § 124 Rdz. 3.

552 RegE, BT-DRucksache 12/2443, Begr. B, S. 225.

553 RegE, BT-Drucksache 12/2443, Begr. B, S. 171.

ne Kategorien eingeteilt werden, § 152 II InsO. Dabei besteht die Gefahr, daß der Schuldner – z.B. aus Unkenntnis – nur diejenigen Forderungen berücksichtigt, die er anerkennt. Derartigen Fehlern kann wiederum durch die Prüfungspflicht des Sachwalters gem. § 281 I 2 InsO entgegengetreten werden. Insbesondere da die in § 152 I InsO benannte Forderungsanmeldung gem. § 270 III 2 InsO beim Sachwalter stattfindet[554] und vom Schuldner erstellte Gläubigerverzeichnisse in der Praxis nur selten vollständig sind[555], erscheint eine Korrektur durch den Sachwalter unerläßlich.

Da der Sachwalter hier wie der Insolvenzverwalter eine Kontrollfunktion im Hinblick auf die ordnungsgemäße Erstellung der Verzeichnisse hat, erscheint es sachgerecht, ihm entsprechend § 22 III InsO die dortigen Nachforschungs- und Informationsrechte zuzubilligen, vgl. § 152 I InsO.[556] Aus den genannten Verzeichnissen hat der Schuldner schließlich gem. § 153 I InsO eine auf den Zeitpunkt der Verfahrenseröffnung bezogene Vermögensübersicht aufzustellen, in der die Massegegenstände und die Verbindlichkeiten einander gegenübergestellt werden.[557]

bbb) Berichterstattung, §§ 281 II 1, 156 I InsO

Des weiteren hat der Schuldner gem. §§ 281 II 1 iVm 156 I InsO im Berichtstermin gem. § 29 I Nr. 1 InsO den *Bericht zu erstatten*, der eine Analyse seiner wirtschaftliche Lage und ihrer Ursachen umfaßt und darzulegen hat, ob Aussichten bestehen, das Schuldnerunternehmen zu sanieren, das Verfahren auf der Grundlage eines Insolvenzplans durchzuführen und welche Auswirkungen jeweils für die Befriedigung der Gläubiger eintreten würden. Gem. § 281 II 2 InsO hat der Sachwalter zu dem Bericht Stellung zu nehmen. Diese Stellungnahme ist angesichts der

---

554 Anders das geltende Konkurs- und Vergleichsrecht, die eine Anmeldung beim Gericht vorsehen, §§ 110 I, 138 Satz 1 KO, 167 I 2 VerglO.

555 Bley/Mohrbutter, § 67 Rdz. 1 zu den Erfahrungen und der gerichtlichen Vergleichspraxis.

556 Die Verweisung des § 274 II 2 InsO auf § 22 III InsO gilt wortlautgemäß nur für die Prüfungs- und Überwachungspflichten der wirtschaftlichen Lage, der Geschäftsführung und der Ausgaben für die Lebensführung des Schuldners.

557 Auch diese ist gem. § 281 I 2 InsO vom Sachwalter zu prüfen und ggf. mit Einwendungen anzugreifen.

gravierenden Gefahr, daß der Schuldner aus Angst vor der Aufhebung der Eigenverwaltung gem. § 272 I Nr. 1, 2 InsO die Tatsachen beschönigt und – wegen der geringen Chance, auch im Falle der Entscheidung der Gläubiger für eine Liquidation des Schuldnervermögens gem. § 157 Satz 1 InsO als eigenverwaltender Schuldner tätig zu bleiben – die Sanierungs- und diesbezüglichen Befriedigungsaussichten nicht warheitsgemäß darlegt, zwingend notwendig. Das zeigt, daß dem Sachwalter neben den juristischen Qualitäten auch fundierte betriebswirtschaftliche Kenntnisse abverlangt werden, um eine die Interessen der Gläubiger wahrende Beurteilung abgeben zu können.

bb) Vom Zeitpunkt der Eigenverwaltungsanordnung unabhängige Kompetenzen

aaa) Geschäftsführung

Infolge der Eigenverwaltungsanordnung gem. § 270 I 1 InsO oder gem. § 271 Satz 1 InsO behält bzw. erlangt der Schuldner die Befugnis (zurück), sein zur Insolvenzmasse gehörendes Vermögen selbst zu verwalten und darüber zu verfügen. Das bedeutet zunächst, daß er sämtliche Vermögensgegestände in seinem Besitz behält. Hatte das Gericht die Anordnung der Eigenverwaltung im Eröffnungsbeschluß abgelehnt und demzufolge einen Insolvenzverwalter bestellt, der die Masse gem. § 148 I InsO "in Besitz und Verwaltung" genommen hat, so kann der Schuldner infolge der Anordnung nach § 271 Satz 1 InsO deren Herausgabe verlangen. Kommt der Verwalter diesem Verlangen von sich aus nicht nach, so kann das Gericht ihn gem. § 58 III InsO durch Auferlegung eines Zwangsgeldes dazu anhalten.

Soweit im Insolvenzverfahren die Sanierung eines Unternehmens angestrebt wird, erschöpfen sich die im Rahmen der Vermögensverwertung vorzunehmenden Maßnahmen nicht in der bloßen Insbesitznahme, Instandhaltung und Veräußerung der einzelnen Massegegenstände. Vielmehr soll gerade mit dem Vermögen weitergewirtschaftet werden, um aus den erzielten Erträgen schließlich die Gläubiger zu befriedigen. Demnach obliegt dem Schuldner in dem auf die Sanierung seines maroden Unternehmens abzielenden Eigenverwaltungsverfahren die Fortführung des Geschäftsbetriebes. Neben dem unternehmensinternen Management vor allem im organisatorischen und personellen Bereich führt er alle im Rahmen der Unternehmensfortführung anfallenden Geschäfte, schließt also Verträge mit Lieferanten und Kunden ab, nimmt Darlehen auf etc. Diese Kompetenz zur eigenverantwortlichen und selbständigen Geschäftsführung wird im Interesse der Gläubiger durch diverse Normen im Gesetz eingeschränkt:

(1) Beschränkung bei der Eingehung von Verbindlichkeiten gem. § 275 I InsO

§ 275 I InsO bestimmt in Anlehnung an § 57 I VerglO[558], daß der Schuldner Verbindlichkeiten, die nicht zum gewöhnlichen Geschäftsbetrieb gehören, nur mit Zustimmung des Sachwalters eingehen soll. Verbindlichkeiten, die zum gewöhnlichen Geschäftsbetrieb gehören, soll er nicht eingehen, wenn der Sachwalter widerspricht. Diese Norm will die Gläubiger vor der Begründung unwirtschaftlicher Verbindlichkeiten schützen, die die Masse unnötig belasten und damit die Befriedigungsaussichten schmälern. Das geschieht durch eine – allerdings nicht rechtserhebliche – Beschränkung der Verpflichtungsbefugnis des Schuldners.[559] Davon werden nur durch Vertrag oder einseitiges Verpflichtungsgeschäft rechtsgeschäftlich begründete Verbindlichkeiten erfaßt, die zum Bereich der Geschäftsführung gehören.[560] Solche, die im Zusammenhang mit der Lebensführung des Schuldners und seiner Familie stehen, bleiben außer Betracht; für sie gilt ausschließlich § 278 InsO.

Der Verwalter erhält durch § 275 I InsO ein Mitwirkungsrecht, das in seiner Ausgestaltung abhängig ist von der Betriebsüblichkeit der beründeten Verbindlichkeiten. Ob eine Verbindlichkeit zum gewöhnlichen Geschäftsbetrieb gehört oder nicht, hängt davon ab, ob das zugrundeliegende Schuldgeschäft gemessen an Art und Umfang der bisherigen Geschäfte eine außergewöhnliche Maßnahme darstellt.[561] So kann etwa der Bezug von bisher nicht geführten Halbfabrikaten und Rohstoffen durch einen Großhändler oder Fabrikanten zum Zwecke des Ausbaus einer Be-

558 RegE, BT-Drucksache 12/2443, Begr. B, S. 224.

559 Die Verpflichtungs*fähigkeit* des Schuldners wird damit *nicht* eingeschränkt, vgl. Berges KTS 1955, S. 2, 5; Bley/Mohrbutter, § 57 Rdz. 2 zur entsprechenden Situation im Vergleichsrecht.

560 So zum Vergleichsrecht Bley/Mohrbutter, § 57 Rdz. 11, 14; Böhle-Stamschräder/Kilger, § 57 Anm. 2.a).

561 Bley/Mohrbutter, § 57 Rdz. 15.

triebsabteilung noch im Rahmen des gewöhnlichen Geschäftsbetriebes liegen, während Geschäfte ähnlichen Umfangs bei einem expandierenden Kleinhändler bereits unter § 275 I 1 InsO fallen.[562] Will der Schuldner eine Verbindlichkeit gem. § 275 I 1 InsO eingehen, so hat er vor dem Abschluß des Geschäfts die Zustimmung des Sachwalters einzuholen.[563] Bei einer Verbindlichkeit gem. § 275 I 2 InsO braucht er sich hingegen nicht vorher zu vergewissern, ob der Sachwalter mit dem Geschäftsabschluß einverstanden ist. Vielmehr hat dieser sich kraft seiner Befugnisse aus §§ 274 II iVm 22 III InsO eigenständig über die bevorstehenden Geschäftsabschlüsse zu informieren und gegebenenfalls einzuschreiten.[564] Der Widerspruch kann sich dabei gegen die Vornahme eines einzelnen Geschäftes, gegen eine ganze Gruppe von Geschäften, gegen den Abschluß schlechthin oder gegen bestimmte Konditionen des Rechtsgeschäftes richten.[565] Verstößt der Schuldner gegen die ihm gem. § 275 I InsO obliegenden Verfahrenslasten, so hat dies keine unmittelbaren rechtlichen Konsequenzen: Weder ist das vorgenommene Rechtsgeschäft unwirksam, noch hat der Verstoß Auswirkungen auf die Anordnung der Eigenverwaltung. Denkbar und wahrscheinlich ist lediglich die Aufhebung der Eigenverwaltung gem. § 272 I Nr. 1, 2, II InsO infolge des Antrags der Gläubigerversammlung oder eines einzelnen Gläubigers.

Damit stellt sich die Frage, ob dieser bloße Appell an die Kooperationsbereitschaft des Schuldners zum Schutz der in der Eigenverwaltung ohnehin stärker als im Regelinsolvenzverfahren gefährdeten Gläubigerinteressen ausreicht. *Berges*[566] befürwortet die entsprechenden vergleichsrechtlichen Grundsätze des § 57 I VerglO, daß die Nichtbeachtung der Mitwirkungsbefugnisse des Verwalters die Wirksamkeit der eingegangenen Verbindlichkeit gegenüber dem Vertragspartner außenrechtlich nicht beeinflußt. Er begründet dies damit, daß die Eigenverantwortung des Schuldners als "Quelle seiner kaufmännischen Initiative und seines wirt-

---

562 Vgl. Bley/Mohrbutter, § 57 Rdz. 15 zur Abgrenzung im Rahmen des Vergleichsverfahrens.

563 Zu dieser Pflicht des Schuldners nach der VerglO siehe Bley/Mohrbutter, § 57 Rdz. 18; Böhle-Stamschräder/Kilger, § 57 Anm. 2.c).

564 Vgl. Bley/Mohrbutter, § 57 Rdz. 20 zur entsprechenden Pflicht des Vergleichsverwalters.

565 Vgl. zum Vergleichsrecht Bley/Mohrbutter, § 57 Rdz. 20; Böhle-Stamschräder/Kilger, § 57 Anm. 2.c).

566 KTS 1955, S. 2, 5.

schaftlichen Interesses" nicht zu stark beschnitten werden darf. Dem ist bezüglich der §§ 270 ff. InsO zuzugeben, daß zwar grundsätzlich davon auszugehen ist, daß der redliche Schuldner regelmäßig kooperativ mit dem Sachwalter zusammenarbeiten, sich seines Einverständnisses versichern wird, um nicht die Aufhebung der Eigenverwaltung zu riskieren. Auch im Interesse der Rechtssicherheit ist diese Regelung zu begrüßen. Andererseits wird dabei die Schutzbedürftigkeit des Vertragspartners über die der Insolvenzgläubiger gestellt. Dies wäre insbesondere dann nicht sachgerecht, wenn die vom Schuldner im Eigenverwaltungsverfahren eingegangenen Verbindlichkeiten – anders als nach geltendem Vergleichsrecht (Vorbehaltlich der Regelung des § 106 VerglO!)[567] – als Masseverbindlichkeiten zu qualifizieren wären. Da diese Konstellation nicht in § 55 InsO direkt normiert wird und in den §§ 270 ff. InsO auch keine Verweisung auf § 55 I Nr. 1 InsO erfolgt, könnte man davon ausgehen, daß es sich dabei nicht um Masseverbindlichkeiten handelt. Andererseits ergibt sich aus § 277 I 3 InsO, daß der Schuldner Masseverbindlichkeiten begründen kann. Daß dies nur für die mit Zustimmung des Sachwalters abzuschließenden Geschäfte gem. § 277 I 1 InsO gilt, läßt sich aus dieser Norm nicht herleiten. § 277 I 3 InsO begrenzt lediglich die haftungsrechtlichen Konsequenzen der Sachwalter-Zustimmung auf den Fall, daß ein Zustimmungsvorbehalt nach § 277 InsO angeordnet wurde. Vielmehr spricht schon die allgemeine Tatsache, daß die Eigenverwaltung kaum durchführbar wäre, wenn die Neugläubiger im Regelinsolvenzverfahren durch § 55 I Nr. 1 InsO gegenüber dem Sonderverfahren nach §§ 270 f. InsO privilegiert wären, für die Qualifikation der vom Schuldner gem. § 275 I InsO eingegangenen Verbindlichkeiten als Masseverbindlichkeiten. Demnach sind die Gläubiger in erhöhtem Maße schutzwürdig.

Der Gesetzgeber ging bei der Schaffung der "Soll-Norm" des § 275 I InsO offenbar von der Redlichkeit, Vertrauenswürdigkeit und Kooperationsbereitschaft des Schuldners aus. Dem ist zwar zuzugeben, daß bei Fehlen dieser Merkmale die Eigenverwaltung gar nicht angeordnet wird[568]; jedoch ist gerade dann nicht nachvollziehbar, weshalb die Kooperation des Schuldners mit dem Sachwalter nicht durch schärfere Rechtsfolgen bei dem Verstoß gegen § 275 I InsO – zumindest die Un-

---

567 BGHZ 23, S. 307, 317 f.; Baur FS Weber, S. 41, 53.

568 Siehe oben II. 1. a) cc).

wirksamkeit der eingegangenen Verbindlichkeiten – forciert bzw. gewährleistet werden soll. Da der Sachwalter gem. §§ 274 I, 60 InsO den Beteiligten haftet, besteht kaum die Gefahr, daß er die Zustimmung nicht aufgrund von Wirtschaftlichkeitskriterien, sondern aus reiner Willkür verweigert bzw. widerspricht und damit den Geschäftsfortgang blokkiert[569]. Vielmehr wäre dadurch eine stärkere Einbeziehung des Sachwalters in die Unternehmensleitung gewährleistet, die dem Schutz der Gläubigerinteressen zugute käme.[570]

(2) *Zustimmungsbedürftigkeit bei besonders bedeutsamen Rechtshandlungen, § 276 InsO*

§ 276 Satz 1 InsO normiert, daß der Schuldner die Zustimmung des Gläubigerausschusses einzuholen hat, wenn er Rechtshandlungen vornehmen will, die für das Insolvenzverfahren von besonderer Bedeutung sind. Nach §§ 276 Satz 2, 160 I 2 InsO tritt die Gläubigerversammlung an die Stelle des Gläubigerausschusses, wenn ein solcher nicht bestellt ist. Hat der Gläubigerausschuß die vom Schuldner geplante Rechtshandlung bewilligt, so kann das Insolvenzgericht gem. §§ 276 Satz 2, 161 Satz 2 InsO die Vornahme derselben auf Antrag einer qualifizierten Gläubigeranzahl[571] vorläufig untersagen und eine Gläubigerversammlung einberufen, die über die Vornahme beschließt. Damit stellt der Gesetzgeber klar, daß die im Regelinsolvenzverfahren gem. § 160 ff. InsO für den Insolvenzverwalter geltenden Beschränkungen auch im Sonderverfahren nach den §§ 270 ff. InsO im Hinblick auf den Schuldner Anwendung finden.

Die "besondere Bedeutung" der betreffenden Rechtshandlungen wird durch die Verweisung des § 276 Satz 2 InsO auf § 160 II InsO illustriert, der beispielhaft ("...insbesondere...") die Veräußerung des Unternehmens oder eines Betriebes, des gesamten Warenlagers, eines unbeweglichen Gegenstandes aus freier Hand etc., die Aufnahme eines die Insolvenzmasse erheblich belastenden Darlehens sowie die Anhängigmachung, die Aufnahme oder Ablehnung der Aufnahme eines Rechtsstreits mit erheblichem Streitwert oder den zu dessen Vermeidung oder Beilegung zu

569 Dazu näher unter b) bb) bbb).

570 So auch Neumann, § 6, A. VI. 1. d), S. 375.

571 §§ 161 Satz 2, 75 I Nr. 3 InsO.

schließenden Vergleich oder Schiedsvertrag aufzählt. Die Einführung dieses unbestimmten Rechtsbegriffes bringt für den Schuldner und die von der Rechtshandlung betroffenen Dritten erhebliche Rechtsunsicherheiten mit sich[572], die der Gesetzgeber mit der Verweisung des § 276 Satz 2 InsO auf § 164 InsO zu kompensieren beabsichtigt. Danach wird die Wirksamkeit der Handlung durch einen Verstoß gegen die §§ 276 Satz 1, 160 I 2, II, 161 Satz 2 InsO nicht berührt. Damit wird zwar der Geschäftsverkehr vor Unsicherheiten bewahrt; da der Verstoß jedoch zur Aufhebung der Eigenverwaltung gem. § 272 I Nr. 1, 2, II InsO führen kann, bestehen für den Schuldner bei der Qualifizierung der Rechtshandlung als bedeutsam oder unbedeutsam erhebliche Risiken. Sicherheitshalber ist ihm daher zu empfehlen, bei Ungewißheit stets vorsichtshalber den Gläubigerausschuß oder die Gläubigerversammlung um Zustimmung zu ersuchen, um nicht Gefahr zu laufen, allein wegen einer Fehleinschätzung aus der Unternehmensleitung verdrängt zu werden.

Bezüglich des Aufhebungsantrags gem. § 272 I Nr. 2, II InsO birgt die Qualifizierung einer Rechtshandlung als besonders bedeutsam angesichts der Beschwerdemöglichkeiten des Schuldners und des antragstellenden Gläubigers gem. § 272 II 3 InsO ein erhebliches Potential für verfahrensverzögernde Rechtsstreitigkeiten. Zweckmäßiger im Sinne der Rechtsklarheit wäre es jedenfalls gewesen, § 160 II InsO zumindest für den Fall der Eigenverwaltung nicht als Beispielsregelung auszugestalten, sondern eine abschließende Aufzählung zu normieren. Dann wäre für jedermann ersichtlich, welche Handlungen der Zustimmung des Gläubigerausschusses bzw. der Gläubigerversammlung bedürfen, und es bestünde kein Grund mehr, zur Vermeidung von Unsicherheiten im Geschäftsverkehr die Unwirksamkeit von Verstößen gegen §§ 276 Satz 1, 60 I 2, 61 Satz 2 InsO zu bestimmen. Sonstige nach Ansicht der Gläubiger bedeutsame Rechtshandlungen könnten gem. § 277 InsO dem Zustimmungsvorbehalt des Sachwalters unterstellt werden. Die potentiellen Vertragspartner und Prozeßgegner wären durch die öffentliche Bekanntmachung der Beschränkung gem. § 277 III 1 InsO und die Registereintragungen gem. §§ 277 III 2, 3, 31 ff. InsO hinreichend geschützt. Damit wäre auch die nach der InsO vorgesehene, unbefriedigende Situation beseitigt, daß die ja speziell und ausschließlich für besonders bedeutsame

572 Neumann, § 6, A. VI. 1. d), S. 372.

Rechtshandlungen vorausgesetzte Mitwirkung der Gläubiger weniger Gewicht hat als die des Sachwalters nach Maßgabe des § 277 InsO[573].

Die nach § 276 InsO zustimmungsbedürftigen Rechtshandlungen müssen regelmäßig nicht nur mit dem Gläubigerausschuß bzw. der Gläubigerversammlung abgestimmt werden, sondern auch mit dem Sachwalter. Das wird durch die Präzisierung der Verweisung von § 276 Satz 2 InsO auf § 161 Satz 2 InsO im Regierungsentwurf[574] deutlich: Dort ist bestimmt, daß im Falle der vorläufigen Untersagung der betreffenden Rechtshandlung statt des Insolvenzverwalters nicht der Schuldner, sondern der Sachwalter zu hören ist. Der Gesetzgeber geht also von der vorherigen Information des Sachwalters über die vom Schuldner angestrebte Maßnahme und der entsprechenden Absprache aus. Dies erklärt sich daraus, daß die Rechtshandlungen gem. § 276 Satz 1 InsO regelmäßig solche sind, die nicht zum gewöhnlichen Geschäftsbetrieb des Schuldners gehören und daher nach § 275 I 1 InsO ohnehin der Zustimmung des Sachwalters bedürfen.

(3) Anordnung der Zustimmungsbedürftigkeit gem. § 277 InsO

Über die §§ 275, 276 InsO hinausgehende Beschränkungen der Geschäftsleitung des Schuldners können sich ergeben, wenn das Insolvenzgericht nach dem eben bereits angesprochenen § 277 InsO anordnet, daß bestimmte Geschäfte des Schuldners nur wirksam sind, wenn der Sachwalter ihnen zustimmt. Ein derartiger Zustimmungsvorbehalt muß gem. § 277 III 1 InsO öffentlich bekanntgemacht werden. Nach §§ 277 III, 2, 3, 31 ff. InsO ist die Anordnung in das Grundbuch und bestimmte Register einzutragen.

(a) Art der Geschäfte

Obwohl das Sonderverfahren der Eigenverwaltung in Anlehnung an die VerglO entwickelt wurde[575], gibt es zwischen den beiden Verfahrensarten z.T. erhebliche Unterschiede. So erfaßt etwa die Zustimmungsvorbehalts-Regelung des § 277 I 1 InsO im Gegensatz zu den entsprechenden

573 Vgl. § 277 I 2 InsO.
574 BT-Drucksache 12/2443, Begr. B, S. 224.
575 RegE, BT-Drucksache 12/ 2443, Begr. B, S. 223.

§§ 58 ff. VerglO nicht nur Verfügungen des Schuldners über sein Vermögen, sondern sämtliche Arten von Rechtsgeschäften, also auch die Eingehung von Verbindlichkeiten durch Verpflichtungsgeschäfte.[576] Dies ergibt sich nicht nur aus dem weitgefaßten Wortlaut des § 277 I 1 InsO oder aus dem Fehlen einer – ansonsten üblichen[577] – Verweisung auf die §§ 58 ff. VerglO in der Begründung des Regierungsentwurfes, sondern auch aus § 277 I 3 InsO, der die haftungsrechtlichen Konsequenzen der Zustimmung des Sachwalters zu der Begründung einer Masseverbindlichkeit durch den Schuldner regelt.

(b) Antragserfordernis

Nach § 277 I 1 InsO setzt die Anordnung des Zustimmungsvorbehalts idR einen entsprechenden Antrag der Gläubigerversammlung voraus.[578] Davon kann in Ausnahmefällen abgesehen werden. Wenn die Anordnung unaufschiebbar erforderlich ist, um Nachteile für die Gläubiger zu vermeiden, kann sie gem. § 277 II InsO auch auf Antrag eines absonderungsberechtigten Gläubigers oder Insolvenzgläubigers ergehen. Eine amtswegige Anordnung, wie sie noch gem. § 58 I VerglO vorgesehen ist, kann das Gericht jedenfalls nicht mehr erlassen. Eine Begründung für diese Abweichung vom Vergleichsrecht nennt der Gesetzgeber nicht. Vermutlich stützt er sich auf das vom Gesetzgeber verfolgte Anliegen, die Entscheidung über die Anordnung der Eigenverwaltung allein den Gläubigern zu überlassen und die damit verknüpfte Prämisse, auch die Ausgestaltung der Eigenverwaltungsmodalitäten der Gläubigerautonomie vorzubehalten.

Man wird davon ausgehen können, daß in der Praxis von dem Antragsrecht nach § 277 I 1 InsO regelmäßig und frühzeitig Gebrauch gemacht wird. Die Gläubiger haben zumeist spätestens mit der Eröffnung des Insolvenzverfahrens ihr Vertrauen in die unternehmerischen Qualitäten des Schuldners verloren.[579] Wenn sie sich dennoch von dem Nutzen des Verfahrens nach §§ 270 ff. InsO im konkreten Fall haben überzeugen

---

576 Neumann, § 6, A. VI. 1. d), S. 373.

577 Vgl. RegE, BT-Drucksache 12/2443, Begr. B, S. 224; Beschlußempfehlung des Rechtsausschusses, BT-Drucksache 12/7302, S. 186.

578 Das Gericht hat kein diesbezügliches Versagungsrecht, es muß dem Antrag der Versammlung entsprechen.

579 Vgl. Berges KTS 1955, S. 2, 3 zum Vergleichsrecht.

lassen und demzufolge für die Beibehaltung der vom Gericht bereits gem. § 270 I 1 InsO angeordneten Eigenverwaltung plädiert bzw. selbst den Antrag nach § 271 Satz 1 InsO gestellt haben, so werden sie zumindest eine sachgemäße Kontrolle des Schuldners durch den Sachwalter verlangen. Dabei wird ihnen eine bloße Informationsvermittlung gem. § 274 II 1, III InsO nicht genügen; vielmehr werden sie eine sog. korrespondierende Verwaltung des Schuldnervermögens[580], eine gemeinsame Unternehmensleitung durch Schuldner und Sachwalter befürworten, um einem möglichen Mißbrauch der Geschäftsführungsbefugnis und der damit verbundenen weitreichenden Kompetenzen vorzubeugen. Daher ist sowohl im Falle des § 270 I 1 InsO als auch bei der Anordnung gem. § 271 Satz 1 InsO damit zu rechnen, daß bereits die erste Gläubigerversammlung den Antrag auf Anordnung des Zustimmungsvorbehaltes gem. § 277 I 1 InsO stellen wird.

Nun kann es aber Fälle geben, in denen das Abwarten auf den Zusammentritt der ersten Gläubigerversammlung zu lange dauern würde, etwa weil ein nachteiliges Rechtsgeschäft des Schuldners unmittelbar bevorsteht.[581] Speziell dafür sieht das Gesetz die Möglichkeit des Gläubigerantrags nach § 277 II 1 InsO vor. Voraussetzung der Anordnung des Zustimmungsvorbehalts ist dabei gem. § 277 II 2 InsO, daß der antragstellende Gläubiger glaubhaft macht, daß die Anordnung unaufschiebbar erforderlich ist, um Nachteile für die Gläubiger zu vermeiden. Diese Anforderungen werfen in der Praxis einige Probleme auf: Zum einen wird es sehr selten der Fall sein, daß einzelne Gläubiger, die nicht selbst in das vorzunehmende Geschäft involviert sind, rechtzeitig davon Kenntnis erlangen. Wie *Neumann*[582] zutreffend bemerkt, wird ein unredlicher Schuldner, der entgegen der Einschätzung des Insolvenzgerichts und/ oder der Gläubigergesamtheit die ihm verbleibende Verwaltungs- und Verfügungsbefugnis tatsächlich dazu mißbrauchen will, massekürzende und damit gläubigerschädigende Rechtshandlungen vorzunehmen, dies kaum nach außen verlauten lassen. Zum anderen wird es dem nicht mit allen Modalitäten des konkreten Rechtsgeschäftes vertrauten Gläubiger Schwierigkeiten bereiten nachzuweisen, daß den Gläubigern durch die Vornahme Nachteile entstehen. Das gilt insbesondere, wenn der Schuld-

580 Siehe Karsten Schmidt, DJT-Gutachten, S. 50, 72.

581 RegE, BT-Drucksache 12/2443, Begr. B, S. 225.

582 § 6, A. VI. 1. d), S. 374.

ner selbst redlich und vom Nutzen des Geschäfts überzeugt ist, dieses also nicht offenkundig nachteilhaft ist. Abgesehen davon wird die Antragsbefugnis gem. § 277 II 1 InsO überhaupt nur praktische Relevanz erlangen, wenn die Nachteilsbefürchtungen des Gläubigers sich tatsächlich nur auf das einzelne bevorstehende Geschäft beschränken. Soweit sich daran eine allgemeine unternehmerische Unfähigkeit oder Vertrauensunwürdigkeit des Schuldners zeigt, wird der Gläubiger vielmehr sofort den Aufhebungsantrag gem. § 272 I Nr. 2, II InsO stellen.[583]

Da § 277 II InsO in der Praxis wegen der aufgezeigten Probleme voraussichtlich weitgehend leerlaufen wird[584], sind die Gläubiger vor der ersten Gläubigerversammlung nur in geringem Maße geschützt, nämlich im Rahmen der an die Kooperationsbereitschaft des Schuldners appellierenden §§ 275, 276 InsO. Diese Situation trägt sicherlich nicht zur Akzeptanz dieser besonderen Verfahrensart seitens der Gläubigern bei. Wenn der Gesetzgeber sich – gegebenenfalls auch nur aus Gründen der Gerichtsentlastung – schon nicht dazu durchringen konnte, dem Gericht die Befugnis der – *jederzeit* möglichen[585] – amtswegigen Anordnung des Zustimmungsvorbehalts zu übertragen, so wäre doch zu überlegen, wie in § 24 VerglO die Fortgeltung eines im Eröffnungsverfahren gem. § 21 I, II Nr. 2, 2. Fall InsO angeordneten Zustimmungsvorbehalts zumindest bezüglich der vom Schuldner vorzunehmenden Verfügungen zu normieren. Die Gründe, die das Gericht zur Anordnung dieser Sicherungsmaßnahme motiviert haben, fallen mit der Verfahrenseröffnung nicht automatisch weg. Deshalb kann es Fälle geben, in denen das Gericht dem Schuldner zwar grundsätzlich die Verwaltung seines Vermögens und die Unternehmensfortführung weiterhin zutraut, sich aber vorsichtshalber nicht auf die bloße Kontrolle und Aufsicht durch den Sachwalter verlassen, sondern lieber eine korrespondierende Verwaltung angeordnet wissen möchte. Die Fortgeltung der Beschränkung gem. § 21 I, II Nr. 2, 2. Fall InsO wäre deshalb sinnvoll, weil damit ein – zumindest zeitlich – lückenloser Schutz der Gläubiger durch kontinuierliche Mitwirkung des Sachwalters gewährleistet wäre. Zudem müßte dann nicht zunächst das Außerkrafttreten der Beschränkungen öffentlich bekannt gemacht und in

583 Das Verfahren ist hierbei allerdings wegen der in § 272 II 2 InsO vorgeschriebenen Anhörung des Schuldners etwas zeitintensiver.

584 So auch Neumann, § 6, A. VI. 1. d), S. 374.

585 So iFd § 58 I VerglO.

das Grundbuch und die Register eingetragen werden[586], um dann später gem. § 277 III InsO die ganze Prozedur rückgängig zu machen. Die Gläubigerautonomie könnte durch eine auf die Beschränkungen bezogene, dem § 272 InsO entsprechende Aufhebungs(antrags)befugnis gewahrt werden.

Jedoch ist zu bedenken, daß der im Eröffnungsverfahren angeordnete Zustimmungsvorbehalt gegenüber demjenigen aus § 277 InsO insoweit eingeschränkt ist, als er sich nur auf Verfügungen und nicht auf Verpflichtungsgeschäfte bezieht, andererseits aber weitergehend als § 277 InsO nicht nur für *bestimmte* Rechtsgeschäfte, sondern für *alle* Verfügungen gelten kann[587]. Daher wäre bei Beibehaltung des § 277 InsO in seiner derzeit normierten Fassung ein zusätzlicher Verwaltungsaufwand dergestalt erforderlich, als das Gericht nunmehr bei Verfahrenseröffnung u.U. erst einmal festlegen müßte, für *welche* Rechtsgeschäfte der Zustimmungsvorbehalt eigentlich gilt. Zudem bestünde ein Bedürfnis, dem Gericht die Befugnis zur Aufhebung der angeordneten Beschränkungen zuzubilligen, falls die Sachlage sich gegenüber dem Eröffnungsverfahren doch geändert hat. Insgesamt erscheint daher die Möglichkeit einer amtswegigen Anordnung gem. § 277 InsO ausreichend und im Interesse der Rechtsklarheit vorzugswürdig; darauf sollte aus Gründen des Gläubigerschutzes nicht – wie nach der InsO vorgesehen – verzichtet werden. Eine derartige Regelung läge sicherlich auch im Interesse des Schuldners, denn je größer die Möglichkeiten der Kontrolle und der Mitwirkung des Sachwalters sind, um so eher werden die Gläubiger dem Schuldner die Chance geben, sein Unternehmen im Wege der Eigenverwaltung fortzuführen. Unzulängliche Schutzmechanismen im Gesetz hingegen könnten das Gericht eher dazu anhalten, im Interesse der Gläubiger vorsorglich von der Eigenverwaltungsanordnung abzusehen.

---

586 Vgl. §§ 25 I iVm 23 InsO. Diese Norm erfaßt zwar wortlautgemäß nur die Fälle, in denen das Gericht die Sicherungsmaßnahmen aufhebt, insbesondere bei Abweisung des Eröffnungsverfahrens oder anderweitig bedingter Entbehrlichkeit. Nach ihrem Sinn und Zweck muß sie aber auch gelten, wenn die im Eröffnungsverfahren angeordneten Beschränkungen anderweitig entfallen.

587 Dies ist der in § 21 II Nr. 2, 2. Fall InsO normierte Fall. Wie oben unter I. 1. c) dargestellt, kann der Zustimmungsvorbehalt jedoch auch auf bestimmte Verfügungen beschränkt sein.

(c) Rechtsfolgen bei Verstoß

§ 277 II 2 InsO bestimmt iVm §§ 81 I 2, II, 82 InsO, daß das vom Schuldner vorgenommene Rechtsgeschäft ohne Zustimmung des Sachwalters absolut unwirksam ist, es sei denn der begrenzte Gutglaubensschutz greift ein. Anders als die §§ 275, 276 InsO hat diese Norm also nicht lediglich Appellfunktion, sondern sie knüpft rechtliche Konsequenzen an den Verstoß gegen den Zustimmungsvorbehalt. Diese beschränken sich allerdings auf den rechtlichen Bestand des betreffenden Geschäftes; auf das Eigenverwaltungsverfahren hat auch dieser Verstoß keine unmittelbare Auswirkung. Die Gläubiger können aber wie sonst auch die Aufhebung der Eigenverwaltung gem. § 272 I Nr. 1, 2, II InsO beantragen.

(d) Rückwirkung einer Genehmigung des Sachwalters

Der Begriff "Zustimmung" umfaßt nach den §§ 182 ff. BGB das vor der Vornahme des Rechtsgeschäftes erteilte Einverständnis (Einwilligung) und die nachträgliche Billigung (Genehmigung). Zweck des in § 277 InsO normierten Zustimmungsvorbehalts ist, daß der Schuldner sich vor dem Abschluß eines Geschäftes mit dem Sachwalter über die wirtschaftliche Zweckmäßigkeit abspricht und somit Gewähr für eine Einbeziehung der Gläubigerinteressen geleistet wird. Zumindest für den Bereich der Verfügungsgeschäfte gilt aber in analoger Anwendung des § 185 II 1 BGB, daß der Sachwalter die Rechtshandlung später genehmigen kann mit der Konsequenz, daß die zunächst schwebend unwirksame Verfügung später wirksam wird. Das ergibt sich zum einen aus der Verweisung des § 277 I 2 InsO auf § 81 I InsO, in dessen Einzelbegründung der Regierungsentwurf im Anschluß an die zum geltenden Konkursrecht vorherrschende Meinung[588] die Genehmigung der Verfügung durch den Insolvenzverwalter ausdrücklich zuläßt.[589] Zum anderen ist dies aber auch in bezug auf § 64 Satz 1 VerglO anerkannt, der ja zusammen mit den anderen Regelungen der VerglO immerhin als Vorbild der Eigenverwaltung fungiert hat. Hätte der Gesetzgeber diese Möglichkeit abge-

---

588 Kilger/Karsten Schmidt, § 7 Anm. 4; Kuhn/Uhlenbruck, § 7 Rdz. 8; Hess, § 7 Rdz. 9.

589 BT-Drucksache 12/2443, Begr. B, S. 136. Vgl. auch Bork, § 15, A., Rdz. 138.

lehnt, so ist anzunehmen, daß er dies ausdrücklich als Abweichung von der VerglO normiert hätte.

Problematisch ist indessen, ob die Möglichkeit der nachträglichen Genehmigung auch für die vom Schuldner abgeschlossenen Verpflichtungsgeschäfte gilt. § 185 BGB bezieht sich seinem Wortlaut nach nur auf Verfügungen. Der BGH lehnt die Anwendung dieser Norm auf Verpflichtungsgeschäfte mit der Begründung ab, das deutsche Recht kenne keine Verpflichtungsermächtigung, durch die man im eigenen Namen auf einen fremden Rechtskreis einwirken kann.[590] Im geltenden Insolvenzrecht findet sich mangels vergleichbarer Situation kein Lösungsvorschlag: Im Vergleichsrecht gibt es keine Beschränkung der Verpflichtungsbefugnis, die an einen Verstoß gegen das Mitwirkungsgebot des Verwalters die Unwirksamkeit des Rechtsgeschäftes knüpft; bei § 57 VerglO handelt es sich um eine bloße "Soll-Vorschrift". Das Konkursverfahren beeinträchtigt die Verpflichtungsbefugnis des Schuldners deshalb nicht, weil die Neugläubiger weder als Masse- noch als Konkursgläubiger am Verfahren teilnehmen und wegen des Konkursbeschlages auch keine Gefahr besteht, daß der Schuldner sie ungerechtfertigt vor Abschluß des Verfahrens befriedigt. Da sie also auf das konkursfreie Vermögen des Schuldners angewiesen sind, schaden neu eingegangene Verbindlichkeiten den (Alt-)Gläubigern nicht, so daß die Beschränkung der Verpflichtungsbefugnis nicht notwendig war. Demnach ist darauf abzustellen, ob die für die Ablehnung der Anwendung von § 185 BGB auf Verpflichtungsgeschäfte gelieferte Begründung auf die hier in Frage stehende Fallkonstellation zutrifft. Angesichts der Tatsache, daß der Schuldner im Insolvenzverfahren immer noch Rechtsträger bleibt und der Sachwalter selbst bei Anordnung des Zustimmungsvorbehalts gem. § 277 InsO im Gegensatz zum Insolvenzverwalter keine eigene Verwaltungs- und Vefügungsbefugnis über das Schuldnervermögen erlangt, sondern nur Mitwirkungsbefugnisse erhält, kann man nicht davon sprechen, daß der Schuldner auf einen fremden Rechtskreis einwirkt, wie dies vom BGH statuiert wurde. Vor allem aber wäre bei dieser Interpretation auch das mit der Einwilligung des Sachwalters vorgenommene Rechtsgeschäft unwirksam, da § 185 I BGB dann auch nicht (analog) eingreifen könnte. Demnach ist festzuhalten, daß § 185 II 1 BGB hier

---

590 BGHZ 34, S. 122, 125; 114, S. 96, 100; zustimmend Palandt-Heinrichs, § 185 Rdz. 3; differenzierend Soergel-Leptien, § 185 Rdz. 37 ff.; Erman-Brox, § 185, Rdz. 18.

analog eingreift, so daß ein vom Schuldner abgeschlossenes Verpflichtungsgeschäft rückwirkend wirksam wird, wenn der Sachwalter es später genehmigt.

(e) Kein allgemeines Veräußerungsverbot

§ 277 I 1 InsO normiert, daß der anzuordnende Zustimmungsvorbehalt nur *bestimmte* Rechtsgeschäfte erfaßt. Ein allgemeines Veräußerungs- bzw. Verfügungsverbot[591], wie es die §§ 59 ff. VerglO vorsehen, ist nicht zulässig. Diese wesentliche Abweichung vom geltenden Vergleichsrecht wird vom Gesetzgeber nicht näher begründet.

Auf formaler Ebene ließe sich damit argumentieren, daß es sich letztlich nicht mehr um *Schuldnereigen*verwaltung im Wortsinne handeln würde, wenn das Gericht ein allgemeines Verfügungsverbot anordnen würde. Dem ist entgegenzuhalten, daß die Eigenverwaltung im Gegensatz zur Fremdverwaltung dadurch gekennzeichnet ist, daß der Schuldner die Verwaltungs- und Verfügungsbefugnis *nicht verliert*, während sie im Regelinsolvenzverfahren vollständig auf den Insolvenzverwalter übergeht (§ 80 I InsO). Ein solcher *Verlust* tritt jedoch auch im Falle des Zustimmungsvorbehalts – unabhängig davon, wie weit er reicht – nicht ein; ansonsten müßten nämlich dem Sachwalter die dem Schuldner entzogenen Befugnisse spiegelbildlich zuwachsen, damit keine Handlungsunfähigkeit eintritt und das Unternehmen weiterhin zum Zwecke der Sanierung fortgeführt werden kann. Derartige Kompetenzveränderungen sind aber gesetzlich nicht vorgesehen, so daß der Sachwalter auch nach der Anordnung des Zustimmungsvorbehalts nicht befugt ist, eigenständig mit der Geschäftsführung zusammenhängende Rechtsgeschäfte vorzunehmen. Vielmehr ist die Wirkung des § 277 I 1 InsO darauf beschränkt, daß eine sog. korrespondierende Verwaltung eintritt, also Schuldner und Sachwalter zusammen handeln müssen.

Die Bezugnahme des § 277 I 1, 2 InsO auf die §§ 81, 82 InsO steht diesem Verständnis nicht entgegen: Die dort geregelte absolute Unwirksamkeit der Verfügungen des Schuldners ist zwar Konsequenz des Übergangs der Verwaltungs- und Verfügungsbefugnis auf den Insolvenzverwalter gem. § 80 I InsO. Wenn der Schuldner keine derartige Befugnis mehr hat, so kann er auch keine Rechtsgeschäfte mehr vornehmen, die

591 Vgl. § 62 I VerglO.

lediglich einem bestimmten Personenkreis gegenüber, also relativ unwirksam sind[592]. Umgekehrt führt jedoch *nicht nur der komplette Entzug* der Verwaltungs- und Verfügungsbefugnis zur absoluten Unwirksamkeit der betreffenden Verfügungen, sondern auch deren Beschränkung durch Aufteilung der Befugnis auf verschiedene Personen.[593] Vielmehr zeigen bereits §§ 21 II Nr. 2, 2. Fall, 22 I 1, 24 I InsO iVm §§ 81, 82 InsO, daß auch ein nicht mit dem Übergang der Verwaltungs- und Verfügungsbefugnis verknüpfter, sämtliche Verfügungen des Schuldners erfassender Zustimmungsvorbehalt die Rechtsfolge der absoluten Unwirksamkeit nach sich ziehen kann. Dementsprechend läßt sich aus den gem. §§ 277 I 1, 2, 81 I 2, 3, 82 InsO geregelten Rechtsfolgen bei Verstoß gegen den Zustimmungsvorbehalt nicht auf den Verlust der Verwaltungs- und Verfügungsbefugnis in der Reichweite der von dem Vorbehalt erfaßten Rechtsgeschäfte schließen.

Da mithin ein allgemeines Veräußerungsverbot iSd §§ 59 ff. VerglO der Begrifflichkeit der Eigenverwaltung nicht entgegensteht, ist nunmehr nach der Zweckmäßigkeit einer solchen Maßnahme im Verfahren gem. §§ 270 ff. InsO zu fragen. Dagegen könnte sprechen, daß der Schuldner mit der Anordnung eines sämtliche Verfügungen betreffenden Zustimmungsvorbehalts zu stark in seiner Geschäftsführungsbefugnis eingeschränkt wird und die Unternehmensleitung wegen umfassender Abspracheverpflichtungen uneffizient wird. Durch § 275 I InsO und einen auch Verpflichtungsgeschäfte erfassenden Zustimmungsvorbehalt gem. § 277 I 1 InsO würde er in seiner Rechtsausübung noch stärker beschränkt als im Regelinsolvenzverfahren, was das Eigenverwaltungsverfahren für ihn unattraktiv machen und dadurch den Gläubigern die Chance einer Effizienzsteigerung und der Verfahrensverbilligung rauben könnte. Soweit die Vergütung des Sachwalters am tatsächlichen Arbeitsaufwand bemessen wird, könnte durch die extensive Mitwirkungsverpflichtung der angestrebte Vorteil der Kostenersparnis vereitelt werden. Wenn die vorhandene Haftungsmasse bekannt und überschaubar ist, so kann auch durch auf bestimmte Rechtsgeschäfte begrenzte Zustimmungsvorbehalte eine

592 So wird auch im geltenden Konkursrecht die Unwirksamkeit nach § 7 I KO als absolute, lediglich sachlich durch den Konkurszweck begrenzte Unwirksamkeit angesehen, RGZ 157, S. 294, 295; Gottwald-Eickmann, § 32, I. 2., Rdz. 7; Häsemeyer, 10. Kap., I. 2., S. 192; Kuhn/Uhlenbruck, § 7 Rdz. 6a.

593 Palandt-Heinrichs, § 136 Rdz. 2.

Gläubigerbenachteiligung vermieden werden, z.B. wenn Veräußerungen oder Belastungen eines Grundstücks als Hauptbestandteil des Schuldnervermögens untersagt werden. Zudem kann die Übernahme der Kassenführung durch den Sachwalter gem. § 275 II InsO zur Vermeidung der Massekürzung beitragen. Allerdings bietet letztere keinen umfassenden Schutz, weil sie den Schuldner nicht daran hindert, selbst Zahlungen zu leisten oder entgegenzunehmen.[594]

Gegen diese das allgemeine Veräußerungsverbot ablehnende Argumentation lassen sich die Erfahrungen aus dem geltenden Vergleichsrecht anführen. So ist in der Literatur vor der Degradierung des Vergleichsverwalters zum lediglich mit Prüfungs-, Überwachungs- und Anzeigeerstattungspflichten ausgestatteten Gutachter gewarnt worden.[595] Vielmehr wird zumeist eine Stärkung der Verwalterstellung gefordert.[596] Der Vertrauensverlust der Gläubiger in die unternehmerischen Fähigkeiten des Schuldners und die Angst vor dem Mißbrauch der Schuldnerkompetenzen rechtfertigten eine stärkere Einbeziehung des Verwalters in das Verfahren.[597] Tatsächlich werden sich nur dann Vertragspartner finden, die dem Unternehmer notwendige Sanierungskredite gewähren und ihn weiter beliefern, wenn ein wirtschaftlich sinnvoller Umgang mit seinem Vermögen gewährleistet ist. Das Risiko, durch eine Masseschädigung seitens des Schuldners weitere Verluste zu erleiden, werden die Gläubiger nicht hinnehmen. Vielmehr werden sie die weitestgehende Sicherheit verlangen, durch die Einschaltung einer schuldnerfremden Kontrollperson mögliche Gefahrenquellen auszuschalten. Bietet das Gesetz im Eigenverwaltungsverfahren keine hinreichenden Schutzmechanismen an, so ist davon auszugehen, daß die Gläubiger dann eher zum Regelinsolvenzverfahren tendieren, zumal dort durch die §§ 97 II, 98 II, III, 101 I 1, 2 InsO und die Sanierungsaussichten auch eine effizienzstei-

---

594 Dazu näher unten b) bb) bbb).

595 Berges KTS 1955, S. 2.

596 Berges KTS 1955, S. 2, 3; Hodemacher KTS 1956, S. 81, 84; Uhlenbruck KTS 1972, S. 220, 222 ff. zum Vergleichsverfahren "Kölner Prägung"; Bley/Mohrbutter, Einl. Rdz. 4; Karsten Schmidt, DJT-Gutachten, S. 50; Baur/Stürner, ZV-, KO- u. VerglR, Bd. II, § 4, III. 1. (Rdz. 4.6).

597 Uhlenbruck KTS 1972, S. 220, 223 f. Auch das bei der Konzeption der Eigenverwaltung herangezogene "Chapter 11"-Verfahren des U.S.Bankruptcy Code wird infolge geringer Kontroll- und Einflußmöglichkeiten auf den "debtor in posession" als zu schuldnerfreundlich kritisiert, Kemper, § 4, II. 1. (S. 56 f.), 2. e) (S. 60 f.).

gernde Mitwirkung des Schuldners gewährleistet werden kann[598]. Zwar soll der Gefahr des Kompetenzmißbrauchs sowie der unwirtschaftlichen Vermögensverwaltung und Unternehmensfortführung bereits durch strenge Auswahlkriterien bei der Anordnung der Eigenverwaltung entgegengetreten werden, jedoch können auch die der Anordnung zugrundeliegenden, vom Gericht, dem Insolvenzverwalter und den Gläubigern ermittelten Umstände keine Garantie für eine sach- und interessengerechte Abwicklung der Eigenverwaltung geben. Demnach schaffen strenge Anordnungsvoraussetzungen genauso wenig wie die Möglickeit der späteren Eigenverwaltungsaufhebung gem. § 272 I Nr. 1, 2, II InsO einen Ausgleich für präventive Verfügungsbeschränkungen.

Der Einwand der geringeren Kostenersparnis aufgrund umfassenderer Mitwirkungskompetenzen des Sachwalters wird nicht durchgreifen: Zum einen kann der Sachwalter seinen Arbeitsaufwand gering halten, wenn er etwa vorab eine Einwilligung für die Vornahme bestimmter Gruppen von Rechtsgeschäften erteilt und nicht jedem Geschäft einzeln zustimmt. Die Gläubiger sind dann durch die haftungsrechtliche Verantwortung des Sachwalters gem. §§ 274 I, 60 InsO geschützt. Zum anderen hängt die Verfahrensverbilligung nicht nur von der Höhe der Sachwalter- im Vergleich zur Insolvenzverwaltervergütung ab, sondern auch von dem zeitlichen Umfang des Verfahrens, den es in der Eigenverwaltung gerade durch die Einsetzung der schuldnerischen Kenntnisse und Fähigkeiten zu reduzieren gilt. Abgesehen davon werden die Gläubiger aber eine relative Verfahrensverteuerung gerne in Kauf nehmen, wenn dadurch die kompetente Wahrnehmung ihrer Interessen gesichert ist und sie vor einer Masseschädigung bewahrt werden.

Die Attraktivität des Verfahrens gem. §§ 270 ff. InsO für den Schuldner wird durch die stärkere Beschneidung seiner Kompetenzen nicht wesentlich reduziert, da ihm immerhin weiterhin die Leitung seines Unternehmens obliegt. Vielmehr kann die verstärkte Einschaltung des Sachwalters ihm die Geschäftsführung sogar erleichtern, da die Gläubiger ihm mehr Vertrauen entgegen bringen und er in der Person des Sachwalters eine kompetente Beratung und Unterstützung findet. Des weiteren könnte die Verhängung eines allgemeinen Veräußerungsverbotes die mit der Beschränkung des Zustimmungsvorbehaltes auf bestimmte Rechtsgeschäfte gegebenenfalls verbundene Abgrenzungsproblematik entfallen.

---

598 Leipold, S. 165, 171 f.

Somit sprechen die gewichtigeren Gründe für die Einführung eines sämtliche Verfügungen des Schuldners erfassenden Vorbehalts gem. § 277 I 1 InsO.[599] Es ist zu befürchten, daß der Gesetzgeber mit dem Ausschluß einer solchen Verfügungsbeschränkung die potentielle Akzeptanz des Eigenverwaltungsverfahrens seitens der Gläubiger erheblich beeinträchtigt hat.

(f) Aufhebung des Zustimmungsvorbehalts

Während § 65 I VerglO bestimmt, daß eine Verfügungsbeschränkung aufzuheben ist, wenn sie entbehrlich ist, äußert sich die InsO nicht dazu, ob und gegebenenfalls unter welchen Umständen ein gem. § 277 InsO angeordneter Zustimmungsvorbehalt außer Kraft gesetzt werden kann. Demnach könnte anzunehmen sein, daß eine derartige Kompetenzbeschränkung während des gesamten Verfahrens bestehen bleibt, wenn sie einmal angeordnet worden ist. Andererseits wäre es unökonomisch, diese Beschränkungen stehen zu lassen, wenn im konkreten Fall kein praktisches Bedürfnis mehr nach der Gewährleistung des Gläubigerschutzes und einer wirtschaftlich sinnvollen Geschäftsführung durch verstärkte Einbeziehung des Sachwalters besteht. Es ist durchaus möglich, daß der Schuldner im Laufe des Verfahrens seine Qualitäten und seine Vertrauenswürdigkeit unter Beweis stellen konnte und die Gläubiger das ihnen eigentümliche Restmißtrauen abgelegt haben. In diesem Fall wäre eine Aufhebung des Zustimmungsvorbehalts zweckmäßig, um einen reibungslosen und effizienten Geschäftsfortlauf zu gewährleisten und zeitliche Hemmnisse zu vermeiden.

Angesichts des gesetzgeberischen Anliegens, die Entscheidung über die Durchführung des Verfahrens im Wege der Eigenverwaltung allein der Gläubigerautonomie zu überlassen, wird allerdings dem Gericht keine amtswegige Aufhebungskompetenz zugestanden werden können. Diese wäre mit dem Fehlen eines Versagungsrechts des Gerichtes bei einem Antrag der Gläubigerversammlung gem. § 277 I 1 InsO nicht zu vereinbaren, da der Gesetzgeber dadurch klargestellt hat, dem Gericht keine eigene Entscheidungsbefugnis über die Zweckmäßig- und Notwendigkeit

---

599 So auch Leipold, S. 165, 173, der darauf hinweist, daß in der vergleichsrechtlichen Praxis idR ein allgemeines Veräußerungsverbot angeordnet wird. Vgl. dazu Kübler ZIP 1982, S. 1007, 1009; Jauernig, § 63, III. (S. 246).

eines Zustimmungsvorbehalts zubilligen zu wollen. Auch die Aufhebung auf Antrag eines absonderungsberechtigten oder Insolvenzgläubigers entsprechend § 277 II InsO erscheint nicht sachgerecht, da diese nur dann die Möglichkeit der Einflußnahme auf das "Ob" und "Wie" der Eigenverwaltung haben sollen, wenn dies wegen des relativ langen Zeitraums bis zum Zusammentritt einer Gläubigerversammlung dringend erforderlich ist, um wirtschaftliche Nachteile für die Gläubigergesamtheit zu vermeiden. Das bedeutet, daß der einzelne Gläubiger kurzfristig die Möglichkeit haben soll, die Befugnisse des Schuldners einschränken zu lassen. Andersherum ist aber die Begründung oder Erweiterung der Schuldnerkompetenzen eine Angelegenheit, die dem Schutz der Gläubigerinteressen grundsätzlich zuwiderläuft.[600] Da diesbezügliche Entscheidungen gründlich abgewogen sein wollen und keine Eil- und Notsituationen denkbar sind, die das Handeln nur eines Gläubigers erforderlich machen, ist es konsequent, daß der Gesetzgeber von der Normierung eines entsprechenden Aufhebungsantragsrechts abgesehen hat.

Wenig nachvollziehbar erscheint dies aus den oben genannten Gründen jedoch im Hinblick auf die Gläubigerversammlung. Hier wäre ein solche Kompetenz vor dem Hintergrund der insolvenzrechtlichen Reformziele "Deregulierung des Verfahrens" und "Stärkung der Gläubigerautonomie" konsequent gewesen. Das Fehlen einer diesbezüglichen Regelung dürfte lediglich mit dem mangelnden praktischen Bedürfnis nach einer solchen Kompetenz zu rechtfertigen sein. Dies wäre etwa dann der Fall, wenn das im Wege der Eigenverwaltung durchgeführte Insolvenzverfahren idR durch gute Organisation, schnelle Anberaumung der Termine und zügige Durchführung des Planverfahrens möglichst rasch zum Abschluß gebracht werden könnte, da mit der Verfahrensaufhebung ohnehin sämtliche Kompetenzen an den Schuldner zurückfallen[601]. Ob das zutrifft, wird die Praxis zeigen.

600 Dementsprechend ist ja auch die Anordnung der Eigenverwaltung gem. § 271 Satz 1 InsO nur auf Antrag der Gläubiger*versammlung* zulässig.

601 Dazu sogleich unter (g).

(g) *Zustimmungsvorbehalt bei Überwachung der Planerfüllung nach Aufhebung des Insolvenzverfahrens*

Gem. § 270 I 2 InsO iVm § 259 I 2 InsO erhält der Schuldner mit der Aufhebung des Insolvenzverfahrens nach rechtsräftiger Planbestätigung[602] die volle Verwaltungs- und Verfügungsbefugnis über sein zur Insolvenzmasse gehörendes Vermögen zurück.[603] Das bedeutet, daß vorbehaltlich der §§ 270 I 2, 259 II, 260, 263 InsO sämtliche Beschränkungen seiner Geschäftsführungsbefugnisse, also alle gem. § 277 InsO angeordneten Zustimmungsvorbehalte, automatisch außer Kraft treten. Ist im gestaltenden Teil des Insolvenzplans die Überwachung der Planerfüllung vorgesehen, so wird diese gem. § 284 II InsO vom Sachwalter ausgeübt, der zu diesem Zweck im Amt bleibt. Mitwirkungsbefugnisse des Sachwalters, die für die Wirksamkeit der im Rahmen der Geschäftsführung vorgenommenen Rechtsgeschäfte von Bedeutung sind, bestehen nur noch, soweit gem. §§ 270 I 2, 263 InsO ein Zustimmungsvorbehalt vorgesehen ist. Erfaßt dieser Vorbehalt die gleichen Rechtsgeschäfte, die dem gem. § 277 InsO während des Verfahrens angeordneten Zustimmungsvorbehalt unterlagen[604], so führt die Aufhebung des Insolvenzverfahrens faktisch nicht zu einem Außerkrafttreten der Kompetenzbeschränkungen; vielmehr gelten diese bis zur Aufhebung der Planüberwachung gem. § 268 InsO fort. Die Situation entspricht damit im wesentlichen derjenigen des geltenden Vergleichsrechts gem. §§ 91, 94 VerglO.[605]

---

602 § 258 I InsO.

603 Zwar spricht § 259 I 2 InsO nur von dem Recht, "über die Insolvenzmasse frei zu *verfügen*". Jedoch geht aus der Verweisung auf § 192 KO in der Begründung des Regierungsentwurfs (BT-Drucksache 12/2443, Begr. B, S. 214) und der Klarstellung in der konkursrechtlichen Literatur, daß mit dem in § 192 KO angesprochenen Verfügungsrecht die dem Schuldner gem. § 6 KO entzogene Verwaltungs- und Verfügungsbefugnis gemeint ist (Kilger/Karsten Schmidt, § 192 Anm. 1; Kuhn/Uhlenbruck, § 192, Rdz. 1), hervor, daß der Schuldner auch in seiner *Verwaltungs*kompetenz keinerlei Beschränkungen mehr unterliegt.

604 Auch wenn der Plan bereits vor der Verfahrenseröffnung oder später, aber noch vor der Antragstellung gem. § 277 I 1, II InsO erstellt wurde, ist wegen § 240 InsO grds. von der Identität der betroffenen Rechtsgeschäfte auszugehen.

605 Dort ist allerdings die Fortgeltung der Verfügungsbeschränkungen nach Aufhebung des Vergleichverfahrens kraft Gesetzes vorgesehen, muß also nicht im Vergleich festgelegt werden.

bbb) Rechte bei gegenseitigen Verträgen (§ 279 InsO) und Insolvenzplan (§ 284 InsO)

Die §§ 103 ff. InsO enthalten in Anlehnung an das geltende Konkursrecht Vorschriften über das Wahlrecht des Insolvenzverwalters zwischen Erfüllung und Ablehnung der Erfüllung bei gegenseitigen, zur Zeit der Verfahrenseröffnung von keiner Seite vollständig erfüllten Verträgen sowie über die Beendigung von Dauerschuldverhältnissen. Da diese Rechtsausübung unmittelbar mit der Geschäftsführung zusammenhängt, bestimmt § 279 Satz 1 InsO, daß im Sonderverfahren der Eigenverwaltung der Schuldner an die Stelle des Insolvenzverwalters tritt.[606] Er hat also darüber zu entscheiden, ob er die Erfüllung der vor Verfahrenseröffnung abgeschlossenen Kauf-, Werk-, Darlehens[607]-, Versicherungsverträge etc. aus Gründen wirtschaftlicher Effizienz ablehnen, Miet-, Pacht- oder Dientsverträge kündigen will oder die Vertragsabwicklung für die Unternehmensfortführung erforderlich ist.

Gem. § 279 Satz 2 InsO soll er diese Rechte aber nur im Einvernehmen mit dem Sachwalter ausüben. Allerdings hat ein Verstoß gegen diese Vorschrift keine Außenwirkung: Im Interesse der Rechtssicherheit hat die Ausübung des Wahl- oder Kündigungsrechts auch dann rechtlichen Bestand, wenn der Sachwalter damit nicht einverstanden ist.[608] Wie in § 275 I InsO und § 282 II InsO hat diese Norm also bloße Appellfunktion im Hinblick auf die Kooperationsbereitschaft des Schuldners.

Lediglich zur Ausübung der besonders bedeutsamen Rechte aus §§ 120, 122 und 126 InsO, durch die ohne Zustimmung des Betriebsrates in die Rechtsstellung einer Vielzahl von Arbeitnehmern eingegriffen werden kann, ist die Zustimmung des Sachwalters unabdingbares Wirksamkeitserfordernis, § 279 Satz 3 InsO. Der Gesetzgeber hat damit für die Fälle der vorzeitigen Kündigung von Betriebsvereinbarungen, des

---

606 Hier werden also auch für das Eigenverwaltungsverfahren die konkursrechtlichen Grundsätze übernommen. Von einer eigenverwaltungsspezifischen Regelung in Anlehnung an die vom Konkursrecht abweichenden §§ 50 bis 53 VerglO hat der Gesetzgeber abgesehen, um die Entscheidung für oder gegen die Anordnung der Eigenverwaltung nicht von der Geltung unterschiedlicher materiell-rechtlicher Regeln beeinflussen zu lassen. RegE, BT-Drucksache 12/2443, Begr. B, S. 225.

607 Da § 103 I InsO nur gegenseitige Verträge erfaßt, fallen nur Verträge über verzinsliche Darlehen unter diese Norm!

608 RegE, BT-Drucksache 12/2443, Begr. B, S. 225.

Antrags auf gerichtliche Zustimmung zur Durchführung eines Betriebsänderung und des Antrags auf Feststellung der sozialen Rechtfertigung von Entlassungen bestimmter Arbeitnehmer eine zusätzlich Kontrollinstanz eingerichtet, durch die die Interessenneutralität zwischen Arbeitgeber und Arbeitnehmern gewahrt und einer mißbräuchlichen Rechtsausübung entgegengetreten wird.

Diese in § 279 Satz 2, 3 InsO normierte Differenzierung erscheint nicht unbedenklich. Wie der Gesetzgeber selbst klarstellt[609], ist die Ausübung der in § 279 Satz 1 InsO genannten Rechte für die wirtschaftliche Effizienz des Verfahrens von erheblicher Bedeutung. Damit ist zugleich gesagt, daß die mißbräuchliche Ausübung dieser Rechte oder auch lediglich ökonomische Fehlentscheidungen durch den Schuldner eine wesentliche Schlechterstellung der Gläubiger durch Reduzierung ihrer Befriedigungsaussichten bewirken können. Im Vergleich zum Regelinsolvenzverfahren sind diese in erheblich geringerem Maße geschützt: Zum einen können sie über die Haftung des Insolvenzverwalters gem. § 60 I InsO ihren Verlust kompensieren, während die Haftungsansprüche – zumindest wenn der Schuldner seine Rechtsausübung nicht gem. § 279 Satz 2 InsO mit dem Sachwalter abgestimmt oder sich über dessen fehlendes Einvernehmen hinweggesetzt hat – im Eigenverwaltungsverfahren wegen der Insolvenz des Schuldners faktisch leerlaufen. Zum anderen entfällt in der Eigenverwaltung die für das Regelinsolvenzverfahren geltende Rechtsfolge der Unwirksamkeit solcher Verwalterhandlungen, die dem Zweck des Insolvenzverfahrens offensichtlich zuwiderlaufen[610]. Dieser Grundsatz entstammt dem geltenden Konkursrecht und gründet sich auf die Begrenzung der Rechtsmacht des Konkursverwalters infolge seiner treuhänderischen Bindung, das Verfügungsrecht nur zur Herbeiführung der gleichmäßigen Befriedigung der Konkursgläubiger einzusetzen.[611] Bei Verhängung eines allgemeinen Veräußerungsverbotes gem. §§ 59, 62 VerglO wird wegen der dem Konkursverwalter angenäherten Stellung des Vergleichsverwalters ebenfalls eine Bindung an den Verfahrenszweck angenommen, die bei zweckwidrigen Zustimmungen des

609 RegE, BT-Drucksache 12/2443, Begr. B, S. 225.

610 Dazu Bork, § 14, B., Rdz. 127.

611 Zum geltenden Konkursrecht RGZ 53, S. 190, 192; Jauernig FS Weber, S. 307, 309, 319 ff.; Kuhn/Uhlenbruck, § 6 Rdz. 37 ff.

Vergleichsverwalters zu deren Unwirksamkeit führt.[612] Übertragen auf das Rechtsinstitut der Eigenverwaltung hat dieser Grundsatz – abgesehen von der Problematik der Beschränkung des Zustimmungsvorbehalts auf bestimmte Rechtsgeschäfte gem. § 277 I 1 InsO – dann aber lediglich die Unwirksamkeit der *Sachwalterzustimmung* zur Folge, so daß der Schutz der Gläubiger wiederum nur bei konstitutivem Zustimmungserfordernis gewährleistet ist, das bei § 279 Satz 2 InsO gerade nicht vorliegt.

Der Gesetzgeber versucht diesen Bedenken mit dem Hinweis entgegenzutreten, daß es den Gläubigern freisteht, die Ausübung der Rechte nach § 279 Satz 1 InsO gem. § 277 InsO unter den Vorbehalt der Sachwalterzustimmung stellen zu lassen. Diesbezüglich sei nur auf die unter aaa) (3) (b) aufgezeigte Problematik der zeitlichen Komponente bei der Antragstellung durch die Gläubigerversammlung und der zu erwartenden praktischen Irrelevanz des § 277 II InsO verwiesen. Angesichts der zu befürchtenden Gläubigerschädigung bei Mißbrauch oder Fehlentscheidungen im Rahmen der Rechtsausübung gem. § 279 Satz 1, 2 InsO wäre es – wenn der Gesetzgeber schon von anderen Schutzmaßnahmen wie dem vergleichsrechtlichen Erfordernis gerichtlicher Ermächtigung gem. §§ 50 II 1, 51 II VerglO absieht – jedenfalls sinnvoller gewesen, das Zustimmungserfordernis gem. § 279 Satz 3 InsO für alle in Satz 1 dieser Regelung genannten Rechte zu normieren.

Da die ökonomisch sinnvolle Ausübung des Wahl- bzw. Kündigungsrechts das Vorliegen eines durchdachten Unternehmens- und Sanierungskonzeptes erfordert[613], steht die Norm des § 279 InsO in engem Zusammenhang mit der Ausarbeitung eines Insolvenzplans[614]. Gerade bei der fristgebundenen Rechtsausübung[615] ist es notwendig, daß der Schuldner sich von vornherein darüber klar ist, in welchem Umfang das Unternehmen fortgeführt werden soll und welche Sanierungsmaßnahmen ergriffen werden, um nicht durch vorschnelle Erfüllungsablehnung die Geschäfts-

612 Zum geltenden Vergleichsrecht BGH ZIP 1980, S. 774, 745; Böhle-Stamschräder/Kilger, § 64 Anm. 3; Mohrbutter/Mohrbutter, 2. Teil, IV. 8., Rdz. 1455.

613 Grub ZIP 1993, S. 393, 397.

614 Soweit das Insolvenzverfahren auf die Sanierung des Unternehmensträgers hinauslaufen soll, ist im darstellenden Teil des Insolvenzplans gem. § 220 InsO das Sanierungskonzept darzulegen, vgl. die lediglich aus redaktionellen Gründen nicht in die InsO übernommene Fassung des § 258 II RegE und die Begründung dazu in der BT-Drucksache 12/2443, Begr. B, S. 197.

615 Vgl. §§ 103 II (Beachte aber § 107 II InsO!), 109 II 3 InsO.

fortführung zu blockieren oder andersherum für die Masse nachteilige Verbindlichkeiten zu begründen. Das für die Eigenverwaltung notwendige Vertrauen der Gläubiger in seine Fähigkeit zur wirtschaftlich effizienten Geschäftsfortführung wird der Schuldner sich demnach regelmäßig nur mit der Präsentation eines detaillierten Sanierungskonzeptes verschaffen können. Daher wird die Anordnung der Eigenverwaltung vorrangig dann in Betracht kommen, wenn der Schuldner bereits mit seinem Eröffnungsantrag gem. § 218 I 2 InsO einen dieses Konzept enthaltenden Insolvenzplan vorlegt.[616] Die Regelung des § 284 I InsO, die vor dem Hintergrund des § 157 InsO vorsieht, daß die Gläubigerversammlung den Schuldner oder den Sachwalter mit der Ausarbeitung eines Insolvenzplans beauftragen kann, wird demnach kaum praktische Relevanz haben. Der mit der Beratungspflicht des Sachwalters gem. § 284 I 2 InsO bzw. der Möglichkeit der Ausarbeitung des Plans durch den Sachwalter verbundene Vorteil des sachgerechten Interessenausgleichs[617] ist nur ein scheinbarer: Zum einen wird der Schuldner – wenn ihm an der Annahme des Plans durch die Gläubiger gelegen ist – von sich aus bemüht sein, einen akzeptablen Kompromiß hinsichtlich der zu leistenden Sanierungsbeiträge zu erreichen und die Interessen der Gläubiger nicht über Gebühr zu strapazieren. Zum anderen besteht nach § 240 InsO auch im Laufe des Planverfahrens noch die Möglichkeit, interessengerechte Änderungen vorzunehmen. Zudem hat der Sachwalter im Rahmen des Berichtstermins gem. § 281 II InsO auch zu dem vorgelegten Plan Stellung zu nehmen und kann dort eventuelle Kritik anbringen. Die Hoffnung des Gesetzgebers, die Möglichkeit, den Sachwalter mit der Ausarbeitung des Insolvenzplans zu beauftragen, trage zur Akzeptanz der Eigenverwaltung bei[618], wird sich voraussichtlich jedenfalls nicht realisieren.

ccc) Verwertung von Sicherungsgut, § 282 InsO

Wie bereits dargelegt[619], wird die Eigenverwaltung in der Praxis regelmäßig nur in den Fällen angeordnet werden, in denen die Aussicht be-

---

616 Siehe oben II. 1. a) cc) (2) (b).

617 Vgl. die Beschlußempfehlung des Rechtsausschusses, BT-Drucksache 12/7302, S. 186.

618 Beschlußempfehlung des Rechtsausschusses, BT-Drucksache 12/7302, S. 186.

619 Siehe oben II. 1. a) cc) (2) (a) (aa), (b), 2. b) cc).

steht, das Schuldnerunternehmen auf der Grundlage eines Insolvenzplans zu sanieren.[620] Im geltenden Konkurs- und Vergleichsrecht scheitern Unternehmenssanierungen bereits am ungehinderten Zugriff der Sicherungsgläubiger auf das Sicherungsgut, der zu einer sog. Zerschlagungsautomatik führt.[621] Die InsO versucht diesen Mißstand zu beseitigen: Der Individualzugriff der Sicherungsgläubiger wird künftig insoweit eingeschränkt, als dadurch der technisch-organisatorische Verbund des Schuldnerunternehmens zerschlagen und damit eine (übertragende) Sanierung vereitelt würde.[622] Die Intensität der Beschränkung variiert je nach Art der Sicherheit und der Bedeutung des Sicherungsgutes für das Unternehmen:

620 RegE, BT-Drucksache 12/2443, Begr. B, S. 226.

621 Gem. §§ 26, 27 VerglO sind die im Konkurs aus- und absonderungsberechtigten und bevorrechtigten Gläubiger vom Vergleichsverfahren ausgeschlossen. Die Forderungen der bevorrechtigten Gläubiger müssen voll befriedigt werden und die gesicherten Gläubiger können Befriedigung aus dem Sicherungsgut suchen. Die Vollstreckungssperre gem. § 47 VerglO gilt nur für Vergleichsgläubiger, zu denen gem. § 26 VerglO aussonderungsberechtigte und bevorrechtigte Gläubiger grundsätzlich nicht gehören. Absonderungsberechtigte Gläubiger, denen der Schuldner auch persönlich haftet, unterliegen mit ihrer persönlichen Forderung dem Vollstreckungsverbot gem. § 47 VerglO, können aber jederzeit Befriedigung durch Verwertung des mit dem Absonderungsrecht behafteten Gegenstandes suchen (Bley/Mohrbutter, §§ 47/48, A. II. , Rdz. 3; Böhle-Stamschräder/Kilger, § 47 Anm. 2); Gottwald-Uhlenbruck, § 73, B. II. 3. b), Rdz. 23). Auch während des Konkursverfahrens können die durch Aus- und Absonderungsrechte gesicherten Gläubiger ungehindert Zugriff auf das Sicherungsgut nehmen (vgl. §§ 43, 47 ff. iVm 4 II KO). Da derzeit etwa 80 % des bei insolventen Schuldners vorhandenen Vermögens mit Aus- und Absonderungsrechten Dritter belastet sind, tritt mit der Geltendmachung dieser Rechte regelmäßig eine Zerschlagung des Betriebsvermögens ein (RegE, BT-Drucksache 12/2443, Begr. A, S. 73; Obermüller/Livonius BFuP 1995, S. 59, 75; a.A. Gravenbrucher Kreis ZIP 1990, S. 476, 477 und Maus BFuP 1995, S. 59, 75: Der Verwalter habe in der heutigen Praxis idR keine Probleme, mit den Sicherungsgläubigern den Zeitpunkt wirtschaftlich sinnvoller Verwertung des Sicherungsgutes abzusprechen.). Damit wird eine (übertragende) Sanierung unmöglich, wenn es nicht ausnahmsweise gelingt, die Sicherungsgläubiger zu einem Stillhalteabkommen zu bewegen.

622 Vgl. Bork, § 31, C. IV. 1. (Rdz. 369); Landfermann BB 1995, S. 1649, 1653.

(1) Mobiliarsicherheiten im Regelinsolvenzverfahren

Unter *einfachem Eigentumsvorbehalt*[623] gelieferte Ware kann vom Vorbehaltsverkäufer – wie nach geltendem Recht – nach § 47 InsO ausgesondert werden, wenn nicht der Insolvenzverwalter gem. § 103 I InsO die Erfüllung des Kaufvertrages wählt. Nach §§ 107 II 1, 103 II 2 InsO kann sich der Verwalter mit der Ausübung des Wahlrechts aber bis nach dem Berichtstermin Zeit lassen, so daß der Aussonderungsberechtigte bis zu drei Monaten (vgl. § 29 I Nr. 1 InsO) an der Geltendmachung seines Rechts gehindert ist.

Die *Sicherungsübereignung* und die *Sicherungszession von Forderungen* sowie die *Verlängerungs- und Erweiterungsformen des Eigentumsvorbehalts*[624] unterliegen als bloße Absonderungrechte[625] mit der Verfahrenseröffnung einem automatischen Verwertungsstopp. Dieses folgt aus §§ 166, 172 InsO, wonach allein der Insolvenzverwalter zur Verwertung und Nutzung sowie zur Verbindung, Vermischung und Verarbeitung des Sicherungsgutes bzw. zur Einziehung der sicherungshalber abgetretenen Forderung berechtigt ist. Die Sicherungsgläubiger werden gem. §§ 169, 172 I InsO durch Zinszahlungen auf die gesicherte Forderung und Ausgleich für den Wertverlust bei Nutzung des Sicherungsgutes entschädigt.[626]

Absonderungsberechtigte *Pfandgläubiger*, die sich im Besitz des Pfandgegenstandes befinden, sind hingegen nach §§ 50 I, 173 I, 166 InsO an der Verwertung des Sicherungsgutes nicht gehindert. Diese Regelung rechtfertigt sich daraus, daß Gegenstände, die sich nicht mehr im Besitz des Schuldners befinden, regelmäßig nicht zum technisch-organisatorischen Verbund des Unternehmens gehören und damit nicht zwingend für die Unternehmensfortführung oder -veräußerung erforderlich

623 Beachte den durch Art. 33 Nr. 17 EGInsO neu eingefügten § 455 II BGB, der den sog. Konzernvorbehalt für unwirksam erklärt!

624 Also die gebräuchlichsten Kreditsicherheiten, vgl. Landfermann BB 1995, S. 1649, 1650.

625 Vgl. § 51 Nr. 1 InsO und RegE, BT-Drucksache 12/2443, Begr. B, S. 125.

626 Zweck dieser Regelungen ist es, die Sicherungsgläubiger nicht zur Zuwendung von Vermögenswerten zu zwingen und Wettbewerbsverzerrungen durch kostenlose Nutzung des Sicherungsgutes zu vermeiden, RegE, BT-Drucksache 12/2443, Begr. B, S. 88 f. Kritisch Gottwald in: Leipold, S. 197, 201 f.; Gravenbrucher Kreis ZIP 1990, S. 476, 477.

sind. Ist dieses ausnahmsweise doch der Fall, so bleibt es dem Insolvenzverwalter unbenommen, die gesicherte Forderung zu berichtigen und das Pfand nach den allgemeinen Regeln des BGB herauszuverlangen.[627]

(2) Immobiliarsicherheiten im Regelinsolvenzverfahren

Gläubiger mit Absonderungsrechten an Grundstücken oder grundstücksgleichen Rechten unterliegen keinem automatischen Verwertungsverbot, § 49 InsO. Sie können also grundsätzlich während des Insolvenzverfahrens die Zwangsversteigerung oder -verwaltung nach den Vorschriften des ZVG betreiben. Der Insolvenzverwalter kann aber gem. §§ 30d, 153 b ZVG[628] die Einstellung dieser Verfahren durch das Vollstreckungsgericht erwirken, wenn das Immobiliarvermögen für die Unternehmensfortführung oder -veräußerung benötigt wird und der endgültige Verlust durch Versteigerung droht oder es zu Nutzungskonflikten zwischen dem Zwangs- und dem Insolvenzverwalter kommt.[629] Auch in diesem Fall erhalten die Gläubiger als Ausgleich für die Verwertungssperre Zinszahlungen und Ersatz für zwischenzeitlichen Wertverlust, §§ 30e, 153b II ZVG.

Von einer über die Wirkungen einer Verwertungssperre hinausgehenden Beschneidung der Sicherungsrechte hat der Gesetzgeber mit Rücksicht auf die Kreditgewährungspraxis abgesehen.[630]

(3) Umsetzung in das Sonderverfahren gem. §§ 270 ff. InsO

Durch die Übertragung des Verwertungsrechts des Insolvenzverwalters (§§ 165 ff. InsO) auf den Schuldner gem. § 282 I 1 InsO hat der Gesetzgeber auch für den Fall der Eigenverwaltung den Zugriff der Siche-

---

627 Beschlußempfehlung des Rechtsausschusses, BT-Drucksache 12/3702, S. 178.

628 Geändert bzw. eingefügt durch Art. 20 Nr. 4, 9 EGInsO.

629 Vgl. RegE, BT-Drucksache 12/2443, Begr. A, S. 88.

630 RegE, BT-Drucksache 12/2443, Begr. A, S. 86 (anders noch die Kommission für Insolvenzrecht, Erster Bericht, Leitsatz 3.3.1); vgl. zu den diesbezgl. Argumenten Henckel ZIP 1981, S. 1296, 1301; Karsten Schmidt, DJT-Gutachten, S. 54 f.; zust. Landfermann KTS 1989, S. 763, 765; Hax BFuP 1995, S. 59, 73; kritisch Gottwald in: Leipold, S. 197, 207 f. Im Insolvenzplan können allerdings auch die Rechte der absonderungsberechtigten Gläubiger gekürzt werden.

rungsgläubiger auf das Sicherungsgut beschränkt und damit eine günstige Ausgangsposition für die regelmäßig angestrebte Unternehmenssanierung geschaffen.[631] Der Schuldner kann nunmehr – allerdings im Einvernehmen mit dem Sachwalter, § 282 II InsO – selbst entscheiden, welche Betriebsmittel für die Unternehmensfortführung unentbehrlich sind und welche Sicherheiten ohne Bedenken aus dem technisch-organisatorischen Verbund herausgelöst, also zugunsten der Sicherungsgläubiger verwertet werden können.

Entscheidet sich der Schuldner für die Verwertung des Sicherungsgutes, so bestimmt § 282 I 2, 3 InsO, daß die gem. §§ 170 I, 171 InsO vorgesehene Kostenerstattung begrenzt wird: Kosten für die Feststellung der Gegenstände und der Rechte an diesen werden nicht erhoben, da der Schuldner idR hinreichend über die an den Massegegenständen bestehenden Rechte unterrichtet ist, Kosten für die tatsächliche Ermittlung und Trennung der belasteten Gegenstände und die Prüfung der Rechtsverhältnisse also typischerweise nicht anfallen.[632] Die Verwertungskosten werden nur insoweit berücksichtigt, als sie tatsächlich entstanden sind. Eine Kostenpauschale, wie sie in § 171 II 1 InsO vorgesehen ist, erscheint deshalb nicht angebracht, weil im Rahmen des regelmäßig die Sanierung anstrebenden Eigenverwaltungsverfahrens zum einen keine aufwendigen Verwertungsvorgänge in Betracht kommen werden und zum anderen die Verwertung zumeist im laufenden Geschäftsbetrieb erfolgen kann, ohne daß ein besonderer Kostenaufwand entsteht.[633]

Diese eigenverwaltungsspezifische Kostenregelung führt zwar nicht zu der mit dem Verfahren nach §§ 270 ff. InsO angestrebten Verfahrensverbilligung, weil die Kosten entgegen dem geltenden Konkursrecht im Regelinsolvenzverfahren ohnehin nicht mehr der Masse zur Last fallen, sondern von dem Kostenbeitrag der Gläubiger gem. §§ 170, 171 InsO

---

631 Zwar findet sich keine ausdrückliche Zuweisung der Verwalterkompetenzen gem. §§ 30d, 153b ZVG an den Schuldner im Rahmen der Eigenverwaltung. Jedoch geht aus der früheren Plazierung dieser Normen (ehemals §§ 187, 190 RegE) hinter dem jetzigen § 165 InsO hervor, daß dem Vewertungsberechtigten die Befugnis zur Stellung des Antrags auf einstweilige Einstellung zustehen soll. Demnach ist im Eigenverwaltungsverfahren der Schuldner zuständig iSv §§ 30d, 153b ZVG.

632 RegE, BT-Drucksache 12/2443, Begr. B, S. 226.

633 RegE, BT-Drucksache 12/2443, Begr. B, S. 226.

bestritten werden.[634] Jedoch kann diese Regelung zur Akzeptanz dieser Verfahrensart bei den Sicherungsgläubigern beitragen, die bei voller Deckung ihrer gesicherten Forderungen ansonsten kaum Anlaß hätten, aus Gründen der Effizienzsteigerung oder der Verfahrensverbilligung für die Eigenverwaltung zu votieren.

ddd) Befriedigung der Insolvenzgläubiger, § 283 InsO

Will ein Insolvenzgläubiger an der Verteilung des Verwertungserlöses partizipieren, so muß er seine Forderung gem. § 174 I 1 InsO beim Insolvenzverwalter anmelden. Im Prüfungstermin gem. §§ 29 I Nr. 2, 176 InsO werden alle angemeldeten Forderungen ihrem Betrag und ihrem Rang nach geprüft. Forderungen, denen niemand widersprochen hat, gelten gem. § 178 I 1 InsO als festgestellt mit der Konsequenz, daß sie bei der Verteilung zu berücksichtigen sind und die Gläubiger gem. § 201 II InsO aus der Tabelleneintragung die Zwangsvollstreckung gegen den Schuldner betreiben können. Hat der Insolvenzverwalter oder ein Insolvenzgläubiger widersprochen, so muß der anmeldende Gläubiger die Berechtigung seiner Forderung in einem gesonderten Feststellungsprozeß klären lassen, §§ 179 ff. InsO. Der auf diese Forderung entfallende Anteil wird bei der Verteilung zurückbehalten, solange der Rechtsstreit anhängig ist, § 189 II InsO. Widerspricht der Schuldner, so ist dies zwar gem. § 178 II 1, 2 InsO auch in die Tabelle einzutragen; der Widerspruch steht aber der Feststellung der Forderung nicht entgegen, § 178 I InsO. Die Konsequenz ist lediglich, daß der Gläubiger nach der Verfahrensaufhebung nicht gem. § 201 InsO in das Vermögen des Schuldners vollstrecken kann.

Gem. § 270 I 2 InsO gilt dieser Verfahrensablauf auch bei der Eigenverwaltung mit der Modifikation, daß die Forderungen gem. § 270 III 2 InsO beim Sachwalter anzumelden sind. Ein gravierender Unterschied liegt allerdings darin, daß gem. § 283 I InsO nicht nur der Widerspruch von Sachwalter und Insolvenzgläubiger, sondern vor allem auch der des Schuldners der Forderungsfeststellung entgegensteht. Das bedeutet, daß

634 In der Literatur wird z.T. kritisiert, daß der Kostenbeitrag der gesicherten Gläubiger zu niedrig angesetzt ist (Gravenbrucher Kreis ZIP 1990, S. 476, 477) und durch Übersicherungen wieder ausgeglichen werden kann (Smid DZWir 1994, S. 278, 279 f.).

der anmeldende Gläubiger im Falle des Schuldnerwiderspruchs nicht nur an der Vollstreckung in das Schuldnervermögen nach Verfahrensaufhebung gehindert ist[635], sondern auch bei der Erlösverteilung gem. § 187 InsO mit seiner Forderung nur berücksichtigt wird, wenn er die Anhängigkeit eines Feststellungsprozesses gegen den Schuldner nachweist, § 189 InsO.

Nunmehr stellt sich die Frage, ob der Widerspruch des Schuldners über den Bereich der Gläubigerbefriedigung gem. §§ 187 ff. InsO hinausgehende Wirkung hat. Der Widerspruch des Insolvenzverwalters oder eines stimmberechtigten Gläubigers ist im Regelinsolvenzverfahren nicht nur für die an die liquidationsmäßige Verwertung des Schuldnervermögens anschließende Erlösverteilung von Bedeutung, sondern auch im Hinblick auf die Sanierung eines Unternehmens auf der Grundlage eines Insolvenzplans, vgl. §§ 237 I 1, 77 I InsO. Zwar läßt sich aus der Überschrift "Befriedigung der Insolvenzgläubiger" zu § 283 InsO und der in Abs. 2 normierten Verteilungsregelung entnehmen, daß der Gesetzgeber sich hier in erster Linie auf das gesetzlich vorgegebene Verwertungs- und Verteilungsverfahren bezogen, die Abwicklung des Insolvenzverfahrens auf der Grundlage eines Insolvenzplans hier zunächst außer Betracht gelassen hat. Jedoch zeigt die direkte Bezugnahme auf § 71 I, II VerglO in der Begründung des Regierungsentwurfs[636], daß der Widerspruch des Schuldners auch Auswirkungen auf die Gewährung des zur Abstimmung über den Plan erforderlichen Stimmrechts haben soll. Da auch der Insolvenzplan die Befriedigung der Insolvenzgläubiger regelt[637], korrespondiert die Norm-Überschrift auch mit dieser Interpretation. Zudem hätte, wenn lediglich der Widerspruch der Gläubiger und des anstelle des Insolvenzverwalters eingesetzten Sachwalters relevant gem. § 77 I 1 InsO sein sollte, eine derart erhebliche Abweichung von der als Vorbild der Eigenverwaltung fungierenden VerglO gesetzlich ausdrücklich geregelt werden müssen. Obwohl § 283 I InsO keine Verweisung auf § 77 I 1 InsO enthält und letztgenannte Norm sich nicht einfach mit der Aussage begnügt, daß festgestellte Forderungen gem. § 178 I 1 InsO ein Stimmrecht gewähren[638], ist also davon auszugehen, daß der Widerspruch des

635 Vgl. § 201 II 1 InsO.
636 BT-Drucksache 12/2443, Begr. B, S. 226.
637 § 217 InsO.
638 Dann wäre die Lage angesichts des § 283 I 2 InsO unproblematisch!

Schuldners nicht nur bezüglich der an die liquidationsmäßige Verwertung des Schuldnervermögens anschließenden Erlösverteilung, sondern auch bei der für das Planverfahren maßgeblichen Stimmrechtsfeststellung von Bedeutung ist.

Für die in der Praxis voraussichtlich äußerst seltenen Fälle, daß die Eigenverwaltung in einem auf Liquidation des Schuldnervermögens ausgerichteten Insolvenzverfahren angeordnet wird, bestimmt § 283 II 1 InsO, daß die Verteilungen des bei der Vermögensverwertung erzielten Erlöses vom Schuldner vorzunehmen sind. Die von ihm gem. §§ 283 II 2, 188 InsO erstellten Verteilungsverzeichnisse sind vom Sachwalter zu prüfen. Dieser hat jeweils schriftlich zu erklären, ob nach dem Ergebnis seiner Prüfung Einwendungen zu erheben sind.

eee) Rechnungslegung, § 281 III InsO

Gem. § 281 III 1 InsO ist der Schuldner zur *Rechnungslegung (§§ 66, 155 InsO)* verpflichtet. Das bedeutet, daß er neben den handels- und steuerrechtlichen Buchführungs- und Rechnungslegungspflichten[639] auch spezifisch insolvenzrechtliche zu erfüllen hat. Nach § 66 InsO gehört dazu die Erstellung einer Schlußrechnung sowie auf Verlangen der Gläubigerversammlung die Legung von Zwischenrechnungen. Gem. § 281 III 2 iVm I 2 InsO hat der Sachwalter die Schlußrechnung des Schuldners zu prüfen und schriftlich zu erklären, ob nach dem Ergebnis seiner Prüfung Einwendungen zu erheben sind.

Die Schlußrechnung dient dazu, ein vollständiges Bild über die Geschäftsführung des Schuldners während des Verfahrens zu vermitteln.[640] Demnach ist ein Tätigkeitsbericht hinsichtlich der Verwaltung und Verfügung über die Insolvenzmasse erforderlich; eine bloße Ein- und Ausgabenrechnung genügt nicht.[641] Insbesondere muß dargelegt werden, welche Vermögensgegenstände verwertet, welche aus- oder abgesondert wurden, wie schwebende Rechtsgeschäfte und Prozesse abgewickelt wurden, was durch Anfechtung zur Masse gezogen werden konnte, wel-

---

639 Z.B. aus §§ 239, 242 HGB, 140 ff. AO.

640 Vgl. zur Schlußrechnung des Konkursverwalters nach § 86 KO LG Aschaffenburg KTS 1959, S. 158, 159; Bähner/Berger/Braun ZIP 1993, S. 1283, 1284; Kuhn/Uhlenbruck, § 86 Rdz. 6a.

641 Vgl. zum Konkursverfahren LG Aschaffenburg KTS 1959, S. 158, 159; OLG Nürnberg KTS 1966, S. 62, 64; Hess, § 86 Rdz. 2.

che Erträge im Verfahren durch die Unternehmensfortführung und durch Zinsen, Mieten usw. erwirtschaftet werden konnten etc.[642] Z.T. wird der Schuldner bei der Rechnungslegung den Sachwalter heranziehen müssen, etwa wenn es um die Frage nach der Insolvenzanfechtung geht. Ansonsten bleibt die Möglichkeit der Korrektur nach § 281 III 2, I 2 InsO.

Die Vorschrift über die Rechnungslegung wird im Hinblick auf den eigenverwaltenden Schuldner ergänzt durch die ihm gem. §§ 274 II 2, 22 III bzw. § 270 I 2, jeweils iVm §§ 97, 101 I 1, 2, II InsO obliegenden Auskunftspflichten. Danach muß er den Sachwalter, das Insolvenzgericht, den Gläubigerausschuß und gegebenenfalls die Gläubigerversammlung über alle das Verfahren betreffenden Verhältnisse informieren, also insbesondere über den Sachstand und die Geschäftsführung[643].

b) Kompetenzen des Sachwalters

aa) Kompetenzen bei Anordnung gem. § 270 I 1 InsO bzw. gem. § 271 Satz 1 InsO vor Abhaltung des Berichtstermins

Dem Sachwalter obliegen wie dem Vergleichsverwalter nach geltendem Recht in erster Linie Prüfungs-, Überwachungs- und Informationspflichten. Soweit die Eigenverwaltung gem. § 270 I 1 InsO im Eröffnungsbeschluß oder vor Abhaltung des Berichtstermins gem. § 271 Satz 1 InsO angeordnet wurde, schlagen sie sich gem. § 281 I 2 InsO darin nieder, daß der Sachwalter die vom Schuldner erstellten Verzeichnisse der Massegegenstände und Gläubiger sowie die Vermögensübersicht auf ihre Richtigkeit zu überprüfen und zu erklären hat, ob dagegen Einwendungen zu erheben sind. Ferner hat der gem. § 281 II 2 InsO zu dem vom Schuldner gem. §§ 281 II 1, 156 InsO erstatteten Bericht Stellung zu nehmen.[644]

---

642 Zum Konkursverfahren OLG Nürnberg KTS 1966, S. 62, 64; Bähner/Berger/Braun ZIP 1993, S. 1283, 1284, 1287; Kilger/Karsten Schmidt, § 86 Anm. 1.a); Kuhn/Uhlenbruck, § 86 Rdz. 6a.

643 Hat der Insolvenzverwalter im Regelinsolvenzverfahren die Unternehmensleitung und die Verfahrensdurchführung übernommen, so obliegen ihm die gleichen Auskunftspflichten ggü. dem Gericht, dem Gläubigerausschuß und der Gläubigerversammlung, §§ 58 I 2, 69 II, 79 Satz 1 InsO.

644 Zu diesen Aufgaben bereits oben a) aa).

bb) Vom Zeitpunkt der Eigenverwaltungsanordnung unabhängige Kompetenzen

aaa) Kompetenzen gem. § 274 II, III InsO

In Anlehnung an § 39 VerglO bestimmt § 274 II 1 InsO, daß der Sachwalter die wirtschaftliche Lage des Schuldners – über die dieser gem. §§ 281 II 1, 156 I 1 InsO den Gläubigern zu berichten hat – zu prüfen und die Geschäftsführung sowie die Ausgaben für die Lebensführung zu überwachen hat. § 274 II 2 iVm § 22 III InsO bezeichnet die Mittel und Wege, derer er sich zur Erfüllung dieser Aufgaben bedienen kann. Danach ist der Sachwalter berechtigt, die Geschäftsräume des Schuldners zu betreten und dort Nachforschungen anzustellen; er kann Einsicht in die Bücher und Geschäftspapiere des Schuldners nehmen und vom Schuldner und den in § 101 I 1, 2, II genannten Personen[645] alle erforderlichen Auskünfte verlangen.

Die in § 274 II 1 InsO genannten Aufgaben stehen in engem Zusammenhang mit den Kompetenzen aus § 281 I 2, II, 2 InsO. So gehört zur *Prüfung der wirtschaftlichen Lage* etwa die Prüfung des gegenwärtigen Vermögensstandes[646], die die Erfassung und Kontrolle der vom Schuldner gem. §§ 281 I 1, 151 ff. InsO erstellten Verzeichnisse und Übersichten bedingt. Ferner zählen dazu die Aufklärung der Ursachen des wirtschaftlichen Zusammenbruchs und die Prüfung, ob zur Erhaltung des Unternehmens betriebliche Änderungen vorzunehmen sind[647], was wiederum für die Stellungnahme gem. § 281 II 2 InsO von Bedeutung ist. Daneben ist sie Grundlage für die ordnungsgemäße Ausübung der Anzeigepflicht gem. § 274 III InsO, die dem Sachwalter auferlegt, die eine Gläubigerbenachteiligung befürchtenden Umstände unverzüglich dem Insolvenzgericht und dem Gläubigerausschuß mitzuteilen. Nur wenn der Sachwalter der Prüfungspflicht gem. § 274 II 1 InsO nachgekommen ist, kann er beurteilen, ob im Laufe des Verfahrens etwa eine durch schlechte

645 Dabei handelt es sich um die Mitglieder des Vertretungs- oder Aufsichtsorgans und die vertretungsberechtigten persönlich haftenden Gesellschafter des Schuldners – auch ehemalige, soweit sie nicht früher als zwei Jahre vor Stellung des Eröffnungsantrags aus der genannten Stellung ausgeschieden sind –, falls dieser keine natürliche Person ist. Zudem werden (frühere) Angestellte des Schuldners erfaßt.

646 Bley/Mohrbutter, § 39 Rdz. 2 zum geltenden Vergleichsrecht.

647 So Bley/Mohrbutter, § 39 Rdz. 2 zu den Aufgaben des Vergleichsverwalters.

Geschäftsführung, kriminelle Handlungen o.ä. bedingte Vermögensverschlechterung stattgefunden hat. Auf diese Informationsbasis sind die Gläubiger angewiesen, um über das Bedürfnis nach einem Antrag auf Anordnung eines Zustimmungsvorbehalts gem. § 277 InsO oder sogar auf Aufhebung der Eigenverwaltung gem. § 272 I Nr. 1, 2 II InsO einschätzen zu können.

Die *Überwachung der Geschäftsführung* des Schuldners bedingt die umfassende Unterrichtung des Sachwalters über das geschäftliche Auftreten des Schuldners, die einzelnen anstehenden Rechtsgeschäfte, die Vertragspartner, die Konditionen der Geschäfte, die vorhandene Vermögensmasse etc. Sie wird erleichtert durch die in den §§ 275 I, 277 InsO geregelten Mitwirkungsbefugnisse des Sachwalters. Zu dieser Überwachung gehört die laufende Einsichtnahme in die Geschäftsbücher des Schuldners[648] sowie die Überwachung der Kassenführung[649], soweit der Sachwalter diese nicht ohnehin gem. § 275 II InsO an sich gezogen hat. Darüber hinaus trifft den Sachwalter eine in ihrem Umfang auf die Wahrung und den Ausgleich der Interessen der Verfahrensbeteiligten begrenzte Beratungs- und Unterstützungspflicht, die darin bestehen kann, den Schuldner auf Mängel in der Geschäftsführung hinzuweisen und gegebenenfalls positive Vorschläge zur Verbesserung der wirtschaftlichen Lage und Verbesserung der Betriebsführung zu unterbreiten.[650]

Die Pflicht zur *Überwachung der Ausgaben für die Lebensführung* ergänzt § 278 InsO, der dem Schuldner die Entnahme notwendiger Mittel aus der Insolvenzmasse gestattet, ihm aber zugleich das Gebot bescheidener Lebensführung auferlegt. Verstößt der Schuldner dagegen, so hat der Sachwalter unverzüglich Mitteilung gem. § 274 III InsO zu machen, was in den meisten Fällen zur Aufhebung der Eigenverwaltung gem. § 272 I Nr.1, 2, II InsO führen dürfte.

---

648 So Böhle-Stamschräder/Kilger, § 39 Anm. 3; Mohrbutter/Mohrbutter, 2. Teil, III. 2., Rdz. 1230 zur Überwachungspflicht des (vorläufigen) Vergleichsverwalters.

649 Vgl. LG Düsseldorf JR 1950, S. 753; Mohrbutter/Mohrbutter, 2. Teil, III. 2., Rdz. 1230; Gottwald-Uhlenbruck, § 74, I. 3., Rdz. 4 zum (vorläufigen) Vergleichsverwalter.

650 Vgl. Bley/Mohrbutter, § 39 Rdz. 4; Gottwald-Uhlenbruck, § 74, I. 3., Rdz. 4; Baur/Stürner, ZV-, KO- u. VerglR, Bd. II, § 27, II. 1. (Rdz. 27.8) zur entsprechenden Pflicht des Verwalters nach der VerglO.

bbb) Mitwirkung bei der Eingehung von Verbindlichkeiten und Übernahme der Kassenführung gem. § 275 InsO

Kompetenzen zur Mitwirkung bei der Geschäftsführung des Schuldners ergeben sich aus § 275 I InsO, wonach Verbindlichkeiten, die nicht zum gewöhnlichen Geschäftsbetrieb gehören, nur mit Zustimmung des Sachwalters eingegangen und andere bei seinem Widerspruch unterlassen werden sollen.[651] Verbindliche Gesetzesvorgaben, nach welchen Kriterien der Sachwalter diese Kompetenzen auszuüben hat, existieren nicht. Da er nicht nur die Interessen der Gläubiger, sondern auch die des Schuldners zu wahren verpflichtet ist, wird er seine Zustimmung zu den beabsichtigten Rechtsgeschäften jedenfalls nicht willkürlich verweigern bzw. widersprechen dürfen. Maßstab für eine derartige Ausübung seiner Kompetenzen wird vielmehr sein, ob die konkreten Verbindlichkeiten mit der Leistungsfähigkeit und der Vermögenslage des Schuldners vereinbar sind und wie die Entwicklung des Verfahrens einzuschätzen ist.[652] Solange das Geschäft nicht unwirtschaftlich ist, darf der Sachwalter die erforderliche Mitwirkung nicht verweigern, auch wenn er die ihm zugrundeliegende Disposition wie etwa eine Betriebsumgestaltung, -umstellung, -erweiterung oder Aufgabe von Betriebsabteilungen oder ganzen Geschäftszweigen für unzweckmäßig hält.[653] Der Sachwalter ist in seiner Rechtsausübung selbstverantwortlich und unabhängig. Die Gläubiger haben auf seine Entscheidungen keinen Einfluß.[654] Verletzt der Sachwalter jedoch das Neutralitätsgebot oder handelt er willkürlich oder mangels ausreichender Geschäftskunde den Interessen der Gläubiger zuwider, so kann das Insolvenzgericht im Aufsichtswege einschreiten.[655] Zudem haftet der Sachwalter den Beteiligten gem. §§ 274 I, 60 InsO.

§ 275 II InsO ermächtigt den Sachwalter zur Übernahme der Kassenführung, d.h. er kann vom Schuldner verlangen, daß alle eingehenden Gelder nur von ihm entgegengenommen und Zahlungen nur von ihm geleistet werden. Der mit § 57 II VerglO nahezu identische Wortlaut die-

---

651 Siehe dazu bereits oben a) bb) aaa) (1).

652 Bley ZZP 61, S. 410, 413; Bley/Mohrbutter, § 57 Rdz. 5; Böhle-Stamschräder/Kilger, § 57 Anm. 2. e) zur entsprechenden Kompetenz des Vergleichsverwalters.

653 Bley ZZP 61, S. 410, 413 zur entsprechenden Kompetenz des Vergleichsverwalters.

654 Neumann, § 6, A. VI. 1. d), S. 374.

655 § 274 I iVm §§ 58, 59 InsO.

ser Norm[656] erlaubt einen Rückgriff auf die vergleichsrechtlichen Zweckmäßigkeitsbestimmung und Grundsätze.[657] Danach dient die Vorschrift dem Ziel, unwirtschaftliche Bargeschäfte des Schuldners unmöglich zu machen, rechtswidrigen Geldabfluß zu verhindern und die Aufnahme kurzfristiger Kredite ohne die Zustimmung des Sachwalters zu unterbinden[658].[659] Anders als im sonstigen Verfahren handelt der Sachwalter hier als Vertreter des Schuldners.[660] Diese Vertretungsmacht umfaßt auch die mit dem Geldempfang und der Zahlung verbundenen Hilfsgeschäfte wie die Ausfertigung und Entgegennahme von Mahnungen, Quittungen, Schuldscheinen, Wechseln und Schecks.[661] Zum Schulderlaß, zu Aufrechnungen oder zu Leistungen an Erfüllungs Statt ist der Sachwalter aber nicht befugt.[662] Zahlungen, die dem Verfahrenszweck der gleichmäßigen Gläubigerbefriedigung offensichtlich zuwiderlaufen, sind unwirksam.[663] Der Schuldner verliert mit der Übernahme der Kassenführung durch den Sachwalter *nicht* die Befugnis, persönlich Zahlungen mit befreiender Wirkung entgegenzunehmen oder zu leisten.[664] Ein

656 Abgesehen von dem unterschiedlichen Normsubjekt weicht § 275 II InsO von § 57 II VerglO nur durch eine sprachliche Veränderung ab.

657 Vgl. RegE, BT-Drucksache 12/2443, Begr. B, S. 224.

658 Beachte aber §§ 276, 160 II Nr. 2 InsO!

659 So OLG Nürnberg KTS 1965, S. 172, 174; Bley ZZP 61, S. 410, 425; Böhle-Stamschräder/Kilger, § 57 Anm. 3 zu § 57 II VerglO.

660 Umstritten ist im geltenden Vergleichsrecht, ob es sich dabei um eine gesetzliche Vertretungsmacht handelt (so Bley ZZP 61, S. 410, 426; Bley/Mohrbutter, § 57 Rdz. 26, 29; Böhle-Stamschräder/Kilger, § 57 Anm. 3. b); Baur/Stürner, ZV-, KO- u. VerglR, Bd. II, § 27, II. 2. a) c) (Rdz. 27.9); Gottwald-Uhlenbruck, § 72, E. III. 2., Rdz. 91), oder ob der Verwalter der rechtsgeschäftlichen Bevollmächtigung durch den Schuldner bedarf (so Kiesow KuT 1935, S. 113; Häsemeyer, 30. Kap., II. 3. (1) (S. 646)).

661 Vgl. zur entsprechenden Situation im Vergleichsrecht Bley/Mohrbutter, § 57 Rdz. 36; Böhle-Stamschräder/Kilger, § 57 Anm. 3. c); Baur/Stürner, ZV-, KO- u. VerglR, Bd. II, § 27, II. 2. a) c) (Rdz. 27.9).

662 Vgl. Bley ZZP 61, S. 410, 432 f.; Bley/Mohrbutter, § 57 Rdz. 35; Böhle-Stamschräder/Kilger, § 57 Anm. 3. c); Baur/Stürner, ZV-, KO- u. VerglR, Bd. II, § 27, II. 2. a) c) (Rdz. 27.9), die dem Vergleichsverwalter diese Kompetenzen versagen.

663 Vgl. Bley ZZP 61, S. 410, 429 ff.; Bley/Mohrbutter, § 57 Rdz. 33; Gottwald-Uhlenbruck, § 72, E. III. 2., Rdz. 92 zum Vergleichsverwalter.

664 Vgl. zum Vergleichsverfahren Bley ZZP 61, S. 410, 426, 439; Bley/Mohrbutter, § 57 Rdz. 26, 42 f.; Mohrbutter/Mohrbutter, 2. Teil, III. 3. b), Rdz. 1240; Häsemeyer, 30. Kap., II. 3., S. 646.

derartiges Verhalten kann aber einen Aufhebungsantrag gem. § 272 I Nr.1, 2 InsO nach sich ziehen.

Da die Übernahme der Kassenführung den Schuldner stärker belastet als ein Verbot der Verfügung über Bargeld oder Geldforderungen[665], darf der Sachwalter von der Kompetenz gem. § 275 II InsO nur dann Gebrauch machen, wenn ein ausreichender Grund für die Annahme besteht, daß der Schuldner unwirtschaftliche Bargeschäfte vornimmt, unrechtmäßig Gelder entzieht, den Grundsatz gleichmäßiger Gläubigerbefriedigung durch Vorabbefriedigung einzelner Gläubiger verletzt o.ä.[666].

ccc) Zustimmungsbefugnis gem. § 277 InsO

Die dem Sachwalter infolge der Anordnung eines Zustimmungsvorbehalts gem. § 277 I 1 InsO verliehene Kompetenz beschränkt sich auf die Mitwirkung bei bestimmten Rechtsgeschäften. Zwar wird der Schuldner dadurch in der freien Ausübung seiner Verwaltungs- und Verfügungsbefugnis beschränkt; eine korrespondierende Rechtsmacht wächst dem Sachwalter jedoch nicht zu.[667] Dieser kann die betreffenden Geschäfte also nicht ohne oder gar gegen den Willen des Schuldners durchsetzen, sondern lediglich deren Vornahme bewilligen oder verhindern.

Ebensowenig wie in § 275 I InsO hat der Gesetzgeber in § 277 InsO Kriterien für die Ausübung der Zustimmungsbefugnis vorgegeben. Der Sachwalter trifft seine Entscheidung also nach freiem Ermessen. Angesichts des Verfahrensziels optimaler Gläubigerbefriedigung hat er vor Erteilung der Zustimmung zu prüfen, ob das vom Schuldner angestrebte Rechtsgeschäft notwendig oder zumindest zweckmäßig ist.[668] Ist dies nicht der Fall, so hat er die Zustimmung im Interesse der Gläubiger zu versagen. Ebensowenig wie der Insolvenzverwalter für die wirtschaftli-

---

665 Bley ZZP 61, S. 410, 425.

666 Vgl. zur entsprechenden Kompetenz des Vergleichsverwalters Böhle-Stamschräder/Kilger, § 57 Anm. 3. a); Mohrbutter/Mohrbutter, 2. Teil, III. 3. b), Rdz. 1238.

667 Mißverständlich insoweit die Formulierung des RegE, BT-Drucksache 12/2443, Begr. B, S. 223 in bezug auf die Notwendigkeit einer Eintragung der Verfahrenseröffnung in das Grundbuch und andere sachenrechtliche Register. Vgl. zu den Folgen der Anordnung einer Verfügungsbeschränkung iSd §§ 58 ff. VerglO BGHZ 23, S. 307, 318; OLG Nürnberg KTS 1965, S. 172, 174; Bley/Mohrbutter, § 64 Rdz. 1; Gottwald-Uhlenbruck, § 74, I. 2. (Rdz. 3); Häsemeyer, 30. Kap., II. 3., S. 646.

668 Zum Vergleichsrecht Bley/Mohrbutter, § 64 Rdz. 1.

che Effizienz seiner Rechtshandlungen haftet, haftet der Sachwalter dafür, daß das mit seiner Zustimmung vorgenommene Rechtsgeschäft oder seine Unterlassung infolge der Zustimmungsverweigerung zu einer günstigeren Gestaltung der schuldnerischen Vermögenslage geführt hat.[669] Lediglich für die sorgfältige Prüfung der sich ihm im Zusammenhang mit der Mitwirkung stellenden Fragen ist er gem. §§ 274 I, 60 InsO verantwortlich.

Weder dem Insolvenzgericht noch dem Gläubigerausschuß oder der Gläubigerversammlung steht bezüglich der Zustimmungserteilung ein Weisungsrecht zu.[670] Im geltenden Vergleichsrecht wird zwar ebenfalls dem Gericht keine Weisungsbefugnis zugestanden[671]; jedoch erhält eine dennoch ergangene Weisung insoweit rechtliche Bedeutung als sie – wenn sie den Vergleichsverwalter zur Abgabe der Zustimmung auffordert – als teilweise Aufhebung des betreffenden gerichtlichen Verbots iSd §§ 58 ff. VerglO verstanden wird, bei der Aufforderung zur Zustimmungsverweigerung hingegen als eine Beschränkung der Zustimmungsbefugnis des Verwalters gem. § 64 Satz 2 VerglO. Da nach der InsO aber weder eine Aufhebungskompetenz des Insolvenzgerichts bezüglich der gem. § 277 InsO erlassenen Zustimmungsvorbehalte noch eine Möglichkeit zur Beschränkung oder zum Ausschluß der Zustimmungserteilung entsprechend § 64 Satz 2 VerglO vorgesehen ist, scheidet eine derartige Einflußnahme durch das Gericht im Eigenverwaltungsverfahren gänzlich aus.

ddd) Gesamtschadensliquidation, Durchsetzung der persönlichen Haftung von Gesellschaftern und Insolvenzanfechtung gem. § 280 InsO

Der Sachwalter ist gem. § 280 InsO zuständig für die Geltendmachung eines Anspruchs auf Ersatz des Gesamtschadens gem. § 92 InsO, der persönlichen Haftung von Gesellschaftern einer GbR, oHG, KG oder KGaA gem. § 93 InsO sowie für die Insolvenzanfechtung gem. §§ 129 ff. InsO.

---

669 Zum Vergleichsrecht Bley/Mohrbutter, § 64 Rdz. 1.

670 Neumann, § 6, A. VI. 1. d), S. 374 bzgl. der Gläubiger.

671 Uhlenbruck BB 1976, S. 1198, 1202.

(1) Geltendmachung der Haftung aus §§ 92, 93 InsO

(a) Gesamtschadensliquidation, §§ 280, 92 InsO

§ 92 Satz 1 InsO bestimmt, daß Ansprüche auf Ersatz eines Schadens, der den Gläubigern gemeinschaftlich durch eine Masseverkürzung vor oder nach Verfahrenseröffnung entstanden ist (Gesamtschaden[672]), während der Dauer des Insolvenzverfahrens nur von dem Insolvenzverwalter[673] geltend gemacht werden können. Zweck dieser Norm ist es, gesonderte Zugriffe einzelner Gläubiger und damit einen Verstoß gegen den Grundsatz der Gläubigergleichbehandlung zu vermeiden.[674] Vielmehr hat der Schädiger den Schadensersatz zur Masse zu leisten, um damit den sämtlichen Gläubigern entstandenen Verlust zu kompensieren.

Als anspruchsbegründende Vorschriften kommen etwa spezifisch gesellschaftsrechtliche oder deliktische Normen in Betracht, z.B. §§ 62, 93 AktG, 64 I GmbHG iVm 823 II BGB[675], 826 BGB[676]. Anspruchsgegner werden häufig diejenigen Personen sein, die auf das Vermögen direkten Zugriff haben, so bei Personen- und Kapitalgesellschaften die Geschäftsführer, Vorstandsmitglieder oder geschäftsführenden Gesellschafter. Dabei handelt es sich aber zugleich um die Personen, denen in der Eigenverwaltung die Unternehmensleitung sowie grundsätzlich auch die Verfahrensdurchführung obliegt, die also für die Ausübung der dem Schuldner im Insolvenzverfahren nach den §§ 270 ff. InsO zustehenden Kompetenzen zuständig sind. Damit wären aber Interessenkonflikte geradezu vorprogrammiert, würde das Gesetz dem Schuldner die Geltendmachung der Ansprüche gem. § 92 InsO auferlegen. Demnach ist die Kompetenzzuweisung an den Sachwalter gem. §§ 280, 92 InsO im Interesse einer

---

672 Dieser wird auch als Quoten- oder Masseverkürzungsschaden bezeichnet, Bork, § 19, B. Rdz. 197, Fn. 4. Für die Berechnung dieses Schadens reicht es aus, daß der Verwalter darlegt, welche Vermögenswerte der Gesellschaft durch das Verhalten des Schädigers verloren gegangen sind und der Masse nunmehr fehlen, daß also kein vermögenswerter Ausgleich stattgefunden hat; BGH WM 1973, S. 1354, 1355 zum Konkursrecht.

673 Soweit der Verwalter selbst Anspruchsgegner ist, können diese Ansprüche nur von einem neu bestellten Insolvenzverwalter geltend gemacht werden, § 92 Satz 2 InsO.

674 RegE, BT-Drucksache 12/2443, Begr. B, S. 139.

675 Dazu BGH WM 1986, S. 237, 238 im Rahmen des Konkursverfahrens.

676 Dazu BGH WM 1973, S. 1354, 1355 im Rahmen des Konkursverfahrens.

ordnungsgemäßen Durchsetzung der Schadensersatzansprüche und einer gleichmäßigen Gläubigerbefriedigung durchaus sachgerecht.

(b) Geltendmachung der persönlichen Haftung eines Gesellschafters, §§ 280, 93 InsO

§ 93 InsO konzentriert die Zuständigkeit für die Geltendmachung der persönlichen Haftung eines Gesellschafters für die Verbindlichkeiten einer GbR, oHG, KG oder KGaA beim Insolvenzverwalter. Ebenso wie § 92 InsO verfolgt diese Norm den Zweck, den ausstehenden Betrag der Masse zufließen zu lassen, um damit die Gesamtheit der Gläubiger zu befriedigen und Sondervorteile einzelner Gläubiger zu vermeiden.[677] Weiteres Ziel dieser Regelung ist die Überwindung der Massearmut der Insolvenzen: Dadurch, daß im Gegensatz zum geltenden Konkurs- und Vergleichsrecht[678] die Haftungsansprüche nicht mehr während des Verfahrens von den Gläubigern geltend gemacht werden können, sondern der Verwalter die Zahlungen für die Masse einfordert, kann vermieden werden, daß der Antrag auf Eröffnung des Insolvenzverfahrens über das Vermögen der Gesellschaft mangels Masse abgewiesen werden muß, obwohl ein persönlich haftender Gesellschafter über ausreichendes Vermögen verfügt.[679]

Zur Kompetenzzuweisung an den Sachwalter gem. § 280 InsO gilt das oben unter (a) Gesagte: Da es sich bei den haftenden Personen um diejenigen handelt, die die Aufgaben des Schuldners in der Eigenverwaltung übernehmen, wäre eine Zuweisung der Haftungsrealisierung an den Schuldner wegen der dann auftretenden Interessenkollisionen wenig sachgerecht, so daß für diese Aufgabe allein der Sachwalter in Betracht kommt.

---

677 RegE, BT-Drucksache 12/2443, Begr. B, S. 140.

678 Zum Konkursrecht BGHZ 82, S. 209, 214; BGH NJW 1957, S. 144; ZIP 1993, S. 208, 211; Gottwald-Uhlenbruck, § 84, IV. 1. a), Rdz. 21; Kilger/Karsten Schmidt, § 209 Anm. 2. d) cc); Kuhn/Uhlenbruck, § 209 Rdz. 30; Hess, § 209 Rdz. 15; zum Vergleichsrecht Uhlenbruck, GmbHRdsch. 1976, S. 189, 194; Bley/Mohrbutter, § 109 Rdz. 19; Böhle-Stamschräder/Kilger, § 109 Anm. 6; Gottwald-Uhlenbruck, § 79, I. 7. (Rdz. 8), II. 6.

679 RegE, BT-Drucksache 12/2443, Begr. B, S. 140.

(2) *Insolvenzanfechtung*

(a) *Rechtsausübung durch den Sachwalter*

Zweck der *Insolvenzanfechtung* ist es, vor Verfahrenseröffnung der späteren Insolvenzmasse entzogene Vermögenswerte dem haftungsrechtlichen Zugriff der Gläubiger wieder zuzuführen, um eine bestmögliche und gleichmäßige Befriedigung zu gewährleisten.[680]

Die §§ 129 ff. InsO lehnen sich in ihrer Struktur an die Anfechtungsregelungen des geltenden Konkursrechts an, versuchen aber, dessen Unzulänglichkeiten durch teilweise Beseitigung der subjektiven Tatbestandvoraussetzungen und Beweiserleichterungen bzw. Beweislastumkehr zu beseitigen.[681] Das Vergleichsrecht stellt kein derartiges Rechtsinstitut zur Verfügung, sondern beschränkt sich in den §§ 28, 87, 104 VerglO auf die Normierung der sog. *Rückschlagsperre*: Damit werden Gläubiger, die später als 30 Tage vor der Stellung des Vergleichsantrages im Wege der Zwangsvollstreckung eine Sicherung oder Befriedigung erlangt haben, dergestalt in das Verfahren einbezogen, daß letztere mit Vergleichsbestätigung unwirksam wird und die Gläubiger weiterhin – unabhängig von den Beschränkungen des § 27 VerglO[682] – als Vergleichsgläubiger am Verfahren teilnehmen. Die unterschiedlichen Regelungen und die damit einhergehende Diskrepanz zwischen den beiden geltenden Insolvenzgesetzen sind in der Literatur stark kritisiert worden.[683] Die Beschränkung der VerglO auf das Instrument der Rückschlagsperre, durch die lediglich im Vollstreckungswege, nicht aber infolge rechtsgeschäftlicher Verfügungen erlangte Sicherungen und Befriedigungen unwirksam sind, führe dazu, daß Gläubiger, die mit einem Vergleichsantrag rechnen, von der Vollstreckung absehen und darauf dringen werden, daß ihnen rechtsgeschäftliche Sicherungen bestellt wer-

680 Bork, § 20, A., Rdz. 204; v. Campe, § 2, B., S. 7 f.; zur konkursrechtlichen Anfechtung BGH WM 1985, S. 733, 734; Baur/Stürner, ZV-, KO- u. VerglR, Bd. II, § 18, I. 2., Rdz. 18.3; Gottwald-Huber, § 48, I. 1., Rdz. 3.

681 RegE, BT-Drucksache 12/2443, Begr. B, S. 156.

682 Böhle-Stamschräder/Kilger, § 28 Anm. 3.

683 Böhle-Stamschräder KTS 1959, S. 66, 68; Pfefferle ZIP 1984, S. 147, 149 f.; Häsemeyer, 30. Kap., VI. 1. b) ff), S. 667;

den.[684] Zudem werden die Gläubiger, die später als 30 Tage, aber früher als zehn Tage vor dem Eröffnungsantrag eine Sicherung oder Befriedigung erlangt haben, sich bemühen, einen Vergleich zu vermeiden und es unmittelbar zum Konkurs kommen zu lassen.[685] Dementsprechend hat der Gesetzgeber nunmehr die Anfechtungsnormen zum Institut des einheitlichen Insolvenzverfahrens gemacht und ihre Anwendbarkeit nicht mehr davon abhängig gemacht, ob das konkrete Insolvenzverfahren die konkursmäßige Liquidation des Vermögens nach den gesetzlichen Vorschriften oder die Abwicklung auf der Grundlage eines Insolvenzplans anstrebt.[686]

Neben den §§ 129 ff. InsO hat er zudem in § 88 InsO eine für alle Verfahrensausgestaltungen geltende Rückschlagsperre normiert. Diese bewirkt in Abweichung vom geltenden Vergleichsrecht, daß durch Zwangsvollstreckungen im letzten Monat vor oder nach Stellung des Eröffnungsantrages erlangte Sicherungen von Beginn des Verfahrens an und unabhängig von dessen Ausgang unwirksam sind. Diese Unwirksamkeit tritt ipso iure ein, bedarf also keiner gesonderten Geltendmachung. Demnach ist für das Sonderverfahren der Eigenverwaltung diesbezüglich keine spezielle Kompetenzzuweisung erforderlich.

Anders verhält es sich aber mit der Insolvenzanfechtung gem. §§ 129 ff. InsO. Dieses Rechtsinstitut bedingt die *Ausübung* des Anfechtungsrechts. Erst dann treten die in § 143 I 1 InsO geregelten Rechtsfolgen ein. In § 280 InsO ist diese Rechtsausübung kompetentiell dem Sachwalter zugewiesen. Der Gesetzgeber hält dies für interessengerecht, weil der Sachwalter zur Ausübung des Anfechtungsrechts besser geeignet erscheine als der Schuldner.[687] Ein nähere Begründung findet sich nicht. Die Einschätzung des Gesetzgebers ist jedenfalls bezüglich der Anfechtung derjenigen Rechtshandlungen zutreffend, die eigene Interessen des Schuldners berühren. So kann man dem Schuldner sicherlich nicht zutrauen, daß er solche Handlungen anficht, die einer nahestehenden Person gem. § 138 InsO Vorteile gewähren, von denen er u.U. selbst noch profitiert. Die sachgerechte Anfechtung wegen vorsätzlicher Benachtei-

---

684 Gerhardt, Einh. Jahre KO, S. 111, 131 f.; Pfefferle ZIP 1984, S. 147, 149; Baur/Stürner, ZV-, KO u. VerglR, Bd. II, § 27, I. 1. d) (Rdz. 27.4).

685 Pfefferle ZIP 1984, S. 147, 149; Baur/Stürner, ZV-, KO u. VerglR, Bd. II, § 27, I. 1. d) (Rdz. 27.4).

686 RegE, BT-Drucksache 12/2443, Begr. B, S. 156.

687 RegE, BT-Drucksache 12/2443, Begr. B, S. 225.

ligung gem. § 133 KO durch den Schuldner selbst erscheint utopisch.[688] Auch die Befürchtung, daß der Schuldner mangels juristischer Kenntnisse nicht weiß, wie er das Anfechtungsrecht auszuüben hat oder anfechtbare Rechtshandlungen zu verschleiern versucht, weil er nicht den Mut hat, den betreffenden Geschäftspartnern gegenüberzutreten oder sich selbst nicht in schlechtes Licht rücken will, erscheint nicht realitätsfremd.

Weiterhin ist von Bedeutung, daß die Anfechtungsnormen nicht nur die nachträgliche Rückgängigmachung einer Verringerung der Haftungsmasse bewirken, sondern auch – bzw. vor allem[689] – Präventivfunktion dergestalt haben, daß sie den Schuldner und kontrahierende Personen von massekürzenden Handlungen abhalten sollen.[690] Dadurch soll u.a. vermieden werden, daß ein Unternehmen als technisch-organisatorische Einheit auseinandergerissen bzw. in seiner Funktionstauglichkeit wesentlich geschwächt und damit eine gesamtwirtschaftlich wünschenswerte Sanierung vereitelt wird.[691] Dieser präventive Schutz ist jedoch nur dann gewährleistet, wenn die Ausübung des Anfechtungsrechts der Einflußnahme der an den anzufechtenden Rechtshandlungen beteiligten Personen entzogen ist. Deshalb ist es im Eigenverwaltungsverfahren, das ausschließlich auf Unternehmenssanierungen ausgerichtet sein wird[692], sachgerecht, diese Kompetenz dem Sachwalter zuzuweisen.

Nunmehr mag sich allerdings die Frage stellen, ob eine derartige Anfechtung im Rahmen der Eigenverwaltung überhaupt praxisrelevant sein wird: Immerhin stellt die Vornahme anfechtbarer Rechtshandlungen die Vertrauenswürdigkeit des Schuldners, seine unternehmerischen Qualitäten sowie seinen Willen zur sinnvollen treuhänderischen Vermögensverwaltung im Interesse seiner Gläubiger in Frage, so daß von der Eigenverwaltungsanordnung mangels Vorliegens ihrer essentiellen personenbezogenen Voraussetzungen abgesehen werden müßte. Andererseits ist zu berücksichtigen, daß das Vorliegen solcher anfechtbaren Rechtshandlung nicht zwingend bereits bei Verfahrenseröffnung oder Zusam-

---

688 So bemerkt Kemper (§ 4, III. 3. c) cbb), S. 68) zutreffend, aus dem Schuldner müßte mit der Verfahrenseröffnung sozusagen ein neuer Mensch werden, damit die Anfechtung im Interesse der Gläubiger ausgeübt werde.

689 So Drukarczyk, 5. Kap., VII. 2. a), S. 229,

690 V. Campe, § 2, G. I. (S. 18).

691 V. Campe, § 2, G. II. (S. 18).

692 Siehe oben II. 1. a) cc) (2) (a) (aa), (b), 2. b) cc), 3. a) bb).

mentritt der ersten Gläubigerversammlung bekannt ist, sondern sich auch erst im Laufe des Verfahrens herausstellen kann. In diesem Fall liegt zwar die Stellung eines Aufhebungsantrags gem. § 272 I Nr. 1, 2 InsO nahe; jedoch ist es wegen der Fristgebundenheit der Rechtsausübung gem. § 146 I InsO sinnvoll, das Anfechtungsrecht nicht erst dem infolge der Eigenverwaltungsaufhebung bestellten Insolvenzverwalter, sondern dem – mit diesem personell meist identischen – Sachwalter zuzugestehen. Darüber hinaus erstreckt sich die Anfechtung gem. §§ 129 ff. InsO nicht nur auf Rechtshandlungen des Schuldners, sondern auch auf die anderer Personen[693], so daß mit der Vornahme einer derartigen Handlung nicht unbedingt die Eigenverwaltungsvoraussetzungen entfallen müssen.

(b) Gläubigerbenachteiligung im Sanierungsverfahren

Problematisch könnte indessen die in § 129 I InsO normierte Anfechtungsvoraussetzung der Gläubigerbenachteiligung sein. Eine derartige Benachteiligung liegt nach Auffassung des Gesetzgebers vor, wenn die Befriedigung der Gläubiger verkürzt, vereitelt, erschwert oder verzögert wird.[694] Soweit das Schuldnervermögen im Wege der Liquidation verwertet wird, kann die Beurteilung, ob eine solche Benachteiligung vorliegt, relativ einfach daran bemessen werden, welche Vermögenswerte im Insolvenzverfahren mit und ohne Anfechtung realisierbar sind. Komplizierter erscheint die Situation allerdings, wenn es – wie stets im Verfahren gem. §§ 270 ff. InsO[695] – um die Sanierung des Schuldnerunternehmens geht, da dann die mit der Anfechtung "zurückgeholten" Vermögenswerte nicht unbedingt unmittelbar den Gläubigern zugute kommen, sondern zunächst dem Schuldnervermögen wieder zugeführt, also in die Unternehmensfortführung und -sanierung investiert werden, um die Gläubiger aus den erwirtschafteten Erträgen zu befriedigen. Da in dieser Konstellation nicht die Gläubigergesamtheit, sondern der Schuldner das durch die Anfechtung begünstigte Empfangssubjekt ist, könnte zweifelhaft sein, ob dann überhaupt das Merkmal der *Gläubiger*benach-

693 Bork, § 20, B. I., Rdz. 206.

694 RegE, BT-Drucksache 12/2443, Begr. B, S. 157. Siehe bereits BGHZ 124, S. 76, 78 f. zum derzeitigen Konkursrecht.

695 Vgl. oben II. 1. a) cc) (2) (a) (aa), (b), 2. b) cc), 3. a) bb).

teiligung vorliegen kann.[696] Andererseits ist zu berücksichtigen, daß die Sanierung des Schuldnerunternehmens nicht um der Rettung der wirtschaftlichen Existenz des Schuldners willen Hauptziel des Insolvenzverfahrens ist. Vielmehr stellt § 1 Satz 1 InsO klar, daß die Sanierung nur ein Weg ist, um zu einer möglichst umfassenden Befriedigung der Gläubiger zu gelangen. Von ihr hängen also der Umfang und der zeitliche Rahmen der Gläubigerbefriedigung ab. Da der Erfolg einer Unternehmenssanierung regelmäßig davon abhängt, wieviel Aktivvermögen vorhanden ist und eingesetzt werden kann[697], führt jeder Entzug von Kapital ohne entsprechende Gegenleistung mittelbar auch zu einer Beeinträchtigung der Gläubiger. Je weniger Vermögen vorhanden ist, um so stärker ist der Verlust der Gläubiger, unabhängig davon, ob das Vermögen liquidiert und der Erlös ausgeschüttet wird, oder ob das Unternehmen durch Wertzuwachs gestärkt und damit seine Ertragskraft gesteigert wird. Demnach steht das Merkmal der Gläubigerbenachteiligung gem. § 129 I InsO – obwohl zunächst der Schuldner von der Rechtsausübung profitiert, weil er mit dem erlangten Vermögen weiterwirtschaften kann – einer Anfechtung im Rahmen des auf Sanierung ausgerichteten Eigenverwaltungsverfahrens nicht entgegen.

(c) Korrespondenz von Anfechtungswirkung und Eigenverwaltung

Die Anfechtung führt gewissermaßen zu einer nachträglichen, auf die Zeit vor Verfahrenseröffnung zurückwirkenden Beschränkung der schuldnerischen Verfügungsmacht und des Gläubigerzugriffs.[698] Im Verhältnis zum eröffneten Insolvenzverfahren gilt der Grundsatz, daß solche Handlungen, die dem Schuldner nach Verfahrenseröffnung erlaubt sind, ihm vorher anfechtungsrechtlich nicht verwehrt sein können. Die durch die Insolvenzanfechtung bewirkten Beschränkungen können also nicht über Eröffnungswirkungen des Verfahrens hinausgehen.[699] Dies könnte einer Korrespondenz von Insolvenzanfechtung und Eigenverwaltung entgegenstehen. Da mit Ausnahme der unter Verstoß gegen einen Zustimmungs-

---

696 Aus diesem Grund kann im französischen Sanierungsverfahren auch die Benachteiligung des Schuldners bzw. seines Unternehmens zur Insolvenzanfechtung führen, vgl. v. Campe, § 3, C. II. 2. (S. 51 ff.).

697 Bork, § 31, C. IV., Rdz. 368.

698 V. Campe, § 2, A. II., S. 7.

699 V. Campe, § 2, A. II., S. 7.

vorbehalt gem. § 277 InsO vorgenommenen Geschäfte alle Rechtshandlungen – mögen sie für die Gläubiger auch noch so nachteilig sein – rechtswirksam sind, stünde der Schuldner vor Verfahrenseröffnung schlechter als nachher.

Andererseits ist zu bedenken, daß dem Schuldner die gläubigerbenachteiligenden und daher anfechtbaren Handlungen auch im Rahmen der Eigenverwaltung nicht *erlaubt* sind im Sinne des rechtlichen Dürfens. Zwar *kann* er diese rechtswirksam vornehmen; er verstößt damit aber gegen seine Pflicht zur treuhänderischen Verwaltung seines Vermögens im Interesse der Gläubiger und läuft Gefahr, daß ihm die Verwaltungs- und Verfügungsbefugnis durch Aufhebung gem. § 272 I Nr. 1, 2 InsO entzogen wird. Die Verpflichtungen des Schuldners sind also vor und nach Verfahrenseröffnung die gleichen, nur haben die Gläubiger freiwillig darauf verzichtet, an einen Verstoß des Schuldners der Anfechtungswirkung entsprechende[700] Rechtsfolgen zu knüpfen.

Jedenfalls wäre es nicht sinnvoll, allein wegen der umfassenderen Befugnisse des Schuldners im Verfahren gem. §§ 270 ff. InsO von einer den Gläubigern zugute kommenden Massemehrung abzusehen, zumal das Verfahren jederzeit gem. § 272 InsO umkehrbar ist. Unabhängig davon, ob beim Vorliegen anfechtbarer Rechtshandlungen überhaupt die Voraussetzungen der Eigenverwaltungsanordnung erfüllt sind, würde die Versagung dieses Instrumentariums sicherlich nicht zur Akzeptanz der Eigenverwaltung beitragen. Soweit der oben dargelegte Grundsatz allein auf die rechtliche Wirkung der unter Verstoß gegen die Beschränkungen vorgenommenen Rechtshandlungen abstellt, kann er demnach sicherlich keine ausschließliche Geltung beanspruchen. Vielmehr muß im Interesse einer wirtschaftlich sinnvollen Verfahrensgestaltung eine eigenverwaltungsspezifische Ausnahme davon anerkannt werden. Mithin kann eine Korrespondenz von Anfechtung und Eigenverwaltung festgestellt werden.

700 Dogmatisch läßt sich allerdings nicht von *entsprechenden* Rechtsfolgen sprechen, da die Anfechtung keine automatische (rückwirkende) Unwirksamkeit nach sich zieht, sondern gem. § 143 I 1 InsO lediglich einen schuldrechtlichen Rückübertragungsanspruch gewährt.

eee) Anzeige der Masseunzulänglichkeit, § 285 InsO

§ 285 InsO bestimmt, daß die Masseunzulänglichkeit vom Sachwalter anzuzeigen ist. Masseunzulänglichkeit liegt gem. § 208 I InsO vor, wenn zwar die Kosten des Verfahrens gedeckt sind, die Insolvenzmasse aber nicht ausreicht, um die fälligen sonstigen Masseverbindlichkeiten bzw. die bestehenden Masseverbindlichkeiten im Zeitpunkt ihrer Fälligkeit zu erfüllen. In diesem Fall wird das Verfahren anders als gem. § 207 InsO nicht sofort eingestellt; vielmehr hat gem. § 208 III InsO grundsätzlich der Insolvenzverwalter das Vermögen weiterhin zu verwalten und zu verwerten, um so wenigstens die Massegläubiger in der in § 209 InsO vorgegebenen Rangfolge zu befriedigen. Erst danach erfolgt die Verfahrenseinstellung gem. § 211 I InsO. Um Sondervorteile einzelner Gläubiger zu vermeiden, hat der Gesetzgeber an die Anzeige gem. § 208 I 1 InsO eine gesetzliche Vollstreckungssperre für Altmassegläubiger geknüpft, § 210 InsO. Angesichts der gravierenden Bedeutung der Masseunzulänglichkeitsanzeige ist es sachgerecht, diese Kompetenz dem Sachwalter zuzuweisen. Dieser erscheint für eine schnelle Ausübung dieser Pflicht besser geeignet als der Schuldner, da er zum einen die Sachlage objektiv beurteilt, die Masseunzulänglichkeit nicht als Konsequenz eigenen unternehmerischen Versagens ansieht und demnach keine Probleme hat, ihren Eintritt einzugestehen, und zum anderen wegen der Haftung gem. § 277 I 3 InsO stets hinreichend über die Masseverbindlichkeiten und ihre Erfüllbarkeit informiert sein muß.

Bedenken ergeben sich aber aus einem anderen Blickwinkel: Sobald Masseunzulänglichkeit eingetreten ist, kann das Verfahren nur noch nach den gesetzlichen Vorschriften über die liquidationsmäßige Zwangsverwertung abgewickelt werden. Die Sanierung des Schuldnerunternehmens auf der Grundlage eines Insolvenzplans scheidet aus. Das ergibt sich daraus, daß das Planverfahren die Massegläubiger nicht betrifft[701], diese gem. § 258 II InsO voll befriedigt werden müssen und an der Abstimmung über den Plan nicht beteiligt sind[702]. So weist etwa bereits die konkursrechtliche Literatur unter Bezugnahme auf den dem § 258 II InsO entsprechenden § 191 KO[703] darauf hin, daß ein Zwangsvergleich –

---

701 Vgl. §§ 217, 222 I InsO.

702 §§ 237 f. InsO.

703 RegE, BT-Drucksache 12/2443, Begr. B, S. 214.

der ja zusammen mit dem Vergleich nach der VerglO künftig vom Insolvenzplan ersetzt werden soll[704] – im Falle der Masseunzulänglichkeit über die Bestimmungen des § 175 KO hinaus unzulässig ist.[705] Da bei der nunmehr im Rahmen der vereinfachten Verfahrensabwicklung erfolgenden Vermögensverwertung nicht mehr mit dem vollen Arbeitseinsatz des Schuldners und der ordnungsgemäßen Wahrung der Gläubigerinteressen zu rechnen sein wird[706], ist das Bedürfnis für die Eigenverwaltung entfallen. Vielmehr ist zum Schutz der Massegläubiger die Aufhebung der Eigenverwaltung und die Einsetzung eines Insolvenzverwalters erforderlich, um zumindest in der letzten Verfahrensphase noch eine sachgerechte Verwertung zu gewährleisten.

Das Problem liegt nun allerdings darin, daß in den §§ 270 ff. InsO keine Beendigung der Eigenverwaltung kraft Gesetzes vorgesehen ist und die Aufhebung durch das Insolvenzgericht gem. § 272 InsO weder von Amts wegen noch auf Antrag der Massegläubiger erfolgen kann. Allein die Gläubigerversammlung, an der gem. § 74 I InsO lediglich absonderungsberechtigte und Insolvenzgläubiger teilnehmen, sowie einzelne Gläubiger gem. § 272 I Nr. 2 InsO und der Schuldner selbst sind zur Stellung des Aufhebungsantrags befugt. Zu befürchten ist jedoch, daß die antragsbefugten Personen regelmäßig kein Interesse mehr an insolvenzrechtlichen Aktivitäten haben; den Gläubigern dürfte mangels eigener Befriedigungaussichten[707] die Motivation dazu fehlen, so daß mit einem Aufhebungsantrag gem. § 272 I Nr. 1, 2 InsO kaum zu rechnen ist. Eine interessengerechte Lösung dieser Konfliktsituation ist also nur dann gewährleistet, wenn der Schuldner selbst die Aufhebung gem. § 272 I Nr. 3 InsO beantragt. Davon wird man im Normalfall angesichts der damit verbundenen persönlichen Niederlage des Schuldners aber realistischerweise nicht ausgehen können. Abschließend ist also festzuhalten, daß bei Eintritt der Masseunzulänglichkeit im Eigenverwaltungsverfahren ein lückenloser Gläubigerschutz wegen der in dieser Situation unzureichenden Aufhebungsmöglichkeiten nicht gewährleistet ist.

---

704 RegE, BT-Drucksache 12/2443, Begr. A, S. 90.

705 Mohrbutter KTS 1956, S. 20, 22; Mohrbutter/Mohrbutter, 1. Teil, IX. 1. c), Rdz. 909; Kilger/Karsten Schmidt, § 175 Anm. 5, § 191 Anm. 1; Kuhn/Uhlenbruck, § 175 Rdz. 6, § 191 Rdz. 4; Hess, § 191 Rdz. 3.

706 Vgl. oben II. 1. a) cc) (1) (b), (2) (a) (bb).

707 Diese fehlen zumindest, wenn sie nicht *zugleich* Massegläubiger gem. § 55 InsO sind.

fff) Sonstige Kompetenzen

Über die zuvor beschriebenen Kompetenzen hinaus obliegen dem Sachwalter noch eine Reihe anderer Rechte und Pflichten.[708] So ist er etwa gem. § 270 III 2 InsO für die Forderungsanmeldung zuständig, er hat sich gem. §§ 279 Satz 2, 3, 282 II InsO zur Rechtsausübung gem. §§ 103 ff. InsO durch den Schuldner und zur Verwertung von Sicherungsut zu erklären und nach §§ 283 II 2, 281 III 2 iVm I 2 InsO ist er verpflichtet, die vom Schuldner erstellten Verteilungsverzeichnisse sowie dessen Schlußrechnung zu prüfen und schriftlich zu erklären, ob nach dem Ergebnis seiner Prüfung Einwendungen zu erheben sind. Zudem kann er gem. § 283 I 1 InsO im Prüfungstermin angemeldete Forderungen bestreiten, nach § 284 I InsO hat er – soweit er nicht selbst von der Gläubigerversammlung mit der Ausarbeitung eines Insolvenzplans betraut wird – bei der Planerstellung durch den Schuldner beratend mitzuwirken und gem. § 284 II InsO obliegt ihm die Überwachung der Planerfüllung.

Bezüglich aller die Abwicklung eines Insolvenzverfahrens betreffenden Kompetenzen, die in den §§ 270 ff. InsO nicht besonders geregelt sind, gilt der Grundsatz, daß die laufenden Geschäfte vom Schuldner geführt werden[709], der Sachwalter diese Geschäftsführung unterstützt und kontrolliert und andererseits die besonderen Aufgaben wahrnimmt, die dem Verwalter im Regelinsolvenzverfahren in erster Linie im Interesse der Gläubiger übertragen sind.[710] Ob die Insolvenzpraxis in der Lage ist, anhand dieser Vorgaben klare und einheitliche Abgrenzungskriterien zu entwickeln, wird sich zeigen. Notfalls wird die VerglO als Vorbild des Eigenverwaltungsverfahrens heranzuziehen sein.

5. *Zusammenfassung und Ergebnis zu III.*

Die Anordnung der Eigenverwaltung gem. § 270 I 1 InsO oder gem. § 271 Satz 1 InsO hat zur Folge, daß das Insolvenzverfahren – vorbe-

---

708 Siehe dazu bereits die einzelnen Ausführungen unter a).

709 Dazu gehört nach Auffassung des Gesetzgebers z.B. die Aufnahme von Prozessen gem. §§ 85, 86 InsO, RegE, BT-Drucksache 12/2443, Begr. B, S. 223.

710 RegE, BT-Drucksache 12/2443, Begr. B, S. 223.

haltlich der dem Sachwalter in den §§ 274 ff. InsO zugewiesenen Kompetenzen – unter Leitung des Schuldners durchgeführt wird.

Die personenrechtliche Stellung des Schuldners wird im Eigenverwaltungsverfahren ebenso wenig berührt wie seine staatsbürgerliche Stellung. Unmittelbare vermögensrechtliche Konsequenzen hat die Eigenverwaltung für den Schuldner nur insoweit, als er durch Anordnung eines Zustimmungsvorbehalts gem. § 277 InsO in seiner Dispositionsfreiheit beschränkt wird. Juristische Personen und Gesellschaften ohne Rechtspersönlichkeit werden gem. §§ 42 I 1, 728 I 1 BGB, 131 I Nr. 3 HGB, 262 I Nr. 3 AktG, 60 I Nr. 4 GmbHG, 101 GenG idF des EGInsO mit Eröffnung des Insolvenzverfahrens aufgelöst, auch wenn dieses im Wege der Eigenverwaltung durchgeführt wird. Zumindest in Sanierungsfällen wäre es wegen der dann den Gesellschaftsorganen zustehenden Unternehmensleitungskompetenzen sinnvoll gewesen, von der Auflösungswirkung abzusehen bzw. bei nachträglicher Anordnung gem. § 271 Satz 1 InsO die Möglichkeit eines Fortsetzungsbeschlusses zuzulassen. Falls es sich bei dem Schuldner um eine natürliche Person handelt, erfährt er im Sonderverfahren gem. §§ 270 ff. InsO eine finanzielle Absicherung gem. § 278 InsO, der ihm die Entnahme von zur bescheidenen Lebensführung notwendigen Mitteln aus der Insolvenzmasse gestattet. Gleiches gilt für die vertretungsberechtigten persönlich haftenden Gesellschafter einer oHG, KG oder KGaA, wegen des Fortbestands der Anstellungsverträge und der daraus resultierenden Vergütungsansprüche jedoch nicht für GmbH-Geschäftsführer und Vorstandsmitglieder einer AG.

Die Rechtsstellung des nach § 270 III 1 InsO bzw. gem. § 271 Satz 2 InsO zu bestellenden Sachwalters orientiert sich gem. § 274 I InsO an der des Insolvenzverwalters. So müssen etwa im Hinblick auf seine Bestellung die gleichen persönlichen Qualifikationen gegeben sein wie nach § 56 I InsO. Das gem. §§ 274 I, 57 InsO bestehende Wahlrecht der Gläubigerversammlung muß bei der Anordnung gem. § 271 Satz 1 InsO auf die erste auf die Bestellung des *Insolvenzverwalters* – und nicht auf die des *Sachwalters* – folgende Versammlung begrenzt werden, um so früh wie möglich Klarheit über die Verfahrensorgane zu erlangen. Faktisch wird das Wahlrecht der Gläubiger damit zu einem verbindlichen Vorschlagsrecht bezüglich der Sachwalterbestellung durch das Gericht. Erfüllt der Sachwalter seine Aufgaben nicht ordnungsgemäß, so hat das Gericht im Aufsichtswege einzuschreiten. Als ultima ratio kommt seine Entlassung in Betracht, die entgegen dem geltenden Konkursrecht auch von Amts wegen erfolgen kann. Angesichts der Tatsache, daß der jedenfalls erforderliche Nachweis eines "wichtigen Grundes" für die Abberufung wegen der Unmöglichkeit detaillierter Sachverhaltsaufklärung kaum jemals erbracht werden kann, wird dieser Maßnahme aber relativ geringe praktische Relevanz zukommen.

Die Vergütung des Sachwalters ist bislang nur in ihren Grundzügen gem. §§ 274 I, 63 f. InsO geregelt. Eine Konkretisierung durch die voraussichtlich 1997 ergehende InsVV steht noch aus. Der Referentenentwurf zur InsVV und die Begründung des Regierungsentwurfs zu § 274 InsO[711] lassen aber bereits jetzt darauf schließen, daß der Sachwalter sich – gemessen am Vergleichsverwalter – mit relativ geringem Honorar wird zufrieden geben müssen. Angesichts der vorgesehenen Degression der Vergütung bei größeren Teilungsmassen, der Verkennung des Mißverhältnisses von hälftiger Verwaltervergütung und Zeit- und Arbeitsaufwand des Sachwalters und der sich in der Praxis durchsetzenden Erkenntnis, daß ein qualifizierter Amtsinhaber die anfallenden Vergütungskosten jedenfalls durch eine erfolgreiche Verfahrensabwicklung kompensiert, werden sich bei Umsetzung der vom BMJ dargelegten Vorschläge für das Amt des Sachwalters kaum Personen finden lassen. Die Reduzierung der Sachwaltervergütung auf ein Minimum wird jedenfalls nicht als wirksame Komponente zur Realisierung des mit der Eigenverwaltung angestrebten Ziels der Verfahrensverbilligung angesehen werden können. Dieses ist vielmehr mittelbar durch Verkürzung der Verfahrensdauer infolge effektiven Zusammenwirkens von Schuldner und Sachwalter anzustreben.

Die in den §§ 274 ff. InsO vorgenommene Kompetenzverteilung zwischen Schuldner und Sachwalter wird dem erforderlichen Ausgleich von effizienzsteigernder Einschaltung der bisherigen Unternehmensleitung einerseits und hinreichendem Schutz der Gläubiger vor masseschädigenden Handlungen des Schuldners andererseits nicht gerecht:

Zwar unterliegt der Schuldner der Überwachung durch den Sachwalter gem. § 274 II InsO. Auch wird die ihm grundsätzlich verbleibende Kompetenz zur eigenverantwortlichen und selbständigen Geschäftsführung im Interesse der Gläubiger durch die Instrumentarien der §§ 275, 276 und 277 InsO eingeschränkt. Ein hinreichender Schutz der Gläubiger sowie die effektive Einbeziehung des Sachwalters sind damit jedoch

---

711 BT-Drucksache 12/2443, Begr. B, S. 224.

nicht gewährleistet. So wäre es sinnvoller gewesen, in § 275 I InsO die Unwirksamkeit der vom Schuldner ohne Zustimmung des Sachwalters bzw. gegen seinen Widerspruch eingegangenen Verbindlichkeiten zu normieren, statt lediglich an seine Kooperationsbereitschaft zu appellieren. Die Regelung des § 276 InsO, die Rechtshandlungen von besonderer Bedeutung unter den Vorbehalt der Zustimmung von Gläubigerversammlung bzw. -ausschuß stellt, knüpft wegen der Verweisung auf § 164 InsO an einen Verstoß ebenfalls keine unmittelbaren rechtlichen Konsequenzen. Durch die nur beispielhafte Aufzählung der unter § 160 I 1 InsO fallenden Rechtshandlungen in § 160 II InsO entstehen für den Schuldner wegen der damit einhergehenden Beurteilungsproblematik erhebliche Risiken, da jede ohne Zustimmung gem. § 160 I InsO vorgenommene Handlung das Risiko der Eigenverwaltungsaufhebung gem. § 272 I Nr. 1, 2, II InsO infolge fehlerhafter Qualifizierung mit sich bringt. Zudem sind verfahrensverzögernde Rechtsstreitigkeiten um die Einordnung der Rechtshandlung als bedeutsam oder unbedeutsam zu befürchten.

Bezüglich der Regelung des Zustimmungsvorbehalts gem. § 277 InsO ist zu kritisieren, daß die Anordnung nur auf Antrag der Gläubiger erfolgen kann. Da der Antrag gem. § 277 I 1 InsO frühestens bei Zusammentritt der ersten Gläubigerversammlung gestellt werden kann und die Antragsmöglichkeit gem. § 277 II InsO wegen praktischer Unzulänglichkeiten weitgehend leerlaufen wird, wäre es im Interesse der Gläubiger sinnvoll und notwendig gewesen, auch eine amtswegige Anordnung des Zustimmungsvorbehalts zuzulassen. Vervollständigt wird die Lückenhaftigkeit des Gläubigerschutzes durch die Beschränkung des Zustimmungsvorbehalts auf *bestimmte* Rechtsgeschäfte. Durch die Versagung eines allgemeinen Veräußerungsverbots hat der Gesetzgeber eine Möglichkeit vertan, die zur Akzeptanz des Eigenverwaltungsverfahrens bei den Gläubigern hätte beitragen können.

Es ist davon auszugehen, daß die Gläubiger von ihrem Anspruch auf Zwangszugriff auf das Schuldnervermögen in dem als Gesamtvollstreckungsverfahren ausgestalteten Insolvenzverfahren[712] nur dann absehen werden, wenn hinreichend funktionsfähige, die Risiken der Eigenverwaltung kompensierende Schutzmechanismen zur Verfügung gestellt werden. Diese liegen entweder in der Normierung der Unwirksamkeit von gläubigerschädigenden Rechtshandlungen oder in allen Bereichen der

---

712 Leipold, S. 165, 168; Grub ZIP 1993, S. 393, 397.

Geschäftsführung grundsätzlich vorgesehenen korrespondierenden Verwaltung von Schuldner und Sachwalter. Angesichts der diesbezüglich unzulänglichen Regelungen der §§ 275, 276, 277 InsO werden die Gläubiger eher zum Regelinsolvenzverfahren als zum Sonderverfahren gem. §§ 270 ff. InsO tendieren. Dies gilt um so mehr, als die mit dem Rechtsinstitut der Eigenverwaltung angestrebte Nutzung der unternehmensspezifischen Kenntnisse und Erfahrungen auch im Regelinsolvenzverfahren durch Heranziehung des Schuldners gem. § 97 II (iVm § 101 I 1) InsO möglich ist und durch Inaussichtstellen der Unternehmenssanierung gefördert wird.[713] Abgesehen davon finden sich die für die Unternehmenssanierung benötigten Fachkenntnisse bei großen Betrieben nicht nur auf höchster Hierarchie-Ebene, sondern verzweigt in den Technostrukturen des Unternehmens, so daß mit der Absetzung der Unternehmensleitung bei Weiterbeschäftigung der alten Arbeitnehmer die Vorzüge der Geschäftserfahrung nicht zwangsläufig verloren gehen.[714]

Dadurch, daß die im Hinblick auf die Befriedigungsquote der Gläubiger gegenüber der Liquidation vorteilhaftere Unternehmenssanierung[715] nach der InsO auch im Regelinsolvenzverfahren möglich ist, bietet die Eigenverwaltung – anders als das Vergleichsverfahren gegenüber dem Konkursverfahren – relativ wenig Vorzüge. Die sanierungsfördenden Mechanismen – Beseitigung der Zerschlagungsautomatik durch Einbeziehung der Sicherungsgläubiger, Zuweisung der Gesamtschadensliquidation und der Durchsetzung der persönlichen Haftung der Gesellschafter und kumulative Anwendung von Rückschlagsperre und Insolvenzanfechtung – sind keine eigenverwaltungsspezifischen Institutionen, so daß das Verfahren nach den §§ 270 ff. InsO diesbezüglich nicht attraktiver erscheint. Die in § 282 I 2, 3 InsO normierte Kostenregelung ist zwar für die Sicherungsgläubiger vorteilhafter, da die von ihnen zu leistenden Kostenbeiträge dadurch reduziert werden. Abgesehen davon, daß diese Norm im Eigenverwaltungsverfahren mangels aufwendiger Verwertungsvorgänge aber ohnehin verhältnismäßig wenig Bedeutung haben wird, werden dadurch jedoch gerade diejenigen Gläubiger begünstigt, die – zumindest bei voller Deckung ihrer Forderung durch die Sicherheit –

713 Deshalb leugnet Leipold, S. 165, 171 f. das Bedürfnis für ein spezielles Eigenverwaltungsverfahren.

714 Hanisch, 4. Kap., 2. Abschn., I. 3., S. 123 f.

715 Vgl. nur Hodemacher KTS 1956, S. 81, 84.

von der mit der Eigenverwaltung angestrebten Kostenersparnis und Effizeinzsteigerung am wenigsten betroffen sind. Sinnvoll ist diese Regelung daher nur, wenn dadurch der Widerstand der gesicherten Gläubiger, der der von den ungesicherten Gläubigern gewünschten Eigenverwaltung entgegengebracht wird, beseitigt werden kann. Andersherum besteht aber die Gefahr, daß sich die Entscheidung für das Verfahren gem. §§ 270 ff. InsO nicht an den Kriterien der Wirtschaftlichkeit, Kostenersparnis und Effizienzsteigerung orientiert, die im Interesse der ungesicherten Gläubiger allein ausschlaggebend sein müßten.

Eine gravierende Unzulänglichkeit des Regelungssystems der §§ 270 ff. InsO liegt weiterhin in der mangelhaften Abstimmung der §§ 285 iVm 208 ff. InsO mit den Möglichkeiten der Aufhebung der Eigenverwaltungsanordnung. Durch die Beschränkung der Befugnis zur Stellung eines Aufhebungsantrags auf die in § 272 I InsO genannten Personen wird die zum Schutz der Massegläubiger erfordliche Einsetzung eines Insolvenzverwalters zur Durchführung der vereinfachten Verfahrensabwicklung erheblich erschwert. Zumindest für den Fall, daß die Massegläubiger nicht zugleich aufgrund anderer Ansprüche antragsbefugt gem. § 272 I InsO sind, wäre eine Beendigung der Eigenverwaltung kraft Gesetzes, die Möglichkeit der Aufhebung durch das Insolvenzgericht von Amts wegen oder auf Antrag der Massegläubiger notwendig. Aber auch bei Personenidentität und daraus formal resultierender Antragsbefugnis gem. § 272 I Nr. 1, 2 InsO ist zweifelhaft, ob dann überhaupt eine Aufhebung der Eigenverwaltung erfolgen kann, weil aus §§ 74 I, 272 I Nr. 2 InsO hervorgeht, daß nur die Gläubiger über die Art der Verfahrensabwicklung entscheiden können sollen, die *in ihrer Stellung* als absonderungsberechtigte oder Insolvenzgläubiger betroffen sind, die also in ihren *diese Positionen begründenden Ansprüchen* beschnitten werden. Durch diese Unstimmigkeiten wird die Akzeptanz des Eigenverwaltungsverfahrens sicherlich nicht gefördert. Trotz der gewissen Absicherung der Massegläubiger gem. § 277 I 3 InsO ist zu befürchten, daß diese Konsequenzen im Falle einer eintretenden Masseunzulänglichkeit die Chancen einer im Wege der Eigenverwaltung durchzuführenden Unternehmenssanierung nicht unerheblich reduzieren.

4. Kapitel – Schlußbetrachtung

Der Gesetzgeber sieht in dem Rechtsinstitut der Eigenverwaltung ein effizientes Instrument, die Kenntnisse und Erfahrungen der bisherigen Geschäftsleitung bei der Verwertung der Insolvenzmasse in der besten Weise zu nutzen, die notwendige, das Verfahren verzögernde Einarbeitungszeit des Insolvenzverwalters zu vermeiden und dadurch Aufwand und Kosten des Verfahrens zu verringern. Zudem soll durch die Möglichkeit der Eigenverwaltung ein Anreiz für den Schuldner geschaffen werden, rechtzeitig die Verfahrenseröffnung zu beantragen und damit die Sanierungschancen für ein insolventes Unternehmen zu erhöhen.

Da das Verfahren gem. §§ 270 ff. InsO lediglich eine besondere Modalität des Regelinsolvenzverfahrens darstellt, kann diese Zielsetzung nur dann realisiert werden, wenn die die Eigenverwaltung betreffenden Normen mit dem übrigen Regelungssystem der InsO korrespondieren. Diesbezüglich stellt sich zunächst die Frage nach einer hinreichenden Abstimmung der erst nach Verfahrenseröffnung eingreifenden §§ 270 ff. InsO mit den bereits im Eröffnungsverfahren gem. § 21 I InsO anzuordnenden Sicherungsmaßnahmen. Das gesamte Regelungswerk der §§ 270 ff. InsO wäre obsolet, wenn der Schuldner bereits durch die Sicherungsmaßnahmen vor der Eröffnung des Verfahrens so weit aus seiner unternehmensleitenden Position verdrängt würde, daß eine effiziente Verfahrensabwicklung und die zur Sanierung notwendige ökonomische Unternehmensfortführung durch den Schuldner später nicht mehr gewährleistet wäre. Zu dieser Konsequenz käme es zwangsläufig, wenn im Eröffnungsverfahren ein vorläufiger Verwalter bestellt würde, dem formularmäßig durch Erlaß eines allgemeinen Verfügungsverbotes gem. § 21 II Nr. 2, 1. Fall InsO die Verwaltungs- und Verfügungsbefugnis über das Schuldnervermögen übertragen würde. Durch das Merkmal der Erforderlichkeit in § 21 I InsO trifft das Gesetz jedoch hinreichend Vorsorge, daß diese gravierende Sicherungsmaßnahme nur dann angeordnet wird, wenn konkrete Anhaltspunkte dafür vorliegen, daß bereits im Eröffnungsverfahren mit einer ordnungsgemäßen, die Interessen der Gläubiger wahrenden Vermögensverwaltung durch den Schuldner nicht mehr zu rechnen ist. In diesem Fall käme aber wegen der in § 270 II Nr. 3 InsO normierten Nachteilsregelung auch keine Eigenverwaltung in Betracht. Durch die einander ausschließenden Anwendungsbereiche dieser beiden Rechtsinstitute ist demnach die Korrespondenz zwischen den §§ 21 ff. InsO und dem Sonderverfahren der Eigenverwaltung gewährleistet.

So vielversprechend die mit der Eigenverwaltung angestrebte Zielsetzung einerseits klingt, so sehr ist andererseits zu berücksichtigen, daß die Eigenverwaltung durch den Schuldner für die Gläubiger erhebliche Risiken in sich birgt, weil der Schuldner während des Verfahrens – trotz der Kontrolle durch den Sachwalter – irreversible masseschädigende Handlungen vornehmen kann. Der gerichtlichen Anordnung der Eigenverwaltung gem. §§ 270 I 1, 271 Satz 1 InsO muß demnach eine sachgerechte Interessenabwägung zugrundeliegen, die sowohl die Realisierbarkeit der mit der Eigenverwaltung angestrebten Vorteile als auch die Gefahr der Gläubigerschädigung berücksichtigt. Dem hat das Gesetz durch die in § 270 II Nr. 1 bis 3 InsO normierten Voraussetzungen Rechnung getragen: Unabdingbares Erfordernis einer erfolgreichen Eigenverwaltung ist die Bereitschaft des Schuldners, alle ihm im Rahmen des Insolvenzverfahrens obliegenden Aufgaben zu erfüllen und sein Vermögen im Interesse der Gläubiger optimal zu verwerten. Dies hat er durch einen Antrag auf Anordnung der Eigenverwaltung beim Gericht zu dokumentieren. Um die bei einer unternehmenstragenden Gesellschaft für die ordnungsgemäße Verfahrensabwicklung und die effiziente Unternehmensfortführung unbedingt erforderliche Homogenität in der Führungsspitze zu gewährleisten, ist zu fordern, daß sämtliche organschaftlichen Vertreter bzw. persönlich haftenden Gesellschafter dem Eigenverwaltungsantrag zustimmen. Bei der Nachteilsprüfung gem. § 270 II Nr. 3 InsO hat das Gericht strenge Maßstäbe anzulegen. Nur wenn die Sanierung des Schuldnerunternehmens hinreichend wahrscheinlich ist, der Schuldner glaubhaft darlegen kann, daß die in seiner Person liegenden Ursachen der Insolvenz beseitigt sind und er das Gericht von seiner Vertrauenswürdigkeit überzeugen kann, besteht eine sachliche Rechtfertigung für das Sonderverfahren nach §§ 270 ff. InsO. Sofern die Liquidation des Schuldnervermögens nach den dem Gericht bei Verfahrenseröffnung vorliegenden Informationen sicher oder zumindest wahrscheinlich ist oder die unternehmerische Unfähigkeit des Schuldners durch ein früheres Insolvenzverfahren über sein Vermögen oder dadurch dokumentiert wird, daß er seinen Vermögensverfall durch Unredlichkeit, Preisschleuderei oder Leichtsinn selbst verursacht hat, ist die Eigenverwaltung sogar zwingend ausgeschlossen. Dem Schuldner wird bereits durch § 270 II Nr. 3 InsO ein hoher Begründungsaufwand, vorausschauendes Verhalten und die Demonstration seiner Redlichkeit und Einsatzbereitschaft abverlangt. Angesichts dieser aus Gläubigerschutzgründen notwendig hohen Anforderungen erscheint die in § 270 II Nr. 2 InsO normierte – konstitutive - Voraussetzung der Zustimmung des antragstellenden Gläubigers unsachgemäß und überflüssig. Damit wird dem einzelnen Gläubiger ein nicht zu rechtfertigendes Machtpotential an die Hand gegeben, mit dem er eine wirtschaftlich sinnvolle Eigenverwaltung blockieren kann. Zudem kann das Erfordernis gem. § 270 II Nr. 2 InsO im Falle mehrerer Gläubigeranträge gem. § 13 I 2, 1. Fall InsO zu unerwünschten Zufallsergebnissen führen.

Gemäß den sich durch die gesamte InsO ziehenden Prämissen "Deregulierung" und "Stärkung der Gläubigerautonomie" ist die Entscheidung des Gerichts über die Anordnung der Eigenverwaltung stets nur eine vorläufige. Die Letztentscheidungskompetenz wird gem. §§ 271, 272 InsO den Gläubigern zugewiesen. So können sie gem. § 271 Satz 1 InsO die Anordnung der Eigenverwaltung beantragen, wenn das Gericht bei Verfahrenseröffnung die positive Entscheidung gem. § 270 I 1 InsO versagt hat. Dieser Kompetenz wird allerdings in der Praxis nur dann eine gewisse Bedeutung zukommen, wenn das Gericht an einer Anordnung gem. § 270 I 1 InsO durch die Verweigerung der Zustimmung seitens des antragstellenden Gläubigers gem. § 270 II Nr. 2 InsO gehindert war. Ansonsten ist die Beantragung der Eigenverwaltung durch die Gläubiger gem. § 271 Satz 1 InsO – selbst bei im Berichtstermin beschlossener Verwertung durch Sanierung – wegen der negativen Beurteilung durch das Gericht nach eingehender Interessenabwägung, der bereits erfolgten Einsetzung eines Insolvenzverwalters und dessen Kompetenzausübung und der heterogenen Interessen- und Beteiligungsstruktur in den Gläubigerversammlungen selten zu erwarten.

Hat das Gericht die Eigenverwaltung gem. § 270 I 1 InsO bei Verfahrenseröffnung oder gem. § 271 Satz 1 InsO infolge eines Antrags der Gläubigerversammlung angeordnet, so können die Gläubiger diese Entscheidung durch einen Aufhebungsantrag gem. § 272 I Nr. 1, 2, II InsO korrigieren. Damit bietet das Gesetz den Gläubigern die Möglichkeit, sich über die gerichtliche Beurteilung hinwegzusetzen, das eigene auf

Fehleinschätzungen basierende Urteil über die unternehmerischen Qualitäten und Vertrauenswürdigkeit des Schuldners zu revidieren oder das Verfahren einfach Veränderungen in der Sachlage anpassen zu können. Stellt die Gläubigerversammlung den Antrag, so hat das Gericht die Anordnung ohne weiteres aufzuheben. Im Falle des § 271 I Nr. 2 InsO muß der antragstellende Gläubiger glaubhaft machen, daß die Voraussetzungen des § 270 II Nr. 3 InsO weggefallen sind. Diese Norm ist extensiv auszulegen, so daß der Gläubigerantrag sich auch gegen die Anordnung gem. § 271 Satz 1 InsO richten kann und im Falle der Anordnung gem. § 270 I 1 InsO neben dem späteren Wegfall der Voraussetzung gem. § 270 II Nr. 3 InsO auch deren ursprüngliches Fehlen geltend gemacht werden kann. Dabei wird sich der Gläubiger allerdings wegen der bereits in der Anordnung manifestierten Beurteilung des Gerichts auf den – zeitintensiven – Beschwerdeweg gem. § 272 II 3 InsO verweisen lassen müssen. Das Insolvenzgericht selbst ist zur Aufhebung der Eigenverwaltung von Amts wegen nicht befugt. Auch können Massegläubiger auf die Anordnung und Beibehaltung dieses Verfahrens keinen Einfluß nehmen. Dies wirkt sich dann nachteilig aus, wenn nach Anzeige der Masseunzulänglichkeit durch den Sachwalter gem. § 285 InsO eine vereinfachte Verfahrensabwicklung stattfinden muß, zu der ein Fremdverwalter wegen des nunmehrigen Liquidationsziels besser geeignet ist als der Schuldner. Die aus der eingeschränkten Möglichkeit zur Beendigung des Eigenverwaltungsverfahrens resultierenden Unstimmigkeiten mit dem durch § 270 II Nr. 3 InsO propagierten Gläubigerschutz werden sicherlich nicht zur Akzeptanz dieses Sonderverfahrens beitragen.

Abgesehen davon, daß die Durchführung des Insolvenzverfahrens im Wege der Eigenverwaltung bei tatsächlichei Normierung der befürchteten Sachwaltervergütung auf praktische Probleme stoßen wird, weil sich dann kaum qualifizierte Personen für die Übernahme dieses Amtes finden werden, ist aber auch angesichts der gesetzlich geregelten Kompetenzverteilung zwischen Schuldner und Sachwalter von geringer praktischer Relevanz der §§ 270 ff. InsO auszugehen. Das Gesetz gewährleistet die zur ausreichenden Wahrung der Gläubigerinteressen notwendige korrespondierende Verwaltung nur unter der Prämisse, daß der Schuldner selbst hinreichende Kooperationsbereitschaft zeigt. Ein Zwang zur Einschaltung des Sachwalters bei der Geschäftsführung besteht – vorbehaltlich der beschränkten Fälle des § 277 InsO – nur mittelbar durch das Risiko der Eigenverwaltungsaufhebung gem. § 272 InsO. Bis zu diesem

Zeitpunkt können aber bereits erhebliche Masseverkürzungen zu Lasten der Gläubiger eingetreten sein. Gerade weil die Hauptinsolvenzursachen im unternehmensinternen Bereich, also in mangelnden unternehmerischen Qualitäten oder Unredlichkeit des Schuldners liegen und die Gefahr der Fehleinschätzung bei der der Anordnung gem. §§ 270 I 1/271 Satz 1 InsO zugrunde liegenden Beurteilung immer besteht, ist anzunehmen, daß die Gläubiger ein derartiges Risiko nicht hinnehmen werden. Um dem Verfahren gem. §§ 270 ff. InsO einen gewissen Anwendungsbereich zu sichern, hätte der Gesetzgeber dem Sachwalter über seine Kontroll- und Aufsichtsbefugnisse hinaus umfassendere Mitwirkungskompetenzen einräumen sollen. Dadurch hätten die trotz der strengen Anordnungsvoraussetzungen bestehenden Unsicherheitsfaktoren präventiv ausgeräumt werden können.

Das Bestreben des Gesetzgebers, die Mängel des geltenden Konkurs- und Vergleichsrechts durch die neue InsO zu beseitigen und trotz der Vermeidung der Verfahrensdualität durch Normierung eines einheitlichen Insolvenzverfahrens die Vorzüge des Vergleichsverfahrens übernehmen zu können, wird durch die Einführung des Sonderverfahrens gem. §§ 270 ff. InsO nur bedingt realisiert. Zwar enthält das künftige Insolvenzrecht wesentliche Sanierungserleichterungen, die etwa in der Beseitigung der Zerschlagungsautomatik, dem Wegfall einer Mindestbefriedigungsquote und der Würdigkeitsvoraussetzungen des geltenden Vergleichsrechts liegen. Auch die Zuweisung der Gesamtschadensliquidation und der Haftungsansprüche gegenüber den persönlich haftenden Gesellschaftern an die Insolvenzmasse trägt zur Optimierung der Gläubigerbefriedigung bei. Diese Vorzüge sind jedoch keine eigenverwaltungsspezifischen Konsequenzen, sondern solche, die aus der Neuordnung des Regelinsolvenzverfahrens resultieren. Das konkret mit der Eigenverwaltung angestrebte Ziel der Effizienzsteigerung dürfte bei Einsetzung eines qualifizierten Verwalters auch durch Heranziehung des Schuldners im normalen Insolvenzverfahren zu realisieren sein, die durch seine Mitwirkungspflicht gem. § 97 II InsO und die Sanierungsaussichten erleichtert wird. Auch die bezweckte Kostenersparnis durch Vermeidung der Einarbeitungszeit des Insolvenzverwalters dürfte bei Einsetzung eines vorläufigen Verwalters im Eröffnungsverfahren hinfällig werden. Demnach bietet das Eigenverwaltungsverfahren kaum Vorzüge, die das damit verbundene Risiko der Gläubigerschädigung hinreichend kompensieren. Da die Gläubiger anders als in bezug auf das den

§§ 270 ff. InsO als Vorbild dienende Vergleichsverfahren zur Optimierung ihrer Befriedigungsquote durch Unternehmenssanierung nicht auf die Eigenverwaltung angewiesen sind, werden sie in der Praxis davon absehen. Durch die mangelnde Akzeptanz dieses Verfahrens bei den Gläubigern wird auch das Gericht sich regelmäßig veranlaßt sehen, die Anordnung gem. § 270 I 1 InsO zu versagen. Dann aber schlägt auch die Erwartung des Gesetzgebers fehl, der Schuldner werde durch die Möglichkeit, auch während des Insolvenzverfahrens weiterhin verwaltungs- und verfügungsbefugt zu bleiben, zur frühzeitigen Stellung des Eröffnungsantrages motiviert. Abschließend läßt sich somit festhalten, daß sich die mit der Eigenverwaltung angestrebte Zielsetzung in der Praxis nicht realisieren wird. Jedenfalls bleibt das Verfahren gem. §§ 270 ff. InsO – entsprechend den Erwartungen des Gesetzgebers[1] – sicherlich auf Ausnahmefälle beschränkt.

1 Beschlußempfehlung des Rechtsausschusses, BT-Drucksache 12/7302, S. 185.

Anhang – Eigenverwaltung nach ausländischen Rechtsordnungen

I. Österreich

1. Rechtsquellen

Rechtsgrundlagen des österreichischen Insolvenzrechts sind die Ausgleichsordnung (AO) und die Konkursordnung (öKO), eingeführt durch die Kaiserliche Verordnung vom 10.12.1894. Diese Gesetze sind im Zuge der Änderung rechtspolitischer Auffassungen[1] und zum Zwecke der Anpassung des Insolvenzrechts an die Bedürfnisse des modernen Wirtschaftslebens[2] in Etappen reformiert worden. Die wichtigsten Reformen erfolgten dabei durch das Insolvenzrechtsänderungsgesetz (IRÄG) vom 1.7.1982, ferner durch die Konkursordnungsnovelle 1993 und das IRÄG 1994.

2. Eigenverwaltung

Wesensmerkmal des österreichischen Insolvenzrechts ist die auch nach den Reformen beibehaltene formale Zweiteilung zwischen Ausgleichs-[3] und Konkursverfahren, die lediglich durch einzelne Neuerungen[4] ent-

---

1 Bartsch/Heil, § 1, S. 19.

2 Arnold ZIP 1985, S. 321, 326.

3 Das österreichische Ausgleichsverfahren entspricht dem deutschen Vergleichsverfahren; zur Terminologie vgl. Uhlenbruck in: Protokolle 1970, S. 150, 162, 166; Erster Bericht, Einl., S. 12; Arnold ZIP 1985, S. 321, 326.

4 Z.B. das den beiden "Hauptverfahren" Konkurs und Vergleich vorgeschaltete insolvenzrechtliche Vorverfahren (§§ 79 bis 91 AO) zur Vorbereitung der Entscheidung, ob eine Unternehmenskrise im Ausgleichs- oder im Konkursverfahren besser zu bewältigen ist, und ob Sanierung oder Liquidation angestrebt wird; vgl. Jelinek ZIP 1984, S. 495.

schärft wurde, um das System einem einheitlichen Insolvenzverfahren anzunähern[5].

Ebenso wie im deutschen Recht bezweckt der Konkurs die gleichmäßige Befriedigung der Gläubiger durch Liquidation des Schuldnervermögens[6], während der Ausgleich regelmäßig die Sanierung der finanziellen Lage des Schuldners durch teilweisen Forderungserlaß und Stundung zur Erhaltung seiner wirtschaftlichen Existenz anstrebt[7]. Demzufolge entsprechen auch die Regelungen betreffend die Verwaltungs- und Verfügungsbefugnis über das Schuldnervermögen weitgehend denen des deutschen Konkurs- und Vergleichsrechts: Nach § 1 I, II öKO wird dem Schuldner durch Eröffnung des Konkurses die Verfügungsbefugnis über die Konkursmasse entzogen und geht auf den nach § 82 öKO bestellten Konkursverwalter über, der die Masse in Besitz und Verwaltung zu nehmen hat, um sie zur Befriedigung der Konkursgläubiger[8] zu verwenden. Im Ausgleichsverfahren behält der Schuldner hingegen grundsätzlich die Verwaltungs- und Verfügungsbefugnis über sein Vermögen. Er wird lediglich in seiner Geschäfts- und Lebensführung von einem nach § 29 AO bestellten Ausgleichsverwalter überwacht, der dafür zu sorgen hat, daß das Schuldnervermögen nicht geschmälert und ein Unternehmen des Schuldners fortgeführt wird, § 30 I 1, 2 AO. Gewisse Verfügungsbeschränkungen wie etwa das Erfordernis einer ausgleichsgerichtlichen Bewilligung im Falle der Schließung oder Wiedereröffnung des Unternehmens oder der Zustimmung des Verwalters zu Rechtsgeschäften und -handlungen, die nicht zum gewöhnlichen Unternehmensbetrieb gehören (§ 8 II AO), oder die Anordnung von Sicherungsmaßnahmen gem. § 3 II AO zum Zwecke der Vermögenssicherung und Unternehmensfortführung muß der Schuldner allerdings auch hier hinnehmen, damit eine bestmögliche und gleichmäßige Gläubigerbefriedigung gewährleistet ist. Soweit den Schuldner solche Beschränkungen treffen, hat

5 Jelinek ZIP 1984, S. 495; Arnold ZIP 1985, S. 321, 326; vgl. auch Erster Bericht, Einl., S. 12.

6 Jahn, "Österreich", Einl., S. 202; Holzhammer, 1. Buch, 1. Teil, I. A. 2., S. 3; Bartsch/Heil, § 4, Rdz. 10.

7 Jahn, "Österreich", Einl., S. 202; Fasching in: Protokolle 1970, S. 288, 300; Holzhammer, 2. Buch, 1. Teil, I. A. (S. 125). Statt als Sanierungsausgleich kann der Ausgleich allerdings auch als hier als Liquidationsausgleich entsprechend § 7 IV VerglO ausgestaltet sein, vgl. Jahn, "Österreich", Einl., S. 209.

8 Vgl. §§ 114, 119, 124, 128 öKO.

der Verwalter gem. § 30 I 3 AO an seiner Stelle tätig zu werden. Im Ausgleichsverfahren findet also kein vollständiger Übergang der Verwaltungs- und Verfügungsbefugnis über das Schuldnervermögen statt. Es bleibt dem Schuldner aber unbenommen, diese Befugnis im Anschluß an das Ausgleichsverfahren selbst im Rahmen eines sog. Treuhandausgleichs[9] zum Zwecke der Ausgleichserfüllung einem sog. Sachwalter zu übertragen.

Die Regelungen der Konkursordnung haben durch die öKO-Novelle von 1993, die zum 1.1.1995 in Kraft getreten ist, gewisse Modifizierungen erfahren. Nach § 186 I öKO[10] steht nunmehr dem Schuldner, der eine natürliche Person ist, im Rahmen des sog. Schuldenregulierungsverfahrens[11] die Eigenverwaltung der Konkursmasse zu, wenn das Gericht nichts anderes bestimmt. Nach § 182 öKO wird ein gerichtliches Konkursverfahren über das Vermögen einer natürlichen Person als Schuldenregulierungsverfahren bezeichnet, wenn der Schuldner *kein Unternehmen* betreibt. In einem solchen Falle wird ein Masseverwalter nicht bestellt, § 190 I öKO.[12] Dessen Aufgaben werden gem. § 187 öKO vorwiegend vom Schuldner, anderenfalls gem. § 190 III öKO vom Konkursgericht wahrgenommen. Der Schuldner ist ausdrücklich nur zur *Verwaltung* der Masse befugt, *Verfügungen* über Gegenstände der Konkursmasse sind nur mit Zustimmung des Konkursgerichts wirksam, § 187 I Nr. 3 öKO. Nach Konkurseröffnung begründete Verbindlichkeiten sind nur bei gerichtlicher Zustimmung aus der Konkursmasse zu erfüllen, § 187 I Nr. 4 öKO.[13] Voraussetzung für die Eigenverwaltung ist, daß die Vermögensverhältnisse überschaubar und keine Umstände bekannt sind, die

9 §§ 62, 63 AO; §§ 157e, f öKO. Vgl. dazu Holzhammer, 1. Buch, 5. Teil, V. F. 6. (S. 116 f.); 2. Buch, 4. Teil, VIII. C. 4. (S. 175 f.); Bartsch/Heil, § 21, A., Rdz. 168 f.

10 Die §§ 181 bis 218 öKO sind mit der Novelle als "Dritter Teil" unter der Überschrift "Sonderbestimmungen für natürliche Personen" neu in die öKO eingefügt worden.

11 Vgl. Mohr, I., S. 1. Es ist nicht zu verwechseln mit dem von der deutschen Insolvenzrechtsreformkommission vorgeschlagenen Verfahren der vereinfachten Schuldenregulierung, dem das in § 183 öKO beschriebene, nicht mit besonderem Namen bezeichnete (vgl. § 185 I öKO) Verfahren entspricht.

12 Nur für die Vornahme besonders schwieriger Tätigkeiten kann ein Masseverwalter mit entsprechend beschränktem Tätigkeitskreis bestellt werden, § 190 II öKO.

13 Zum Umfang der Verfügungsbefugnis bei der Eigenverwaltung des Schuldners vgl. Mohr, IV. E. 2.2 (S. 15 f.).

erwarten lassen, daß die Eigenverwaltung zu Nachteilen für die Gläubiger führen wird, § 186 II öKO.

3. Zusammenfassender Vergleich mit den §§ 270 ff. InsO

Da das österreichische Insolvenzrecht auch nach seiner Reform die strikte Zweiteilung in Konkurs- und Ausgleichsverfahren beibehalten hat, entspricht es insoweit dem geltenden deutschen Recht und stellt damit kein Rechtsinstitut zur Verfügung, das mit der Eigenverwaltung gem. §§ 270 ff. InsO als besonderer Modifikation des einheitlichen Regelinsolvenzverfahrens übereinstimmt. Mit der Eigenverwaltung gem. §§ 186 ff. öKO ist das Verfahren nach §§ 270 ff. InsO wegen des durch den Konkurszweck vorgegebenen Ziels der Liquidation, der Unanwendbarkeit auf Unternehmensinsolvenzen und des Fehlens eines Sachwalters nicht vergleichbar.

II. England

1. Rechtsquellen

Bis zur umfassenden Reform des Insolvenzrechts im Jahre 1986 gab es in England kein einheitliches Regelungswerk in diesem Bereich. Das englische Insolvenzrecht setzte sich aus verschiedenen Stückwerken wie dem Bankruptcy Act 1914, dem Insolvency Act 1976, dem Deeds of Arrangements Act 1914, dem Companies Act 1948 und dem County Courts Act 1959 zusammen.[14] Das wichtigste Reformgesetz stellt der Insolvency Act 1986 dar, der am 29.12.1986 in Kraft trat. Ergänzend wurden zahlreiche weitere Gesetze und Verordnungen erlassen, u.a. die Insolvency Rules 1986, der Company Directors Disqualification Act 1986 und die Insolvency Practitioners Regulations 1986.

---

14 Cork/Graham ZIP 1982, S. 1275, 1276; Ackmann, 2. Teil, H. II. (S. 23 f); Arnold ZIP 1985, S. 321, 327.

2. *Eigenverwaltung*

Im englischen Insolvenzrecht gibt es keine – dem deutschen oder österreichischen Recht entsprechende – klare Zweiteilung in Konkurs- und Vergleichsverfahren. Es stellt diverse, vielschichtige Verfahrensarten zur Verfügung, von denen die wichtigsten im Insolvency Act 1986[15] enthalten sind.

Anknüpfungspunkt der verschiedenen Verfahrensarten ist zunächst die Unterscheidung zwischen der Insolvenz von Einzelpersonen (insolvency of individuals) und der von Kapitalgesellschaften (company oder corporate insolvency). Sowohl innerhalb der company insolvency als auch innerhalb der insolvency of individuals ist wiederum nach verschiedenen Verfahrenszielen zu differenzieren. So kann in der company insolvency statt der Liquidation durch "winding up of companies" auch die Unternehmenssanierung anhand verschiedener Konzepte wie dem *voluntary arrangement*, der *administration procedure* und dem *receivership – Verfahren* angestrebt werden.[16] Im Bereich der insolvency of individuals bietet der Insolvency Act 1986 neben dem Konkursverfahren (*bankruptcy*) auch die Möglichkeit eines Vergleichs im Wege des *individual voluntary arrangement* an.[17] Weitere Alternativen zum bankruptcy sind das *arrangement* auf der Grundlage des Deeds of Arrangements Act 1914 und die *administration order*, die ihre Grundlage in dem County Courts Act 1984 und den County Court Rules 1981 findet.[18]

a) *company insolvency*

aa) *Eigenverwaltung im "winding up of companies" zu Liquidationszwecken*

Der Insolvency Act 1983 normiert zwei Arten der insolvenzrechtlichen Gesellschaftsliquidation: die freiwillige (voluntary winding up, sections

15 Im folgenden zitiert als IA 1986.

16 Vach, Teil 3, S. 86; Lange WM 1990, S. 701 ff.; ders. ZIP 1991, S. 850, 854.

17 Vgl. dazu Frieze, chap. 27, 1. (S. 142 ff.); Fletcher, part I, chap. 4 (A) (1) (S. 39 ff.).

18 Vgl. dazu Frieze, chap. 28, 1. (S. 153 ff.); Fletcher, part I, chap. 4 (A) (2), (3) (S. 54 f., 55 ff.). Verfahren, die ihre Grundlage außerhalb des Insolvency Act 1986 finden, werden in dieser Darstellung nicht berücksichtigt.

84 – 116 IA 1986[19]) und die gerichtliche Zwangsliquidation (company winding up, sections 117 – 160 IA 1986).

Je nach Art der Liquidation variiert die Regelung über die Verwaltungs- und Verfügungsbefugnis über das Gesellschaftsvermögen: Im voluntary winding up-Verfahren, das eingeleitet wird, wenn die Gesellschafter wegen eingetretener Insolvenz die Abwicklung und Auflösung der Gesellschaft beschliessen[20], steht es den Gesellschaftern frei, einen sog. liquidator zu bestellen, auf den die Verwaltungs- und Verfügungsbefugnis der bisherigen Geschäftsführer übergeht[21]. Unterbleibt die Bestellung des liquidators, so verbleibt diese Befugnis bei den Geschäftsführern, ist aber zum Zwecke der Vermeidung masseschädigender Handlungen nach section 114 IA 1986 stark beschränkt: Nach section 114 (2) IA 1986 bedürfen die Gesellschaftsorgane zur Ausübung ihrer Geschäftsführungsbefugnisse grundsätzlich der gerichtlichen Zustimmung.[22] Auch soweit ein liquidator eingesetzt wurde, können aber nach section 103 IA 1986 die bisherigen Geschäftsführer durch entsprechenden Beschluß des nach section 101 bestellten Gläubigerausschusses im Amt, also verwaltungs- und verfügungsbefugt bleiben, kann also die Schuldnereigenverwaltung durch die Gläubiger angeordnet werden.

Im compulsory winding up – Verfahren, das aufgrund eines die Verfahrenseröffnung anordnenden Gerichtsbeschlusses eingeleitet wird, enden mit Erlaß der "winding up order"[23] zwingend die Geschäftsführungsbefugnisse der "directors" der Gesellschaft. Sie verlieren also die Verwaltungs- und Verfügungsbefugnis über das Gesellschaftsvermögen, die auf den sog. official receiver[24] bzw. nach section 139 IA 1986 bestellten

---

19 Innerhalb des voluntary winding up wird wiederum zwischen dem creditors' und dem members' voluntary winding up unterschieden. Bei der letztgenannten Liquidation handelt es sich nicht um ein Insolvenzverfahren, sondern um die freiwillige Abwicklung einer Gesellschaft, die aufgrund eines Gesellschafterbeschlusses bei Solvenz einer Gesellschaft erfolgt, vgl. sections 89, 90. Die einschlägigen sections 89 – 96 IA 1986 bleiben deshalb im folgenden außer Betracht.

20 Section 84 IA 1986.

21 Vgl. sections 103, 165 f., schedule 4, part 1 IA 1986.

22 Vgl. dazu Neumann, § 6, A. III. 2. a) (1), S. 335.

23 Vgl. section 125 IA 1986.

24 Section 136 IA 1986. Dieser übernimmt als dem Wirtschaftsministerium unterstehender Gerichtsbeamter wichtige Funktionen bei der Durchführung des Insolvenzverfahrens, Perker, 1. Teil, C. I. 2., S. 19; Cork/Graham ZIP 1982, S. 1275, 1276.

liquidator übergeht.[25] Weder der liquidator noch die Gläubiger sind befugt, den directors entsprechend section 103 IA 1986 die Geschäftsführungsbefugnis zu belassen, also die Eigenverwaltung anzuordnen.[26]

bb) Eigenverwaltung in der Unternehmenssanierung

(1) "administration procedure"

In den sections 8 – 27 IA 1986 ist die administration procedure geregelt. Dieses Rechtsinstitut ermächtigt die Gerichte, auf Antrag der Gesellschaft bzw. ihrer directors[27] oder der Gläubiger[28] durch die sog. administration order die Verwaltung (potentiell) insolventer Unternehmen anzuordnen.[29] Die Ziele der administration procedure liegen in der zumindest teilweisen Erhaltung der Gesellschaft und des Unternehmens als laufendem Geschäftsbetrieb (going concern), der Durchführung eines voluntary arrangements nach den sections 1 – 7 IA 1986 oder nach section 425 CA 1985 oder in der Durchsetzung einer für die Gesellschaft günstigeren Verwertung des Gesellschaftsvermögens, als die, die bei einer Liquidation zu erreichen ist.[30]

Wichtigster Inhalt der administration order ist die Bestellung eines administrators, der die Geschäfte der Gesellschaft zu führen und das Gesellschaftsvermögen zu verwalten hat, sections 8 (2), 13 IA 1986. Seine Befugnisse ergeben sich aus den sections 14 – 18, 21 – 25, schedule 1 IA 1986, insbesondere aus 14 (1), (2), schedule 1 IA 1986. Section 14 (2) IA 1986 ermächtigt ihn, die bisherige Geschäftsleitung abzusetzen oder auszutauschen. Soweit die Gesellschaftsorgane im Amt bleiben, verlieren sie mit Einsetzung des administrator aber nicht automatisch ihre Geschäftsführungsbefugnisse und damit die Verwaltungs- und Verfügungsbefugnis über das Gesellschaftsvermögen. Vielmehr sind sie gem. section 14 (4) IA 1986 nur insoweit an der Ausübung ihrer Befugnisse gehin-

---

25 Section 167 (1), schedule 4 (insbes. part II, 4., III, 6., 13) IA 1986.

26 Zu allem Neumann, § 6, A. III. 2. a) (2), S. 337 f.

27 Vgl. dazu Fletcher, part II, chap. 15, S. 354.

28 Section 9 (1) IA 1986.

29 Vgl. section 8 (1), (2), IA 1986. Dieses Rechtsinstitut geht auf eine Anregung des Cork – Reports zurück, vgl. Cork/Graham ZIP 1982, S. 1275, 1280; Fletcher, part II, chap. 15, S. 346.

30 Perker, 1. Teil, C. II. 3., S. 24.

dert, als diese sich mit denen des administrators überschneiden. Dies wird in der Praxis allerdings regelmäßig zum weitgehenden Ausschluß der Eigenverwaltung durch die Gesellschaftsorgane führen, da dem administrator wegen der globalen Formulierung in section 14 (1) (a) IA 1986 umfassende Managementbefugnisse zur Unternehmensfortführung zustehen und er nach section 14 (1) (b), schedule 1, Nr. 1, 2 IA 1986 das Gesellschaftsvermögen in Besitz zu nehmen hat sowie alleine zur Verfügung über das Gesellschaftsvermögen befugt ist.

(2) "voluntary arrangement" – Verfahren

Das in sec. 1 bis 7 IA 1986 geregelte voluntary arrangement ermöglicht den Direktoren der insolventen Gesellschaft[31] bzw. nach Erlaß einer administration order oder während der Zwangsliquidation dem administrator oder liquidator[32], der Gesellschaft und den Gläubigern zum Zwecke der Konkursabwendung oder -beendigung ein privates Sanierungskonzept vorzuschlagen. Das Gesetz enthält keine genauen Angaben bezüglich des Inhalts des Sanierungsvorschlags; *wie* die Betroffenen die wirtschaftliche und finanzielle Situation der company verbessern wollen, bleibt ihnen überlassen.[33] In dem Vorschlag muß eine Person als sog. nominee benannt werden[34], der das Gericht über den Reorganisationsplan unterrichtet, Mitglieder und Gläubigerversammlungen einberuft und das Sanierungsverfahren überwacht.[35] Die Durchführung des von den Gläubigern und den Gesellschaftsmitgliedern beschlossenen Sanierungsplans[36] obliegt dem sog. supervisor, bei dem es sich in der Regel um den ursprünglichen nominee handelt.[37] Der supervisor kann durch das voluntary arrangement ermächtigt werden, das Unternehmen der Gesellschaft fortzuführen, Gesellschaftsvermögen zu verwerten oder auf

31 Section 1 (1) IA 1986.

32 Section 1 (3) IA 1986; vgl. dazu Vach, Teil 3, § 8, A. (S. 87); Fletcher, part II, chap. 14, S. 334 f.

33 Vach, Teil 3, § 8, B. (S. 88).

34 Section 1 (2) IA 1986.

35 Sections 1 (2), 2 (2), (3), 3 (1) IA 1986, vgl. Vach, Teil 3, § 8, C., S. 88; Fletcher, part II, chap. 14, S. 336 f.

36 Sections 3 – 5 IA 1986.

37 Vach, Teil 3, § 8, E. 1., S. 100; Fletcher, part II, chap. 14, S. 344.

sonstige Weise deren Gelder zu verwalten und darüber zu verfügen.[38] Ansonsten verbleiben die Geschäftsführungsbefugnisse vollständig bei den directors der Gesellschaft[39], es sei denn in einem voluntary / compulsory winding up – Verfahren oder der administration procedure wurde ihnen die Befugnis, das Gesellschaftsvermögen zu verwalten oder darüber zu verfügen, beschränkt oder völlig entzogen. Diese Beschränkungen der grundsätzlich geltenden Eigenverwaltung gelten dann fort.[40]

(3) "administrative receivership" – Verfahren

Das administrative receivership- (Zwangsverwaltungs-) Verfahren[41] ist ein auf dem Recht der Kreditsicherheiten basierendes Verfahren zur Sanierung[42] insolventer oder insolvenzbedrohter Gesellschaften.[43] Es befaßt sich mit der Realisierung von mit einer floating charge[44] belasteten Vermögenswerten einer Gesellschaft und der Auskehrung des Erlöses an den Inhaber der charge zur Ablösung seiner Sicherheit.[45] Von den mit einer floating charge gesicherten Kreditgebern oder in ihrem Interesse wird ein sog. administrative receiver zur Verwertung dieser Sicherheit eingesetzt.[46] Seine Befugnisse ergeben sich aus dem Schuldschein (debenture) der Sicherungsgläubiger und werden durch das Gesetz in den sections 42 ff IA 1986 ergänzt. Nach section 42 (1) IA 1986, schedule 1 hat der receiver umfassende Managementbefugnisse, die sich von denen

38 Fletcher, part II, chap. 14, S. 344.

39 Vach, Teil 3, § 8, E. 2., S. 101.

40 Neumann, § 6, A. III. 2. c), S. 341.

41 Vgl. sections 29 (2), 40 – 49 IA 1986.

42 Soweit dieses dem gesicherten Gläubiger mehr nützt, kann das receivership – Verfahren allerdings auch in einer Liquidation der Gesellschaft und der Zerschlagung des Geschäftsbetriebes enden, vgl. Perker, 1. Teil, C. II., S. 23.

43 Lange, X., S. 231.

44 Die floating charge ist ein Sicherungsrecht am Vermögen der company, das sich auf einzelne Gegenstände beziehen oder das gesamte Gesellschaftsvermögen umfassen kann, vgl. Vach, Teil 2, § 5, A. II. (S. 34); Lange, X., S. 231; Cork/Graham ZIP 1982, S. 1275, 1277. Perker, (1. Teil, C. II. 2., S. 22) bezeichnet sie als eine Art "Unternehmenshypothek".

45 Cork/Graham ZIP 1982, S. 1275, 1277; Lange WM 1990, S. 701, 704 f.; Jahn, "England und Wales", III. 1., 2. (S. 63 f.).

46 Section 29 (2) IA 1986.

eines Geschäftsführers der company praktisch nicht unterscheiden.[47] Wie ein administrator hat der receiver u.a. die Befugnis, das Gesellschaftsvermögen zu übernehmen und darüber zu verfügen, Firmengeschäfte fortzuführen und zu leiten und das Vermögen der Gesellschaft zu verwerten.[48] Die floating charge beläßt der Gesellschaft also zunächst zwar die Verwaltungs- und Verfügungsbefugnis; sie bleibt berechtigt, über ihr Vermögen und Eigentum zu disponieren. Mit Bestellung eines Verwalters endet aber diese Dispositionsbefugnis und geht auf den administrative receiver über, so daß die Eigenverwaltung durch die Gesellschaftsorgane dann endet.[49]

b) insolvency of individuals

aa) Eigenverwaltung im Konkursverfahren (bankruptcy)

Das Konkursverfahren wird durch einen gerichtlichen Eröffnungsbeschluß (bankruptcy order) auf Antrag des Schuldners oder eines Gläubigers[50] eingeleitet.[51] Unter den in section 297 IA 1986 genannten Voraussetzungen erfolgt in dem Beschluß zugleich die Bestellung des Konkursverwalters (trustee). Anderenfalls wird der trustee von der Gläubigerversammlung ernannt bzw. übernimmt der official receiver sein Amt, section 293 IA 1986. Soweit mit Erlaß der bankruptcy order noch kein trustee bestellt wird, geht die Verwaltungs- und Verfügungsbefugnis über die Konkursmasse auf den official receiver über.[52] Sobald ein trustee eingesetzt wird oder der official receiver sein Amt übernimmt, geht die Rechtszuständigkeit der Konkursmasse auf ihn über, section 306 IA 1986. Seine Aufgabe besteht in der Übernahme, Verwertung und Verteilung des betreffenden Schuldnervermögens, section 305 (2) IA 1986. Die dazu erforderlichen Befugnisse sind in section 314, schedule 5 part 1 IA 1986 normiert. Section 314 (2) IA 1986 bietet dem trustee aber die Möglichkeit, dem Schuldner unter Zustimmung der Gläubiger oder des Ge-

47 Lange WM 1990, S. 701, 705.

48 Section 42 iVm schedule 1, Nr. 1, 2, 3, 12, 14.

49 Vgl. Lange, X., S. 231; Cork/Graham ZIP 1982, S. 1275, 1277.

50 Vgl. dazu Frieze, chap. 4 (S. 18 ff.) und 6 (S. 36 ff.); Fletcher, part I, chap. 3, S. 36.

51 Section 264 IA 1986.

52 Fletcher, part I, chap. 7 (A.), S. 134; Neumann, § 6, A. III. 1. a), S. 331; vgl. sections 292 (5), 295 (4), 297 (19, (2), 300 (2) iVm 306 IA 1986.

richts die Verwaltungs- und Verfügungsbefugnis, also die Eigenverwaltung über das gesamte oder Teile des Schuldnervermögens zu übertragen. Ungeachtet des Liquidationsverfahrens kann der Schuldner etwa gem. section 314 (2) (b) IA 1986 – falls er eines betreibt – sein Unternehmen fortführen, soweit dieses im Interesse der Gläubiger liegt.

bb) Eigenverwaltung im "voluntary arrangement" – Verfahren

Der Konkurs kann durch einen Vergleich im Wege des individual voluntary arrangements (sections 252 – 263 IA 1986) abgewendet oder beendet werden. Die Grundsätze dieses Verfahrens entsprechen denen des company voluntary arrangements.[53] Das bedeutet, daß es vom Inhalt des voluntary arrangements abhängt, inwieweit dem Schuldner nach dessen Abschluß die Verwaltungs- und Verfügungsbefugnis über sein Vermögen verbleibt. Wenn der Vergleich als sog. scheme of arrangement ausgestaltet ist, überträgt der Schuldner dem trustee sein Vermögen und damit die Verwaltungs- und Verfügungsbefugnis darüber zum Zwecke der Gläubigerbefriedigung. Im Fall der Ausgestaltung als sog. composition dagegen bleibt der Schuldner weiterhin verwaltungs- und verfügungsbefugt.[54]

3. Zusammenfassender Vergleich mit den §§ 270ff. InsO

Das englische Insolvenzrecht stellt diverse, vielschichtige Verfahrensstrukturen zur Verfügung, die je nach Identität des Schuldners und Verfahrensziel (Liquidation oder Sanierung) variieren. Mit Ausnahme des "compulsory winding up"- und des "administrative receivership"-Verfahrens ist in sämtlichen Verfahrensarten die Eigenverwaltung durch den Schuldner grundsätzlich möglich. Allerdings erfährt sie unterschiedliche Ausprägungen bezüglich ihrer Voraussetzungen und ihres Umfanges: So hängt der Verbleib der Verwaltungs- und Verfügungsbefugnis beim

---

53 Vgl. sections 257 IA 1986 bzgl. des nominees, 258 IA 1986 bzgl. der inhaltlichen Ausgestaltung des arrangements und der Aufgabenverteilung zwischen nominee und Schuldner, 260 IA 1986 bzgl. der Wirkung des bestätigten arrangements, 263 IA 1986 bzgl. des supervisors.

54 Zu allem Neumann, § 6, A. III. 1. b), S. 334 f.; Fletcher, part I, chapt. 4 (A) (1), S. 40.

Schuldner je nach Verfahrensart vom Willen der Gesellschafter, der Gläubiger, des trustee, des administrator oder vom Inhalt eines voluntary arrangements ab. Die Kompetenz kann ihrem Umfang nach durch den Verfahrenszweck, die Befugnisse eines eingesetzten Verwalters sowie individuelle Dispositionen beschränkt sein. Angesichts dieser variablen, verfahrensspezifischen Handhabung der Eigenverwaltung unterscheidet sich das englische Insolvenzrecht erheblich von den sich auf ein einheitliches, sowohl für unternehmenstragende natürliche Personen als auch für Gesellschaften geltendes Insolvenzverfahren beziehenden Sonderregelungen der §§ 270 ff. InsO.

III. Frankreich

1. Rechtsquellen

Das französische Insolvenzrecht ist in den Jahren 1984, 1985, 1988 und 1989 umfassend reformiert worden. Nunmehr setzt es sich im wesentlichen aus folgenden Gesetzen zusammen: dem "Loi n. 84 – 18 relative à la prévention et au règlement amiable des difficultés des enterprises" vom 1.3.1984[55], dem "Loi n. 85 – 98 relative au redressement et à la liquidation judiciaires des entreprises" vom 25.1.1985[56], dem "Loi n. 88 – 1202 relative à l'adaption d'exploitation agricole à son environnement économique et social" vom 30.12.1988[57] und dem "Loi n. 89 – 1010 relative à la prévention et au règlement des difficultés liées au surendettement des particuliers et des familles" vom 31.12.1989[58].

---

55 Gesetz zur Verhinderung und gütlichen Bereinigung von Schwierigkeiten von Unternehmen, also zur Insolvenzprophylaxe bei potentiell insolventen Unternehmen.

56 Gesetz über das gerichtliche Sanierungsverfahren und die gerichtliche Liquidation von Unternehmen.

57 Gesetz über die Anpassung der Landwirtschaft an ihr wirtschaftliches und soziales Umfeld.

58 Gesetz zur Verhinderung sowie zur Regelung der Schwierigkeiten von Privatpersonen und Familien infolge von Überschuldung.

2. *Eigenverwaltung*

Das französische Insolvenzrecht wurde ursprünglich dem Handelsrecht zugeordnet. Aus dem Gedanken heraus, daß nur Handelsgewerbetreibende zur Führung ihres Gewerbes auf Kredite angewiesen sind und sich einer Vielzahl von Gläubigern gegenübersehen[59], folgt der heute noch auf Unternehmen der Kaufleute, Handwerker, Landwirte und juristische Personen des Privatrechts beschränkte Anwendungsbereich des wichtigsten Insolvenzgesetzes Loi n. 85 – 98 zur kollektiven Insolvenzabwicklung.[60] Erst im Zuge der rapide ansteigenden Verbraucherüberschuldung[61] wurde mit dem Loi n. 89 – 1010 ein die Verbraucherinsolvenz betreffendes Schuldenbereinigungsverfahren zur Bewältigung der wirtschaftlichen Schwierigkeiten von Privathaushalten geschaffen.

a) Eigenverwaltung in der Unternehmensinsolvenz

Im Unterschied zum früheren Insolvenzverfahren mit seiner Dreiteilung in das "reglement judiciare" (Vergleichsverfahren), "liquidation des biens" (Konkursverfahren) und "suspension provisoire des poursuites" (vorübergehendes Zwangsverfahren zur Sanierung von Großunternehmen)[62] hat der französische Gesetzgeber mit dem Loi n. 85 – 98 ein einheitliches Insolvenzverfahren, das "redressement judiciaire", geschaffen, das Sanierungs- und Liquidationsverfahren kombiniert: Zur Erreichung des in Art. 1 Abs. 1 L. normierten Ziels der Rettung des Unternehmens, Aufrechterhaltung seiner Tätigkeit, Erhaltung der Arbeitsplätze und der Schuldenbereinigung soll vorrangig die Sanierung auf der Grundlage eines Plans durch Fortführung oder Übertragung des Unternehmens, nur soweit dieses nicht möglich ist, die Liquidation des Unternehmens erfolgen, Art. 1 Abs. 2, 3 L. Der Verfahrensablauf gliedert sich folgendermaßen: Mit dem gerichtlichen Eröffnungsurteil beginnt die sog. Beobachtungsphase als erster Abschnitt des Sanierungsverfahrens[63], in der die Sanierungsmöglichkeiten geprüft und die gerichtliche Entscheidung über

---

59 Neumann, § 1, V. 4., S. 38.

60 Dieses ist erst kürzlich durch das Loi n. 94 – 475 vom 10.6.1994 reformiert worden.

61 Vgl. Neumann, § 1, V. 4. c) (2), S. 46.

62 Jahn, "Frankreich", II. 1., S. 73.

63 Art. 147 L.

den Erlaß eines Sanierungsplans oder die Eröffnung eines Liquidationsverfahrens[64] vorbereitet werden, Art. 8 Abs. 1 L. Wird ein Sanierungsplan festgelegt[65], so schließt sich als zweiter Abschnitt des Sanierungsverfahrens die sog. Planausführungsphase an, ansonsten wird die Liquidation beschlossen[66]. Steht zur Zeit der Verfahrenseröffnung bereits fest, daß eine Sanierung unmöglich ist oder hat das Unternehmen seine Aktivitäten bereits eingestellt, so entfällt gem. Art. 1 Abs. 3 L. die Beobachtungsphase und das Gericht beschließt sofort seine Liquidation.

Durch die Eröffnung des Insolvenzverfahrens verlieren der Schuldner bzw. die Geschäftsführer des schuldnerischen Unternehmens nicht zwangsläufig ihre Verwaltungs- und Verfügungsbefugnis über das zur Insolvenzmasse gehörende Vermögen. Vielmehr bietet das Gesetz im vorrangigen Sanierungsverfahren eine flexible, einzelfallbezogene Regelung dieser Befugnis an: Das Gericht entscheidet nach freiem Ermessen, ob dem nach Art. 10 Abs. 1 Satz 1 L. bestellten Verwalter (administrateur) als durchführendem Organ des Sanierungsverfahrens[67] die Geschäftsführung des Unternehmens samt umfassender Verwaltungs- und Verfügungsbefugnis allein übertragen wird, Schuldner und Verwalter diese gemeinsam ausüben sollen oder sie vollständig beim Schuldner verbleibt, Art. 31 Abs. 2 Ziff. 1 – 3 L. Nach Art. 32 Abs. 1 L. führt der Schuldner sein Unternehmen insoweit fort, als dies nicht im Widerspruch zu den dem administrateur kraft Gesetzes oder gerichtlicher Anordnung eingeräumten Befugnissen steht.

Die dem administrateur gegebenenfalls übertragenen Geschäftsführungsbefugnisse treten nach Ablauf der Beobachtungsphase mit der Bestätigung eines Sanierungsplans automatisch außer Kraft.[68] Das Gericht kann sie ihm aber nach Art. 66 Abs. 1 L. erneut oder erstmals übertragen. Zu beachten ist dabei aber, daß nach dem Willen des Gesetzgebers in der

---

64 Art. 148 – 170 L.

65 Art. 69 L.

66 Art. 61 L.

67 Zur Rechtsstellung und zu den Aufgaben und Befugnissen des administrateurs vgl. Zierau, Kap. II, § 3, E. II. (S. 68 f.); Neumann, § 6, A. V. 1. a) (1), S. 347 ff. Seine Hauptaufgabe ist die Erstellung eines wirtschaftlichen und sozialen Berichts über das zu sanierende Unternehmen mit abschließender Vorbereitung eines Sanierungsplans oder dem Vorschlag der Liquidation, Art. 18 L.

68 Neumann, § 6, A. V. 1. b), S. 352.

Sanierung der Grundsatz der Eigenverwaltung gelten[69], somit auch die Planausführung und die weitere Unternehmensführung in den Händen des Schuldners liegen soll.[70] Die Einschränkungen der Eigenverwaltung durch Übertragung der Geschäftsführungsbefugnisse auf den administrateur – oder auch nur Verfügungsbeschränkungen nach Art. 70 Abs. 1 L. – sind daher nur zulässig, soweit sie zur Erreichung der Ziele des Planausführungsverfahrens[71] unerläßlich sind. Soweit dem Schuldner weiterhin die Geschäftsführungsbefugnis obliegt, untersteht er dabei der Überwachung des nach Art. 67 Abs. 1 Satz 1 L. bestellten commissaire à l'execution du plan, der alle das Verfahrensziel gefährdenden Handlungen des Schuldners zu unterbinden hat.[72]

Besonderheiten betreffend die Verwaltungs- und Verfügungsbefugnis über das Schuldnervermögen bestehen im sog. vereinfachten Verfahren ("procédure simplifiée") nach Art. 137 – 147 L. Dieses Verfahren gilt für kleine und mittlere Unternehmen mit nicht mehr als 50 Arbeitnehmern und 20 mio. Francs Jahresumsatz, Art. 137 iVm Art. 2 Abs. 3 L. Vor dem Hintergrund der Kostenreduzierung und der Verfahrensvereinfachung kann im Eröffnungsurteil von der Bestellung eines administrateurs abgesehen und dem Schuldner somit die gesamte Verwaltungs- und Verfügungsbefugnis belassen werden, Art. 141 Abs. 1 Satz 1, Abs. 2 L. Die Eigenverwaltung wird dann lediglich durch die Befugnisse der anderen Verfahrensorgane[73] beschränkt.[74] Wird ein Verwalter bestellt, so muß ihm entweder die vollständige Geschäftsführung übertragen oder ihm aufgegeben werden, diese mit dem Schuldner gemeinsam auszuüben. Ei-

69 Art. 31 – 34, insbes. Art. 32 Abs. 1 L.

70 Neumann, § 6, A. V. 1. b), S. 352.

71 Verfahrensziele können je nach Regelung im Sanierungsplan die Fortführung oder Veräußerung des Schuldnerunternehmens oder die Kombination beider Möglichkeiten sein, Art. 61 Abs. 2 L. Vgl. dazu Zierau, Kap. II, § 3, G. (S. 71 ff.).

72 Diese Aufgabe kann nach Art. 67 Abs. 1 Satz 2 L. auch der administrateur wahrnehmen, soweit ihm nicht ohnehin umfassende Geschäftsführungsbefugnisse übertragen sind, vgl. Neumann, § 6, A. V. 1 b), S. 355.

73 Neben dem administrateur gibt es noch den sog. juge-commissaire (beauftragten Richter), dem die Überwachung des Verfahrens insbesondere im Hinblick auf einen reibungslosen Organisationsablauf und das Austarieren der gegenläufigen Interessen der Beteiligten obliegt und den sog. représentant des créanciers (Gläubigervertreter), vgl. Art. 10 Abs. 1 Satz 1 L. Zur Rechtstellung und den Aufgaben dieser Verfahrensorgane vgl. Zierau, Kap. II, § 3, E. I., III. (S. 65 ff., 70).

74 Vgl. dazu Neumann, § 6, A. V. 1. a) (2), S. 350 f.; Zierau, Kap. II, § 4, S. 75.

ne bloße Überwachungsfunktion kann er dagegen in der procédure simplifiée nicht übernehmen, Art. 141 Abs. 1 Satz 2 L.

Erscheint eine Unternehmenssanierung nicht erfolgversprechend, ordnet das Gericht gem. Art. 61 L. die Liquidation des Unternehmens an. In diesem Fall wird der "représentant des créanciers" (Gläubigervertreter)[75] zum Zwecke der Verwertung des Schuldnervermögens zum "liquidateur" bestellt, Art. 148-4 Abs. 1 Satz 1 L. Damit wird dem Schuldner die ihm gegebenenfalls während der Beobachtungsphase noch belassene Verwaltungs- und Verfügungsbefugnis endgültig entzogen, Art. 152 Abs. 1 L.

b) Eigenverwaltung in der Verbraucherinsolvenz

In der Verbraucherinsolvenz stellt die Loi n. 89 – 1010 zwei verschiedene Schuldenbereinigungsverfahren zur Verfügung: Das "règlement amiable"[76] ist ein Güteverfahren, das vor einer staatlichen Kommission (commission d'examen) stattfindet. Ziel dieses Verfahrens ist es, dem Schuldner eine außergerichtliche Einigung mit seinen wichtigsten Gläubigern[77] über einzelvertragliche Stundungen oder Forderungsnachlässe zu ermöglichen, Art. 1 Abs. 1 L. Das "redressement judiciaire civil"[78] hingegen ist ein echtes gerichtliches Vergleichsverfahren, bei dem die Sanierung des Schuldners auf der Grundlage eines alle Gläubiger bindenden Plans, in dem die Leistungspflichten des Schuldners neu festgelegt werden, stattfindet.[79] Die Möglichkeit einer Liquidation des Schuldnervermögens bei Verbraucherinsolvenzen ist im französischen Insolvenzrecht nicht vorgesehen.

Weder im règlement amiable noch im redressement judiciaire verliert der Schuldner mit Verfahrenseröffnung automatisch die Verwaltungs- und Verfügungsbefugnis über sein Vermögen.[80] Ein Verwalter, der die Geschäftsführung (auch nur teilweise) übernimmt oder den Schuldner überwacht, wird nicht bestellt. Im règlement amiable kann die commis-

---

75 Siehe Fn. 73.

76 Art. 1 – 9 L.

77 Es handelt sich hierbei also nicht um ein kollektives Insolvenzverfahren, vgl. Neumann, § 1, V. 4. c) (2), S. 47; Lutz, § 5, II. 3. a) (S. 122).

78 Art. 10 – 14 L.

79 Zu diesem Verfahren vgl. Lutz, § 5, III. (S. 134 ff.).

80 Lutz, § 5, II. 2. c) (S. 121), III. 2. c), S. 139.

sion d' examen dem Schuldner nicht die Vornahme vermögensschädigender Handlungen untersagen, also seine Verwaltungs- und Verfügungsbefugnis nicht einschränken.[81] Derartige Maßnahmen sind aber zum Schutz der Gläubiger auch nicht erforderlich, da diesen in beiden Verfahrensarten auch nach Verfahrenseröffnung die Zwangsvollstrekkung zusteht.[82] Nur bei der Anordnung der einstweiligen Einstellung von Zwangsvollstrekkungsmaßnahmen im redressement judiciaire civil[83] wird der Schuldner in seiner Verpflichtungs- und Verfügungsbefugnis beschränkt, Art. 11 Abs. 5 L.[84] Die Gefahr gläubigerschädigender Handlungen ist aber ohnehin wegen Art. 16 L. äußerst gering.[85] Diese Norm sanktioniert bestimmte Rechtshandlungen des Schuldners im règlement amiable und im redressement judiciaire civil mit der Verwirkung der Vergünstigungen des Verfahrens und führt so zwar nicht zu einer rechtlichen, wohl aber zu einer faktischen Beschränkung der dem Schuldner zustehenden Eigenverwaltung.[86]

3. Zusammenfassender Vergleich mit den §§ 270 ff. InsO

Ebenso wie die InsO stellt das französische Insolvenzrecht eine einheitliche Verfahrensstruktur für die Bewältigung von *Unternehmens*insolvenzen zur Verfügung, die sowohl die Sanierung als auch die Liquidation des Schuldnervermögens als mögliche Verwertungsformen umfaßt. Zum Zwecke der Effizienzsteigerung, der Kostenersparnis und der Verfahrensvereinfachung kann dem Schuldner die Verwaltungs- und Verfügungsbefugnis über sein Vermögen belassen werden. Obwohl die insolvenzrechtlichen Regelungen bezüglich der Verfahrensstruktur und der Eigenverwaltung auf den ersten Blick recht ähnlich erscheinen, finden sich doch erhebliche Unterschiede zwischen dem künftigen deutschen und dem französischen Recht: So wird etwa die Sanierung des Unternehmens gem. Art. 1 Abs. 1, 2 Loi n. 85 – 98 nicht – wie nach der InsO –

---

81 Neumann, § 6, A. V. 2., S. 357.

82 Lutz, § 5, II. 2. c) (S. 121), III. 2. c), S. 139 f.; Neumann, § 6, A. V. 2., S. 357 f.

83 Art. 11 Abs. 4 L.

84 Zum Streit, welche Auswirkungen ein Verstoß des Schuldners gegen diese Beschränkungen hat, vgl. Lutz, § 5, III. 3. b) (S. 141 ff.).

85 Neumann, § 6, A. V. 2., S. 358.

86 Neumann, § 6, A. V. 2., S. 360.

als mit der Liquidation gleichrangiges, sondern als stets vorrangiges Verfahrensziel betrachtet. Im Sanierungsverfahren – also sowohl in der Beobachtungs- als auch in der Planausführungsphase – geht der französische Gesetzgeber von der Eigenverwaltung als Regelfall aus, während diese im deutschen Recht auf Ausnahmefälle beschränkt sein soll. Die gestaffelte Beschränkung der Schuldnerkompetenzen bedarf stets einer besonderen Rechtfertigung, die sich auf die Gefährdung der Gläubigerinteressen gründet. Über die dem administrateur zustehenden Befugnisse und die dem Schuldner spiegelbildlich verbleibenden Kompetenzen entscheidet allein das Gericht. Die Gläubiger haben – anders als nach der InsO – auf die Anordnung und den Umfang der Eigenverwaltung mithin keinen Einfluß. Ordnet das Gericht nach Abschluß der Beobachtungsphase die Liquidation an, so verliert der Schuldner seine Verwaltungs- und Verfügungsbefugnis zwingend, während das Verfahren gem. §§ 270 ff. InsO von der Verwertungsform unabhängig ist. Bei *Verbraucher*insolvenzen ist die Eigenverwaltung im französischen Recht zwingend vorgesehen, während die §§ 270 ff. InsO bei Verbraucher- und Kleininsolvenzverfahren durch § 312 III InsO explizit ausgeschlossen sind. Dieser Unterschied relativiert sich allerdings im Hinblick auf die jeweiligen Verfahrensziele: Das französische Recht sieht keine Liquidation vor, das deutsche hingegen stellt nach vergeblichen Versuchen der vorherigen Schuldenbereinigung im vereinfachten Verfahren nur noch diese Verwertungsform zur Verfügung.

Die aufgezeigten Unterschiede verbieten es, von identischen Konzeptionen des französischen und des deutschen Insolvenzrechts bezüglich der Eigenverwaltung zu sprechen. Sie sind lediglich in ihren Grundzügen und den angestrebten Zielen vergleichbar.

IV. USA

1. Rechtsquellen

Das U.S. – amerikanische Insolvenzrecht ist durch den am 6.11.1978 verabschiedeten und am 1.10.1979 in Kraft getretenen Bankruptcy Reform Act grundlegend reformiert worden.[87] Der Bankruptcy Reform Act

87 Zum Verlauf der seit 1970 andauernden Reform vgl. Ackmann, 2. Teil, K. II., S. 54,

gliedert sich in vier Abschnitte, von denen der erste den neuen Bankruptcy Code (BC)[88] enthält, in dem alle das materielle und prozessuale Insolvenzrecht betreffenden Regelungen enthalten sind.[89] Der Bankruptcy Code hat den bis dahin geltenden und zuletzt im Jahre 1938 durch den sog. Chandler Act überarbeiteten Bankruptcy Act von 1898 ersetzt. Da er insbesondere im Bereich der Konsumentenkonkursbestimmungen noch gravierende Mängel aufwies, wurde er 1984 durch den Bankruptcy Amendment and Federal Judgeship Act ergänzt bzw. abgeändert.[90] Der Bankruptcy Code ist in acht Kapitel gegliedert, wobei die Vorschriften der chapter 1, 3 und 5 quasi als "Allgemeiner Teil"[91] sowohl auf das in chapter 7 geregelte Liquidationsverfahren als auch auf die in chapter 11 und 13 geregelten Reorganisations- bzw. Schuldenregulierungsverfahren Anwendung finden. Er wird ergänzt durch die vom Supreme Court erlassenen Rules of Practice and Procedure in Bankruptcy.[92]

2. Eigenverwaltung

Das U.S. – amerikanische Insolvenzrecht differenziert zwischen auf Liquidation und auf Reorganisation des Schuldnervermögens bzw. -unternehmens abzielenden Verfahrensarten, beinhaltet also kein einheitliches Insolvenzverfahren. Eine gewisse Vereinheitlichung und flexiblere Handhabung des Insolvenzverfahrens wird zwar durch die Möglichkeit der Konversion eines Liquidationsverfahrens nach chapter 7 in ein Reorganisations- bzw. Schuldenregulierungsverfahren nach chapter 11 bzw. 13 und umgekehrt[93] herbeigeführt. Innerhalb der jeweiligen Verfahrensart finden dann aber deren spezifische Regelungen Anwendung, die z.T.

Fn. 186.

88 Der Bankruptcy Code bildet den neuen Titel 11 des United States Code, vgl. dazu Ackmann, 2. Teil, K. II., S. 54, Fn. 187.

89 Die restlichen Abschnitte enthalten die neue Konkursgerichtsverfassung sowie Anpassungs- und Übergangsvorschriften. Sie werden im Rahmen dieser Darstellung vernachlässigt.

90 Vgl. dazu Lotz, C. I. 2. a), S. 37; Ackmann KTS 1986, S. 555, 556 f.

91 Ackmann, 2. Teil, K. II., S. 54 f.

92 Vgl. dazu Hay, 6. Kap., B. I., S. 176; Ackmann, 2. Teil, K. II., S. 55.

93 Vgl. §§ 706, 1112, 1307 iVm 348 BC.

stark voneinander abweichen. So variieren z.B. die Regelungen über die das Schuldnervermögen betreffende Verwaltungs- und Verfügungsbefugnis je nach Verfahrensziel und -art erheblich.

a) Liquidationsverfahren nach chapter 7

Mit Eröffnung des Liquidationsverfahrens nach chapter 7, das wie das deutsche Konkursverfahren der Verwertung des Schuldnervermögens zum Zwecke gleichmäßiger Gläubigerbefriedigung dient[94], verliert der Schuldner seine Verwaltungs- und Verfügungsbefugnis über sein zur Masse[95] gehöriges Vermögen. Diese geht auf den Verwalter (trustee)[96] über[97], der die Masse gem. § 704 (1) BC so wirtschaftlich wie möglich zu sammeln[98] und zu verwerten hat. Er ist den Gläubigern dafür verantwortlich, daß die Verwaltung des Schuldnervermögens, die Liquidation und die Erlösverteilung sachgerecht und in ihrem Interesse erfolgen.[99]

b) Reorganisationsverfahren nach chapter 11

Das "allgemeine"[100] Reorganisationsverfahren nach chapter 11 ist speziell auf Kaufleute (Einzelkaufleute, Handelsgesellschaften und juristische Peronen) zugeschnitten[101], steht theoretisch aber allen konkursfähigen Personen offen[102]. Für natürliche Personen mit regelmäßigem Einkommen wird aber zumeist das speziell im Hinblick auf Verbraucherinsolvenzen konzipierte Schuldenregulierungsverfahren nach chapter 13

94 Hay, 6. Kap., B. II. a), S. 178; Ackmann, 2. Teil, K. III. 2. d) (2.), S. 65 f.; vgl. auch § 704 (1) BC.

95 Definition der Konkursmasse in § 541 BC.

96 Das Amt des permanent trustee soll, wenn nicht gem. § 702 BC von den Gläubigern ein Verwalter gewählt wird, von dem gem. § 701 (a) BC ernannten vorläufigen Verwalter (interim trustee) wahrgenommen werden, § 702 (d) BC.

97 Vgl. Skelton v. Clements, C.A.Cal.1969, 408 F.2d 353; In re Dow, Bkrtcy.S.D.Ohio 1991, 132 B.R. 853; vgl. § 363 (b) BC.

98 Vgl. § 542 BC: Die Konkursmasse ist an den Verwalter herauszugeben.

99 In re Deena Woolen Mills. Inc., D.C.Me.1953, 114 F.Supp.260; vgl. auch In re L & S Industries, Inc., Bkrtcy.N.D.Ill.1991, 122 B.R. 987, affirmed 133 B.R. 119.

100 Neumann, § 1, V. 1, S. 30.

101 Ackmann, 2. Teil, K. II., S. 55, Fn. 190; Bull ZIP 1980, S. 843, 846.

102 Bull ZIP 1980, S. 843, 846.

günstiger weil einfacher und weniger kostenintensiv sein, so daß sich der praktische Anwendungsbereich des Verfahrens nach chapter 11 primär auf die Reorganisation größerer Unternehmen beschränkt.[103]

Leitgedanke dieses Verfahrens ist es, die Vermögensmasse, die Geschäftsbeziehungen und den Stamm der Arbeitnehmer durch Unternehmensfortführung zu erhalten und den Bestand des Unternehmens durch sinnvolle Umstrukturierungsmaßnahmen zu sichern.[104] Zu diesem Zweck gewährt das Gesetz dem Schuldner bzw. dem bisherigen Management des Unternehmens vorbehaltlich anderweitiger Anordnungen die einem an sich dem Verwalter zugewiesenen Funktionen, zu denen insbesondere das Recht zur Fortsetzung der Geschäftsführung gehört[105], §§ 1107 iVm 1108 BC. Der Terminus "debtor in possession"[106] stellt klar, daß der Schuldner in Besitz und Verwaltung des Schuldnervermögens bleibt.[107] Ihm stehen die Verwaltungsbefugnisse nach §§ 361 – 365 BC sowie die Anfechtungsrechte aus §§ 542 – 550 BC zu.[108] Der Schuldner ist aber insoweit in der ihm verbleibenden Verwaltungs- und Verfügungsbefugnis[109] beschränkt, als er nach Verfahrenseröffnung die Geschäftsführung quasi als Treuhänder der Gläubiger, also ausschließlich in ihrem Interesse wahrzunehmen hat.[110] Da er in diesem Verfahren die Aufgaben und Pflichten eines trustee wahrnimmt, unterliegt er zudem auch den diesem auferlegten Beschränkungen.[111] Die Verwaltungs- und Verfügungsbefugnis kann dem Schuldner schließlich zum Schutz der Masse und der Gläubigerinteressen[112] vollständig entzogen werden, indem bei Vorliegen eines wichtigen Grundes wie z.B. Inkompetenz, Mißmanagement

---

103 V. Stein/Thanner DB 1981, S. 2213, 2214.

104 V. Stein/Thanner DB 1981, S. 2213, 2214.

105 V. Stein/Thanner DB 1981, S. 2213, 2214.

106 § 1107 (1) BC.

107 Bull ZIP 1980, S. 843, 846; v. Stein/Thanner DB 1981, S. 2213, 2214; Neumann, § 6, A. II. 2., S. 322.

108 Bull ZIP 1980, S. 843, 846.

109 Neumann, § 6, A. II. 2., S. 322.

110 In re Frankel, Bkrtcy.W.D.N.Y.1987, 77 B.R. 401; In re Ionosphere Clubs, Inc., Bkrtcy.S.D.N.Y.1990, 113 B.R. 164.

111 Z.B. Infomationspflichten und Zustimmungserfordernissen zum Schutz der Gläubiger aus § 363 (b), (c) BC, vgl. dazu Neumann, § 6, A. II. 2., S. 322 ff.

112 Neumann, § 6, A. II. 2., S. 327; vgl. § 1104 (a) (2) BC.

oder betrügerischem Verhalten seitens des Schuldners[113] ein Verwalter eingesetzt wird, § 1104 BC.[114]

c) Schuldenregulierungsverfahren nach chapter 13

Das Schuldenregulierungsverfahren nach chapter 13 steht gem. § 109 (e) BC nur natürlichen Personen mit regelmäßigen Einkünften offen, deren ungesicherte Schulden den Betrag von $ 100.000 und deren gesicherte Schulden den Betrag von $ 350.000 nicht übersteigen. Ziel dieses Verfahrens ist es, dem Schuldner die Möglichkeit einer zumindest teilweisen Schuldenbereinigung aus seinem künftigen Einkommen auf der Grundlage eines gerichtlichen Vergleichs zu geben.[115]

Der Schuldner hat in diesem Verfahren gem. § 1306 (b) BC die Stellung eines "debtor in possession". Er bleibt im Besitz des zur Masse gehörigen Vermögens (§ 1306 (b) BC) und ist berechtigt, es zu nutzen, zu verwalten sowie darüber zu verfügen, §§ 1303, 1304, 363 BC.[116] Zwar ist im Schuldenregulierungsverfahren nach § 1302 (a) BC zwingend ein Verwalter zu bestellen, dessen Aufgaben und Pflichten weitgehend denen eines Liquidationsverwalters entsprechen[117]. Jedoch besteht die Hauptpflicht des Liquidationsverwalters, nämlich das Sammeln und Verwerten der Masse und die Verteilung des Erlöses gem. § 704 (1) BC, im Schuldenregulierungsverfahren gerade nicht. Die Übernahme des Vermögens sowie der Übergang der Verwaltungs- und Verfügungsbefugnis auf den Verwalter sind demnach hier nicht erforderlich. Daher beschränkt sich der Aufgabenbereich des Verwalters auf die Überwachung des Schuldners, die Beratung und Unterstützung des Schuldners bei der Erstellung eines Schuldenregulierungsplans[118], die Mitwirkung an Gerichtsterminen[119] und diejenigen Befugnisse, die sonst einem Liquida-

113 § 1104 (a) (1) BC.

114 Zu den dem Verwalter dann gem. § 1106 (a) BC obliegenden Pflichten vgl. v. Stein/Thanner DB 1981, S. 2213, 2215 f.

115 Bull ZIP 1980, S. 843; v. Stein/Thanner DB 1981, S. 2213, 2216.

116 Vgl. dazu Neumann, § 6, A. II. 3., S. 328; Bull ZIP 1980, S. 843, 849; Ackmann KTS 1986, S. 555, 564.

117 Vgl. § 1302 (b) BC; näher dazu Ackmann KTS 1986, S. 555, 565.

118 § 1302 (b) (4) BC.

119 § 1302 (b) (2) BC.

tionsverwalter zustehen[120]. Die dem Verwalter zustehenden Pflichten und Befugnisse sind aber ohne Einfluß auf die dem Schuldner zustehende Verwaltungs- und Verfügungsbefugnis.[121]

Der unternehmerisch tätige Schuldner (debtor engaged in business[122]) allerdings steht in seiner Befugnis, das Unternehmen fortzuführen, unter dem Vorbehalt anderweitiger gerichtlicher Anordnungen, § 1304 (b) BC. Das Gericht kann also eine Betriebsstillegung verfügen oder dem Schuldner schlicht die Verwaltungs- und Verfügungsbefugnis entziehen.[123] Mangels entsprechender Regelung für den Fall der klassischen Verbraucherinsolvenz eines Privathaushalts kann dem nicht unternehmerisch tätigen Schuldner die Eigenverwaltung nur entzogen werden, wenn das Schuldenbereinigungsverfahren in ein Liquidationsverfahren nach chapter 7 übergeleitet wird.[124]

3. Zusammenfassender Vergleich mit den §§ 270 ff. InsO

Der auf den ersten Blick erhebliche verfahrensstrukturelle Unterschied zwischen dem einheitlichen Verfahren nach der InsO einerseits und den separaten Liquidations-, Reorganisations- und Schuldenbereinigungsverfahren des Bankruptcy Code andererseits relativiert sich durch die Möglichkeit der Konversion im U.S.-Recht. Das U.S.-amerikanische Insolvenzrecht diente der Konzeption des deutschen Eigenverwaltungsverfahrens gem. §§ 270 ff. InsO als Vorbild.[125] Dennoch finden sich gravierende Abweichungen zwischen den beiden sich mit der Selbstverwaltung durch den Schuldner befassenden Regelungssystemen: So ist diese im amerikanischen Liquidationsverfahren zwingend ausgeschlossen, während der deutsche Gesetzgeber sie ausdrücklich bei jeder Verwertungsform zuläßt. Wegen unterschiedlicher Ausgangspunkte bei der Beurtei-

120 §§ 1302 (b) (1) iVm 704 (2), (3), (4), (5), (6), (7), (9) BC; vgl. dazu Ackmann KTS 1986, S. 555, 564 f.; Bull ZIP 1980, S. 843, 849.

121 Neumann, § 6, A. II. 3., S. 328.

122 Legaldefinition in § 1304 (a) BC.

123 Neumann, § 6, A. II. 3., S. 329.

124 Neumann, § 6, II. 3., S. 329 f.

125 Erster Bericht, Begr. zu Leitsatz 1.3.1.1, S. 125; RegE, BT-Drucksache 12/2443, Begr. A, S. 106.

lung der Insolvenzursachen[126] stellt die Eigenverwaltung im amerikanischen Reorganisationsverfahren den Regelfall dar, während sie im deutschen Insolvenzrecht auf Ausnahmefälle begrenzt sein soll. Der Entzug der Verwaltungs- und Verfügungsbefugnis ist zwar in beiden Rechtssystemen möglich, wenn der diesen beantragende Gläubiger die Gefährdung der Masse und damit der Gläubigerinteressen nachweist. Anders als im deutschen Recht reicht aber ein Beschluß der Gläubigerversammlung nicht aus. Die Rechtshandlungen des Schuldners sind im amerikanischen Reorganisationsverfahren oftmals von der gerichtlichen Zustimmung abhängig, wogegen das Insolvenzgericht bei der Geschäftsführung durch den Schuldner nach der InsO keine Mitwirkungsbefugnisse hat, diese vielmehr dem Sachwalter und dem Gläubigerausschuß bzw. der Gläubigerversammlung zugewiesen sind. Im chapter 13 – Verfahren des Bankruptcy Code kann dem unternehmerisch tätigen Schuldner die grundsätzlich geltende Eigenverwaltung entzogen werden, während bei der klassischen Verbraucherinsolvenz nur die Überleitung in ein Liquidationsverfahren nach chapter 7 möglich ist. Darin liegt eine gewisse Parallele zur InsO, da das der vergeblichen Schuldenbereinigung nachfolgende vereinfachte Verfahren nur die Liquidation vorsieht und lediglich dort die Eigenverwaltung gem. § 312 III InsO untersagt ist. Somit ist festzuhalten, daß die Eigenverwaltungskonzeption der InsO in ihren Grundzügen zwar mit dem U.S.-amerikanischen Regelungssystem vergleichbar ist; denoch kann nicht von einer Identität der Verfahrensausgestaltungen gesprochen werden.

V. Resümee

Das Rechtsinstitut der Eigenverwaltung bezweckt in allen Rechtsordnungen die praktische Umsetzung der Idee, die Effizienz des Insolvenzverfahrens durch Ausnutzung der unternehmensbezogenen Kenntnisse und Fähigkeiten der Geschäftsleitung in Sanierungsfällen zu optimieren.

---

126 Der amerikanische Gesetzgeber geht davon aus, daß die wirtschaftlichen Probleme des Schuldners bzw. seines Unternehmens nur in seltenen Fällen auf ein "dishonest management" o.ä. zurückzuführen sind, sondern vielmehr dem Einfluß des Schuldners entzogene gesamtwirtschaftliche Entwicklungen für die Insolvenz verantwortlich sind, Neumann, § 6, A. II. 2., S. 321. Vgl. demgegenüber RegE, BT-Drucksache 12/2443, Begr. B, S. 222.

Das französische und das U.S.-amerikanische Insolvenzrecht stellen insoweit Strukturen zur Verfügung, die der deutsche Gesetzgeber als Anregung verstanden hat, ein eigenes, mit der besonderen Kozeption eines einheitlichen Insolvenzverfahrens korrespondierendes Modell der Eigenverwaltung zu entwickeln. Der grundlegende Vorteil des deutschen Eigenverwaltungsverfahrens gegenüber den ausländischen Vorbildern besteht darin, daß der Gesetzgeber den Schuldner als zumeist für den Eintritt der Insolvenz verantwortlich qualifiziert und dementprechend den Anwendungsbereich der §§ 270 ff. InsO durch strenge Anordnungsvoraussetzungen und die Letztentscheidungskompetenz der wirtschaftlich betroffenen Gläubiger auf diejenigen Ausnahmefälle begrenzt hat, in denen der Schuldner seine unternehmerischen Qualitäten eindeutig nachweisen kann. Dadurch hat er die insbesondere dem U.S.-amerikanischen Insolvenzrecht vorgeworfene übertriebene Schuldnerfreundlichkeit[127] vermieden, die sich auf realitätsfremde Redlich- und Fähigkeitsvermutungen bezüglich der Unternehmensleitung stützt und durch die kraft Gesetzes als Regelfall des Reorganisationsverfahrens vorgesehene, der Einflußnahme der Gläubiger weitgehend entzogene Eigenverwaltung dokumentiert wird. Positiv ist auch die gegenüber dem U.S.-amerikanischen Insolvenzrecht vorgesehene Entlastung des Insolvenzgerichts und Kontrolle der Verfahrenseffizienz durch die Kompetenzverteilung zwischen Schuldner und Sachwalter. Zu bemängeln ist dagegen die im Hinblick auf den Gläubigerschutz unzureichende Mitwirkungsbefugnis des Sachwalters im Rahmen der Geschäftsfortführung. Gerade angesichts der Letztentscheidungskompetenz der Gläubiger wäre es sinnvoll gewesen, in Anlehnung an das französische Insolvenzrecht zumindest die *Möglichkeit* einer sog. korrespondierenden Verwaltung vorzusehen. Wenig zweckmäßig erscheint es mangels praktischer Relevanz auch, das Sonderverfahren gem. §§ 270 ff. InsO für den Fall der Liquidation des Schuldnervermögens anzubieten. Insoweit sind die französischen und die U.S.-amerikanischen Regelungen, die die Eigenverwaltung im Liquidationsverfahren explizit ausschließen, überzeugender.

Abschließend läßt sich somit festhalten, daß der Gesetzgeber bei der Konzeption des Verfahrens gem. §§ 270 ff. InsO wesentlich von der französischen und U.S.-amerikanischen Verfahrensordnung inspiriert und beeinflußt wurde, dabei wesentliche Schwachstellen des ausländi-

127 Kemper, § 4, II. 2. a), b), S. 58 f.

schen Rechts vermieden, z.T. aber auch sinnvolle, die praktische Relevanz des Verfahrens u.U. nicht unerheblich steigernde Regelungen nicht übernommen hat.

Literaturverzeichnis

Ackmann, Hans-Peter: Schuldbefreiung durch Konkurs?, Bielefeld 1983, zugl.: Bonn, Univ. Diss., 1981/82

Ackmann, Hans-Peter: "Neue Wege zur Bereinigung von Verbraucherinsolvenzen?", KTS 1986, S. 555 – 607

Arbeitskreis für Insolvenzrecht im Deutschen Anwaltsverein: Verhaltensrichtlinien für als Insolvenzverwalter tätige Rechtsanwälte, AnwBl. 1992, S. 118, 119

Arnold, Hans: "Insolvenzrechtsreformen in Westeuropa", ZIP 1985, S. 321 – 333

Bähner, Eberhard, Berger, Wolfgang, Braun, Karl Heinz: "Die Schlußrechnung des Konkursverwalters", ZIP 1993, S. 1283 – 1291

Balz, Manfred: Sanierung von Unternehmen oder von Unternehmensträgern?, Köln 1986

Balz, Manfred: "Aufgaben und Struktur des künftigen einheitlichen Insolvenzverfahrens", ZIP 1988, S. 273 – 294

Bassenge, Peter, Herbst, Gerhard: Gesetz über die Angelegenheiten der freiwilligen Gerichtsbarkeit; Rechtspflegergesetz – Kommentar, 7. Aufl., Heidelberg 1995

Bartsch, Robert, Heil, Rudolf: Grundriß des Insolvenzrechts, 4. Aufl., Wien 1983

Baumbach, Adolf, Hopt, Klaus J.: Handelsgesetzbuch – Kurzkommentar, 29. Aufl., München 1995

Baumbach, Adolf, Lauterbach, Wolfgang, Albers, Jan, Hartmann, Peter: Zivilprozeßordnung – Kurzkommentar, 52. Aufl., München 1994

Baur, Fritz: ""Steckengebliebene" Insolvenzverfahren", in: Festschrift für Friedrich Weber zum 70. Geburtstag, Berlin 1975, S. 41 – 55, zit.: Baur FS Weber

Baur, Fritz, Stürner, Rolf: Zwangsvollstreckungs-, Konkurs- und Vergleichsrecht, Bd. II – Insolvenzrecht, 12. Aufl., Heidelberg 1990, zit.: Baur/Stürner, ZV-, KO- u. VerglR, Bd. II

Baur, Fritz, Stürner, Rolf: Insolvenzrecht, 3. Aufl., Heidelberg 1991, zit.: Baur/Stürner, InsR

Berges, August Maria: "Die Vergleichsordnung in der Erprobung und Bewährung", KTS 1955, S. 2 – 6
Berges, August Maria: "Öffentlich-rechtliche Wirkungen des allgemeinen Veräußerungsverbotes im Vergleichsverfahren?", KTS 1957, S. 183 – 186
Berges, August Maria: Besprechung zu: Böhle-Stamschräder, Aloys – Kommentar zur Vergleichsordnung (4. Aufl., München 1957), KTS 1958, S. 31, 32
Bley, Erich: "Der Einfluß der Vergleichsverwalter und der Sachwalter auf die Geschäftsführung des Vergleichsschuldners", ZZP 61 (1939), S. 410 – 440
Bley, Erich, Mohrbutter, Jürgen: Vergleichsordnung – Großkommentar, 1. Band (§§ 1 – 81 VerglO), 4. Aufl., Berlin 1979, 2. Band (§§ 82 – 132 VerglO), 4. Aufl., Berlin 1981
Böhle-Stamschräder, Aloys: "Reformbedürftigkeit des Konkursrechts", KTS 1959, S. 66 – 73
Böhle-Stamschräder, Aloys, Kilger, Joachim: Vergleichsordnung – Kurzkommentar, 11. Aufl., München 1986
Bork, Reinhard: Einführung in das neue Insolvenzrecht, Tübingen 1995
Braun, Eberhard: "Die Bedrohung der Konkurs-Kultur durch Berufsgesellschaften mit beschränkter Haftung als Konkursverwalter", BB 1993, S. 2172 – 2178
Burger, Anton, Schellberg, Bernhard: "Der Insolvenzplan im neuen Insolvenzrecht", DB 1994, S. 1833 – 1837
Bull, Leland L.: "Der Bankruptcy Reform Act – das neue amerikanische Konkursgesetz von 1978", ZIP 1980, S. 843 – 851
Campe, Moritz von: Insolvenzanfechtung in Deutschland und Frankreich, Köln 1995
Castendiek, Johann H.: "Die Verhinderung "künstlicher" Masseschulden und Massekosten durch Maßnahmen im Konkurseröffnungsverfahren", KTS 1978, S. 9 – 16
Cork, Kenneth, Graham, David: "Insolvenzrechtsreform in England – Erläuterungen zum Cork-Report", ZIP 1982, S. 1275 – 1285
Delhaes, Wolfgang: Der Insolvenzantrag – verfahrens- und kostenrechtliche Probleme der Konkurs- und Vergleichsantragstellung, Frankfurt am Main, 1994, zugl.: Köln, Univ., Diss., 1993
Drukarczyk, Jochen: Unternehmen und Insolvenz, Wiesbaden 1987

Eckert, H.: "Die Erhaltung des Unternehmens in der Vergleichsordnung", KuT 1937, S. 49 – 51
Eickmann, Dieter: Anmerkung zum Beschluß des LG Köln vom 3.11. 1980 (ZIP 1981, S. 142 f.), ZIP 1981, S. 143 – 144
Eickmann, Dieter: "Die Vergütung des nach § 106 KO bestellten Sequesters", ZIP 1982, S. 21 – 28
Eickmann, Dieter: VergVO – Kommentar zur Vergütung im Konkursverfahren, Köln 1989
Erman, Walter, Bearb.: Brox, Hans: Handkommentar zum Bürgerlichen Gesetzbuch, 9. Aufl., Münster 1993
Fasching, Hans Walter: "Österreich" in: "Insolvenzrecht verschiedener Staaten Europas und der vereinigten Staaten von Amerika", Protokolle des II. Internationalen Kongresses für Kreditschutz, Wien 1970, S. 288 – 307, zit.: Fasching in: Protkolle 1970
Fenski, Martin: "Rücknahme des Konkursantrages durch ein anderes Organmitglied?", BB 1988, S. 2265 – 2267
Feuerich, Wilhelm E., Braun, Anton: Bundesrechtsanwaltsordnung – Kommentar, 3. Aufl., München 1995
Fletcher, Ian: The Law of Insolvency, London 1990
Fricke, Friedrich: "Zur Prozeßführungsbefugnis des Sequesters gemäß § 106 KO", MDR 1978, S. 99 – 103
Frieze, Steven A.: Handbook of Bankruptcy: Law and Practice, 5th Edition, London 1992
Gerhardt, Walter: "Insolvenzverfahren und Einzelzwangsvollstreckung", in: Einhundert Jahre Konkursordnung, 1877 – 1977 (Festschrift), Köln 1977, S. 111 – 137, zit.: Gerhardt, Einh. Jahre KO
Gerhardt, Walter: "Inhalt und Umfang der Sequestrationsanordnungen", ZIP 1982, S. 1 – 9
Gerhardt, Walter: "Zielbestimmung und Einheitlichkeit des Insolvenzverfahrens", in: Leipold (Hrsg.), Insolvenzrecht im Umbruch, Köln 1991, S. 1 – 7, zit.: Gerhardt in: Leipold
Gottwald, Peter, "Rechtliche Möglichkeiten der Unternehmenssanierung im Insolvenzfall", KTS 1984, S. 1 – 26
Gottwald, Peter: "Die Rechtsstellung dinglich gesicherter Gläubiger", in: Leipold (Hrsg.), Insolvenzrecht im Umbruch, Köln 1991, S. 197 – 209, zit.: Gottwald in: Leipold

Gottwald, Peter (Hrsg.), Bearb.: Uhlenbruck, Wilhelm, Huber, Michael, Eickmann, Dieter, Delhaes, Karl, Maus, Karl-Heinz, Heilmann, Hans, Klopp, Onno: Insolvenzrechts-Handbuch, München 1990

Gravenbrucher Kreis: "Stellungnahme zum Diskussionsentwurf eines Insolvenzrechtsreformgesetzes", ZIP 1989, S. 468 – 475

Gravenbrucher Kreis: "Große Insolvenzrechtsreform gescheitert", ZIP 1990, S. 476 – 479

Gravenbrucher Kreis: ""Große" oder "kleine" Insolvenzrechtsreform?", ZIP 1992, S. 657 – 661

Grub, Volker: "Handlungsspielräume des Insolvenzverwalters", in: Kübler (Hrsg.), Neuordnung des Insolvenzrechts, Köln 1989, S. 79 – 95, zit.: Grub in: Kübler

Grub, Volker: "Der Regierungsentwurf der Insolvenzordnung ist sanierungsfeindlich!", ZIP 1993, S. 393 – 398

Grub, Volker: "Neuerungen der künftigen Insolvenzordnung", AnwBl. 1993, S. 458 – 460

Grub, Volker: "Überjustizialisierung und die Eigenverwaltung des Pleitiers", WM 1994, S. 880, 881

Grub, Volker, Rinn, Katja: "Die neue Insolvenzordnung – ein Freifahrschein für Bankrotteure?", ZIP 1993, S. 1583 – 1587

Haarmeyer, Hans: "Anhörung zum Regierungsentwurf einer Insolvenzordnung", ZIP 1993, S. 883, 884

Haarmeyer, Hans, Wutzke, Wolfgang, Förster, Karsten: Kommentar zur Gesamtvollstreckungsordnung – GesO, 3. Aufl., Köln 1995, zit.: Haarmeyer/Wutzke/Förster, GesO

Haarmeyer, Hans, Wutzke, Wolfgang, Förster, Karsten: Insolvenzordnung (InsO/EGInsO), 1. Aufl., München 1995, zit.: Haarmeyer/ Wutzke/Förster, InsO

Hachenburg, Max, Bearb.: Mertens, Hans-Joachim, Ulmer, Peter: Gesetz betreffend die Gesellschaften mit beschränkter Haftung (GmbHG), – Großkommentar, 2. Bd.: §§ 13 – 52, 7. Aufl., Berlin 1979,3. Bd.: §§ 53 – 64, 8. Aufl., Berlin 1991

Häsemeyer, Ludwig: Insolvenzrecht, Köln 1992

Hanisch, Hans: Rechtszuständigkeit der Konkursmasse, Frankfurt am Main 1973

Hax, Herbert: in: Meinungen zum Thema "Insolvenzrechtsreform – mehr Effizienz bei Insolvenz?", BFuP 1995, S. 59 – 82

Hay, Peter: Einführung in das amerikanische Recht, 3. Aufl., Darmstadt 1990
Heidland: "Der Begriff der Preisschleuderei in § 18 Ziff. 1, VerglO", KTS 1968, S. 81 – 90
Heilmann, Hans: Grundzüge des Insolvenzrechts, München 1983
Henckel, Wolfram: "Wert und Unwert juristischer Konstruktion im Konkursrecht", in: Festschrift für Friedrich Weber zum 70. Geburtstag, Berlin 1975, S. 237 – 252, zit.: Henckel FS Weber
Henckel, Wolfram: "Die Verbindung des Sanierungsverfahrens zum Konkursverfahren", ZIP 1981, S. 1296 – 1303
Henckel, Wolfram: Anmerkung zum BGH-Urteil vom 16.1.1986, (JZ 1986, S. 689 – 694), JZ 1986, S. 694 – 697
Henckel, Wolfram: "Deregulierung im Insolvenzverfahren?", KTS 1989, S. 477 – 494
Herbert, Ulrich: Die Sequestration im Konkursantragsverfahren, Frankfurt am Main 1989, zugl.: Regensburg, Univ., Diss. 1988
Hess, Harald: "Die Stellung des Konkursverwalters nach der InsO", AnwBl. 1993, S. 448 – 453
Hess, Harald: Kommentar zur Konkursordnung, 5. Aufl., Neuwied 1995
Hess, Harald, Binz, Fritz, Wienberg, Rüdiger: Gesamtvollstreckungsordnung – Kommentar, 2. Aufl., Berlin 1993
Hess, Harald, Fechner, Dietrich: Sanierungshandbuch, 2. Aufl., Neuwied 1991
Hess, Harald, Obermüller, Manfred: Die Rechtsstellung der Verfahrensbeteiligten nach der Insolvenzordnung, Heidelberg 1995
Hodemacher, H.: "Ursachen der Insolvenz, ihre Vermeidung und Heilung durch den Vergleich", KTS 1956, S. 81 – 84
Hörmann, Günter: "Hilft der Insolvenzentwurf dem Verbraucher?", WM 1992, S. 1223
Hofmann, Werner: "Zur Geschichte der Reform des Insolvenzrechts", DRiZ 1994, S. 411 – 417
Holzhammer, Richard: Österreichisches Insolvenzrecht, 2. Aufl., Wien 1983
Hüffer, Uwe: Aktiengesetz – Kommentar, 2. Aufl., München 1995
Jaeger, Ernst, Bearb.: Weber, Friedrich: Konkursordnung – Kommentar, Bd. II, 1. Hbd. (§§ 71 – 206 KO), 8. Aufl., Berlin 1973
Jahn, Uwe: Insolvenzen in Europa, Bonn 1994

Jarass, Hans D., Pieroth, Bodo: Grundgesetz für die Bundesrepublik Deutschland – Kommentar, 3. Aufl., München 1995

Jauernig, Othmar: "Ist die Rechtsmacht des Konkursverwalters durch den Konkurszweck begrenzt?", in: Festschrift für Friedrich Weber zum 70. Geburtstag, Berlin 1975, S. 307 – 322, zit.: Jauernig FS Weber

Jauernig, Othmar: Zwangsvollstreckungs- und Konkursrecht, 19. Aufl., München 1990

Jelinek, Wolfgang: "Das neue österreichische Vorverfahren", ZIP 1984, S. 495 – 507

Jelinek, Wolfgang: "Kompetenzverteilung zwischen Insolvenzverwalter und Insolvenzgläubigern", in: Leipold (Hrsg.), Insolvenzrecht im Umbruch, Köln 1991, S. 21 – 29, zit.: Jelinek in: Leipold

Kautz, Oliver A.: Die gesellschaftsrechtliche Neuordnung der GmbH im künftigen Insolvenzrecht, Frankfurt am Main, 1995, zugl.: Regensburg, Univ., Diss., 1994

Kemper, Martin: Die U.S.-amerikanischen Erfahrungen mit "Chapter 11", Frankfurt am Main 1996, zugl.: Regensburg, Univ., Diss., 1995

Kiesow, W.: "Rechstgeschäfte im gerichtlichen Vorverfahren nach der Vergleichsordnung vom 26. Februar 1935", KuT 1935, S. 113 – 115

Kilger, Joachim: "Probleme der Sequestration im Konkurseröffnungsverfahren", in: Einhundert Jahre Konkursordnung,1877 – 1977 (Festschrift), Köln 1977, S. 189 – 217, zit.: Kilger, Einh. Jahre KO

Kilger, Joachim: "Über die Möglichkeit der Geschäftsfortführung insolventer Unternehmen unter dem geltenden Recht und nach dem Diskussionsentwurf einer Insolvenzordnung", KTS 1989, S. 495 – 514

Kilger, Joachim, Schmidt, Karsten: Konkursordnung – Kurzkommentar (mit GesO), 16. Aufl., München 1993

Kissel, Otto Rudolf: Gerichtsverfassungsgesetz – Kommentar, 2. Aufl., München 1994

Kleiner, Oswald: Bedeutung und Probleme der Sicherungsmaßnahmen während des Konkurseröffnungsverfahrens – (§ 106 KO) –, Frankfurt am Main 1993, zugl.: Hamburg, Univ., Diss. 1993

Knorr, Ernst: Anmerkung zum Beschluß des AG Dortmund vom 25.7. 1968 (KTS 1970, S. 68 f.), KTS 1970, S. 69 – 71

Koch, Frank: Die Sequestration im Konkurseröffnungsverfahren, Göttingen, Univ., Diss. 1982

Kressin, Kurt: Die Einleitung eines Insolvenzverfahrens für Unternehmen – Ursachen, Zeitpunkt und Gründe –, Frankfurt am Main, 1990, zugl.: Frankfurt am Main, Univ., Diss., 1989

Kübler, Bruno M.: "AEG-Insolvenz: Neugeschäfte nach Vergleichsantragstellung", ZIP 1982, S. 1007 – 1009

Kübler, Bruno M.: "Die Stellung der Verfahrensorgane im Lichte der Gläubigerautonomie", in: Kübler (Hrsg.), Neuordnung des Insolvenzrechts, Köln 1989, S. 61 – 78

Kübler, Bruno M., Prütting, Hanns: Das neue Insolvenzrecht – InsO, Bd. I, Köln 1994

Künne, Karl: "Zweifelsfragen aus dem Vergleichsrecht", KTS 1971, S. 235 – 258

Künne, Karl: "Der Herstatt-Vergleich", KTS 1975, S. 178 – 191

Künne, Karl: "Vorschläge zur Reform der Vergleichsordnung", DB 1978, S. 729 – 733

Kuhn, Georg, Uhlenbruck, Wilhelm: Konkursordnung – Kommentar, 11. Aufl., München 1994

Landfermann, Hans-Georg: "Massearmut und Insolvenzrechtsreform", KTS 1989, S. 763 – 786

Landfermann, Hans-Georg: "Regierungsentwurf einer neuen Insolvenzordnung vom 21.11.1991", ZIP 1991, S. 1660 – 1662

Landfermann, Hans-Georg: "Der Ablauf eines künftigen Insolvenzverfahrens", BB 1995, S. 1649 – 1657

Lange, Paul: Company Receivership – Ein Beispiel zur Gläubigerbefriedigung durch Schuldnersanierung, Frankfurt 1986

Lange, Paul: "Kreditsicherheiten in der Unternehmenssanierung nach englischem Recht", WM 1990, S. 701 – 710

Lange, Paul: "Diskussionsanstöße für die deutsche Insolvenzrechtsreform aus dem englischen Recht", ZIP 1991, S. 850 – 857

Leipold, Dieter: "Die Eigenverwaltung mit Sachwalter und die Eigenverwaltung bei Kleinverfahren", in: Leipold (Hrsg), Insolvenzrecht im Umbruch, Köln 1991, S. 165 – 182

Liebl, Karlhans: Geplante Konkurse?, 2. Aufl., Pfaffenweiler 1987

Lotz, Thomas: "Der Weg aus dem Schuldturm" – rechtsvergleichende Überlegungen zur Ausgestaltung eines effektiven Insolvenzrechts für Privatpersonen, Bayreuth, Univ., Diss., 1990

Lüke, Wolfgang: "Zur Haftung des Sequesters bei unterlassener Feuerversicherung", ZIP 1989, S. 1 – 7

Lüke, Wolfgang: Persönliche Haftung des Verwalters in der Insolvenz, 2. Aufl., Köln 1996
Lutz, Gesa: Verbraucherüberschuldung, München 1992, zugl.: München, Univ., Diss., 1992
Maus, Karl-Heinz: in: Meinungen zum Thema "Insolvenzrechtsreform – mehr Effizienz bei Insolvenz?", BFuP 1995, S. 59 – 82
Merz, Franz: "Die Rechtsprechung des Bundesgerichtshofs zum Insolvenzrecht", WM 1983, S. 106 – 114
Mohr, Franz: Privatkonkurs, Wien 1994
Mohrbutter, Jürgen: "Die Vergleichsgläubigerhypothek im nachfolgenden Konkurs", KTS 1956, S. 20 – 25
Mohrbutter, Jürgen, Haarmann, Heino: "Zusammenarbeit zwischen Konkursgericht und Konkursverwalter", KTS 1956, S. 177 – 180
Mohrbutter, Jürgen, Mohrbutter, Harro: Handbuch der Konkurs- und Vergleichsverwaltung, 6. Aufl., Köln 1990
Müller, Rudolf, Wabnitz, Heinz-Bernd: Wirtschaftskriminalität, 3. Aufl., München 1993
Neumann, Friedrich: Die Gläubigerautonomie in einem künftigen Insolvenzverfahren, Bielefeld 1995, zugl.: Regensburg, Univ., Diss., 1993
Obermüller, Manfred, Hess, Harald: Insolvenzordnung ("InsO"), Heidelberg 1995
Obermüller, Manfred, Livonius, Barbara: in: Meinungen zum Thema "Insolvenzrechtsreform – mehr Effizienz bei Insolvenz?", BFuP 1995, S. 59 – 82
Palandt, Otto, Bearb.: Heinrichs, Helmut: Bürgerliches Gesetzbuch – Kurzkommentar, 55. Aufl., München 1996
Pape, Gerhard: "Zur Stellung und Bedeutung der Gläubigerversammlung im Konkurs", ZIP 1990, S. 1251 – 1258
Pape, Gerhard: "Zur Problematik der Unanfechtbarkeit von Stimmrechtsfestsetzungen in der Gläubigerversammlung", ZIP 1991, S. 837 – 850
Pape, Gerhard: "Konkursverwalter mit beschränkter Haftung?", ZIP 1993, S. 737 – 743
Pape, Gerhard: "Zu den Schwierigkeiten des Sequesters ohne Verwaltungsmacht", ZIP 1994, S. 89 – 96
Pape, Gerhard: "Zu den Problemen der Abberufung des Insolvenzverwalters aus wichtigem Grund gem. § 8 III 2 GesO", DtZ 1995, S. 40 – 43
Paulsen, A.: "Die Erhaltung des Unternehmens in der Vergleichs-Ordnung", KuT 1936, S. 33, 34

Perker, Susanne: Das Reorganisationsverfahren im englischen Insolvenzrecht, München 1994, zugl.: Münster (Westf.), Univ., Diss., 1991
Pfefferle, Roland: "Zur Reform der Konkursanfechtung und der Rückschlagsperre", ZIP 1984, S. 147 – 156
Reichold, Hermann: "Die Betriebsveräußerung durch den Sequester: Paradoxon oder Paradigma", KTS 1989, S. 291 – 308
Riering, Berthold: Die Betriebsfortführung durch den Konkursverwalter, Berlin 1987
Risse, Winfried: "Betriebswirtschaftliche Aspekte der Sanierung durch Unternehmensfortführung nach der Insolvenzordnung", KTS 1994, S. 465 – 492
Robrecht, Friedrich: "Die Rechtsposition der Organe der GmbH, der Personalgesellschaften und eingetragenen Genossenschaften nach Eröffnung des Konkursverfahrens über das Gesellschaftsvermögen", DB 1968, S. 471 – 476
Robrecht, Friedrich, Kossmann, Bernhard: "Die Angemessenheit der Vergütung des Vergleichsverwalters", KTS 1968, S. 65 – 80
Rowedder, Heinz, Fuhrmann, Hans, Koppensteiner, Hans-Georg, Rasner, Henning, Rittner, Fritz, Wiedmann, Harald, Zimmermann, Klaus: Gesetz betreffend die Gesellschaften mit beschränkter Haftung (GmbHG) – Kommentar, 2. Aufl., München 1990, zit.: Rowedder u.a.
Schick, Walter: "Der Konkursverwalter – berufsrechtliche und steuerrechtliche Aspekte", NJW 1991, S. 1328 – 1332
Schlegelberger, Franz, Bearb.: Martens, Klaus-Peter: Handelsgesetzbuch – Kommentar, Bd. III, 1. Halbband (§§ 105, 160), 5. Aufl., München 1992
Schlosser, Peter: "Die Eröffnung des Insolvenzverfahrens" , in: Leipold (Hrsg.), Insolvenzrecht im Umbruch, Köln 1991, S. 9 – 20, zit.: Schlosser in: Leipold
Schmidt, Herbert: "Die Vergütung des Insolvenzverwalters", KTS 1981, S. 65 – 76
Schmidt, Karsten: "Möglichkeiten der Sanierung von Unternehmen durch Maßnahmen im Unternehmens-, Arbeits-, Sozial- und Insolvenzrecht – unternehmens- und insolvenzrechtlicher Teil", in: Verhandlungen des vierundfünfzigsten Deutschen Juristentages, Nürnberg 1982, Bd. I (Gutachten), Teil D, München 1982, zit.: Karsten Schmidt, DJT-Gutachten

Schmidt, Karsten: "Konkursverschleppungshaftung und Konkursverursachungshaftung", ZIP 1988, S. 1497 – 1508
Schmidt, Karsten: Wege zum Insolvenzrecht der Unternehmen, Köln 1990
Schmidt-Räntsch, Ruth: "Das neue Verbraucherinsolvenzverfahren", MDR 1994, S. 321 – 326
Scholz, Franz, Bearb.: Schmidt, Karsten, Schneider, Uwe H.: Kommentar zum GmbH-Gesetz, I. Band, §§ 1 – 44, 8 Aufl., Köln 1993, II. Band, §§ 45 – 85, 8. Aufl., Köln 1995
Schröter, Jürgen, Weber, Ahrend: "Sanierungsverfahren aus der Sicht der Banken", ZIP 1982, S. 1023 – 1029
Siegelmann, Heinrich: "Die Stellung des Vorstandes, des Aufsichtsrates und der Hauptversammlung nach Eröffnung des Konkursverfahrens über das Vermögen der Aktiengesellschaft", DB 1967, S. 1029, 1030
Siegelmann, Heinrich: "Das Stimmrecht im Konkursverfahren", DRiZ 1968, S. 133, 134
Smid, Stefan (Hrsg.), Bearb.: Schöpf, Susanne: Gesamtvollstreckungsordnung – Kommentar, 1. Aufl., Baden-Baden 1991
Smid, Stefan: "Gleichbehandlung der Gläubiger und Wiederherstellung eines funktionsfähigen Insolvenzrechts als Aufgaben einer Insolvenzrechtsreform", BB 1992, S. 501- 513
Smid, Stefan: "Grundzüge des neuen Insolvenzrechts", DZWir 1994, S. 278 – 286
Soergel, Hs.Th., Bearb.: Leptien, Ulrich: Bürgerliches Gesetzbuch – Kommentar, Bd. 1, AT (§§ 1 – 240), Stand Juni 1987, 12. Aufl., Stuttgart 1988
Stein, Joh. v., Thanner, Walter: "Insolvenzrecht und Insolvenzverfahren in den USA nach der Reform von 1978 – Ansatzpunkte für die aktuelle deutsche Reformdiskussion?", DB 1981, S. 2213 – 2217
Stürner, Rolf: "Aufstellung und Bestätigung des Insolvenzplans", in: Leipold (Hrsg.), Insolvenzrecht im Umbruch, Köln 1991, S. 41 – 49, zit.: Stürner in: Leipold
Thomas, Heinz, Putzo, Hans: Zivilprozeßordnung – Kommentar, 19. Aufl., München 1995
Tiedemann, Klaus: "Objektive Strafbarkeitsbedingungen und die Reform des deutschen Konkursstrafrechts", ZRP 1975, S. 129 – 135
Uhlenbruck, Wilhelm: "Bundesrepublik Deutschland" in: "Insolvenzrecht verschiedener Staaten Europas und der Vereinigten Staaten von

Amerika", Protokolle des II. Internationalen Kongresses für Kreditschutz, Wien 1970, S. 151 – 170, zit.: Uhlenbruck in: Protokolle 1970
Uhlenbruck, Wilhelm: "Das "Vergleichsverfahren Kölner Prägung"", KTS 1972, S. 220 – 229
Uhlenbruck, Wilhelm: "Das Problem der Vergleichswürdigkeit im gerichtlichen Liquidationsvergleich von Personenund Kapitalgesellschaften", KTS 1975, S. 166 – 178
Uhlenbruck, Wilhelm: "Grenzen der Mitwirkung von Gläubigerausschuß und Gläubigerbeirat im Insolvenzverfahren", BB 1976, S. 1198 – 1202
Uhlenbruck, Wilhelm: "Gefahren des gerichtlichen Liquidationsvergleichs", GmbHRdsch. 1976, S. 189 – 194
Uhlenbruck, Wilhelm: Die GmbH & Co. KG in Krise, Konkurs und Vergleich, Köln 1977, zit.: Uhlenbruck, Die GmbH & Co. KG in Krise, Konkurs und Vergleich
Uhlenbruck, Wilhelm: "Sanierung und Reorganisation als drittes Insolvenzverfahren in einem künftigen Recht?", KTS 1981, S. 513 – 575
Uhlenbruck, Wilhelm: "Probleme der Sequestration nach § 106 KO", KTS 1982, S. 201 – 213
Uhlenbruck, Wilhelm: "Die verfahrens- und kostenmäßige Behandlung mehrerer Konkursanträge gegen den gleichen Schuldner", KTS 1987, S. 561 – 567
Uhlenbruck, Wilhelm: "Zum Diskussionsentwurf eines Gesetzes zur Reform des Insolvenzrechts", ZRP 1988, S. 471 – 475
Uhlenbruck, Wilhelm: "Aus- und Abwahl des Insolvenzverwalters", KTS 1989, S. 229 – 252
Uhlenbruck, Wilhelm: Die anwaltliche Beratung des Gläubigers im Konkurs des Schuldners, Bonn 1990, zit.: Uhlenbruck, Gläubigerberatung
Uhlenbruck, Wilhelm: "Die Rechtsstellung des Sequesters de lege lata und des vorläufigen Insolvenzverwalters de lege ferenda ", KTS 1990, S. 15 – 31
Uhlenbruck, Wilhelm: "Zum Regierungs-Entwurf einer Insolvenzordnung und dem Entwurf eines Einführungsgesetzes", KTS 1992, S. 499 – 520
Uhlenbruck, Wilhelm: "Die juristische Person als Insolvenzverwalter nach dem Entwurf einer Insolvenzordnung (InsO)", AnwBl. 1993, S. 453 – 458

Uhlenbruck, Wilhelm: Das neue Insolvenzrecht, Berlin 1994, zit.: Uhlenbruck, Das neue InsR

Uhlenbruck, Wilhelm: "Probleme des Eröffnungsverfahrens nach dem Insolvenzrechts-Reformgesetz 1994", KTS 1994, S. 169 – 183

Uhlenbruck, Wilhelm: Die anwaltliche Beratung bei Konkurs-, Vergleichs- und Gesamtvollstreckungsantrag, 2. Aufl., Bonn 1996, zit.: Uhlenbruck, Anwaltliche Beratung

Uhlenbruck, Wilhelm, Brandenburg, Joachim C. Grub, Volker, Schaaf, Wilhelm A., Wellensiek, Jobst: Die Insolvenzrechtsreform", BB 1992, S. 1734 – 1738

Uhlenbruck, Wilhelm, Delhaes, Karl: Konkurs- und Vergleichsverfahren, 5. Aufl., München 1990

Vach, Michael: Aspekte der Insolvenzrechtsreform von 1986 in England, Frankfurt am Main 1991, zugl.: Regensburg, Univ., Diss. 1990

Weber, Richard, Irschlinger, Friedrich, Wirth, Hanns: "Sequestration und Masseverbindlichkeiten", KTS 1980, S. 92 – 97

Wegmann, Jürgen: "Die Sanierungsprüfung (Reorganisationsprüfung) – Möglichkeiten einer formellen und materiellen Konkretisierung", DB 1987, S. 1901 – 1908

Wessel, Hans-Heinz: "Reform des Insolvenzrechts – Änderungsbedürftigkeit der §§ 17, 18 VerglO", BB 1976, S. 770, 771

Wessel, Wilhelm: "Das insolvenzrechtliche Sequestrationsverfahren nach § 106 KO", BB 1982, S. 1579 – 1581

Weyand, Raimund: Konkursdelikte, 2. Aufl., Bielefeld 1993

Wolf, Manfred: „Allgemeine Wirkungen der Insolvenzeröffnung", in: Leipold, (Hrsg.), Insolvenzrecht im Umbruch, Köln 1991, S. 113 – 125, zit.: Wolf in: Leipold

Zierau, Britta: Die Stellung der Gläubiger im französischen Sanierungsverfahren, Heidelberg 1991, zugl.: Frankfurt am Main, Univ., Diss., 1990

Kolibri 360 GmbH
Ferdinand-Jühlke-Straße 7
99095 Erfurt, Deutschland
produktsicherheit@kolibri360.de

Druck:
CPI Druckdienstleistungen GmbH
im Auftrag der
Kolibri 360 GmbH
Ferdinand-Jühlke-Str. 7
99095 Erfurt